AF547067

Lothar Schlömer

Nikon D500

für bessere Fotos von Anfang an!

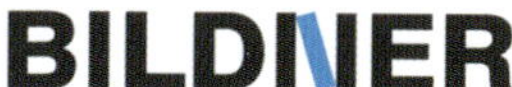

Verlag: BILDNER Verlag GmbH
Bahnhofstraße 8
94032 Passau
http://www.bildner-verlag.de
info@bildner-verlag.de
Tel.: + 49 851-6700
Fax: +49 851-6624

ISBN: 978-3-8328-0203-5

Covergestaltung: Christian Dadlhuber

Produktmanagement und Konzeption: Lothar Schlömer

Layout und Gestaltung: Astrid Stähr

Autor: Lothar Schlömer

Coverhintergrund: www.rawexchange.de

Herausgeber: Christian Bildner

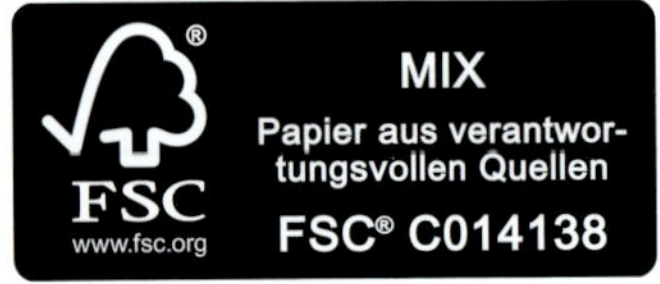

Das FSC®-Label auf einem Holz- oder Papierprodukt ist ein eindeutiger Indikator dafür, dass das Produkt aus verantwortungsvoller Waldwirtschaft stammt. Und auf seinem Weg zum Konsumenten über die gesamte Verarbeitungs- und Handelskette nicht mit nicht-zertifiziertem, also nicht kontrolliertem, Holz oder Papier vermischt wurde. Produkte mit FSC®-Label sichern die Nutzung der Wälder gemäß den sozialen, ökonomischen und ökologischen Bedürfnissen heutiger und zukünftiger Generationen.

Wichtige Hinweise

Die Informationen in diesen Unterlagen werden ohne Rücksicht auf einen eventuellen Patentschutz veröffentlicht. Warennamen werden ohne Gewährleistung der freien Verwendbarkeit benutzt. Bei der Zusammenstellung von Texten und Abbildungen wurde mit größter Sorgfalt vorgegangen. Trotzdem können Fehler nicht vollständig ausgeschlossen werden. Verlag, Herausgeber und Autoren können für fehlerhafte Angaben und deren Folgen weder eine juristische Verantwortung noch irgendeine Haftung übernehmen. Für Verbesserungsvorschläge und Hinweise auf Fehler sind Verlag und Herausgeber dankbar.

Fast alle Hard- und Softwarebezeichnungen und Markennamen der jeweiligen Firmen, die in diesem Buch erwähnt werden, können auch ohne besondere Kennzeichnung warenzeichen-, marken- oder patentrechtlichem Schutz unterliegen.

Inhaltsverzeichnis

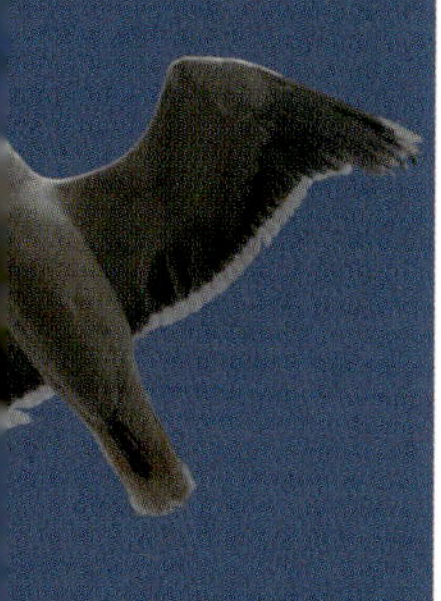

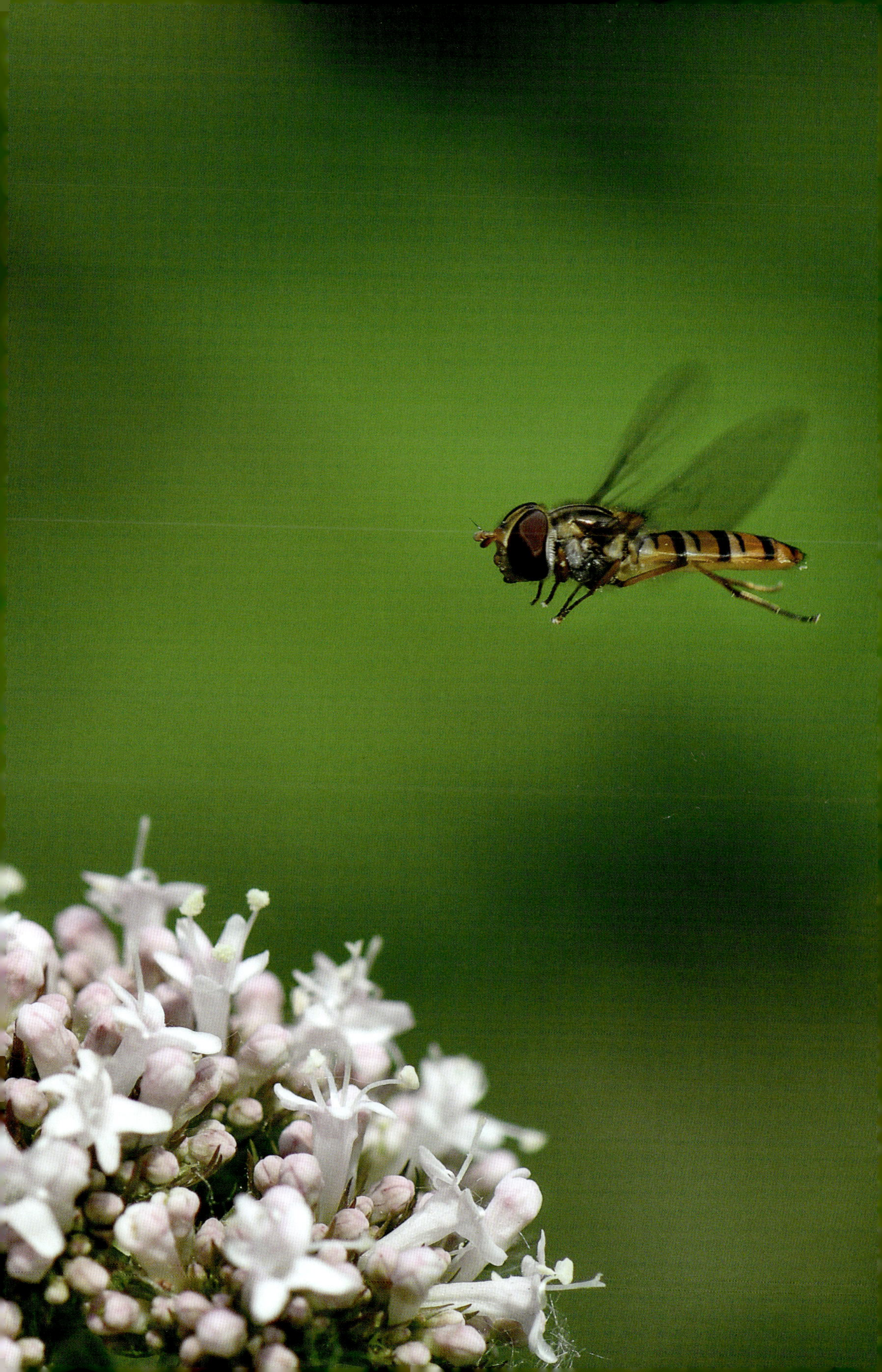

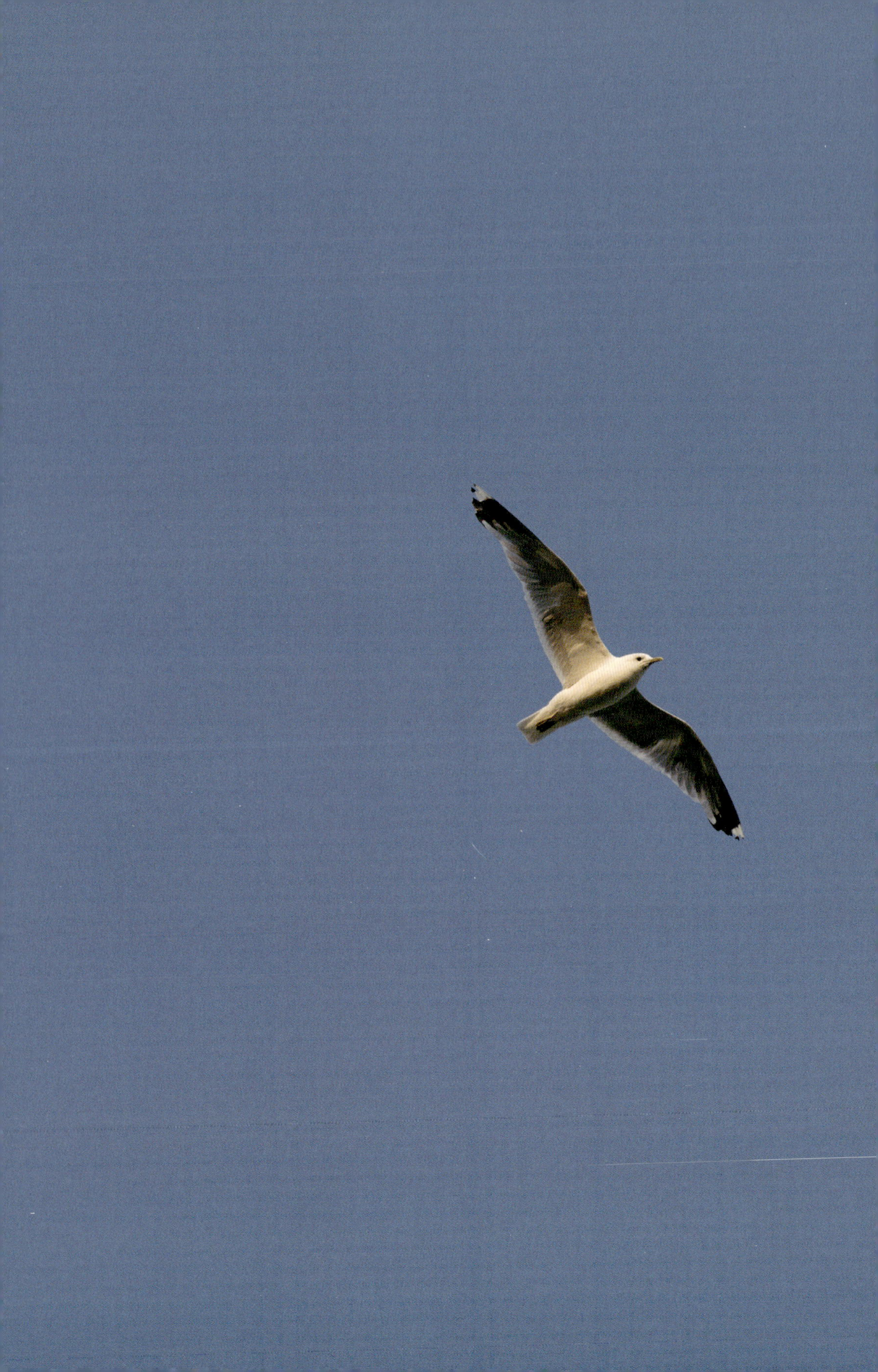

Die Nikon D500 kennenlernen

Im ersten Kapitel lernen Sie die wichtigsten Neuerungen der D500 kennen, welche Bedienelemente sie besitzt, wie Sie die D500 startklar machen und wie Sie schnell erste Fotos mit der Kamera aufnehmen können.

1.1 Neuerungen und Verbesserungen der D500

Mit der D500 hat Nikon ein neues Flaggschiff mit APS-C-Sensor geschaffen, das von seinem Anspruch her den Schulterschluss mit Nikons professionellen Vollformatkameras sucht und seinen legendären Vorgänger, die D300s, weit überlegen ist. Nikon hat mit der D500 sozusagen die kompakte APS-C-Variante der D5 geschaffen. Da sich aber sicherlich schon viele Leser dieses Buches ausführlich mit den Eigenschaften und Funktionen der D500 beschäftigt haben, erläutere ich nur die wichtigsten Punkte und fasse mich kurz.

Stabiles und wetterfestes Gehäuse

Gewicht und Maße des Kameragehäuses haben sich z. B. gegenüber dem D7200 Gehäuse leicht erhöht. Im betriebsbereiten Zustand wiegt die D500 ca. 860 g, das sind gut 100 g mehr als bei der D7200. Nikon verwendet nach wie vor ein sehr robustes Magnesium-Chassis in Monoco-

▼ *Die Monocoque-Bauweise der Nikon D500 (Bild: Nikon).*

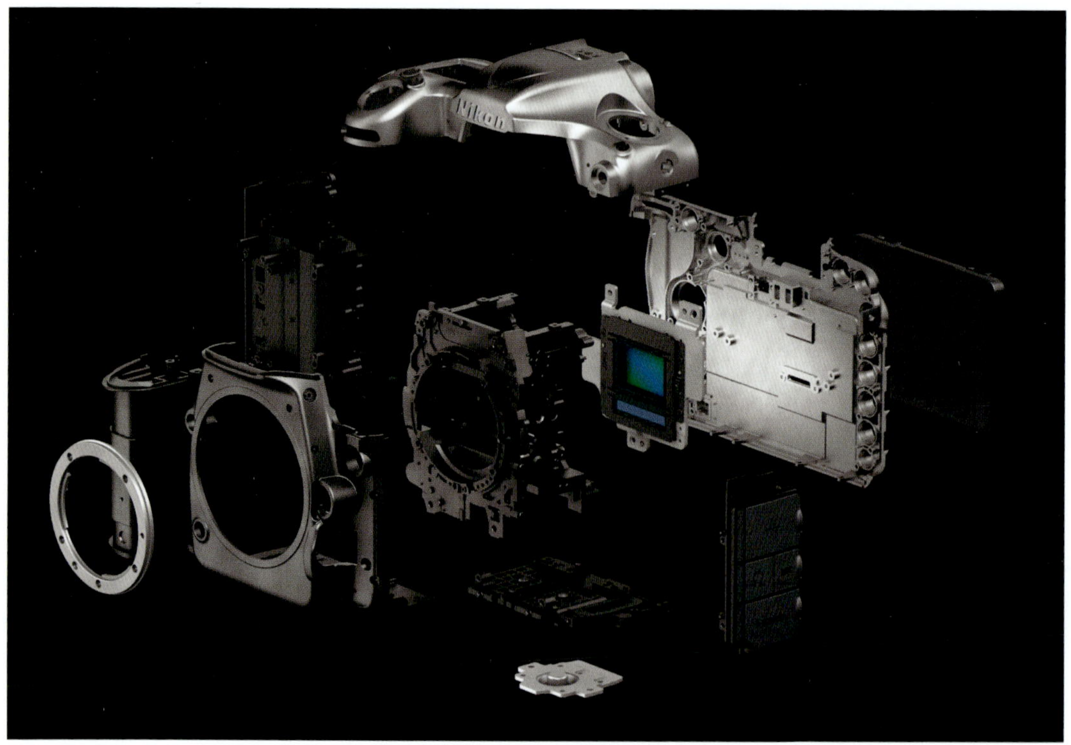

que-Bauweise, wie sie z. B. auch in der Luftfahrtindustrie verwendet wird. Durch die Schalenbauweise ist hohe Steifigkeit bei geringer Masse möglich.

Der D500-Body ist mehrfach gegen Staub und Spritzwasser abgedichtet. So soll man selbst im Nieselregen noch fotografieren können.

Der Body lässt sich sehr gut und sicher halten, Nikon hat der D500 eine tiefe Griffwulst wie bei der D750 spendiert – eine sehr gute Entscheidung.

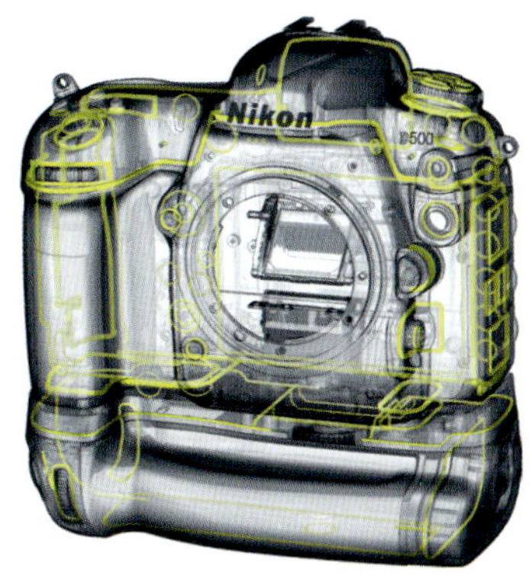

▲ *Alle Komponenten mit Zugang zum Inneren der D500 wurden mit Dichtungen (gelb) versehen (Bild: Nikon).*

Geniales AF-System und hohe Serienbildrate

In der D500 kommt das gleiche, extrem leistungsstarke AF-System (Multi-Cam 20K) mit 153 Messfeldern zum Einsatz wie in der D5. In der D500 wird so ein sehr großer Bereich des Sucherbildes mit AF-Sensoren abgedeckt.

99 der Messfelder sind als hochpräzise Kreuzsensoren ausgelegt. 55 der Sensoren (davon 35 Kreuzsensoren) sind mit einem neuen speziellen *Joystick* (Sub-Wähler) direkt ansteuerbar.

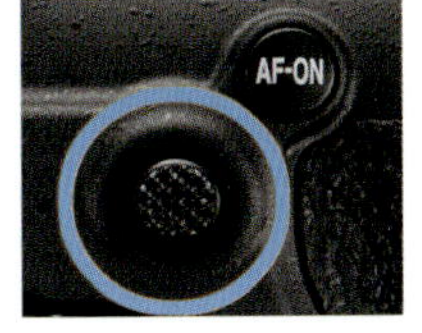

Die restlichen Sensoren dienen der automatischen Motivverfolgung 3D-Tracking. Das AF-System zieht zudem die Daten des Belichtungsmessers zur Messung heran, der mit 180.000 Pixel doppelt so hoch auflöst wie z. B. der der D4s, D810 oder D750. Das kann die Präzision, mit der das ausgewählte Motivsegment im Fokus gehalten wird, deutlich verbessern.

Die Lichtempfindlichkeit des mittleren AF-Messfeld wurde auf bis zu –4 LW erweitert und bis –3 LW für die anderen Messfelder, wodurch der Autofokus auch bei sehr geringem Licht oder bei kontrastarmen Motiven einsetzbar ist. Wird ein Telekonverter eingesetzt stehen zwischen f/5,6 und < f/8 noch 37 Fokuspunkte mit 25 Kreuzsensoren und bei f/8 immerhin noch 15 AF-Felder mit 5 Sensoren in Kreuzausführung zur Verfügung.

Nicht nur allen Sport- und Wildlife-Fotografen dürfte anhand dieser Fülle von Verbesserungen das Herz aufgehen, aber es kommt noch besser.

XQD-Standard

XQD ist ein Kartenformat, das als Nachfolger der Compact-Flash-Karten konzipiert wurde. Nikon hat es erstmals in der D4/D4S verwendet und jetzt in der D500 und der D5.

Vor allem die aktuellen Karten, die dem PCI-Express 2.0 Standard entsprechen, erreichen eine sehr hohe Datentransfergeschwindigkeit. Lesend erreichen sie laut Herstellerangaben bis zu 440 MB/s und schreibend rund 400 MB/s (z. B. Sony QD-G64A oder Lexar Professional 2933x XQD 2.0). Es sind allerdings auch zahlreiche langsamere und günstigere Varianten in Umlauf.

Die Speicherkarten im XQD-Format benötigen eigene Kartenleser. Der Preis für den Umstieg ist also nicht ganz unerheblich, rechnet sich aber mit der Zeit. Es sind nicht nur extrem viele Serienaufnahmen möglich, sondern die Datenübertragung zum PC ist ebenfalls wesentlich schneller und beschleunigt so den gesamten Workflow.

Wenn man mit der Nikon D500 erste Serienaufnahmen macht, stiehlt sich fast zwangsläufig ein Grinsen aufs Gesicht. Mit maximal 10 Bildern pro Sekunde ist die D500 einer der schnellsten Nikon-DSLRs überhaupt. Selbst bei dieser Geschwindigkeit bleibt der Blick durch den Sucher erhalten und es kann der Fokus kontinuierlich nachgeführt werden.

Der Pufferspeicher und die Signalverarbeitung sind ebenfalls überaus großzügig ausgelegt. Nikon gibt an, dass die Kamera mindestens 200 RAW-Fotos am Stück aufnehmen kann, ohne dass es zu einem Stottern oder einer Pause kommt. Allerdings ist für diese Extremwerte eine sehr schnelle XQD-Karte notwendig.

Um die Masse der anfallenden AF-Daten nicht allein dem Expeed 5 zu überlassen, bekommt die D500 einen eigenständigen Prozessor für die Verarbeitung der Autofokus-Daten spendiert.

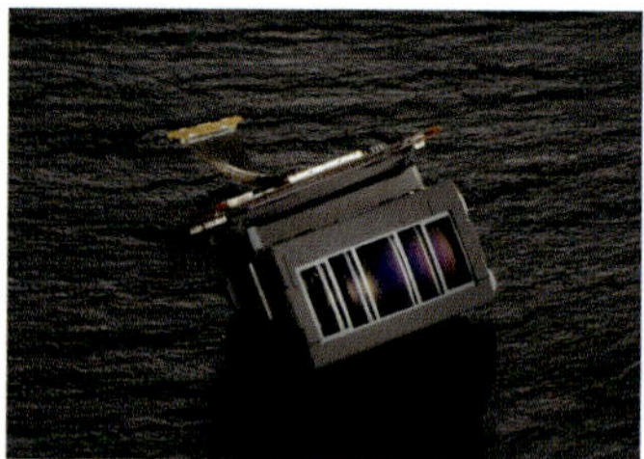

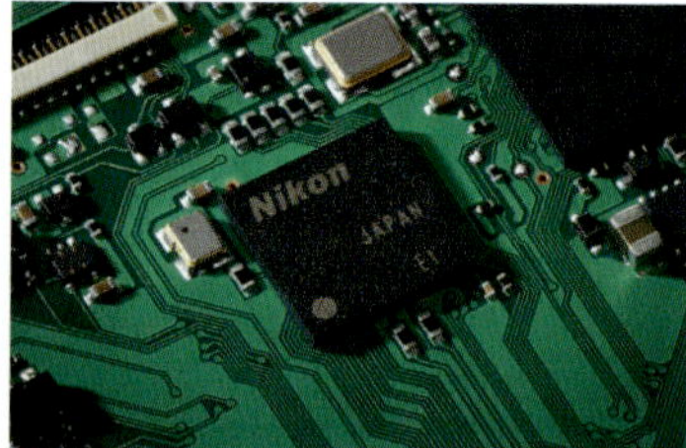

▲ *Links das Autofokus-Modul Multi-CAM 20K und rechts die neue AF-Engine (Bilder: Nikon).*

AF-Feinabstimmung

Erstmals gibt es von Nikon im APS-C-Lager mit der D500 eine integrierte Möglichkeit für eine automatische AF-Feinabstimmung. DSLRs fokussieren bekanntlich nicht mit dem Aufnahmesensor, sondern mit einem separaten AF-Modul. Deshalb kann es immer wieder einmal zum Phänomen des Front- und Backfokus kommen. Genau dann, wenn die Kombination aus AF-Modul, Sensor und Objektiv nicht 100%ig genau aufeinander abgestimmt sind.

Mit der neuen automatischen AF-Feinabstimmung können zumindest die leichteren Fälle von Front- und Backfokus jetzt sehr schnell und leicht gemessen werden und ein entsprechendes Profil in der D500 hinterlegt werden.

Nikon warnt aber ausdrücklich davor, sich jetzt sofort auf diese Funktion zu stürzen, denn sie kann – die automatische Scharfeinstellung negativ beeinflussen –. Mehr dazu ab Seite „6.7 AF-Feinjustierung“ ab Seite 182.

Sensor ohne Tiefpassfilter

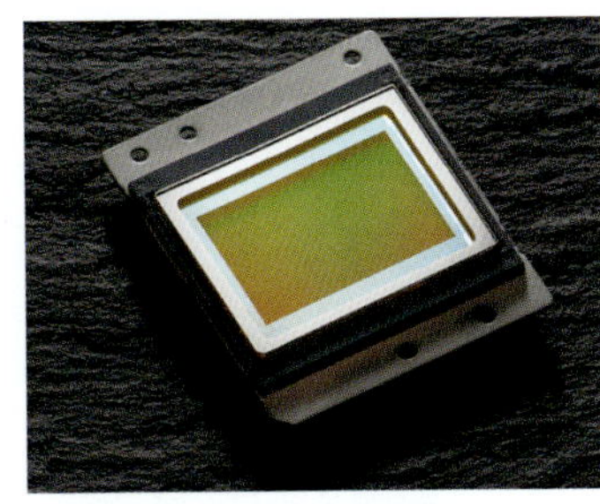

▲ *Der neue CMOS-Sensor (Bild: Nikon).*

Nikon setzt einen neuen Sensor ein, den CMOS-Sensor APS-C 23,6 x 15,8 mm (Cropfaktor 1,5) mit 21,6 Megapixel (physikalisch) und 20,9 Megapixel (effektiv). Der Pixelpitch beträgt 4,2 µm. Der Tiefpassfilter ist – wie schon üblich – in der D500 nicht mit an Bord.

Neuer Image-Prozessor EXPEED 5

Der schnelle EXPEED-5-Image-Prozessor der D5 ist auch in der D500 zu finden und beschleunigt die Bildverarbeitung deutlich. Die hohe Arbeitsgeschwindigkeit des Prozessors kommt vor allem der Bildqualität bei hohen ISO-Werten, der rasanten Serienbildrate, einem verbessertem Weißabgleich und last but not least der stark verbesserten Videofunktionalität – insbesondere der 4K-UHD-Fähigkeit – zugute.

Integrierte WLAN-Funktion und Bluetooth

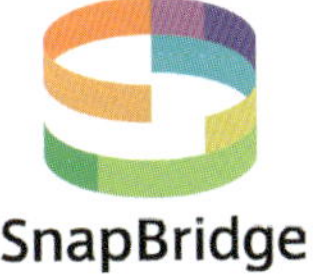

SnapBridge

Ebenfalls ein sehr nützliches Feature ist die integrierte WLAN-Funktion, die quasi von einer ständigen Bluetooth-Verbindung (abschaltbar) gesteuert wird. Die Bluetooth-Verbindung soll vor allem eine effiziente Verbindung zum Smartphone und Tablet vereinfachen. Dazu wird auf dem Smartphone/Tablet die kostenlose App SnapBridge installiert. Anschließend kann eine dauerhafte Bluetooth-Verbindung hergestellt werden, die dank Bluetooth 4.x nur wenig Strom zieht. Bilder können – nach der obligatorischen Anmeldung – auch automatisch auf Nikon Image Space hochgeladen werden. Bei Bedarf schaltet die Bluetooth-Verbindung das WLAN automatisch zu. NFC für eine schnelle und unkomplizierte Kopplung der Geräte ist auch mit an Bord. Die Verbindungen sind ausreichend schnell, sie stellen allerdings keine Geschwindigkeitsrekorde auf. Mehr dazu unter „1.6 Bluetooth und WLAN in Betrieb nehmen“ ab Seite 32.

Zeitgleich mit der Vorstellung der D500/D5 hat Nikon auch einen weiteren Wireless-LAN-Adapter, den WT-7A vorgestellt. Der potente Adapter ermöglicht die Kommunikation zwischen der Kamera und einem Wireless LAN über eine Entfernung von bis zu 200 m und mit bis zu 866,7 Mbit/s. Er unterstützt Wireless-LAN IEEE 802.11ac und besitzt eine dedizierte LAN-Schnittstelle. Der Adapter wird unter die D500 geschnallt und von der Kamera mit Strom versorgt. Verbindungen können über eine Basisstation, HTTP und FTP hergestellt werden. D500 und WT-7 können dank des neuen Access-Point-Modus gemeinsam als WLAN-Basisstation dienen, was das einfache Verbinden mit Computern und Mobilgeräten ermöglicht.

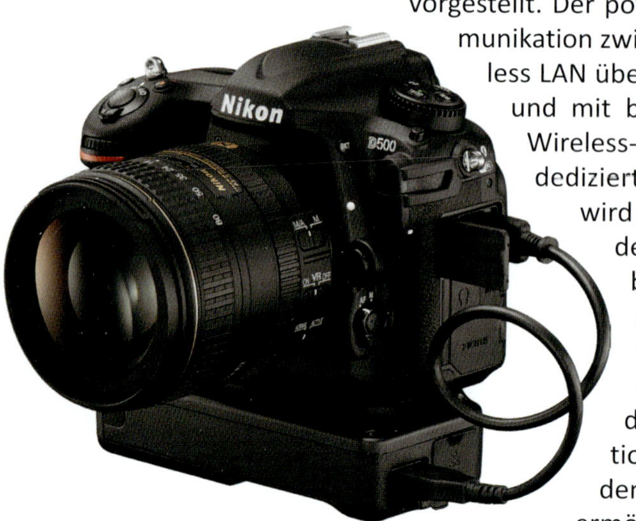

▲ *Die Nikon D500 mit untergeschnalltem WT-7. Leider ist das Modul recht teuer (Bild: Nikon).*

Erweiterte ISO-Empfindlichkeit

Die Bandbreite der ISO-Empfindlichkeit hat sich verbessert. Die Spanne reicht von ISO 100 bis ISO 51200. Die Empfindlichkeit kann nominell nach unten bis Lo1 (entspricht ISO 50) und nach oben bis Hi 5, entsprechend ISO 1.640.000, erweitert werden. Die Qualität der Fotos unter hohen ISO-Werten bewegt sich auf sehr erfreulichem Niveau.

Video

Im Bereich Video gibt es ebenfalls einige eindrucksvolle Sensationen zu vermelden: Die Nikon D500 ist (neben der D5) die erste Nikon überhaupt, die 4K-Videos (UHD) mit bis zu 30 Bildern pro Sekunde aufzeichnen kann und das für fast 30 Minuten. Da das Fat32-Format für die Speicherkarten noch eine 4GB Grenze besitzt, wird beim Erreichen dieser Grenze einfach eine neue Datei erstellt.

Das aufgenommene 4K-Video deckt nicht den vollen Bildbereich des Sensors ab, vielmehr wird ein mittlerer Bereich von 3840 × 2160 Pixeln aufgezeichnet. Das sorgt dann für einen zusätzlichen Cropfaktor, also einer scheinbaren Brennweitenverlängerung.

Leider nur im Full-HD und HD-Modus greift eine neue elektronische Vibrationsreduktion in der Kamera, die Freihandaufnahmen deutlich verbessern soll. In Kombination mit der VR-Technik der Nikkor-Objektive wird der Effekt noch ausgeprägter.

Im Full-HD/HD-Modus ist jetzt Active D-Lighting verfügbar und bändigt hohe Kontraste. Nikon macht so manche aufwändige Nachbearbeitung für überflüssig.

Neigbarer, hochauflösender Touchscreen-Monitor

Die D500 besitzt ein Klappdisplay, das mechanisch weitgehend dem der D750 entspricht. Es hat allerdings eine deutlich höhere Auflösung von rund 2,4 MP und zumindest eine einfache Touch-Bedienung. Letztere ermöglicht Touch-AF und Touch-Auslösung, Texteingabe und schnellen Bildwechsel mittels Scrollleiste.

1.2 Die erste Inbetriebnahme der Nikon D500

Vielleicht ist die Nikon D500 nicht die erste DSLR, die Sie einsetzen. Es ist aber auch ein deutlicher Trend erkennbar, gleich mit einer sehr hochwertigen Kamera in die Fotografie einzusteigen, und da das Buch nicht nur für Profis geschrieben ist, werden zumindest die Grundzüge einer ersten Inbetriebnahme besprochen. Wer sich bereits auskennt, kann einiges im ersten Kapitel locker überspringen. Trotzdem interessant sind Kapitel „1.6 Bluetooth und WLAN in Betrieb nehmen“ ab Seite 32 und „1.7 Mit dem Touchscreen arbeiten“ ab Seite 34.

Ich gehe in dieser Einführung davon aus, dass Sie ein Objektiv Ihrer Wahl bereits vorliegen haben. Als Erstes schrauben Sie die Abdeckung am hinteren Ende des Objektivs ab, unter der das Objektivbajonett zum Vorschein kommt. Als Nächstes wird mit einer Drehung im Uhrzeigersinn der Deckel auf der Kamera abgenommen. Halten Sie die Kamera leicht nach unten geneigt, damit möglichst kein Staub in den Spiegelkasten eindringen kann. Nehmen Sie jetzt das Objektiv in die Hand und suchen Sie darauf den weißen Punkt. Setzen Sie das Objektiv so an die Kamera an, dass sich die weißen Punkte gegenüberliegen. Mit einer leichten Drehung des Objektivs nach links (entgegen dem Uhrzeigersinn) rastet es hörbar ein.

Aufsetzen des Objektivs

Ist man noch etwas ungeübt im Aufsetzen des Objektivs, sollte man einige Punkte beherzigen:

- Das Objektiv ist immer plan aufzusetzen. Wenn sich die beiden weißen Punkte auf Objektiv und Kamera genau gegenüberliegen, ist das sehr einfach.
- Achten Sie auch in hektischen Situationen darauf, dass sich das Gewinde des Objektivs nicht verkantet. Ist alles in Ordnung, lassen sich die Objektive mit sehr geringem Kraftaufwand entgegen dem Uhrzeigersinn drehen, bis sie mit einem leichten Klick einrasten. Spüren Sie einen deutlichen Widerstand, kontrollieren Sie noch einmal den korrekten Sitz der Linse.

Ich habe in den Jahren als Nikon-Fotograf sehr wenige Objektive kennengelernt, die sich nur relativ schwergängig aufsetzen ließen. Dazu gehörte z. B. das NIKKOR AF 50 mm f/1,8 D, bei seinem Nachfolger, dem f/1,8 G, lief alles wie gewohnt.

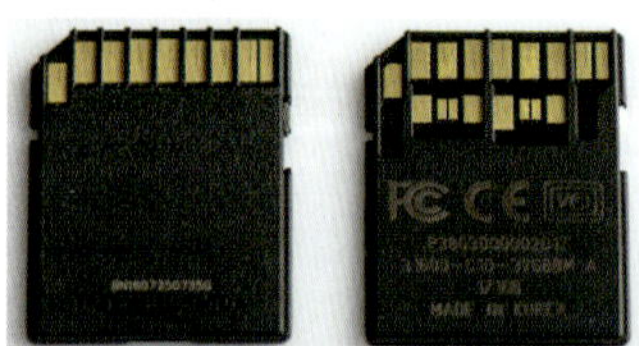

▲ *Erweiterung der SD-Kontaktleiste, links UHS-I, rechts UHS-II.*

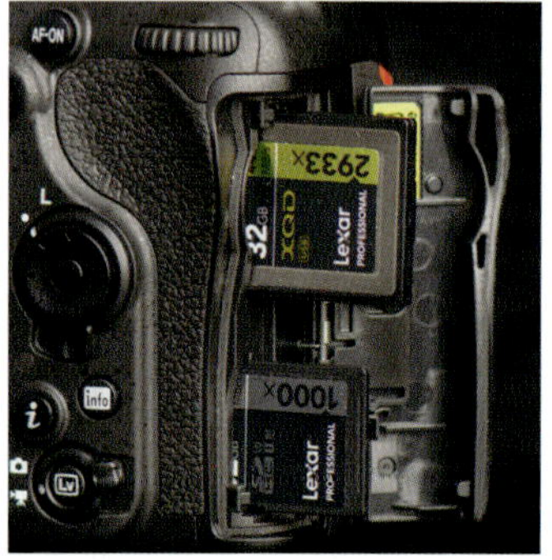

▲ *Der doppelte Kartenschacht der Nikon D500.*

Akku und Speicherkarte einsetzen

An der unteren Seite der Kamera finden Sie in der Griffwulst die Klappe für das Akkufach. Öffnen Sie die Abdeckung und setzen Sie den Akku so ein, dass die Kontakte in Richtung Kamera zeigen. Beim Einsetzen der Stromversorgung müssen Sie die kleine gelbe Nase mit dem Akku etwas zur Seite drücken. Schieben Sie den Akku soweit ins Fach, bis die gelbe Nase hinter dem Akku einrastet.

Die D500 hat ein neues XQD- und ein übliches SD-Kartenfach. Der XQD-Standard ist noch nicht sehr verbreitet, u. a. deshalb sind die Karten noch vergleichsweise teuer. Das wird sich vermutlich bald ändern, jedenfalls dann, wenn in Zukunft mehr Kameras diesen Standard unterstützen.

Auf dem Markt werden aktuell vor allem XQD-Karten von Sony und Lexar angeboten. Von SD-Karten wird hingegen eine unüberschaubare Flut angeboten. Für die D500 empfehle ich schnelle UHS-II-kompatible SDHC- oder SDXC-Karten, obwohl die UHS-I Karten nach wie vor funktionieren. Derzeit bieten Speicherkarten mit 16 bis 64 GByte Speicherkapazität wohl das beste Preis-Leistungs-Verhältnis. Durch die hohe Serienbildgeschwindigkeit und die guten Videofähigkeiten fallen unter Umständen sehr hohe Datenmengen an, die abgespeichert werden müssen.

Die Schreibgeschwindigkeit der XQD-Karten ist allgemein vergleichsweise hoch. Wer vor allem noch mit SD-Karten arbeiten möchte, sollte besonders auf schnelle Speicherkarten achten (Empfehlung ≥ 80 MByte/Sek. für das Schreiben). Sie sind, abgesehen von wenigen Spitzenmodellen, nur unwesentlich teurer als konventionelle Karten. Ich rate dazu, die Speicherkarten immer in der Kamera und nicht im Kartenleser am Computer oder Laptop zu formatieren.

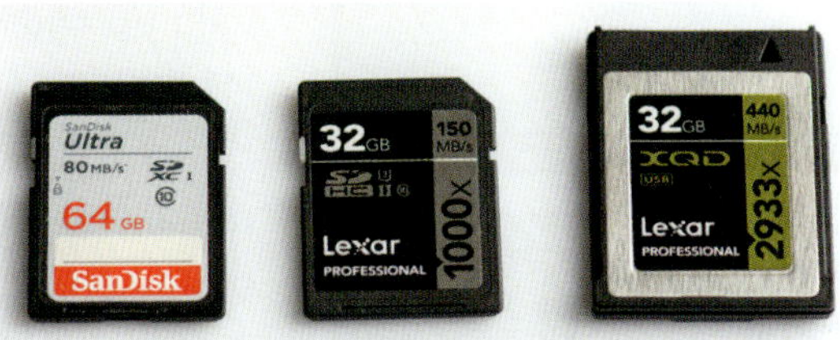

▲ *Links die klassische SD-Karte nach UHS-I Standard. In der Mitte die deutlich schnellere UHS-II Karte und rechts eine sehr schnelle XQD-Karte. UHS-I- und UHS-II-Karten sind zueinander kompatibel, die XQD-Karten besitzen ein anderes Format.*

Datum und Sprache festlegen

Jetzt gilt es noch, einige notwendige Grundeinstellungen im Kameramenü vorzunehmen, bevor die Kamera das erste Mal in Gebrauch genommen wird. Bei der ersten Inbetriebnahme erscheint das entsprechende Menü automatisch, ansonsten finden Sie die Einträge im Menü *SYSTEM*. Zuerst stellen Sie die Landessprache ein. Wandern Sie mit dem Multifunktionswähler nach oben, sodass als Sprache *Deutsch* ausgewählt ist.

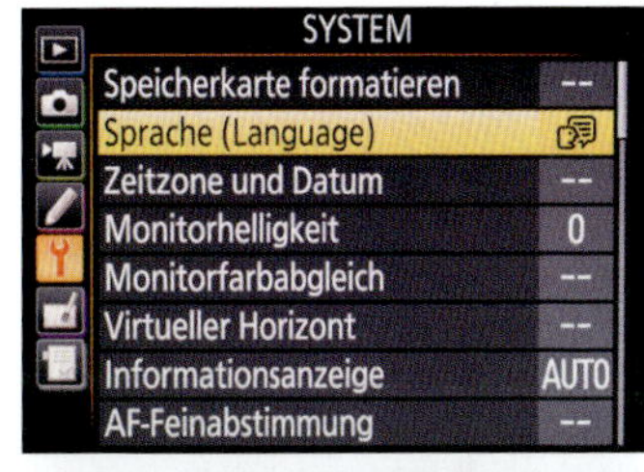

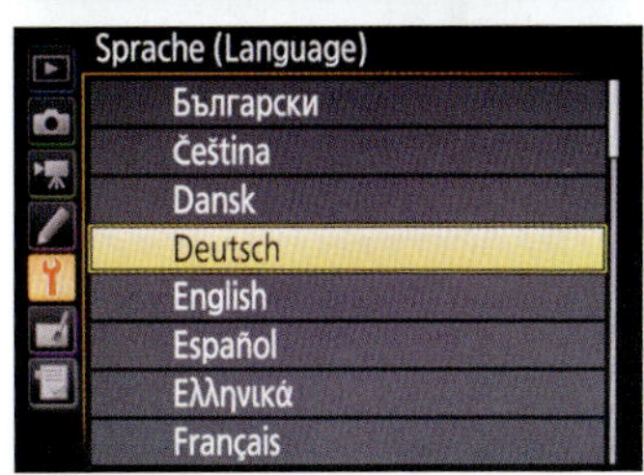

Anschließend geben Sie noch das aktuelle Datum und die Uhrzeit sowie das Datumsformat, die Zeitzone und die Umstellung auf die Sommerzeit ein. Den Wiedergabeordner können Sie auf der Voreinstellung *D500* stehen lassen. Bestätigen Sie Ihre Einstellungen und verlassen Sie das Menü durch einen kurzen Tipp auf den Auslöser.

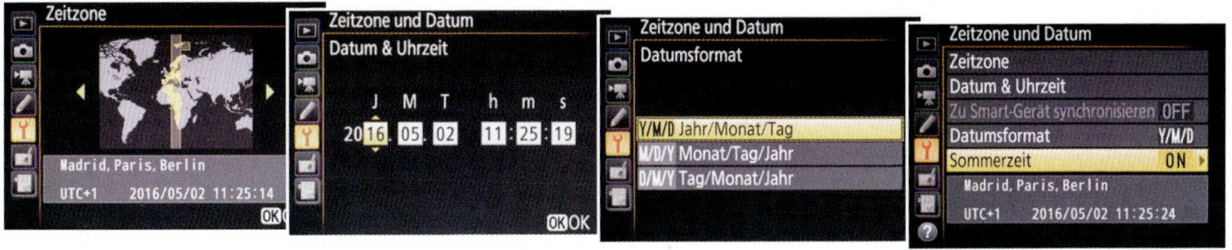

Damit sind die essentiellen Grundeinstellungen erst einmal erledigt.

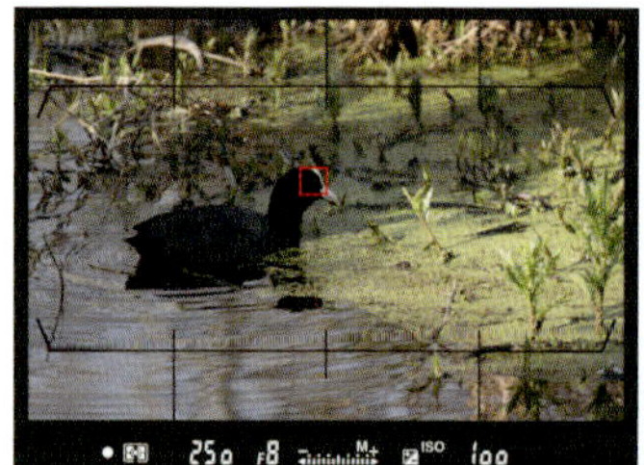

Für erste Aufnahmen empfiehlt sich die Matrixmessung [Symbol] und die Programmautomatik P. Wenn Sie jetzt durch den Sucher blicken, können Sie einen Bildausschnitt und die Brennweite festlegen. Wenn Sie den Auslöser sanft halb durchdrücken wird das Bild scharf gestellt. Drücken Sie den Auslöser ganz durch wird ausgelöst und Ihr erstes Bild erscheint auf dem Monitor.

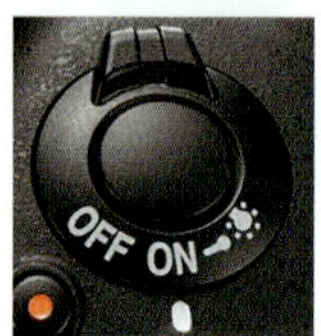

Haben Sie Ihre ersten Testaufnahmen erfolgreich abgeschlossen, schalten Sie die Kamera am ON/OFF-Schalter wieder aus.

1.3 Die Bedienelemente der D500 kennenlernen

Im Folgenden eine kleine Übersicht über die einzelnen Funktionselemente der D500 mit einer kurzen Erläuterung.

Die Oberseite

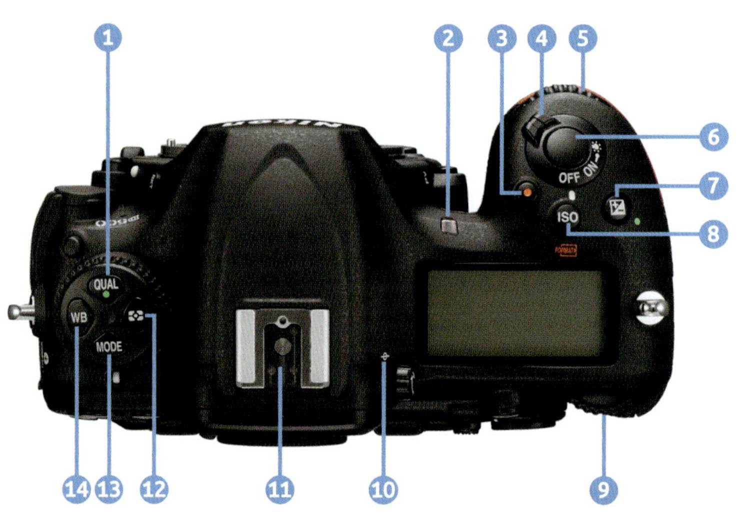

❶ **QUAL-Taste:** Stellt in Kombination mit dem hinteren Einstellrad ❾ die Bildqualität ein, also z. B. RAW, JPG, TIF oder Kombinationen davon. In Verbindung mit dem vorderen Einstellrad ❺ wird die Bildgröße (JPEG/TIF) eingestellt L/M/S.

❷ **Selbstauslöser-Kontrollleuchte:** Blinkt rot nach Betätigung des Auslösers im Selbstauslösemodus. Zwei Sekunden vor der Auslösung wird ein Dauerlicht angezeigt.

❸ **Start-/Stopptaste für die Filmaufzeichnung:** Die Taste funktioniert nur, wenn sich die Kamera bereits im Live-

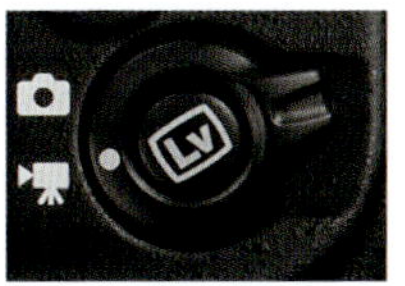

View-Modus befindet und der **Live-View-Wähler** auf Video steht.

4 Der äußere Ring um den Auslöser dient als **Ein-/Ausschalter** der Kamera. Wird der Hebel noch etwas weiter gedreht, so wird das obere Display und die Bedienelemente auf der linken Seite für einige Sekunden beleuchtet.

5 Mit dem **vorderen Einstellrad** werden verfügbare Einstellungen geändert, z. B. im manuellen Modus M die Blende.

6 **Auslöser**: Wird der Auslöser halb durchgedrückt, werden in der Grundeinstellung der Autofokus und die Belichtungsmessung aktiviert und gespeichert. Der Autofokus gibt eine optische und akustische Rückmeldung dazu, ob ein Schärfepunkt erfolgreich erkannt wurde. Im Sucher leuchtet der runde Schärfeindikator auf. Der Ton kann im Systemmenü unter *Tonsignal* in *Lautstärke* und *Tonhöhe* festgelegt oder ganz abgeschaltet werden.

7 **Belichtungskorrektur**: In den Aufnahmemodi korrigieren Sie durch Drücken dieser Taste und gleichzeitiges Drehen am hinteren Einstellrad 9 in 0,3-LW-Schritten die Belichtung um bis zu ± 5 LW-Stufen.

8 **ISO-Taste:** Durch drücken der ISO-Taste können Sie sehr schnell mit dem hinteren Einstellrad die ISO-Empfindlichkeit ändern. In Kombination mit dem vorderen Einstellrad kann zwischen festem ISO-Wert und der Automatik umgeschaltet werden.

9 Das hintere **Einstellrad** verändert allein oder in Kombination mit weiteren Tasten variable Werte wie z. B. die Belichtungszeit.

10 **Sensorebenenmarkierung**: Auf dieser Ebene liegt intern die Oberfläche des Kamerasensors.

11 Der **Zubehörschuh** kann nicht nur einen externen Systemblitz aufnehmen, sondern auch weitere Steuergeräte.

12 Taste für die **Belichtungsmessung**. Ein Druck auf die Belichtungsmessungstaste und gleichzeitiges Drehen des hinteren Einstellrads wählt die Belichtungsmessung: Matrixmessung, Lichterbetonte Messung

*, die Spotmessung oder die mittenbetonte Messung .

13 Die **MODE**-Taste: Mit ihr werden die unterschiedlichen Belichtungssteuerungen eingestellt: Programm-, Blenden- und Zeitautomatik und die manuelle Belichtungssteuerung (P, S, A, M).

14 Die **WB**-Taste stellt den Weißabgleich ein. In Verbindung mit dem hinteren Einstellrad wird zwischen den WB-Modi umgeschaltet, also *AUTO, Kunstlicht, Leuchtstofflampe, Direktes Sonnenlicht* usw. Mit dem vorderen Einstellrad kann in den Modi *AUTO* bis *Schatten* ein Korrekturwert für die Amber (Gelb) – Blau-Achse eingegeben werden. Im Modus *K* wird die Farbtemperatur in Kelvin gewählt und im Modus *PRE* wird der gewünschte Speicherplatz d-1 bis d-6 eingestellt.

Die Rückseite

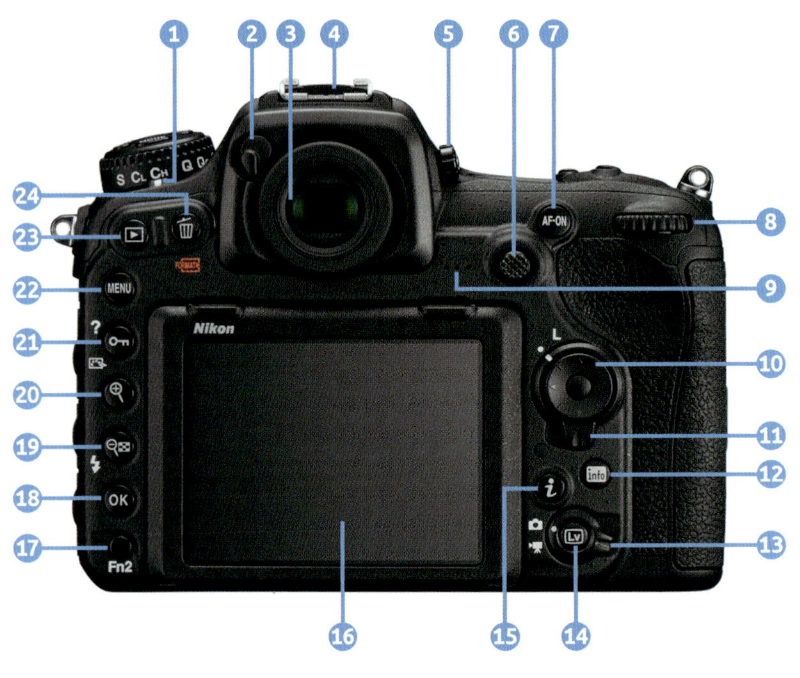

1 Der **Aufnahmebetriebswähler** für die Betriebsarten Einzelbild S, langsame CL und schnelle Serienaufnahme CH, leise Auslösung Q, leise Serienbildaufnahme QC, Selbstauslöser sowie Spiegelvorauslösung MUP.

2 Der **Okularverschlusshebel** verhindert das Eindringen von Licht über das Okular.

3 Der **Sucher**.

4 Der **Zubehörschuh**, der z. B. einen externen Blitz aufnimmt.

5 **Dioptrieneinstellung**: Brillenträger können durch eine Verstellung der Dioptrienzahl im Sucher ausprobieren, ohne Brille zu fotografieren.

6 Der Joystick, von Nikon offiziell als **Sub-Wähler** bezeichnet. Alternative zum Multifunktionswähler bei der Auswahl des Fokusmessfeldes. Ein Druck auf den Sub-Wahler speichert Scharfeinstellung und Belichtung.

7 Mit der **AF-ON Taste** kann je nach Tastenbelegung die Scharfeinstellung gespeichert werden.

8 Das hintere **Einstellrad** verändert allein oder in Kombination mit weiteren Tasten variable Werte wie z. B. die Belichtungszeit.

9 Der **Lautsprecher** der D500.

10 Der **Multifunktionswähler** dient hauptsächlich der Navigation z. B. durch die Menüs oder zwischen den AF-Feldern. Die mittlere **Bestätigungstaste** aktiviert Ereignisse oder bestätigt Befehle.

11 **Sperrschalter** für die Messfeldvorwahl. Wenn Sie das aktive AF-Feld nicht mehr bewegen können, ist diese Taste vermutlich die Ursache.

12 Über die **Info-Taste** info werden alle wichtigen Kameraparameter auf dem rückseitigen Display eingeblendet.

13 Mit dem **Live-View-Wähler** wird zwischen Foto und Filmen gewählt und anschließend mit der Taste die Live-View aktiviert.

14 Die **Live-View-Taste** lässt den Spiegel hochklappen, sodass das Licht direkt auf den Monitor geleitet wird und das Bild live betrachtet werden kann. Der Sucher bleibt solange schwarz.

15 Mit der **i-Taste** kann im Sucher- bzw. in den zwei Live-View-Modi (Foto/Video) ein angepasstes Schnellmenü eingeblendet werden.

16 Der **Kameramonitor** zeigt entweder die Live-View, wichtige Kameraparameter oder in der Rückschau die aufgenommenen Fotos.

17 Die **Fn2**-Taste dient zur schnellen Bewertung von aufgenommenen Fotos. Die Belegung kann mit der Individualfunktion f1 geändert werden.

18 Die **OK**-Taste dient zum expliziten Bestätigen von Eingaben oder Auswahlen.

19 Die **Verkleinerungs-/Bildindextaste**: Im Wiedergabemodus wird die Bildübersicht aufgerufen oder der Bildausschnitt verkleinert dargestellt. In Kombination

mit dem hinteren bzw. vorderen Einstellrad können auch der Blitzmodus und die Blitzbelichtungskorrektur eingestellt werden.

20 Mit der Taste für die **Ausschnittvergrößerung** kann z. B. in der Rückschau bzw. im Wiedergabemodus schnell kontrolliert werden, ob die Schärfe im Motiv richtig sitzt.

21 Die Taste für **Bildschutz**, **Picture Control** oder **Hilfeanzeige**. Diese Taste hat gleich eine Dreifachbelegung abbekommen. Im normalen Aufnahmemodus wird das Menü *Picture Control konfigurieren* aufgerufen. Im Wiedergabemodus kann ein Bild gegen versehentliches Löschen geschützt werden. Taucht im Menümodus unten links ein Fragezeichen auf ?, kann durch diese Taste ein kurzer Erklärungstext aufgerufen werden.

22 Die **MENU-Taste** ruft die Menüeinstellungen der Kamera auf.

23 Die **Wiedergabetaste** wechselt zwischen dem Aufnahme- und dem Wiedergabemodus. Mit Letzterem lassen sich Aufnahmen auf der Speicherkarte betrachten.

24 Die **Löschtaste** löscht im Wiedergabemodus einzelne Bilder von der Speicherkarte.

Die Anschlüsse und Tasten der linken Seite

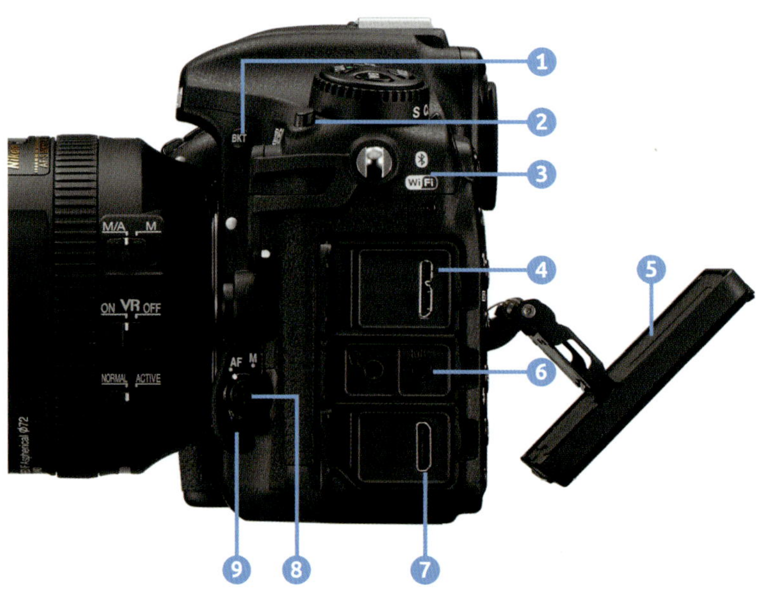

1 Die BKT-Taste für z. B. die Belichtungsreihe(Bracketing) ist auf der linken Vorderseite zu finden.

2 Die **Entriegelungstaste** für den Aufnahmebetriebsartenwähler.

3 Die Symbole für Bluetooth- und WLAN/WiFi-Module. Die NFC-Kopplung liegt auf der gegenüberliegenden Seite auf Höhe der Kartenschächte.

4 Der **USB-Anschluss** für das USB-Kabel UC-E22.

5 Der neigbare Monitor der D500.

6 Anschluss für ein externes **Mikrofon** und einen **Kopfhörer** in 3,5-mm-Klinkenform.

7 (Mini-)**HDMI-Anschluss** (Typ C).

8 Die **AF-Modus** Taste. Wird sie gedrückt, kann mit dem hinteren Einstellrad der **Autofokusmodus** bestimmt werden: Einzelfokus AF-S oder kontinuierlicher Autofokus AF-C. Mit dem vorderen Einstellrad wird je nach Moduswahl die **AF-Messfeldsteuerung** eingestellt: Einzelsteuerung S, die dynamischen Messfeldsteuerungen mit 25, 72 oder 153 Messfeldern, Automatische Steuerung Auto, das 3D-Tracking oder die Messfeldgruppensteuerung.

9 **Fokusschalter** – Autofokus AF oder manueller Fokus M.

Die Vorderseite

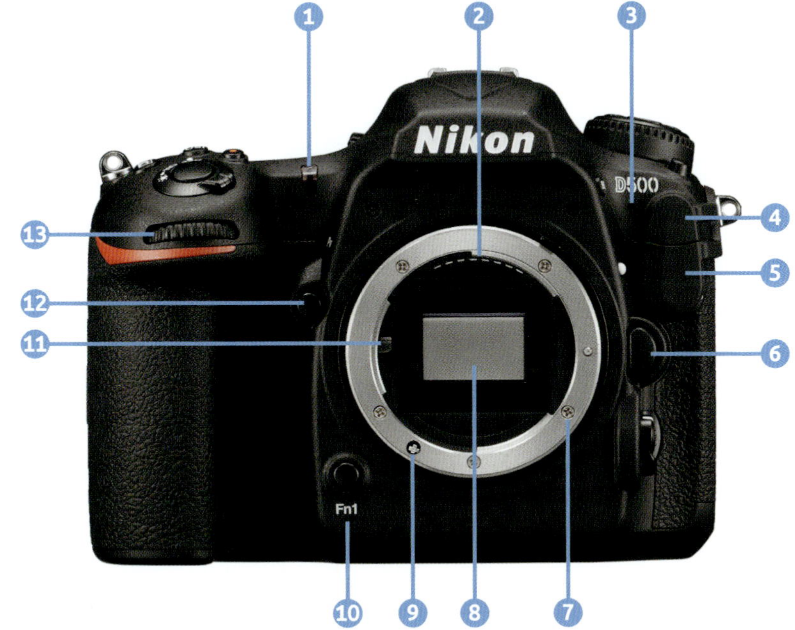

1 Die **Selbstauslöser-Kontrollleuchte** blinkt, wenn der Selbstauslöser aktiv ist.

2 Kontakte für die Kommunikation mit den Objektiven.

3 Das **Mikrofon** auf der Vorderseite.

4 Der Blitzsynchronanschluss.

5 Der Nikon eigene **10-polige Anschluss**, z. B. für einen Kabelfernauslöser.

6 Schalter für die **Objektiventriegelung**.

7 Das Nikon-**Objektivbajonett**. Durch sein vergleichsweise hohes Auflagemaß von 46,5 mm ist es sehr aufwen-

dig Objektive, die nicht für das F-Bajonett konstruiert wurden, zu adaptieren.

8 Der **Kameraspiegel**.

9 Die **AF-Kupplung** für den Fokussiermotor im Gehäuse. Für meist ältere Objektive ohne eigenen AF-Antrieb.

10 Die **Funktionstaste Fn1** kann in den Individualfunktionen unter *f2* (Foto) oder *g1* (Video) für einen schnelleren Zugriff belegt werden.

11 Der **Blendenhebel** hält die Springblende offen.

12 Die Belegung der **Abblendtaste Pv** wird in den Individualfunktionen *f3* (Foto) und *g2* (Video) festgelegt.

13 Mit dem **vorderen Einstellrad** werden zahlreiche Einstellungen vorgenommen, z. B. wird damit im manuellen Modus M die Blende eingestellt.

1.4 Das erste Foto aufnehmen

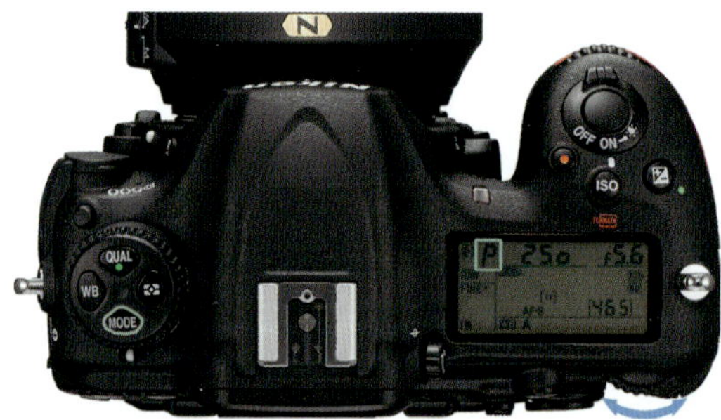

In der Programmautomatik P übernimmt die Kamera alle wichtigen Einstellungen für Sie.

Drücken Sie dazu die Taste MODE und drehen Sie das hintere Einstellrad, bis im Display ein P erscheint. In diesem Fall konzentrieren Sie sich ganz auf Ihr Motiv und auf den Bildausschnitt.

Ein Blick durch den Sucher

Eines der Markenzeichen der Spiegelreflexkameras ist ihre Eigenschaft, das Bild direkt durch das Objektiv über Spiegel und eine Mattscheibe in den Sucher zu projizieren. Dieses Verfahren liefert ein sehr helles und klares Bild vom Motiv. Ganz nebenbei hat man die Kamera ruhig und sicher im Griff und bekommt keine Probleme mit direktem Sonnenlicht, das auf das Display fällt und damit ein Ablesen des Bildes fast unmöglich machen würde. Ein weiterer Vorteil des optischen Sucherbildes besteht darin, jeder noch so schnellen Bewegung problemlos folgen zu können. Das ist derzeit bei vielen elektronischen Suchern und Displays noch nicht gegeben. Praktisch alle modernen DSLRs verstehen sich ebenfalls darauf, das Sucherbild auf dem

Display anzuzeigen, doch dazu im nächsten Abschnitt mehr. Das Sucherbild der Nikon D500 ist übersichtlich gestaltet und blendet, je nach Betriebsart, die wichtigsten Aufnahmeinformationen ein.

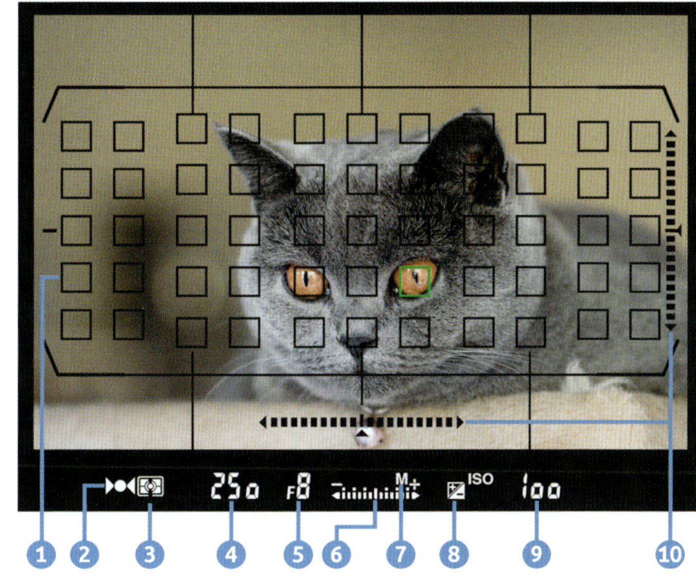

❶ Mitten im Sucherbild, innerhalb des skizzierten Bereichs, sind die 55 direkt anwählbaren Fokusmessfelder angeordnet. Die Kreuzsensoren sind in den drei mittleren Spalten und jeweils den zwei äußeren Spalten angeordnet. In der unteren Leiste werden weitere Informationen eingeblendet: ❷ der Schärfeindikator, ❸ die Belichtungsmessung, ❹ die aktuelle Belichtungszeit, ❺ die Blendenzahl, ❻ die Belichtungsskala, ❼ die Programm- bzw. Belichtungssteuerung ❽ der Indikator für die Belichtungskorrektur, ❾ die ISO-Empfindlichkeit und ❿ die Anzeige des virtuellen Horizonts für Neigung und Drehung der Kamera.

Alle Symbole im Sucher

Im Sucher können je nach Betriebsart und Situation auch noch weitere Symbole eingeblendet werden, deshalb an dieser Stelle eine Auflistung der wichtigen Anzeigen:

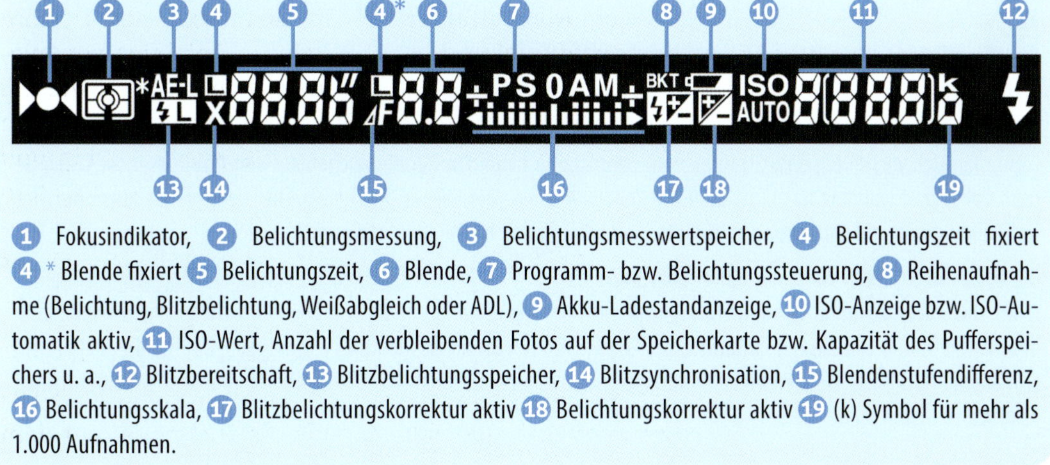

❶ Fokusindikator, ❷ Belichtungsmessung, ❸ Belichtungsmesswertspeicher, ❹ Belichtungszeit fixiert ❹ * Blende fixiert ❺ Belichtungszeit, ❻ Blende, ❼ Programm- bzw. Belichtungssteuerung, ❽ Reihenaufnahme (Belichtung, Blitzbelichtung, Weißabgleich oder ADL), ❾ Akku-Ladestandanzeige, ❿ ISO-Anzeige bzw. ISO-Automatik aktiv, ⓫ ISO-Wert, Anzahl der verbleibenden Fotos auf der Speicherkarte bzw. Kapazität des Pufferspeichers u. a., ⓬ Blitzbereitschaft, ⓭ Blitzbelichtungsspeicher, ⓮ Blitzsynchronisation, ⓯ Blendenstufendifferenz, ⓰ Belichtungsskala, ⓱ Blitzbelichtungskorrektur aktiv ⓲ Belichtungskorrektur aktiv ⓳ (k) Symbol für mehr als 1.000 Aufnahmen.

Die Live-View-Ansicht

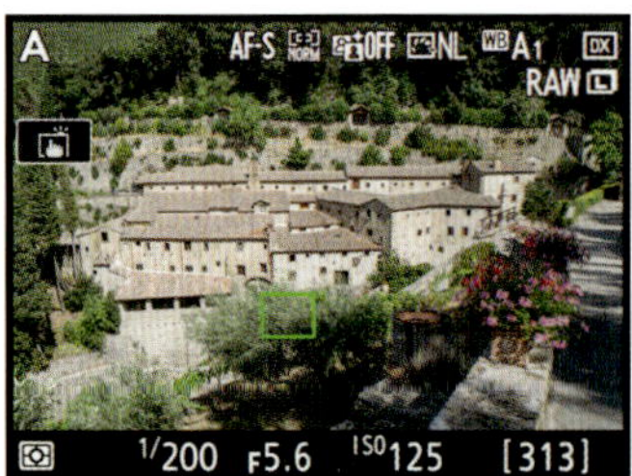

▲ *In der Live-View werden viele aktuelle Informationen der Kamera auf dem Monitor angezeigt.*

Sie können an der D500 jederzeit die Live-View-Ansicht aktivieren. Drücken Sie dazu einfach die entsprechende Taste an der Kamera.

Ein entscheidender Vorteil der Live-View sind das große Vorschaubild sowie die Möglichkeit, in das Foto hineinzuzoomen und die Schärfe genau zu kontrollieren. Ebenso ist es möglich, ein Gitternetz in das Bild einzublenden. Ein solches Gitter erleichtert die Bildgestaltung am Anfang doch sehr. Dazu muss in der Live-Ansicht die Info-Taste (eventuell mehrmals) gedrückt werden, bis das Netz eingeblendet wird. Alternativ können mit der Info-Taste erweiterte Informationen eingeblendet oder alle Informationen ausgeblendet werden.

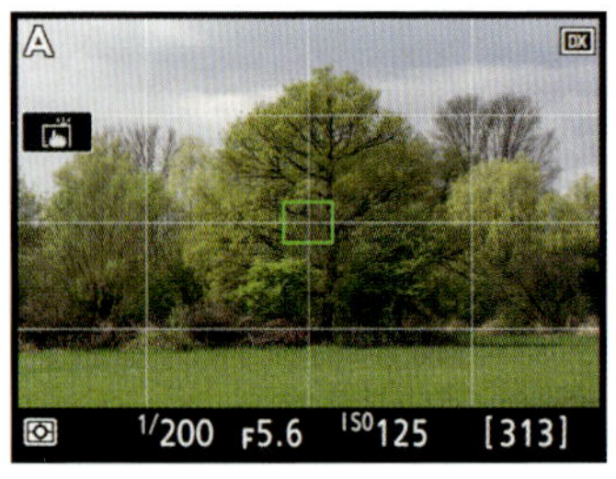

▲ *In der Live-View kann mit der Info-Taste ein Gitter in das Bild eingeblendet werden. Die Bildgestaltung wird so deutlich vereinfacht. Es handelt sich aber nicht um das bekannte „Drittel-Gitter".*

In der Live-View ist es jetzt auch möglich mit einem Fingertipp den Fokuspunkt zu bestimmen und direkt auszulösen.

Der Nachteil dieser Ansicht ist eine geänderte Fokussierung, sie wechselt in der Live-View vom phasenbasierten AF-Betrieb zum kontrastbasierten AF. Den kontrastbasierten AF-Modus erkennen Sie daran, dass das Objektiv zur Scharfstellung kurz hin- und herpumpt, bis der exakte Messpunkt gefunden ist.

Unter ungünstigen Bedingungen, z. B. bei wenig Licht, können schon mal ein, zwei Sekunden vergehen, bis der Autofokus in diesem Modus scharf gestellt hat. Für einen schnellen Schnappschuss ist das manchmal schon zu langsam.

Phasenbasierter AF und Kontrastautofokus

Im normalen Suchermodus arbeiten DSLRs mit dem phasenbasierten Autofokus. Bei dieser Methode fällt durch Hilfsspiegel ein geringer Teil des durch das Objektiv einfallenden Lichts auf ein spezielles Autofokusmodul. Vereinfacht kann man sich vorstellen, dass Strahlen vom Zentrum und von den Randbereichen auf einen Zeilensensor fallen. Je nach Fokusgrad wandert das Licht über die Zeilensensoren. Der Sensor misst schon bei dem ersten Auftreffen des Lichts sehr genau die Entfernung zum Motiv und kann dadurch schnell fokussieren.

Die Genauigkeit dieser Messung hängt allerdings von dem exakten Zusammenspiel zwischen Objektiv und Kamera ab. Das Autofokusmodul liegt nicht mehr direkt im Strahlengang und ist von der sehr exakten Ausrichtung aller beteiligten Bauteile abhängig. Kommt es zu Abweichungen dieser Ausrichtung entstehen z. B. Phänomene wie ein Front- oder Backfokus, bei denen die Kombination aus Kamera und Objektiv knapp vor oder hinter dem eigentlichen Fokuspunkt scharf stellt.

Bei dem Verfahren des Kontrastautofokus wird der Kontrast des Motivs gemessen. Ist er zwischen zwei Details am höchsten, ist die Messung beendet und das Objektiv fokussiert. Dazu muss das Objektiv mehrmals hin- und herfahren, um durch einfache Vergleichsmessungen zu ermitteln, wann der Kontrast ein Maximum erreicht. Die Vergleichsmessungen sind langsamer als die phasenbasierte Messung, aber recht robust und bei genügend Kontrastkanten auch genau.

Bilder anschauen

Wenn Sie die ersten Bilder auf die Speicherkarte gebannt haben, möchten Sie diese Bilder sicherlich selbst noch einmal in aller Ruhe durchgehen oder auch schon anderen zeigen. Dazu holen Sie mit einem Druck auf die Wiedergabetaste ▶ 1 das zuletzt aufgenommene Bild zurück auf den Monitor.

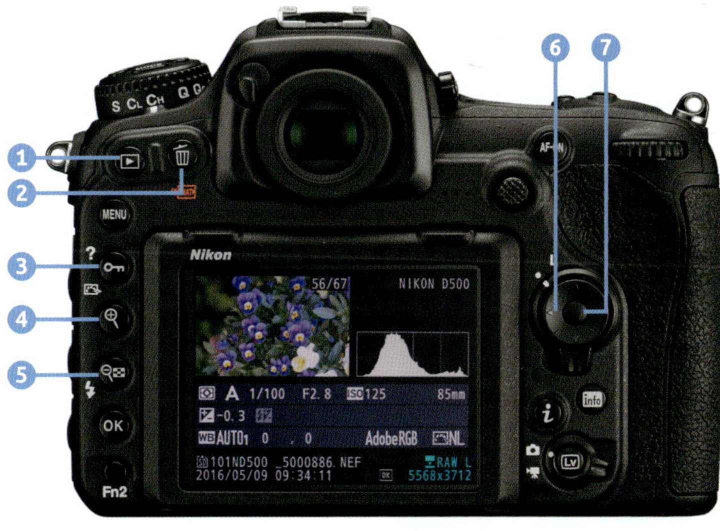

Die Ansicht zeigt, je nach Einstellung, mehr oder weniger Aufnahmeinformationen an, wie z. B. wichtige Kameradaten, den Dateinamen, das Aufnahmedatum und die Bildgröße. Die unterschiedlichen Informationseinstellungen können im Menü unter *WIEDERGABE/Opt. für Wiedergabeansicht* eingestellt werden. Die einzelnen Ansichten können Sie dann mit dem Multifunktionswähler 6 nach oben und unten durchscrollen und mit einem Rechtsklick an- oder abwählen.

▼ *Einige Beispiele für die unterschiedlichen Informationen in der Rückschau. Die Anzeige der RGB Lichter ist in vielen Situationen nützlich.*

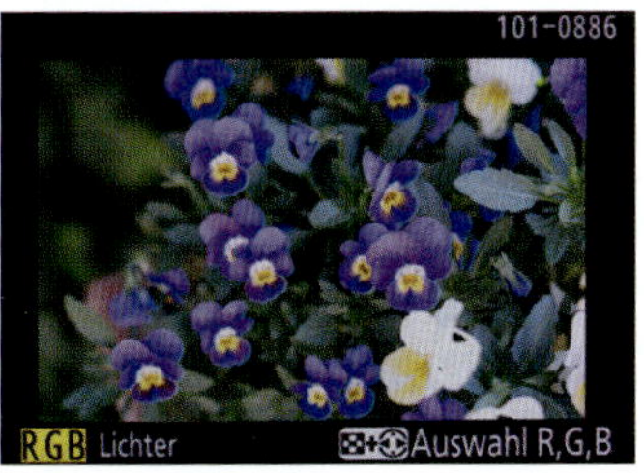

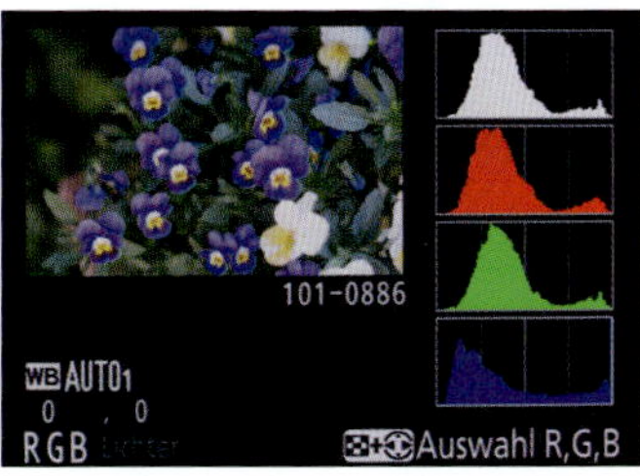

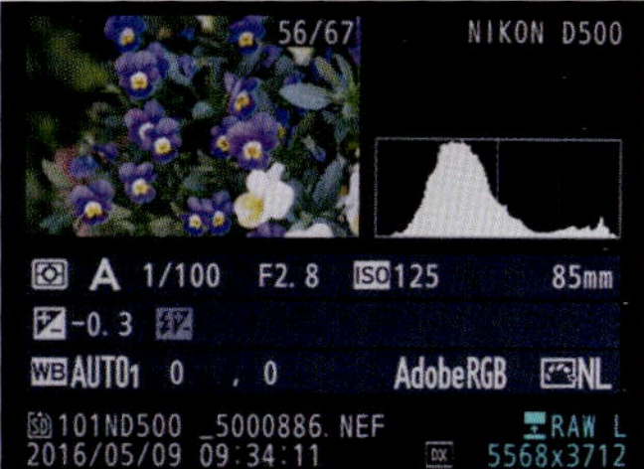

Gefällt Ihnen eines der Bilder nicht, können Sie einzelne Fotos mit der Taste 2 löschen. Mit dem Multifunktionswähler 6 kann man von Bild zu Bild nach links und rechts wandern.

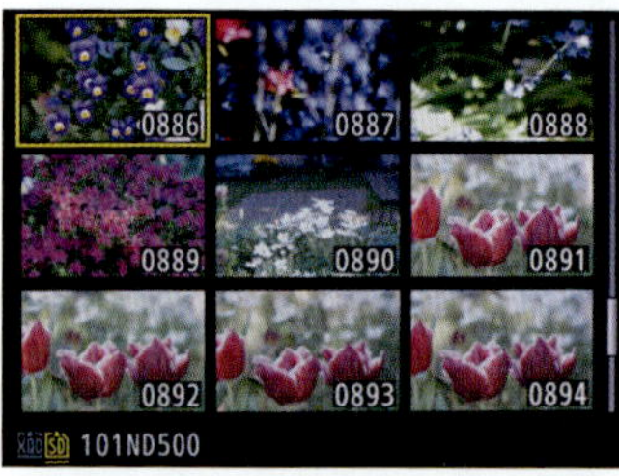

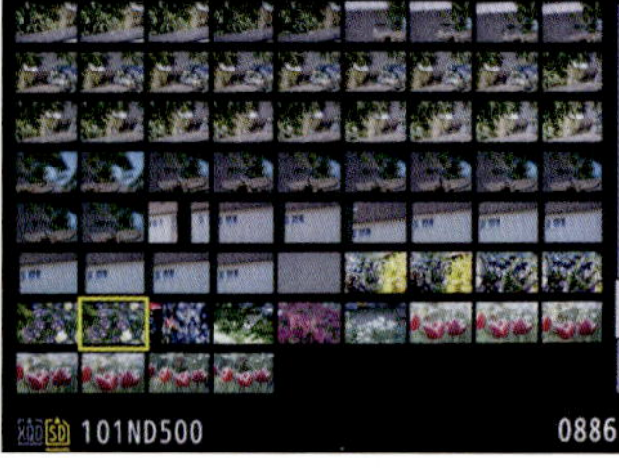

▲ *Die unterschiedlichen Zoomstufen der Wiedergabe.*

Vom zuletzt aufgenommenen Bild springt die Anzeige zurück auf das erste aufgenommene Bild, so kann schnell der Anfang der Aufnahmeserie angesprungen werden. Die Taste 3 schützt das ausgewählte Bild vor dem versehentlichen Löschen, aber beim Formatieren der Speicherkarte gehen auch geschützte Bilder verloren. Die Taste 4 zoomt in sieben Stufen in die Ansicht hinein. Ein Druck auf die Bestätigen-Taste 7 lässt die Anzeige auf die Ausgangsansicht zurückspringen.

Mit der Taste 5 können Sie sich eine Übersichtsansicht – Nikon nennt das den Bildindex – auf dem Monitor einblenden lassen. Schrittweise werden dann 4, 9 oder 72 Bilder gleichzeitig angezeigt. Als weiteren Schritt bietet einem das Menü einen schnellen Zugriff auf die eingesetzten Speicherkarten an.

Wenn Sie Filme aufgenommen haben, erkennen Sie diese an dem Kamera-Symbol bzw. an den symbolisierten Filmstreifen rechts und links des Bildes. Filme werden mit der Bestätigen-Taste des Multifunktionswählers in der Einzelbildwiedergabe gestartet und gestoppt. Die Steuerung des Videos erfolgt ebenfalls mit dem Multifunktionswähler. Zur Orientierung wird rechts unten im Video die Bedienung eingeblendet. Mit dem Einstellrad können Sie jeweils zehn Sekunden vor- oder zurückspringen. Über die Taste und die Option *Start- u. Endpunkt setzen* können die Filme sogar geschnitten werden. Allerdings taugt diese Option nur für den Notfall, die Navigation im Video ist ansonsten etwas mühsam.

Die Bildschärfe kontrollieren

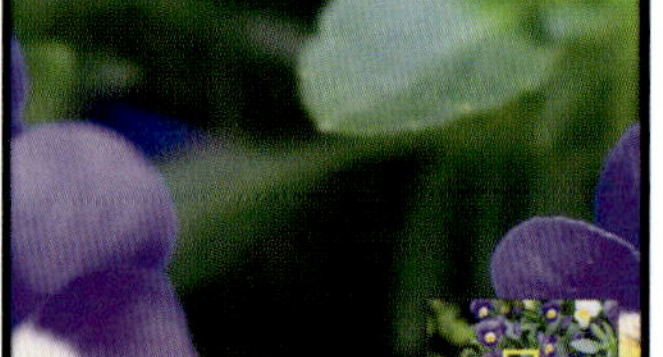

Mithilfe der Taste können Sie fast beliebig in die Aufnahmen hineinzoomen und so leichter feststellen, ob die Schärfe Ihren Vorstellungen entspricht. Der angezeigte Bildausschnitt wird in der rechten unteren Ecke des Monitors eingeblendet. Der Ausschnitt kann mit den Pfeiltasten des Multifunktionswählers verschoben werden, sodass Sie bildwichtige Details ansteuern können. Die kleine Markierung links neben dem +-Zeichen stellt die 1:1-Ansicht dar (100 %), der Balken erscheint dann grün. Diese Kontrolle ist z. B. bei Makro- oder Porträtaufnahmen sehr nützlich, vor allem wenn man manuell auf dem Stativ scharf stellt. Ist das Display der Kamera allerdings mit einer Schutzfolie versehen, die das Licht stark streut, um Reflexionen zu unterdrücken, beeinträchtigt dies auch den Schärfeeindruck.

Die Belichtung bewerten

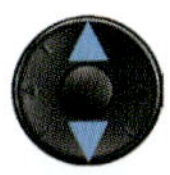

Wenn Sie im Wiedergabemodus die Pfeiltaste nach oben oder unten bedienen, erscheinen die unterschiedlichen Bildinformationen.

In der Standardeinstellung erscheint die Lichterwarnung. Das bedeutet, stark überbelichtete Bildbestandteile blinken schwarz. In diesem Fall sollten Sie die Belichtung anpassen.

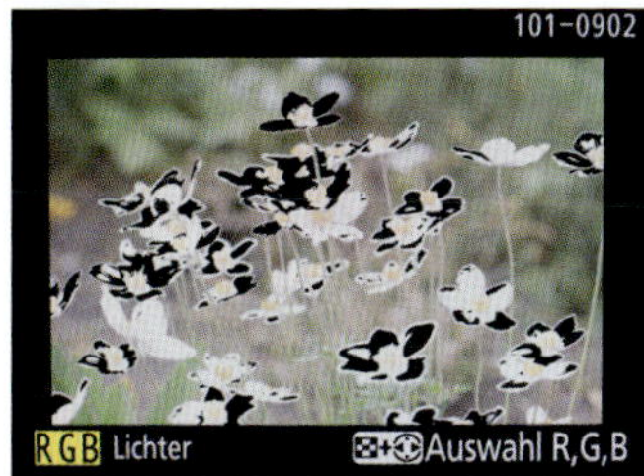

▲ *Überbelichtete Bildbestandteile blinken in der Lichteransicht schwarz. Wenn Sie z. B. in einer Weitwinkelaufnahme die Lichterwarnung im Zoommodus genauer betrachten wollen, wird die Aufnahme aber ohne schwarzes Blinken angezeigt.*

Als Nächstes erscheinen zwei unterschiedliche Histogrammansichten. Einmal wird nur die Gesamtbelichtung mit zusätzlichen Kamerainformationen angezeigt und einmal alle RGB-Kanäle separat.

An erster Stelle wird in Weiß die Gesamtbelichtung dargestellt, darunter folgen die drei einzelnen Farbkanäle Rot, Grün und Blau. Zur Beurteilung der Belichtung eignet sich das Histogramm besser als der subjektive Eindruck des Monitors. Die Verteilung der Helligkeitswerte sollte weder auf der linken noch auf der rechten Seite abgeschnitten sein. Mehr Informationen dazu gibt es im Abschnitt „4.5 Belichtungsprobleme sicher meistern" ab Seite 119.

Soll das Histogramm für die Beurteilung von RAW-Aufnahmen herangezogen werden, stellen Sie im Menü *FOTOAUFNAHMEN/Picture Control konfigur.* das Picture Control *Neutral* oder *Ausgewogen* ein. Damit klappt die Beurteilung am besten.

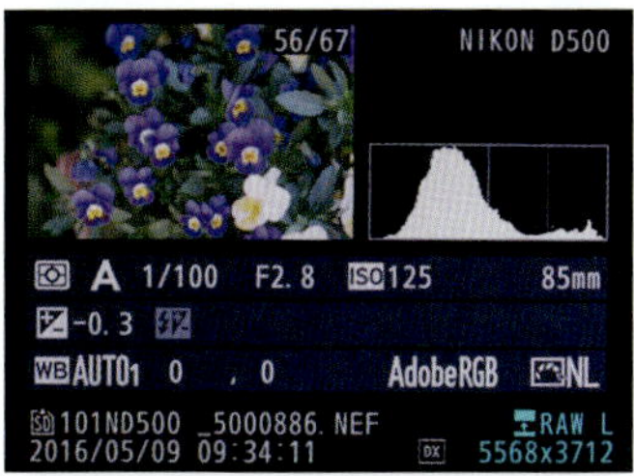

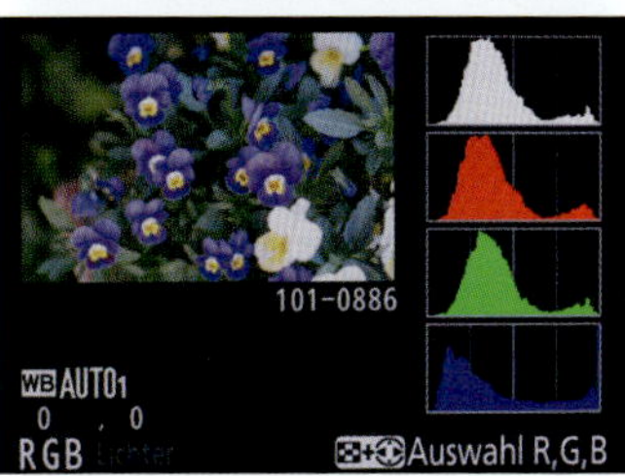

▶ *Wem das Helligkeitshistogramm ausreicht, der erhält noch einige zusätzliche Informationen wie Belichtungszeit, Blende und ISO-Empfindlichkeit. Alternativ können auch die Histogramme der einzelnen RGB-Kanäle eingeblendet werden. Mit der Taste und den Rechts-/Linkstasten des Multifunktionswählers können Sie in dieser Ansicht die Lichter für die einzelnen Farbkanäle kontrollieren.*

Lichterwarnung für einzelne Farbkanäle

Sie können sich im Bild auch die Überbelichtung für jeden einzelnen Kanal getrennt ansehen. Dazu müssen Sie dann mit der Taste und den Cursortasten die einzelnen Kanäle anwählen. Ist z. B. der blaue Kanal angewählt, werden auch nur die überbelichteten Blauanteile im Bild angezeigt. Der Rot-Kanal zeigt dann vielleicht gar keine Überbelichtung an. In erster Linie passiert das dann, wenn bei einer geringen Überbelichtung nur einer der drei Farbkanäle überbelichtet ist. Wenn z. B. der blaue Himmel in einem Bild leicht überbelichtet, ist blinkt nur der Blau-Kanal. Sie können dann differenzierte Gegenmaßnahmen ergreifen.

Löschen von Bildern

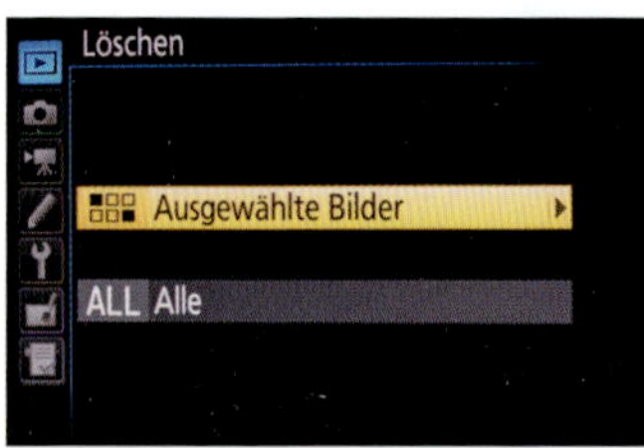

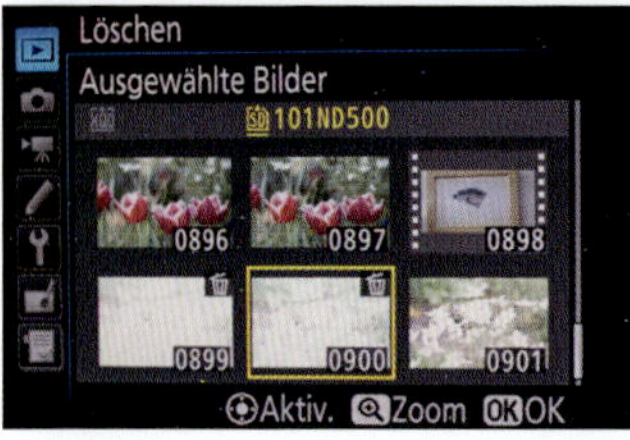

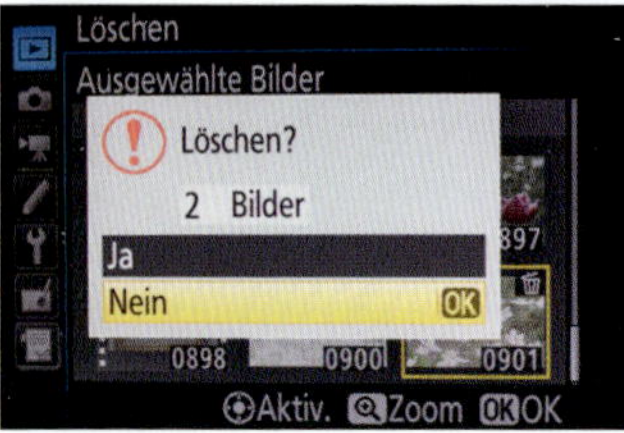

▲ *Die zum Löschen vorgemerkten Fotos werden mit einem kleinen Mülltonnensymbol markiert.*

Um einzelne Bilder in der Wiedergabeansicht zu löschen, drücken Sie auf die Taste und bestätigen den Löschvorgang noch einmal mit der gleichen Taste.Sollen mehrere Bilder von der Speicherkarte gelöscht werden, ist das nur etwas umständlich über das Menü *WIEDERGABE/Löschen* möglich. Dort können Sie *Alle* oder *Ausgewählte Bilder* wählen und im letzteren Fall die zu löschenden Fotos mit dem Multifunktionswähler ansteuern und mit der *Bestätigungs*-Taste markieren. Drücken Sie dann die OK-Taste. Anschließend erscheint noch eine Kontrollabfrage und alle ausgewählten Bilder werden gelöscht. Ich empfehle allerdings, Fotos erst später bei der Durchsicht am Computer oder Laptop zu löschen. Erstens geht es dort sehr viel einfacher und schneller, und zweitens können Schärfe und Belichtung erst am großen Monitor wirklich sicher beurteilt werden.

1.5 Cropfaktoren an der D500

Die Nikon beherrscht neben dem APS-C-Format, von Nikon DX-Format genannt, mit 23,5 × 15,6 mm noch ein weiteres Format.

Sensorfläche	Cropfaktor	Beschreibung
DX 24 × 16 mm	1,5x	Die genutzte Sensorfläche entspricht der des APS-C-Formats (23,4 × 15,7 mm). Der Bildwinkel entspricht dem eines Objektivs mit ca. 1,5-facher Brennweite.
1,3x 18 × 12 mm	ca. 2x bzw. 1,3x	Verkleinerung der genutzten Sensorfläche um den Faktor 1,3 (18 × 12 mm) auf 4.272 × 2.848 Pixel (ca. 12,2 MP). Die Auflösung der Bildgrößen M und S sinkt entsprechend. Der Bildwinkel entspricht dem eines Objektivs mit ca. 1,3-facher Brennweite gegenüber APS-C-Sensoren und ca. 2-fach gegen Kleinbildsensoren.

Die Beherrschung dieser unterschiedlichen Formate hat für den Fotografen einige Vorteile:

- Das 1,3x-Format kann quasi zur „Brennweitenverlängerung“ eingesetzt werden, wenn gerade kein passendes Objektiv zur Hand ist und etwas mehr Brennweite für eine Aufnahme nötig ist.

  Da die Auflösung aber nicht steigt, kann auch später in der Bildbearbeitung ein Ausschnitt entsprechend vergrößert werden. Allenfalls hilft es etwas bei der Bildgestaltung vor Ort.

- Die 4K-Videoformate 3840 × 2160 in 30p, 25p und 24p sind nur im 1,5x-Cropmodus möglich. Dadurch ergibt sich eine scheinbare Brennweitenverlängerung gegenüber dem Vollformat von 1,5 × 1,5 = 2,25.

  Die 1080er und 720er Formate können im DX und im 1,3x Crop-Modus aufgenommen werden. Da ist es natürlich eine feine Sache, dass das Bildfeld für den Videomodus separat eingestellt werden kann.

▼ *Das FX-Format ❶ mit den Maßen 36 × 24 mm und innen der kleinere DX-Sensor mit 23,5 × 15,7 mm ❷. Auf der rechten Seite des Bildes wird noch einmal die scheinbare Brennweitenverlängerung verdeutlicht, die tatsächlich eine Ausschnittvergrößerung ist ❸ und ❹.*

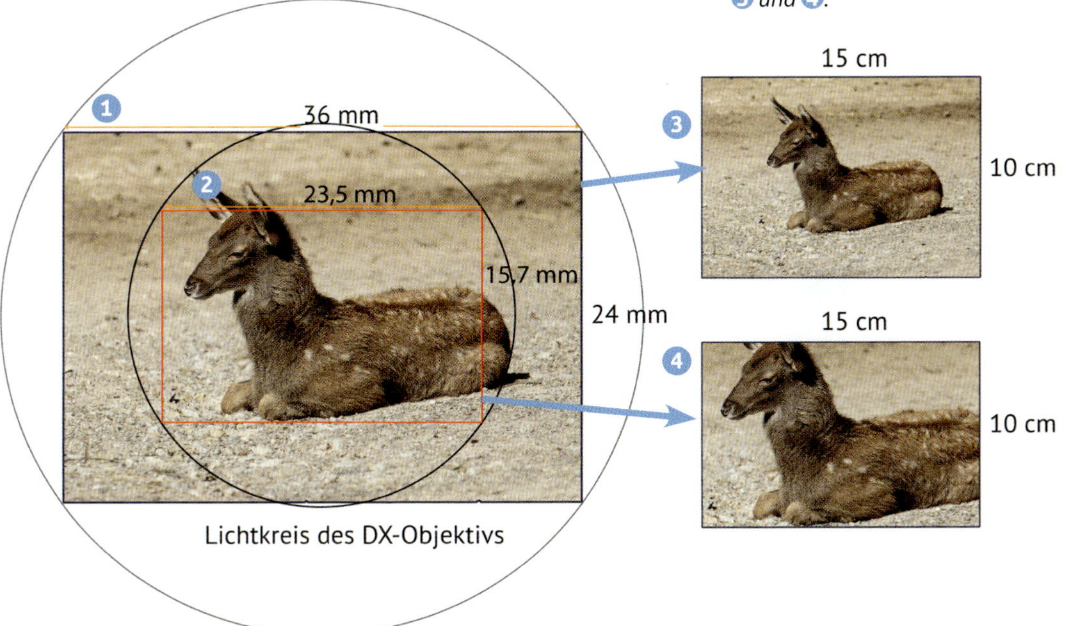

1.6 Bluetooth und WLAN in Betrieb nehmen

Android mit NFC

Falls Sie ein Tablet oder Smartphone mit NFC besitzen, ist die Bluetooth-/WLAN-Verbindung nur einen Tipp weit entfernt. Dazu brauchen Sie nur das Smartphone oder Tablet mit aktiviertem NFC an die D500 auf Höhe des NFC-Logos am Kartenschacht tippen und die Verbindung kommt automatisch zustande.

Nikon bietet mit der D500 sowohl Bluetooth LE wie auch eine WLAN-Verbindung zu Smartphones und Tablets an. Das Besondere an dem neuen Konzept von Nikon ist, dass die WLAN-Verbindung quasi automatisch via Bluetooth gesteuert wird. Bisher konnte an Nikon Kameras mit eingebauter Unterstützung für WLAN/WiFi das WLAN direkt an der Kamera eingeschaltet werden. Anschließend war die Kamera dann für beliebige WLAN-Clients sichtbar und diese konnten sich einfach mit der Kamera verbinden. Das geht jetzt nicht mehr. Das bedeutet, das Smartphone oder Tablet muss zwingend auch Bluetooth LE (4.0) unterstützen.

Die Verbindung wird über die neue App SnapBridge eingerichtet und gesteuert. SnapBridge steht derzeit nur für Android zur Verfügung, iOS soll sehr bald folgen. Vermutlich wird die Einrichtung unter iOS aber sehr ähnlich sein wie unter Android. Ob es für Windows eine Unterstützung geben wird, ist derzeit ungewiss. Zuerst muss für das Smartphone oder das Tablet die Nikon-App **SnapBridge** heruntergeladen und installiert werden.

Im Folgenden beschreibe ich die Einrichtung unter dem Pixel C Tablet von Google.

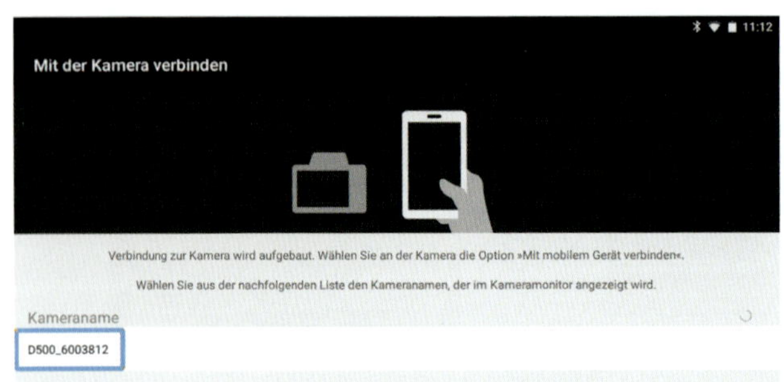

Wenn SnapBridge installiert und gestartet ist, erscheint automatisch der Bildschirm *Mit der Kamera verbinden*. Anschließend wird die Bluetooth-Verbindungsaufnahme in der Kamera unter dem Menüpunkt *SYSTEM/Mit Smart-Gerät verbinden/Start* angestoßen. Wenn die Kamera angezeigt wird, können Sie sie direkt mit einem Fingertipp auswählen. Bestätigen Sie danach das Pairing zwischen Kamera und Smartphone/Tablet und achten Sie darauf, dass der Authentification-Code übereinstimmt. Bestätigen Sie auch auf der Kamera mit OK.

In einem nächsten Schritt können Sie sich für Nikon Imaging registrieren oder diesen Schritt auch vorerst überspringen. Wenn man sich allerdings registriert ist es möglich eine unbegrenzte Zahl von 2-Megapixel-Bildern (JPEG) automatisch auf den Online-Speicherdienst NIKON IMAGE SPACE hochzuladen. Übersehen Sie bitte nicht das ausgesprochen kleine *Weiter* oben rechts auf dem Tablet/Smartphone zu berühren. Bestätigen Sie auch die weiteren Fragen soweit notwendig. Es folgt eine Kurzübersicht über die Funktionen von SnapBridge. Schließlich landen Sie im Standardbildschirm.

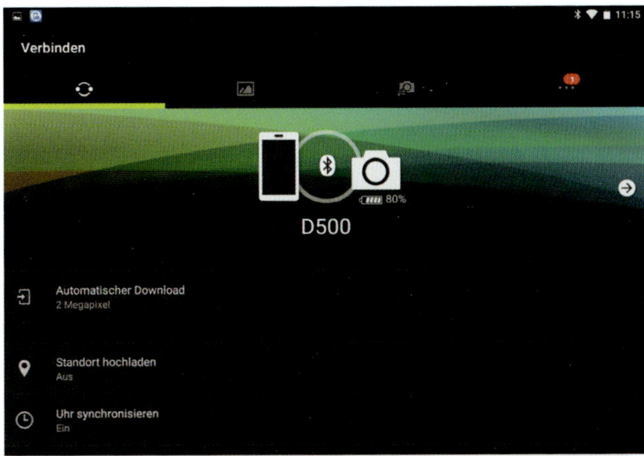

Auf dem *Verbinden*-Bildschirm werden die aktuelle Kameraverbindung und einige Grundeinstellungen angezeigt.

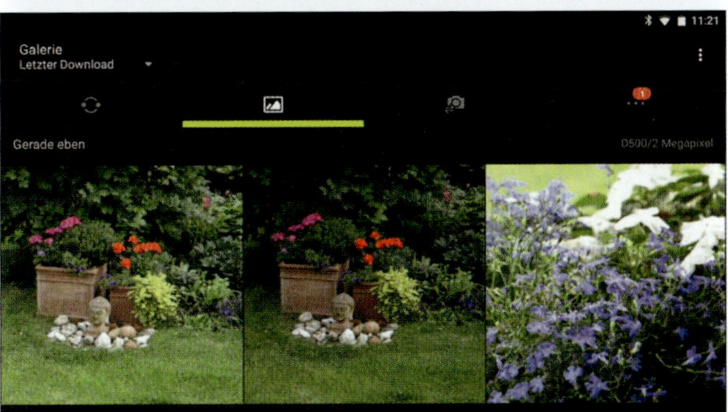

In der *Galerie* werden die Fotos angezeigt, die automatisch von der Kamera heruntergeladen wurden.

Alternativ können Sie sich auch Bilder auf dem Gerät anzeigen lassen. Wurden Fotos heruntergeladen, muss dies derzeit aktiv mit *Neue Bilder anzeigen* aktualisiert werden.

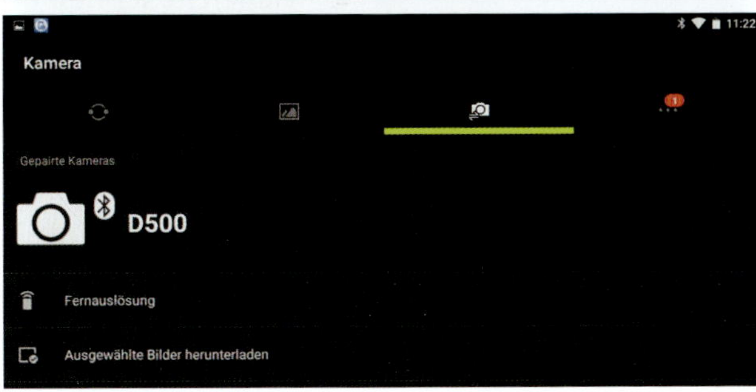

Auf dem Bildschirm *Kamera* befinden sich die Optionen zur *Fernauslösung* der Kamera und *Ausgewählte Bilder herunterladen*. Letzteres hätte ich eher unter dem Bildschirm Galerie erwartet.

Einer der interessantesten Punkte ist sicherlich die Fernauslösung der Kamera. Allzu viel sollten Sie unter diesem Punkt aber nicht erwarten. Zuerst müssen Sie den Aufbau einer WLAN-Verbindung bestätigen, was gefühlt eine kleine Ewigkeit dauert. Zukünftige Updates werden diesen Punkt hoffentlich beschleunigen. Dann wird das Kamerabild auf dem Smartphone/Tablet angezeigt, mit dem Fokusrechteck, wie er auch von der Live-View bekannt ist. In der unteren Hälfte wird die Belichtungszeit, die Blende, die Anzahl verbleibender Aufnahmen und der

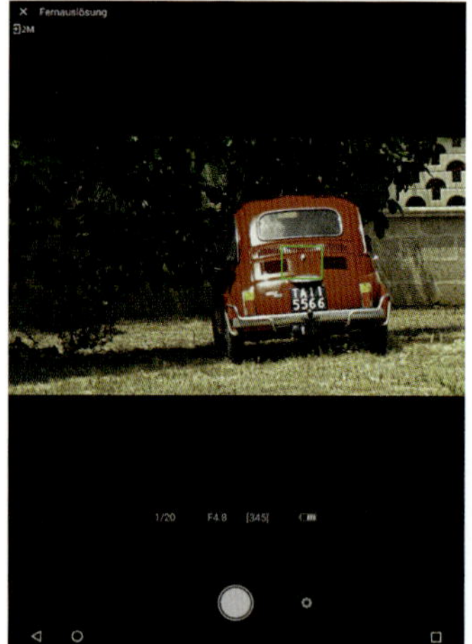

Akkuladestand angezeigt. Unten wird mittig ein großer Auslösebutton eingeblendet. Der Fokus kann wie in der Live-View mit einem Finger-Touch versetzt werden, nur löst die Kamera dann nicht direkt aus.

Unter den Optionen ⚙ können weitere Parameter eingestellt werden wie die Downloadgröße der Fotos, ein Selbstauslöser oder die Live-View.

Zuerst wird im *SYSTEM*-Menü unter *Wi-Fi/Netzwerkverbindung/Aktivieren* das WLAN eingeschaltet.

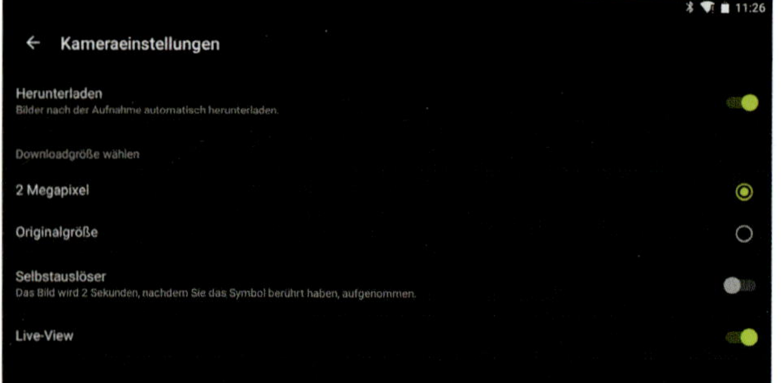

Im Großen und Ganzen war es das auch schon. Dass die App jetzt automatisch die Fotos auf das Smartphone/Tablet herunterlädt und das über eine zwar langsame aber stromsparende Bluetooth LE Verbindung finde ich prima. Zum Glück unterstützen alle meine Gadgets bereits Bluetooth 4. Dass aber das WLAN nicht mehr vom Benutzer, sondern nur noch von der App gesteuert werden kann ist für mich eindeutig ein Rückschritt. Vor allem fortgeschritten Fotografen werden von diesem Konzept wohl eher enttäuscht sein. Aber das kann ja noch werden, ein Firmwareupdate und ein Update der App könnten dieses Manko vielleicht schnell beheben. Die Bluetooth-Verbindung zur Kamera besteht mehr oder weniger ständig (selbst wenn die Kamera aus ist!), zumindest in den Bluetooth-Grenzen von etwa zehn Metern. Wenn Sie das nicht möchten, können Sie die Verbindung im *SYSTEM*-Menü unter *Bluetooth* abschalten. Wenn Sie ganz auf Nummer sicher gehen wollen, schalten Sie im *SYSTEM*-Menü den *Flugmodus* ein. Er unterbindet alle Verbindungen zur Kamera.

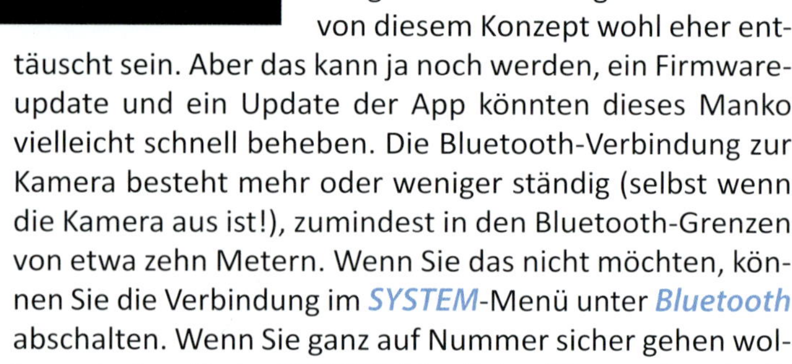

Änderungen sind möglich!

Diese Vorgehensweise kann sich natürlich nach einem Update der Nikon-App ändern. Ich denke aber, die grundsätzliche Vorgehensweise wird doch sehr ähnlich bleiben, sodass man sich trotzdem zurechtfinden sollte.

1.7 Mit dem Touchscreen arbeiten

Eines bereits vorweg, mit dem Touchscreen der D500 können Sie vor allem in der Bild-Wiedergabe ▶ hervorragend navigieren, Fotos vergrößern, verkleinern und verschieben oder den angezeigten Bildausschnitt verschieben.

In der Live-View kann der aktuelle Fokuspunkt gesetzt, scharf gestellt und ausgelöst werden. Die umfangreichen Menüs können allerdings nicht über das Touchscreen bedient werden, sie müssen nach wie vor komplett über das Steuerkreuz und die OK-Taste bedient werden. Nur die Eingabe von Text ist in den dafür vorgesehenen Eingabefeldern möglich, so wie Sie es sicherlich vom Smartphone her kennen.

Gesten auf dem Touch-Screen

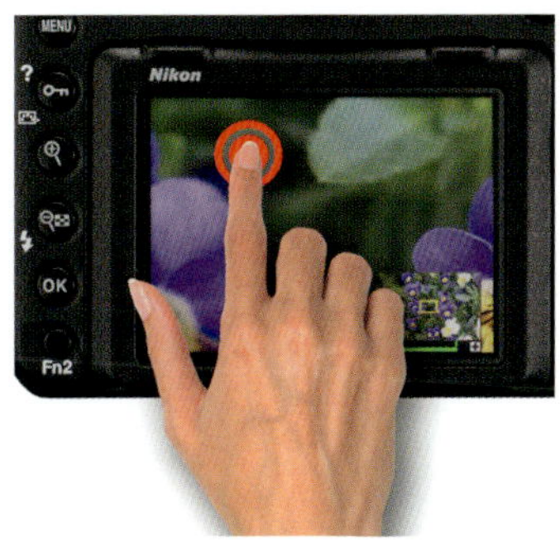

Einfacher Tab: Tippen Sie einmal auf den Monitor, z. B. zum Fokussieren an der berührten Stelle und anschließendem Auslösen in der Live-View-Ansicht.

Doppelter Tab: Tippen Sie zweimal schnell hintereinander auf den Monitor. Schaltet z. B. im Ansichtsmodus in die 100 %-Ansicht und wieder zurück.

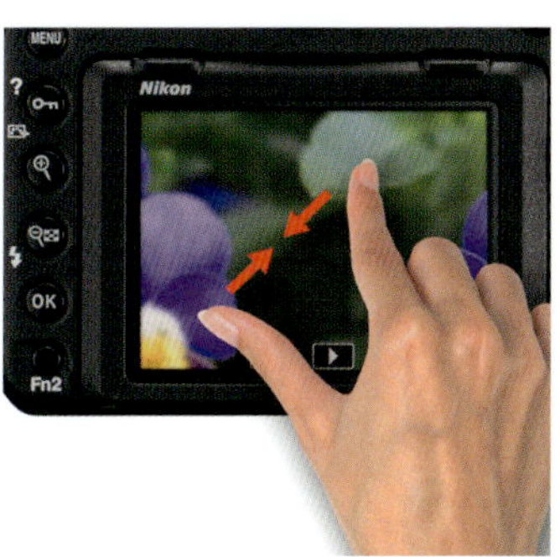

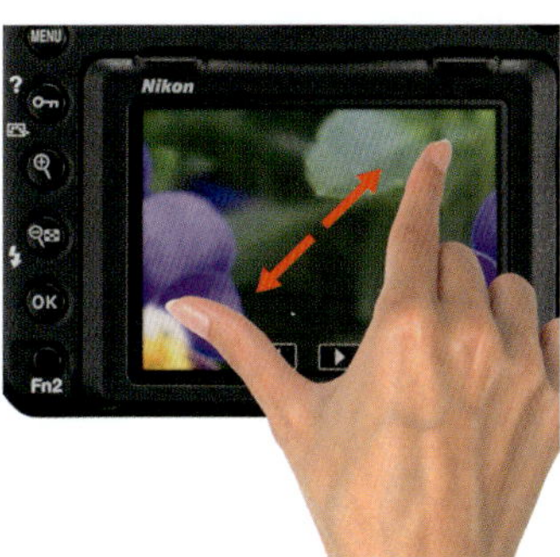

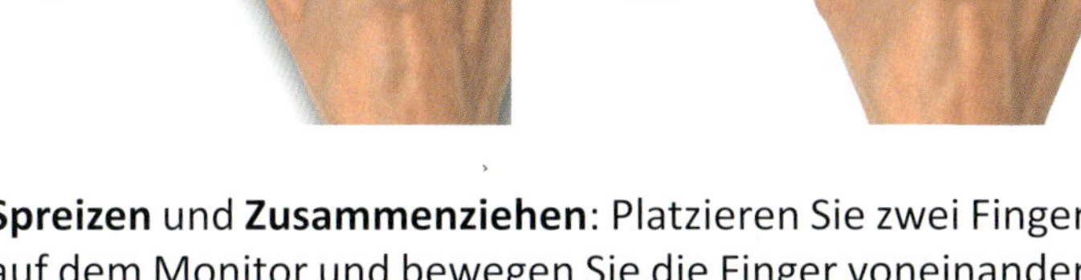

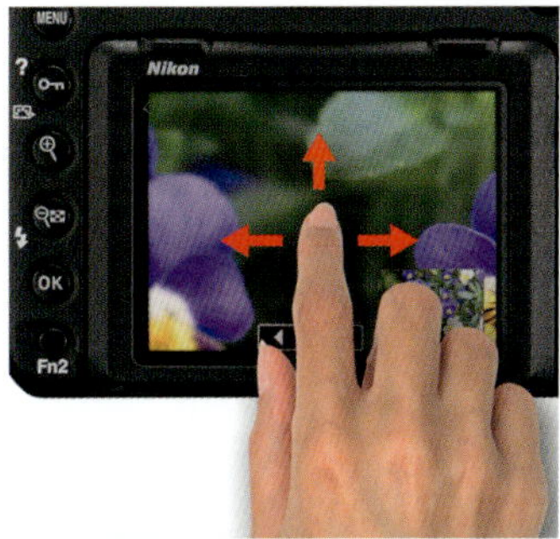

Spreizen und **Zusammenziehen**: Platzieren Sie zwei Finger auf dem Monitor und bewegen Sie die Finger voneinander weg oder aufeinander zu.

Wird z. B. eingesetzt um ein Foto im Ansichtsmodus zu vergrößern oder zu verkleinern.

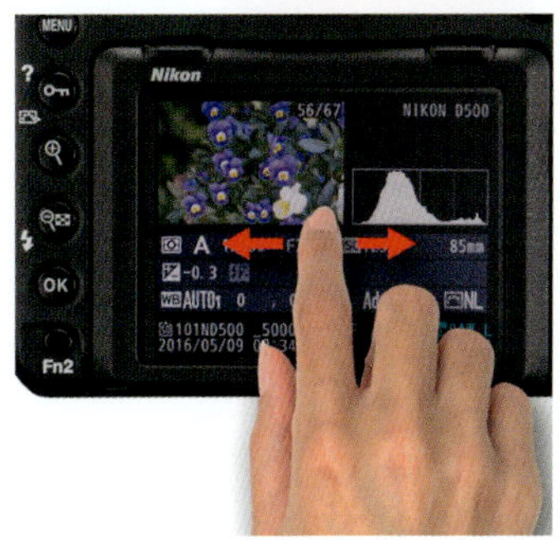

Verschieben: Berühren Sie mit einem Finger den Monitor und schieben dann den Finger über die Oberfläche. In der 100 %-Ansicht kann z. B. der Ansichtsausschnitt verschoben werden.

Wischen: Wischen Sie mit einem Finger ein kurzes Stück nach rechts oder links über den Monitor. Im Ansichtsmodus wechseln Sie z. B. in der Bildansicht vor oder zurück.

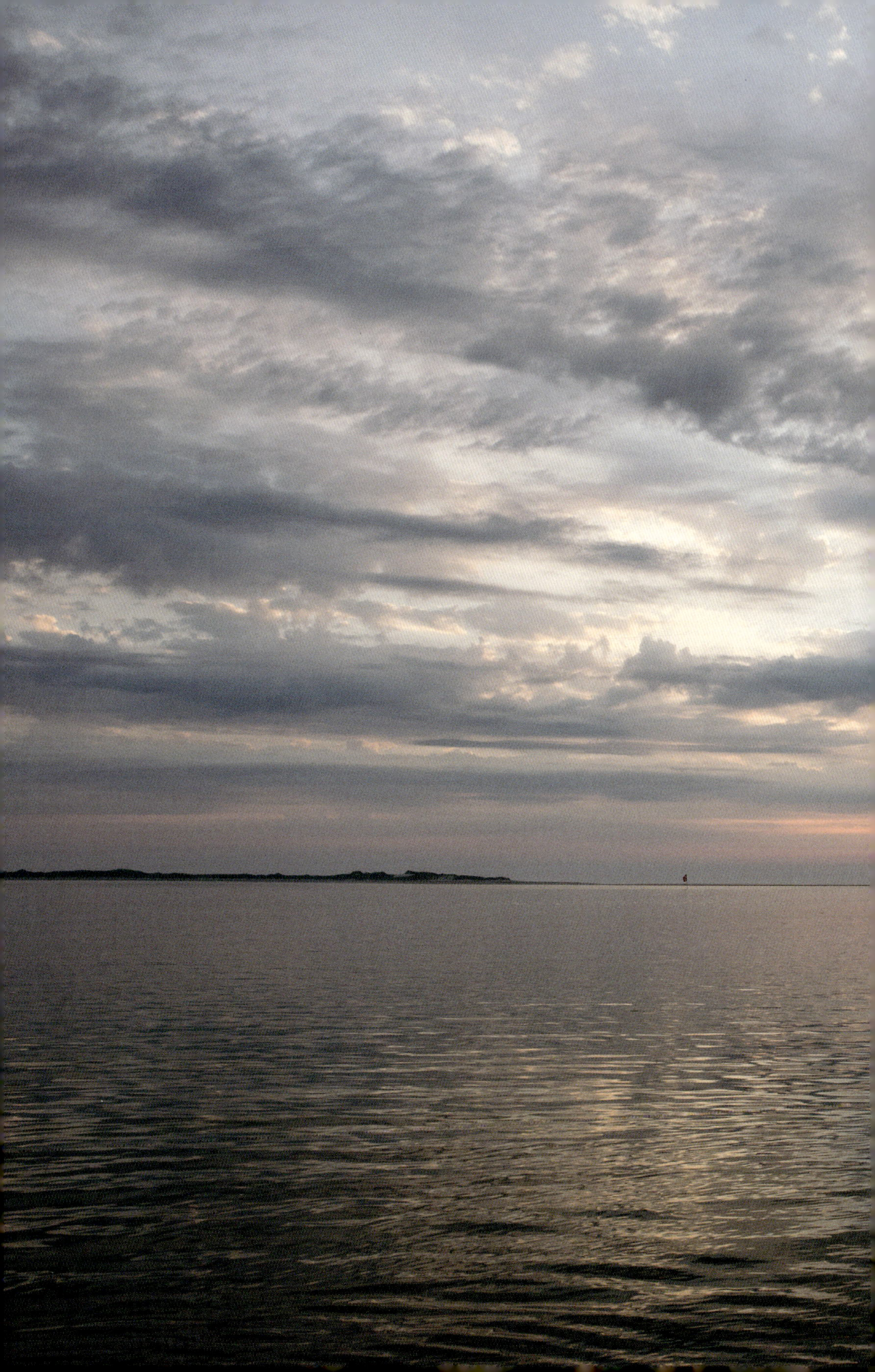

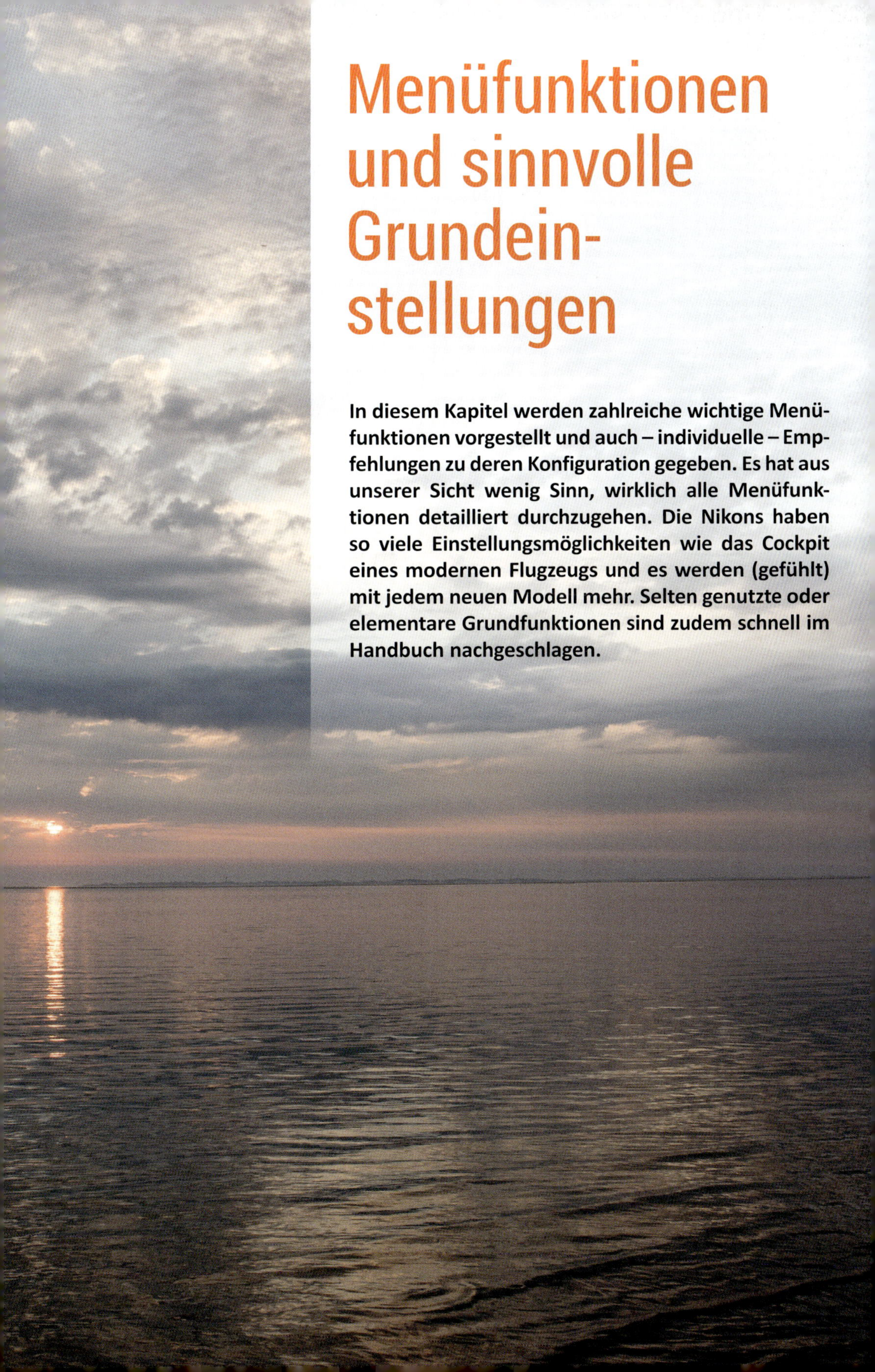

Menüfunktionen und sinnvolle Grundeinstellungen

In diesem Kapitel werden zahlreiche wichtige Menüfunktionen vorgestellt und auch – individuelle – Empfehlungen zu deren Konfiguration gegeben. Es hat aus unserer Sicht wenig Sinn, wirklich alle Menüfunktionen detailliert durchzugehen. Die Nikons haben so viele Einstellungsmöglichkeiten wie das Cockpit eines modernen Flugzeugs und es werden (gefühlt) mit jedem neuen Modell mehr. Selten genutzte oder elementare Grundfunktionen sind zudem schnell im Handbuch nachgeschlagen.

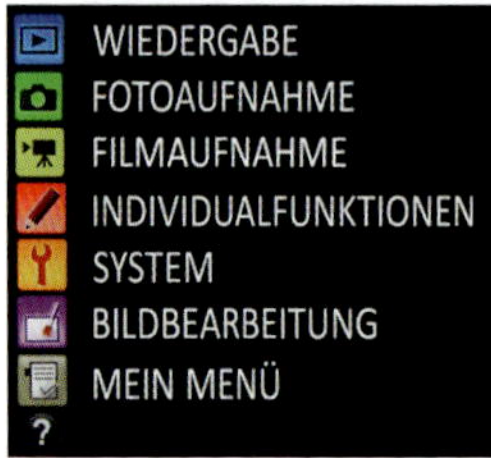

Es gibt aber auch eine ganze Reihe von Einträgen, die eine Erklärung aus der praktischen Anwendung heraus benötigen. Es sind auch wieder etliche Einträge ganz neu hinzugekommen. Ergänzend gibt es zahlreiche Tipps, die ein Arbeiten mit der D500 angenehmer und einfacher machen.

Bitte denken Sie daran, dass meine Empfehlungen besonders das Fotografieren im RAW-Format berücksichtigen. Fotografieren Sie bevorzugt im JPEG-Format sind die Möglichkeiten ein Bild im Nachhinein zu optimieren stark eingeschränkt. Umso wichtiger ist es dann, die vielen Funktionen zur Bildoptimierung, die Ihnen die D500 bietet, auch zu nutzen.

2.1 Das WIEDERGABE-Menü

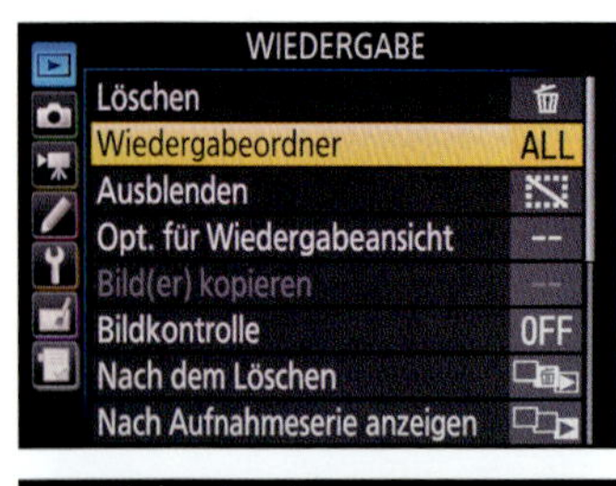

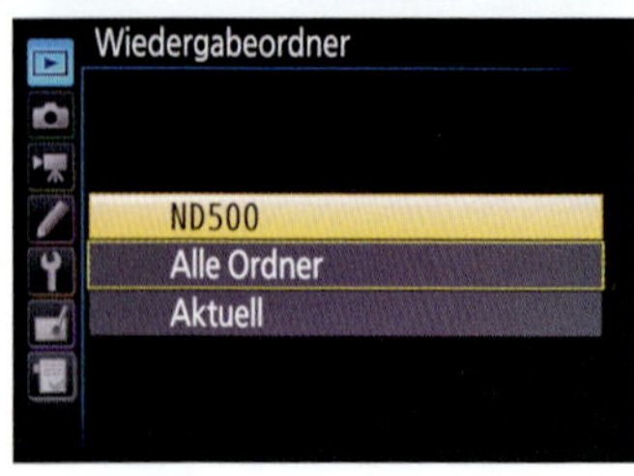

Das *WIEDERGABE*-Menü ist vergleichsweise einfach aufgebaut und zuständig für die Behandlung und Begutachtung von aufgenommenen Fotos.

Die ersten drei Einträge ***Löschen***, ***Wiedergabeordner*** und ***Ausblenden*** können gut auf den voreingestellten Werten stehen bleiben. Hin und wieder wähle ich auch als Ordner ***ND500*** anstatt ***Alle Ordner***.

Dann werden zwar weiterhin Bilder aus allen Ordnern angezeigt, allerdings nur diejenigen, die mit der D500 aufgenommen wurden.

Die Funktion ***Ausblenden*** für Fotos in der Wiedergabeliste habe ich ehrlich gesagt noch nie eingesetzt. Sie mag aber gelegentlich nützlich sein, wenn man jemand anderen seine Kamera gibt um sich bestimmte Fotos anzusehen.

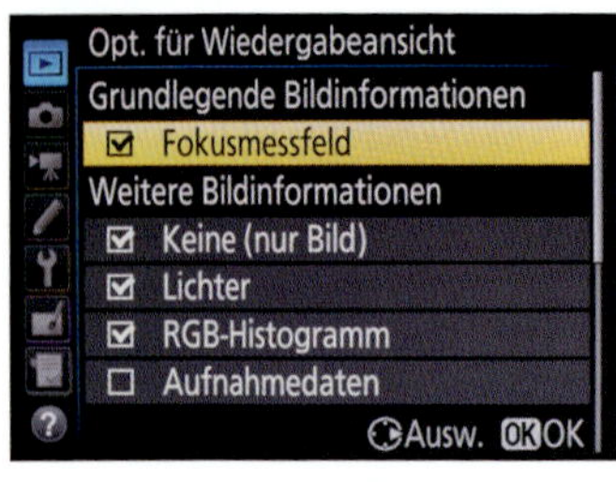

Der Eintrag ***Opt. für Wiedergabeansicht*** sollte auf jeden Fall genauer betrachtet werden. In diesem Menü wird festgelegt, welche Informationen in der Wiedergabeansicht der Bilder angezeigt werden sollen. Sie können dann mit dem Multifunktionswähler nacheinander eingeblendet werden.

Die Option für die Lichter ist wohl in jedem Fall sinnvoll. Ist sie aktiviert, werden in der Wiedergabe überstrahlte Bildbereiche schwarz blinkend dargestellt.

So sieht man auf den ersten Blick, ob es zu helle Bildstellen gibt oder nicht. In der einfachen Bildvorschau erkennt man oft gar keine Spitzlichter, und selbst auf dem winzigen Histogramm ist das bei leichten Überstrahlungen oft nur schwer zu identifizieren.

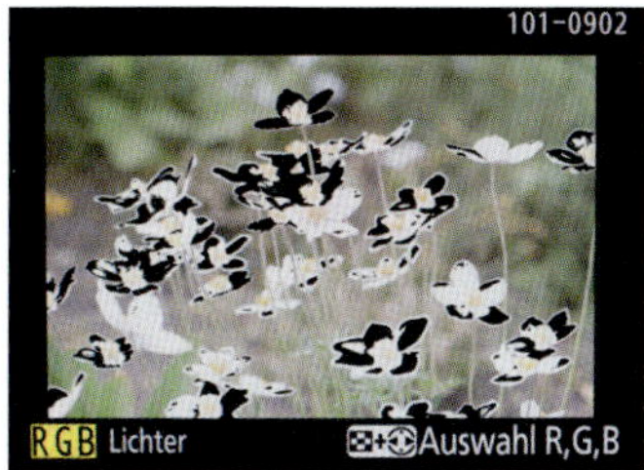

◀ *Ein Beispiele für überstrahlte Stellen in der Lichter-Wiedergabe: Im Histogramm sind solche Überstrahlungen manchmal schwer zu identifizieren.*

Das RGB-Histogramm sollte natürlich trotzdem bei den Wiedergabeoptionen nicht fehlen. Das RGB-Histogramm zeigt neben der allgemeinen Helligkeitsverteilung zusätzlich die einzelnen Helligkeitsverteilungen in den Farbkanälen Rot, Grün und Blau. Wer bereits einiges an Erfahrung mit dem Histogramm gesammelt hat, kann insbesondere aus Verschiebungen des Rot- und Blaukanals gegeneinander einen Farbstich vermuten.

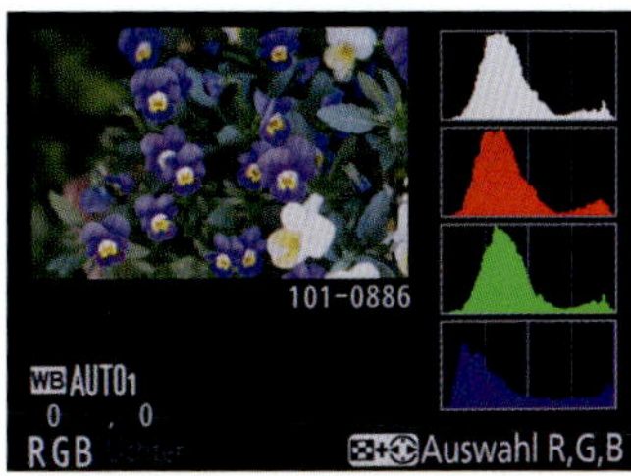

Ich nutze auch gerne die beiden Optionen ***Fokusmessfeld*** und ***Keine (nur Bild)***. Erstere, um schnell zu kontrollieren, ob der Fokuspunkt wirklich genau dort sitzt, wo er hin soll.

In einer hektischen Fotosession achte ich manchmal vorwiegend auf die Bildwirkung und -gestaltung, der Fokuspunkt kann dann unabsichtlich schon einmal leicht verrutschen. Vor allem bei Porträts mit weit offener Blende kann das ein Bild schnell ruinieren.

Die Option ***Keine (nur Bild)*** liefert die größtmögliche Ansicht des Bildes auf dem Monitor, sodass Bildaufbau und -gestaltung gut beurteilt werden können.

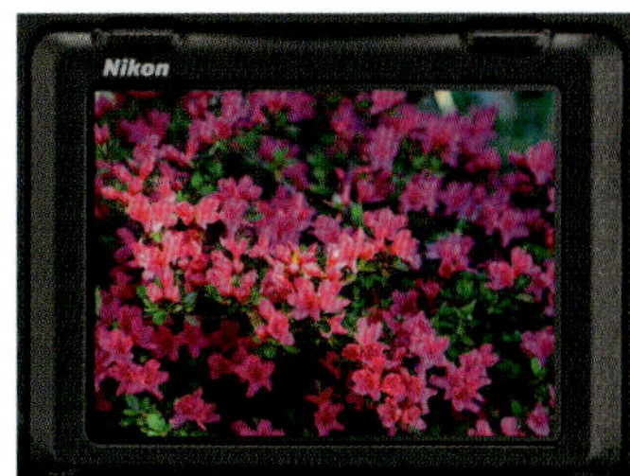

▲ *Allein in der Nur-Bild-Ansicht kann ein Foto auf dem Kameramonitor ohne Ablenkung betrachtet werden.*

Der Eintrag ***Bild(er) kopieren*** kann unterwegs ganz nützlich sein, um Fotos von einer Speicherkarte auf die andere zu kopieren. Fotos können so z. B. schnell weitergegeben werden, ohne dass ein Kartenleser bemüht werden muss. Es reicht aber, ihn bei Bedarf entsprechend zu aktivieren.

Bildkontrolle steht in aller Regel auf ***Ein*** und die Option ***Nach dem Löschen*** auf ***Nächstes Bild anzeigen***.

Unterschiede in der Bezeichnung

Nikon ist in den zahlreichen Menüeinträgen bei der Eindeutschung der Einträge nicht immer ganz konsequent vorgegangen. Das ist in vielen Kameramodellen so. Auf der Hauptmenüebene stehen oft weiterhin englische Begriffe wie z. B. ***OFF***, obwohl im darunter liegenden Einstellungsmenü die eigentlich korrekte Einstellung ***Aus*** gewählt wurde. Das bezieht sich unserem Wissen nach aber nur auf die ausgewählten Parameter im Hauptmenü. Wundern Sie sich also nicht, wenn wir ***Aus*** schreiben, Ihre Kamera aber ***OFF*** anzeigt.

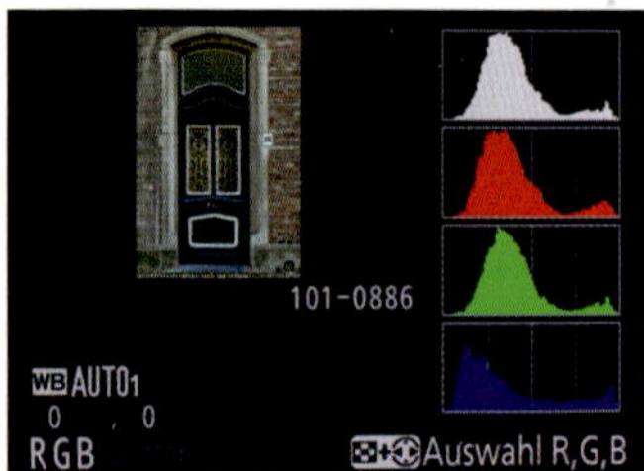

▲ *Durch die Anzeige im Hochformat wird das Bildformat der Aufnahme unnötig klein.*

Für die Option ***Anzeige im Hochformat*** empfehle ich die Einstellung ***Aus***. Ansonsten werden die Vorschaubilder durch das ungünstige Seitenverhältnis nur sehr klein auf dem Display angezeigt. Besser und trotzdem ganz einfach ist es, die Kamera etwas zu drehen, dafür aber die größeren Bilder betrachten zu können.

Bitte verwechseln Sie dies nicht mit der ***Automatischen Bildausrichtung***, sonst können Sie sich später in Capture NX oder Lightroom freuen alle Hochformatbilder selbst zu drehen.

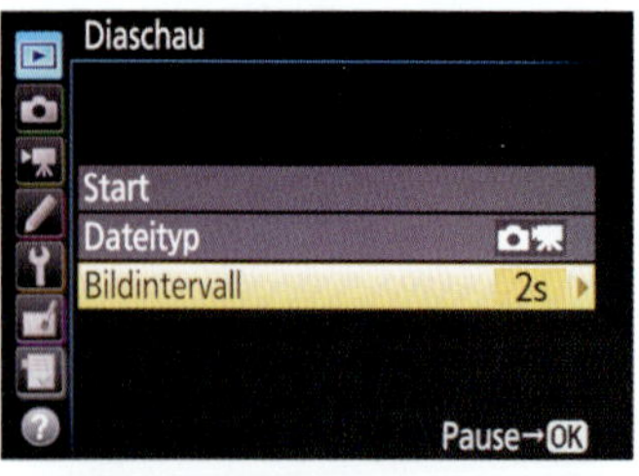

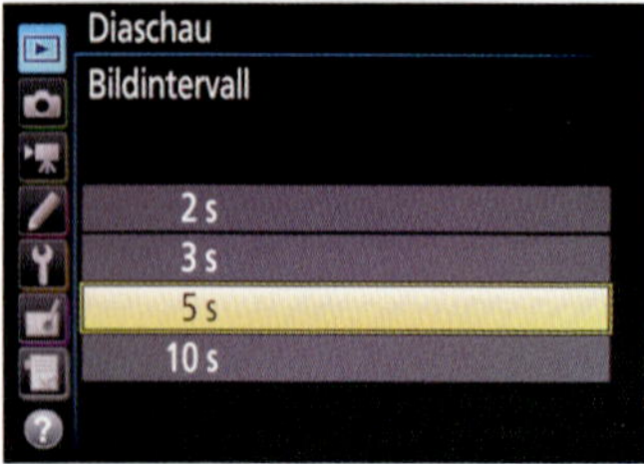

▲ *Das etwas spartanisch ausgefallene Diaschau-Menü.*

Unter dem Punkt ***Diaschau*** können einige Einstellungen für die automatische Wiedergabe auf dem Monitor oder dem Fernseher konfiguriert werden. Das ***Bildintervall*** ist dabei etwas knapp ausgefallen, aber 5 oder 10 Sekunden sollten gerade reichen. Unter dem Punkt ***Z. Senden z. Smart-Ger. ausw.*** verbirgt sich die Funktion ausgesuchte Fotos zum Smartphone/Tablet zu senden.

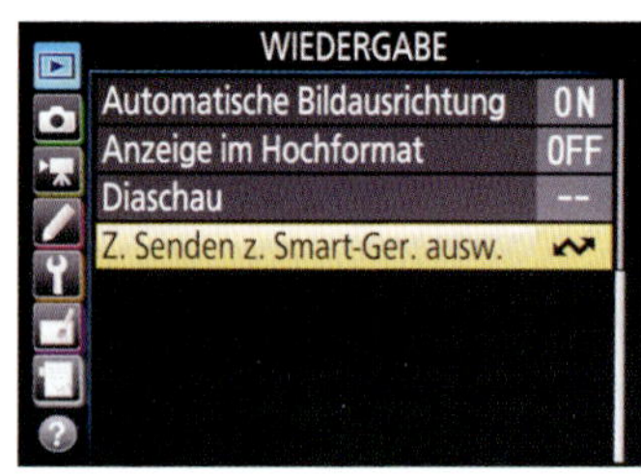

2.2 Das FOTOAUFNAHME-Menü

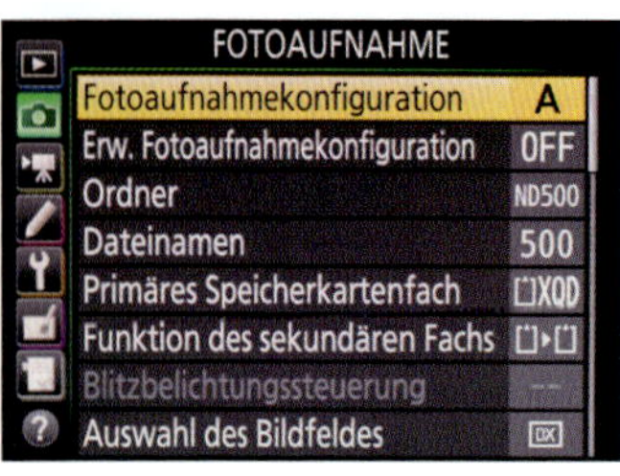

Der erste Eintrag ***Fotoaufnahmekonfiguration*** ist eine äußerst praktische Einrichtung. Dort können Sie Kameraeinstellungen für unterschiedliche Aufnahmeszenarien hinterlegen, wie z. B. Makro, Porträt, Nacht- oder Landschaftsaufnahmen, und sie bei Bedarf quasi auf Knopfdruck aktivieren. Man erspart sich also eine ganze Menge Einstellungsarbeit für häufig eingesetzte Aufnahmesituationen.

Die Standard- oder von Ihnen veränderte normale Konfiguration der Kamera wird automatisch unter dem Buchstaben *A* gespeichert. Es ist sinnvoll diesen Buchstaben, mit einem Druck nach rechts auf dem Multifunktionswähler, durch einen sprechenden Namen zu ersetzen. Im Display werden allerdings nach wie vor nur die Buchstaben angezeigt.

Wenn Sie die Konfiguration eingerichtet haben, können Sie sehr schnell zwischen ihnen wechseln. Dazu brauchen Sie nur die i-Taste zu drücken und den Eintrag ***Fotoaufnahmekonfiguration*** »Name« mit der OK- oder Mitteltaste auswählen und übernehmen. Alle hinterlegten Werte der Konfiguration stehen dann entsprechend unmittelbar zur Verfügung.

Möchten Sie die Konfiguration wieder zurücksetzen, drücken Sie das Mülleimer-Symbol und bestätigen die Sicherheitsabfrage. Die gespeicherten Aufnahmeparameter werden dann auf die Ausgangswerte zurückgesetzt. Der Name der Konfiguration bleibt allerdings bestehen, bis er manuell gelöscht wird.

Diese sehr praktischen Zusammenstellungen können noch deutlich aufwertet werden, wenn die Option ***Erweiterte Aufnahmekonfiguration*** auf ***ON*** bzw. ***Ein*** gestellt wird. Die Menüs sind an einigen Stelle nicht ganz einheitlich und benutzt ***On/Ein*** wie auch ***OFF/Aus*** nebeneinander.

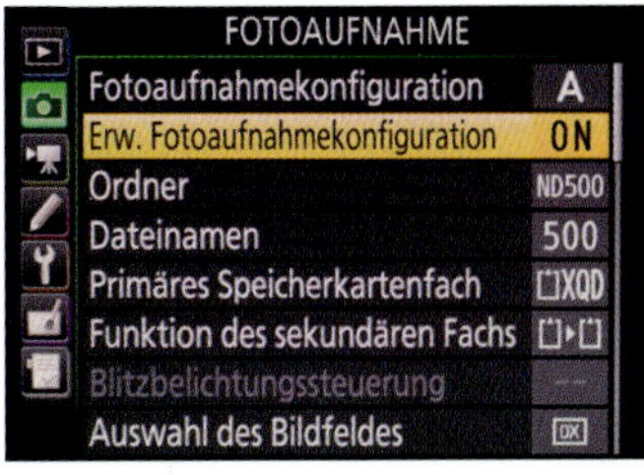

Ist die Erweiterung aktiviert, werden Belichtungsteuerung, Blitzmodus, Belichtungszeit (in den Modi S und M) und die Blende (in den Modi A und M) mit in die Konfiguration aufgenommen. Das ist in vielen Fällen sinnvoll, wenn Sie z. B. Sport- oder Action-Aufnahmen mit der Zeitvorwahl und Porträtfotos mit offener Blende und Zeitautomatik aufnehmen möchten.

Sicherlich haben sich einige Leser noch nicht ausführlich mit der Option ***Dateinamen*** auseinandergesetzt, aber auch die Beschäftigung mit solchen Kleinigkeiten kann durchaus einen Sinn ergeben. Ich habe die Vorgaben für den Dateinamen von ***DSC*** auf die Zeichenfolge ***500*** geändert (Hinweis auf das Kameramodell). Ich kann dann auf der Speicherkarte immer gleich sehen, mit welcher Kamera ich die Fotos aufgenommen habe, ohne erst die Exif-Daten zu bemühen.

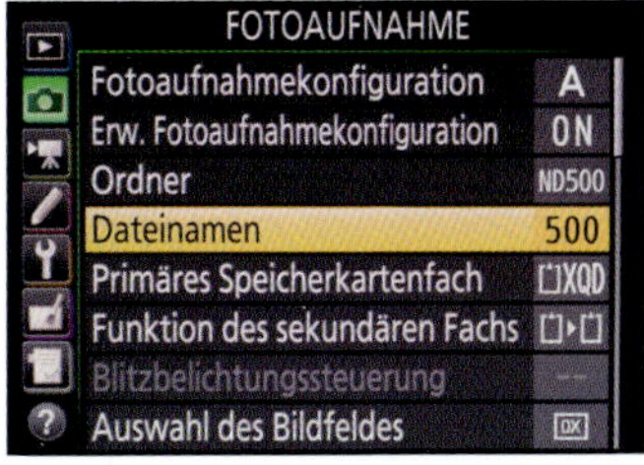

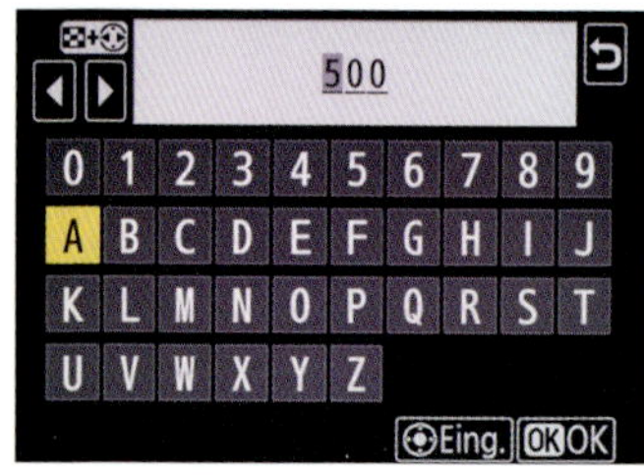

▲ "Texteingaben können jetzt auch direkt über den Touch-Screen eingegeben werden."

Eine weitere Möglichkeit wäre z. B. *LS5*, so sehe ich auf einen Blick, ob es sich um meine oder um fremde Fotos handelt. Mit der abschließenden *5* ist dann zusätzlich ein Hinweis im Dateinamen auf das genutzte Kameramodell hinterlegt. Der Platz wird dann aber sehr schnell eng: *LS5* könnte natürlich sowohl für meine Nikon D500 wie auch z. B. für eine D5500 stehen.

Das primäre Speicherkartenfach festzulegen, dürfte meistens eine einmalige Angelegenheit sein. In den Situationen, in denen ich JPEG-Fotos speichere, lege ich sie immer auf der sekundären Karte ab, das primäre Kartenfach ist dem NEF-/RAW-Format vorbehalten. Häufig arbeite ich auch ganz ohne das JPG-Format und nutze das zweite Kartenfach dann als Reserve. Ich persönlich hatte noch nie defekte Daten auf einer DSLR-Speicherkarte (klopf auf Holz). Wenn die Aufnahmen jedoch sehr wichtig und unwiederbringlich sind, kann auch eine Sicherungskopie durchaus sinnvoll sein. Bedenken Sie, dass z. B. das doppelte Abspeichern der RAW-Daten die Kamera deutlich schneller ausbremsen kann. Vor allem, wenn neben einer sehr schnellen XQD eine langsame herkömmliche SD-Karte eingesetzt wird. Es ist also keine optimale Einstellung für Sport- oder Actionfotografie.

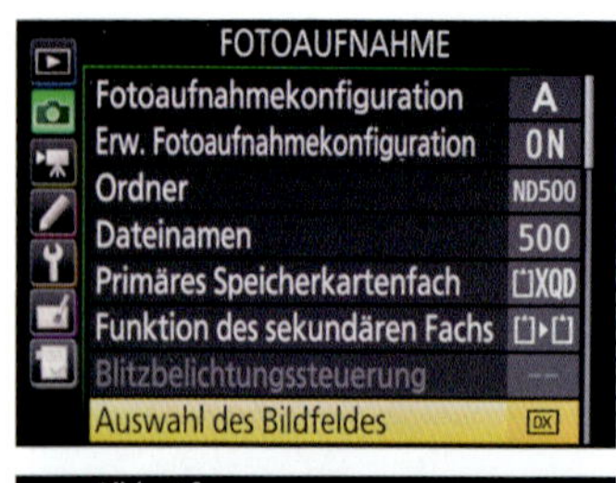

Bildfeld steht standardmäßig natürlich auf *DX*, das Cropformat *1,3x* kommt, wenn überhaupt, fast ausschließlich für Teleaufnahmen zum Einsatz, wenn es mit der vorhandenen Brennweite eng wird.

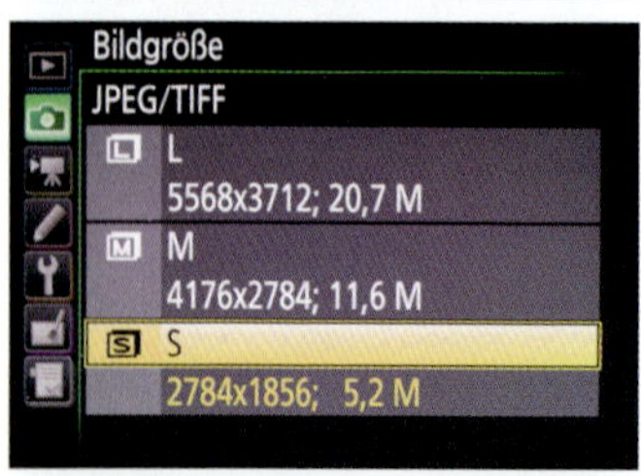

Ich persönlich setze für die Bildqualität fast ausschließlich das NEF-(RAW-) Format ein. Außer vielleicht im Urlaub, dann nutze ich auch gerne die Option *NEF (RAW) + JPEG Normal/Basic*, damit ich die aufgenommenen Fotos z. B. problemlos allen auf dem Tablet zeigen und auch via Internet verschicken kann. Für das direkte Anzeigen im Internet sind aber selbst die JPEG-Basic-Fotos mit der Bildgröße *S* (**S**mall) noch zu groß. Sie messen immer noch 2784 × 1856 Pixel und umfassen etwa 800–1000 KByte.

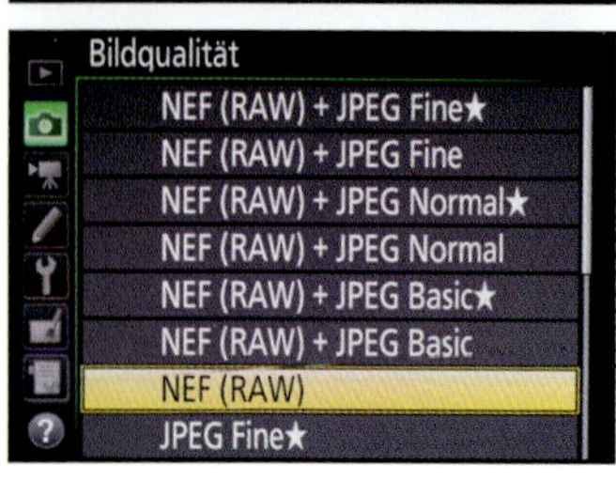

Das RAW-Format hat zwar den Nachteil, dass es immer durch den RAW-Entwickler muss, aber die wesentlich umfangreicheren Möglichkeiten der Bildoptimierung sind mir das allemal wert. Auch für Archivierungszwecke kann das RAW-Format punkten, wohingegen die verlustbehaftete Komprimierung des JPEG-Formats etliche Nachteile aufweist. Um beispielsweise nachträglich einen Farbstich oder einen nicht perfekten Weißabgleich in einem JPEG-Format durchzuführen, bedarf es eines erheblichen Aufwands und das Ergebnis stellt mich keineswegs immer zufrieden.

Wenn Sie ein JPEG-Format auswählen, nehmen Sie eines mit Stern (★). In diesem Fall wird die Komprimierung mit Priorität auf die Bildqualität vorgenommen, andernfalls mit Priorität auf die Dateigröße.

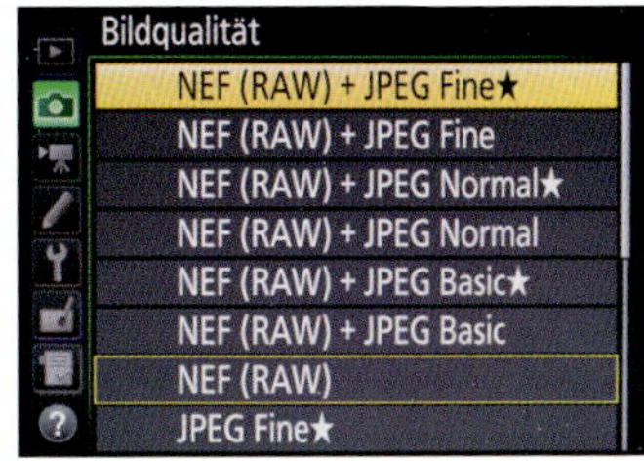

Allzu viele Gedanken muss man sich über das Dateiformat nicht machen, da durch die Kombination *NEF (RAW) + JPEG* bereits eine prima Lösung angeboten wird. Das TIF-Format wird von der D500 noch unterstützt, das ich allerdings nicht benutze.

Als JPEG-Bildgröße reicht in den weit überwiegenden Fällen die Einstellung *M* oder *S* vollkommen aus. Das entspricht immerhin noch einer Auflösung von 11,6 bzw. 5,2 Megapixeln. Für Fotos, die ins Netz wandern sollen, sind selbst die 5,2 Megapixel noch viel zu viel. Die volle Auflösung der D500 mit 20,7 Megapixeln in der Einstellung *L* wird wohl nur selten wirklich notwendig sein und unterläuft in gewisser Weise den Sinn der JPEG-Kompression. Sollen allerdings JPEG-Bilddaten archiviert werden, ohne dass RAW-Daten zur Verfügung stehen, würde ich zum bestmöglichen Format mit der Bildqualität *JPEG Fine★* und Bildgröße *L* greifen.

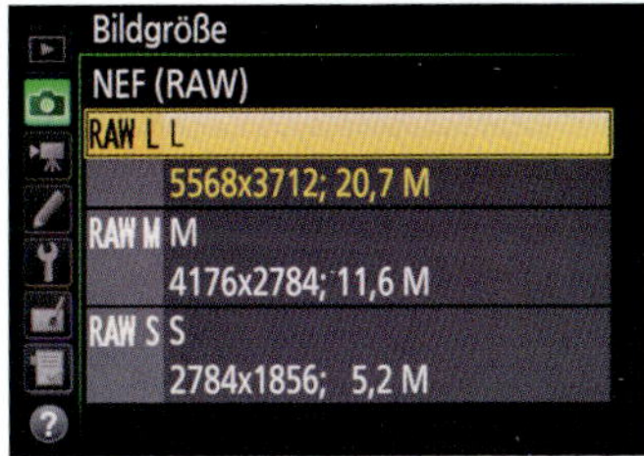

Über die optimalen *NEF-(RAW-)Einstellungen* wird im Internet sehr viel diskutiert und das auch durchaus kontrovers. Als Bildgröße nutze ich selbst immer die volle Auflösung *RAW L.*

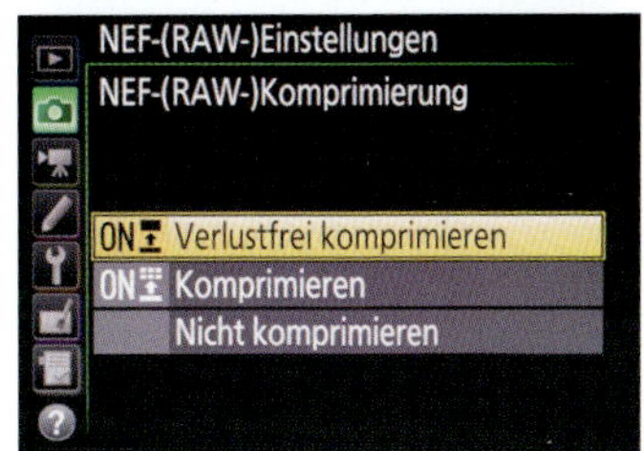

Die NEF-(RAW-)Komprimierung schalte ich auf *Verlustfrei komprimieren*. Eine verlustfreie Komprimierung halte ich für absolut sinnvoll, in einem Schnelltest lag der Komprimierungsgrad bei etwa 40–45 %. Da die Nikon D500 auf Geschwindigkeit hin entwickelt wurde, ist diese Einstellung bei mir Standard. Unkomprimierte Formate bieten keinen echten Mehrwert und verlustbehaftete Komprimierung kommt für mich nicht in Frage.

Da ich viele Porträtaufnahmen mache und diese teils aufwendig nachbearbeite, setze ich *Farbtiefe für NEF (RAW)* auf 14 Bit. Es bleiben dann mehr Reserven für feinste Farbverläufe und umfangreiche Nachbearbeitungen. Allerdings blähen die zwei Bit mehr die Datenmenge ganz ordentlich auf. Je nach Motiv im Schnitt etwa 4–5 Mbyte pro Bild. Wer also diese Reserven nicht benötigt, kann mit der Einstellung 12 Bit viel Speicherplatz sparen.

Ich setze für die Standardeinstellung unter *ISO-Empfindlichkeits-Einst.* meistens den niedrigsten nativen Wert ein, an der Nikon D500 also ISO 100 – in dieser Einstellung ist der Signal-Rausch-Abstand optimal. Die Einstellungen Lo 0,3 bis Lo 1 verbessern den Dynamikumfang nicht.

Gelegentlich verwende ich durchaus die ISO-Automatik (aber nicht als Standardvoreinstellung), auch wenn jetzt vielleicht einige Leser die Nase rümpfen. Die neuen Nikon-DSLR-Modelle sind aber bis ISO 800/ISO 1600 im Detail-/Texturerhalt und Rauschverhalten so gut geworden, dass es nur wenige stichhaltige Gründe gibt, immer ganz strikt den absolut niedrigsten möglichen Wert einzusetzen.

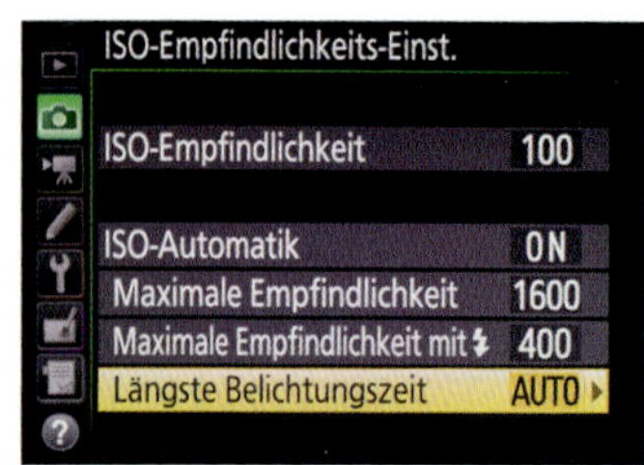

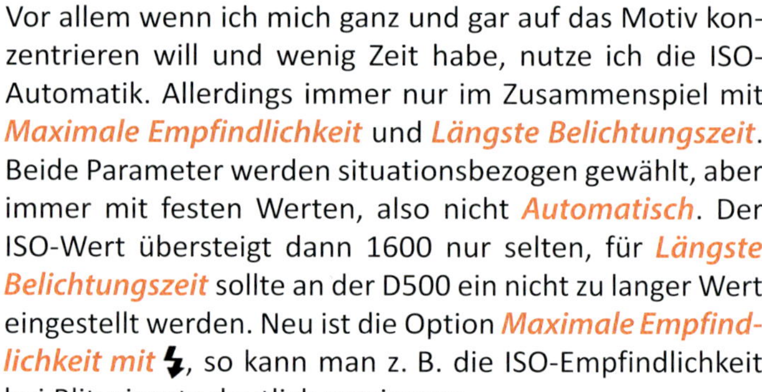

Vor allem wenn ich mich ganz und gar auf das Motiv konzentrieren will und wenig Zeit habe, nutze ich die ISO-Automatik. Allerdings immer nur im Zusammenspiel mit *Maximale Empfindlichkeit* und *Längste Belichtungszeit*. Beide Parameter werden situationsbezogen gewählt, aber immer mit festen Werten, also nicht *Automatisch*. Der ISO-Wert übersteigt dann 1600 nur selten, für *Längste Belichtungszeit* sollte an der D500 ein nicht zu langer Wert eingestellt werden. Neu ist die Option *Maximale Empfindlichkeit mit ϟ*, so kann man z. B. die ISO-Empfindlichkeit bei Blitzeinsatz deutlich verringern.

Die automatische längste Belichtungszeit ist dann sinnvoll, wenn z. B. häufig stark unterschiedliche Brennweiten an einem Zoomobjektiv eingesetzt werden, die entsprechend unterschiedliche Werte für die längste Belichtungszeit benötigen. Nikon scheint sich bei der Automatik in etwa an die alte Faustformel vom Kehrwert der Brennweite zu halten. Genauere Informationen sind derzeit nicht bekannt. Die automatische längste Belichtungszeit kann auch noch einmal angepasst werden. An so hochauflösenden Kameras wie der D500 ist es eine gute Idee, die Automatik mit den relativen Werten von *Längere* und *Kürzere Zeit* in

Richtung kürzerer Belichtungszeiten zu beeinflussen. Was genau das für Ergebnisse liefert, kann man jedoch nur durch Ausprobieren herausfinden.

Der Weißabgleich kann im RAW-Format auch später noch sehr einfach angepasst werden. Es ist aber natürlich praktischer, wenn der Weißabgleich bereits sitzt und nicht mehr extra angefasst werden muss. Wenn Sie bevorzugt bei normalem Tageslicht und im RAW-Format fotografieren, kann der Weißabgleich auf *AUTO1* stehen bleiben. Der automatische Abgleich in der Nikon D500 funktioniert sehr gut und es gibt wenig Probleme.

Nikon hat den automatischen Abgleich noch um die Optionen ***AUTO0 Weiß bewahren*** und ***AUTO2 Warme Lichtstimmung*** erweitert.

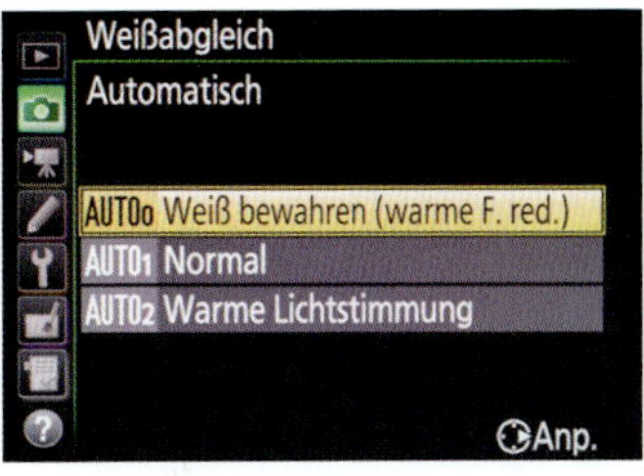

Bei AUTO0 sollen weiße Farbflächen trotz Kerzen- oder Glühlampenlicht weiterhin weiß aussehen. Den umgekehrten Weg geht AUTO2, er bewahrt die warme Lichtstimmung.

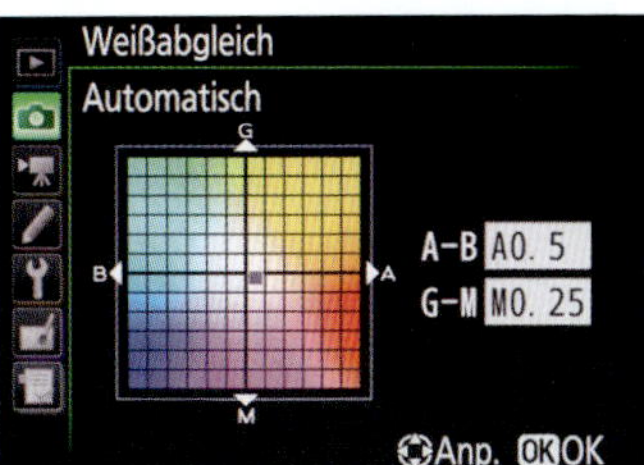

Wenn Sie mit den Weißabgleichsergebnissen nicht ganz zufrieden sind, können Sie mit einem Farbkoordinatensystem die Farbtonung individuell einstellen. Wählen Sie dazu *FOTOAUFNAHME/Weißabgleich/Automatisch AUTO1 Normal* und bewegen Sie den Multifunktionswähler dann noch einmal nach rechts. Es erscheint ein Koordinatensystem, mit dem Sie eine Feinabstimmung des Weißabgleichs durchführen können. Bewegen Sie den kleinen Cursor z. B. nach rechts, wird die Farbstimmung wärmer, nach links kühler. Ich habe den *AUTO1*-Wert leicht zu *A0.5/M0.25* angepasst.

Denken Sie bitte daran, dass diese Einstellungen dauerhaft erhalten bleiben, also auch nach dem Aus- und Wiedereinschalten.

Wenn Licht von Glühlampen oder Kerzen im Bild ist, ist die Einstellung *AUTO2 Warme Lichtstimmung* meist die bessere Wahl.

Wenn Sie häufiger das JPEG-Format nutzen, sollten Sie dem Weißabgleich mehr Beachtung schenken und evtl. eine konkrete Farbtemperatur auswählen oder einen eigenen Messwert benutzen. Änderungen eines falschen

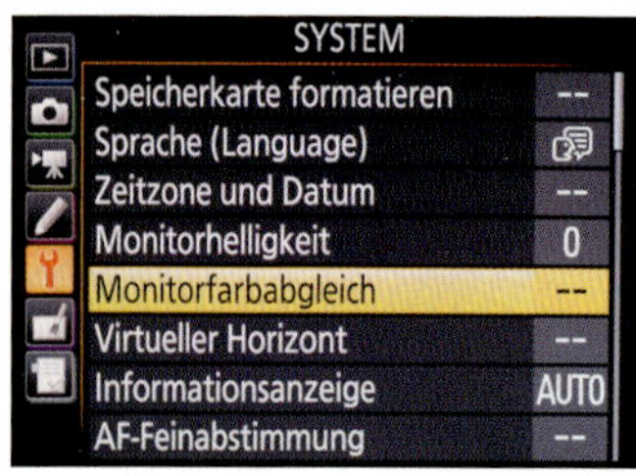

Picture Control FL Ausgewogen

Denken Sie daran, dass das Picture Control ***Ausgewogen*** keinesfalls immer einen Sinn ergibt. Fotografen, die in JPEG fotografieren, sollten z. B. eher die Finger davon lassen. Aber auch RAW-Fotografen sollten sich überlegen, ob es für sie sinnvoll ist.

Ein Vorteil liegt darin, dass feinste Details und Tonwertinformationen in Lichtern und Schatten erhalten bleiben und für die Nachbearbeitung zur Verfügung stehen. Meiner Erfahrung nach müssen dann aber auch wirklich alle Fotos recht aufwendig nachbearbeitet werden.

Ein weiterer Vorteil ist eher technischer Natur: Das auf dem Monitor angezeigte Histogramm entspricht mit diesem Picture Control am ehesten den tatsächlichen Sensordaten. Tiefen und Lichter können also optimal beurteilt werden.

Ein weiterer Nachteil, neben der aufwändigeren Nachbearbeitung, ist eine flaue und kontrastarme Darstellung des Vorschaubildes. Die (potenzielle) Schärfe einer Aufnahme kann so z. B. kaum beurteilt werden.

Abgleichs sind später nur schwer überzeugend zu korrigieren. Denken Sie auch daran, dass Sie den Kameramonitor unter ***SYSTEM/Monitorfarbabgleich*** bei Bedarf so anpassen können, dass ein Farbstich recht sicher erkannt wird.

Als Picture Control habe ich viele Jahre ***NL Neutral*** eingesetzt, aber schon immer die Scharfzeichnung und Farbsättigung manuell leicht reduziert. Die Einstellung ***FL Ausgewogen*** (Flat) verwende ich aktuell nur noch in wenigen Situationen, wenn die exakte Beurteilung des Histogramms wichtiger ist als die allgemeine Bildkontrolle. Videofilmer werden das kontrastärmere Ausgangsmaterial in der Einstellung ***FL Ausgewogen*** aber zu schätzen wissen, da man es besser nachbearbeiten kann. Landschaftsfotografen sollten zu einem anderen Profil greifen, etwa ***SD Standard*** oder ***LS Landschaft***.

Angepasste **P**icture-**C**ontrol-Profile können Sie in der Kamera auf den neun Speicherplätzen C–1 bis C–9 unter eigenem Namen abspeichern. Wer sehr viel mit den PC-Profilen arbeitet, hat sogar die Möglichkeit, bis zu 99 Einstellungen auf eine Speicherkarte abzulegen.

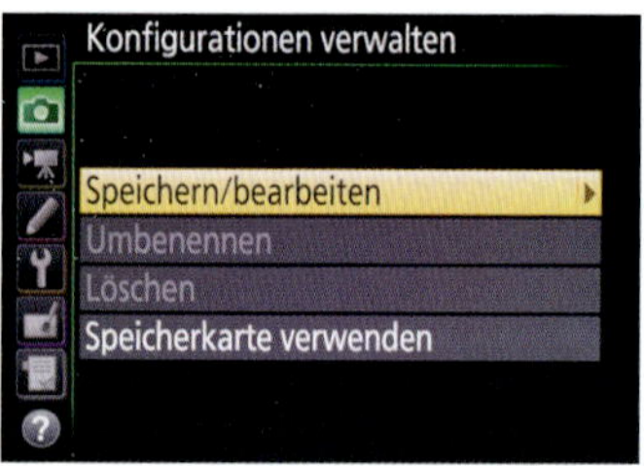

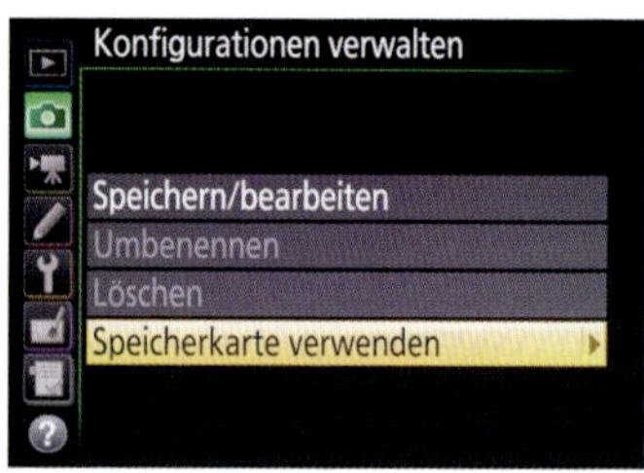

Ich empfehle, eine kleine separate SD-Karte dafür zu verwenden, auch wenn grundsätzlich Fotos und PC-Profile nebeneinander existieren können. Die Kamera legt für die Profile das eigene Unterverzeichnis ***\NIKON\CUSTOMPC*** auf der SD-Karte an. Eine Formatierung der Speicherkarte überlebt der Ordner allerdings nicht. Für die Verwaltung der PC-Profile auf dem Rechner oder Laptop hat Nikon das Picture Control Utility 2 herausgebracht (aktuell *http://downloadcenter.nikonimglib.com/de/download/sw/59.html*). Es ist auch Bestandteil von Capture NX-D.

Wird ein PC-Standardprofil verändert, wird im Menü ein kleiner Stern neben dem Kürzel des Profils angezeigt. Denken Sie daran, dass alle Einstellungen in den Picture-Control-Einstellungen immer aktiv sind. Leider werden die Picture-Control-Vorgaben nur von der Nikon eigenen Software ausgelesen, andere RAW-Konverter ignorieren die Einstellungen.

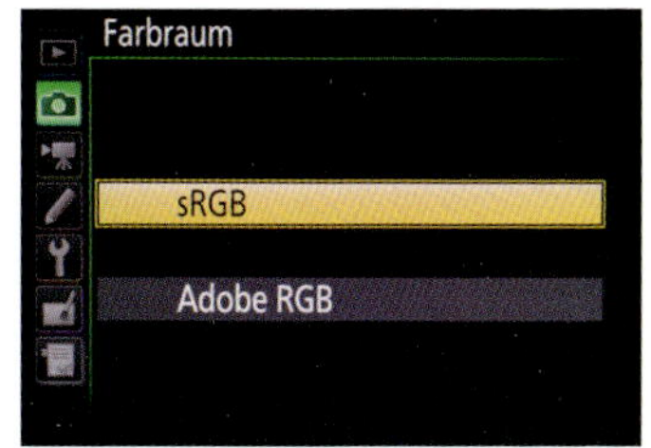

Als Farbraum empfehle ich kurz und knapp: sRGB für JPEGs. Der Adobe-RGB-Farbraum macht im JPEG-Format nur sehr bedingt Sinn und birgt einige Stolpersteine im anschließenden Workflow.

Ich empfehle ihn nur für Anwender, die wissen, was sie tun. Wenn Adobe RGB für JPEGs eingesetzt werden soll, empfehle ich, eine evtl. notwendige Konvertierung in den sRGB-Farbraum eigenhändig in Photoshop (Elements), Lightroom oder anderen Anwendungen vorzunehmen.

Für das RAW-Format ist der Farbraum erst einmal ganz gleich, es spielt keine Rolle, was in der Kamera eingestellt ist.

Der Farbraum der RAW-Dateien wird vom RAW-Konverter bestimmt. Lightroom arbeitet z. B. standardmäßig mit dem Farbraum ProPhoto RGB, der noch größer als Adobe RGB ist. Capture NX-D nutzt in der Voreinstellung Nikon Adobe RGB 4.x.

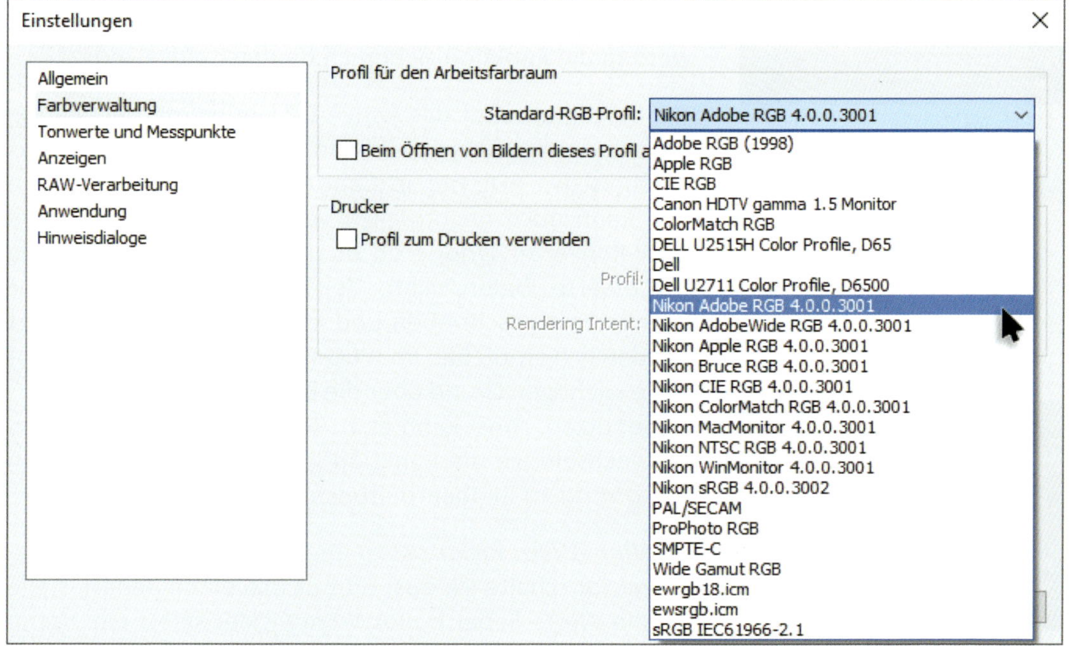

▼ *Festlegung des Farbraums beim Export aus Lightroom.*

Der endgültige Farbraum wird in Lightroom beim Export des Bildes festgelegt.

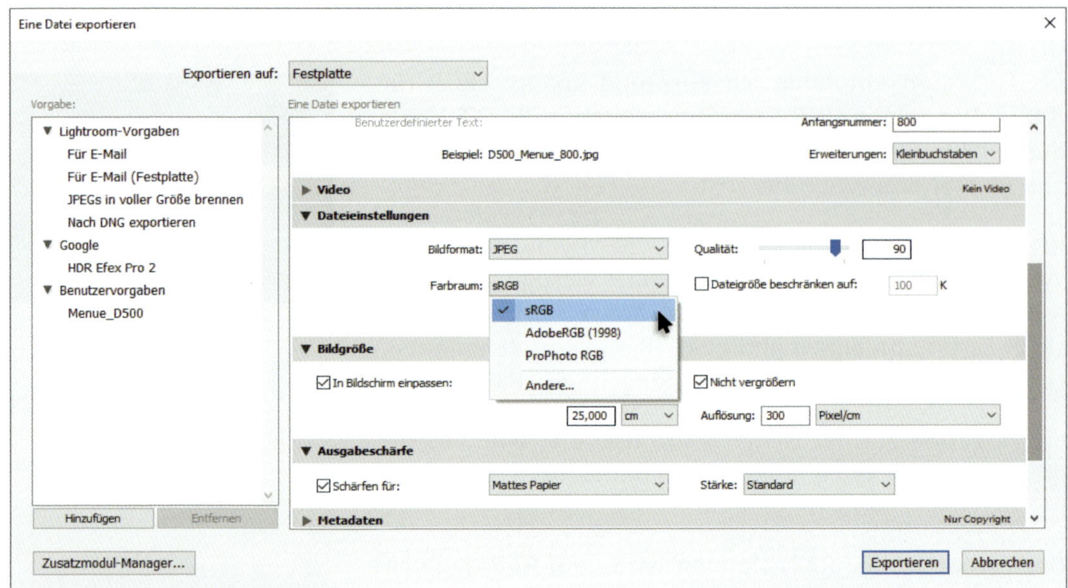

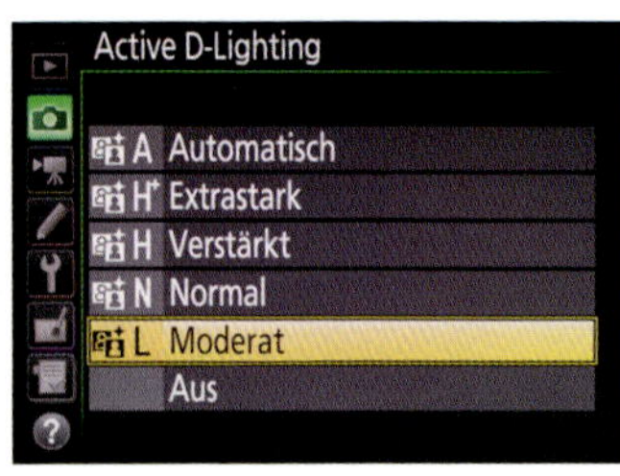

Das ***Active D-Lighting*** schalte ich standardmäßig aus. Wenn ich es benutze, wird es bewusst eingeschaltet. Die Funktion beeinflusst vor allem die Tiefen in einer Aufnahme und den Kontrast. Das will ich natürlich nicht in jeder Aufnahme. Fotografen, die im JPEG-Format fotografieren, werden die Funktion sicherlich häufiger einsetzen.

Am besten arbeitet das **A**ctive **D**-**L**ighting mit der Matrixbelichtungsmessung zusammen. Im RAW-Format wird das Ergebnis des ADL nur in Capture NX2/NX-D ausgelesen und kann auch nachträglich verändert werden, andere RAW-Konverter ignorieren es. Im JPEG-Format wird die verbesserte Tiefen/Lichter-Zeichnung des ADL fest ins Dateiformat geschrieben und kann nicht mehr geändert werden. Ich empfehle, im JPEG-Format die Optionen nicht ohne wichtigen Grund über die Einstellung ***Normal*** hinaus zu benutzen, sonst kann es zu Tonwertabrissen kommen. Verwechseln Sie die Funktion bitte nicht mit der Option ***D-Lighting*** im Bildbearbeitungsmenü.

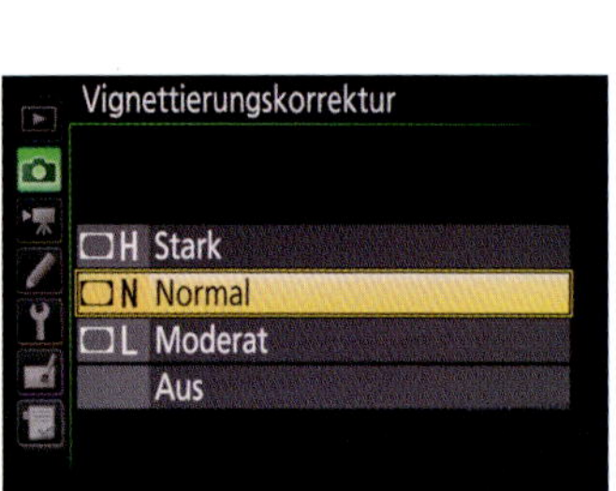

Die ***Vignettierungskorrektur*** und die ***Auto-Verzeichnungskorrektur*** schalte ich aus. Gibt es mal einen Bedarf, stelle ich die Werte lieber im RAW-Entwickler selbst ein. Wenn

Sie gerne ein Nikon-Objektiv einsetzen, das eine stärkere Verzeichnung oder Randabschattung aufweist, kann es natürlich sinnvoll sein, die Optionen zu aktivieren. Objektive, die nicht von Nikon sind, werden von der Funktion nicht behandelt.

Die Option *Rauschunterdrückung bei ISO+*, also bei hohen ISO-Werten ab ISO 1600, schalte ich entweder aus oder auf *Schwach*. Es handelt sich zwar um eine recht bequeme Einstellung, aber ich stelle die Rauschminderung lieber selbst manuell im Entwickler ein. Ob ein Rauschen wirklich im Bild stört und wenn ja in welchem Umfang, entscheide ich immer am konkreten Foto. Da ich auch nicht häufig mit einer ISO-Empfindlichkeit jenseits von ISO 1600 fotografiere, macht das kaum zusätzliche Arbeit.

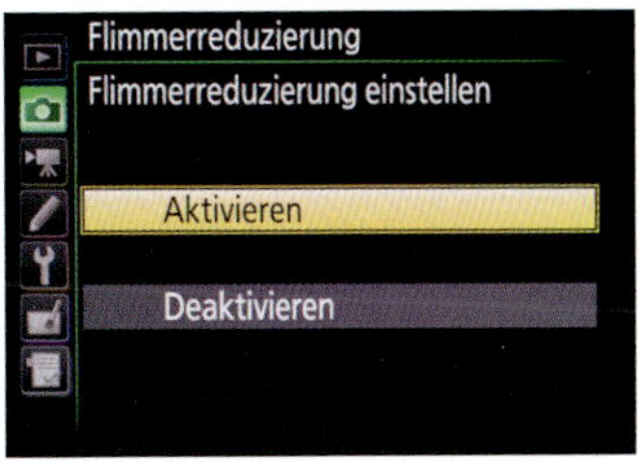

Die *Flimmerreduzierung* hat mich nicht restlos überzeugt, aber einen Versuch ist es wert. Sie soll bessere Ergebnisse erzielen, wenn unter Kunstlicht oder auf Monitoren ein Flimmern erkannt wird.

Die *Automatische Belichtungsreihe* steht auf *AE und Blitz*.

Mehrfachbelichtung, HDR und *Intervallaufnahmen* stehen auf *OFF/Aus*. Die Option *Zeitrafferaufnahme* ist in das *FILMAUFNAHME*-Menü verlegt worden.

2.3 Das FILMAUFNAHME-Menü

Im *FILMAUFNAHME*-Menü ändere ich persönlich die obligatorischen drei Buchstaben *DSC* des Dateinamens auf *VID*. Dann habe ich nicht die gleichen Dateinamenspräfixe für Fotos und Video.

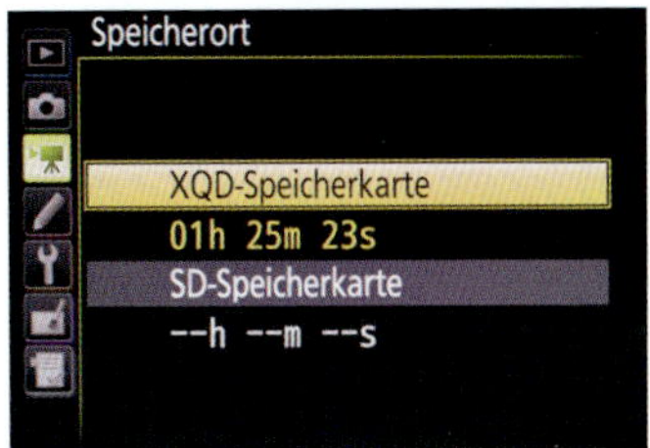

Als Speicherort sollte die Speicherkarte mit der höchsten sequenziellen Schreibrate gewählt werden, falls vorhanden eine XQD-Karte. Sehr gelungen ist die Anzeige der noch zur Verfügung stehenden Speicherzeit auf den Karten. Das erlaubt eine viel bessere Abschätzung der verbleibenden Kapazität als die einfache verbleibende Speicherplatzanzeige.

Auswahl des Bildfeldes bleibt auf der Standard-Einstellung *DX*

Bildgröße/Bildrate: Das Highlight ist natürlich die 4K-UHD-Videofähigkeit. Wenn Videos in 4K aufgenommen werden sollen empfehle ich auf jeden Fall die Einstellung *3840x2160* mit *30p*, damit Bewegungen im Film später etwas flüssiger werden und notfalls etwas Reserve vorhanden ist. Zwei Dinge gibt es zu beachten:

1. Die hohen Datenmengen fordern die Speicherkarte sehr. Es sollte also mindestens in eine sehr schnelle SD-Karte oder besser in eine schnelle XQD-Karte investiert werden.
2. Die 3840 × 2160 Pixel werden aus einem mittig zentrierten Ausschnitt des Sensors entnommen, es erfolgt kein Herunterrechnen des gesamten Sensors. Dadurch kommt es zu einem zusätzlichen Cropfaktor. Man kann dies schön beobachten, wenn man 4K eingestellt hat und in der Live-View von Foto auf Video umstellt. Extreme Weitwinkelaufnahmen werden durch den zusätzlichen Crop deutlich erschwert. Der Gesamt-Cropfaktor ist dann 2,25x gerechnet auf das FX-Format. So wird aus einer Brennweite von 16 mm scheinbar eine von 36 mm.

Für den Hausgebrauch reichen nach wie vor in vielen Fällen noch die Full-HD Formate, bei denen auch der zusätzliche Cropfaktor wegfällt und mehr Weitwinkel möglich ist. Bei *Bildgröße/Bildrate* nutze ich *1920x1080; 60p* mit der Filmqualität *Hohe Qualität*. Das bietet flüssigere Bewegungen/Schwenks und eine Reserve für die Zeitlupe. Die Umstellung NTSC/PAL entfällt bei der D500.

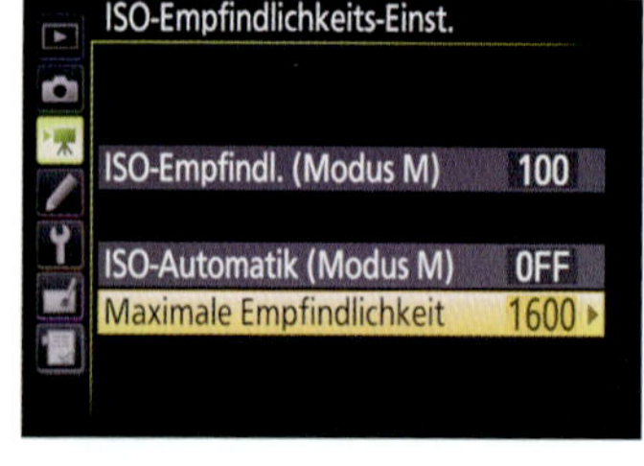

Die separate *ISO-Automatik* im Modus M ist eine feine Sache. Da ich selbst fast nur im Freien bei gutem Licht filme, nutze ich die Funktion aber eher selten. Die ISO-Begrenzung sollten Sie aber auf jeden Fall setzen.

Den Weißabgleich setze ich gemäß Fotoeinstellungen, das Gleiche gilt in meinem Fall für die Picture-Control-Konfiguration. Wer im Fotomodus nicht mit *Neutral* oder *Ausgewogen* arbeitet, sollte sich überlegen, dies für die Filmaufzeichnungen einzustellen. Die PC-Konfigurationen können analog zu den Fotoaufnahmen verwaltet und abgespeichert werden.

Das *Active D-Lighting* setze ich für Filmaufnahmen auf *Normal*, damit die Schatten etwas aufgehellt werden.

Die Rauschunterdrückung für hohe ISO-Werte für Videos belasse ich auf *Normal*, anders als bei den Fotos. Die *Flimmerreduzierung* bleibt auf *AUTO*.

Die Mikrofonempfindlichkeit regele ich meist manuell, und zwar mit dem Frequenzgang *WIDE/Breitband*. Die Option *Windgeräuschreduzierung* ist eigentlich immer an.

Die Zeitrafferaufnahmen werden natürlich bei Bedarf individuell konfiguriert, mehr dazu in Kapitel „8.4 Ein Film aus Zeitrafferbildern" ab Seite 222.

Den *Digital-VR* einzuschalten macht bei Videos, die aus der freien Hand aufgenommen werden, sicherlich Sinn. Filmen vom Stativ aus benötigen den Digital-VR nicht.

2.4 Die Individualfunktionen

Die Nikon D500 hat über 50 Individualfunktionen, die mit den Kleinbuchstaben *a* bis *g* unterteilt sind. Manche Einsteiger in die Nikon-DSLR-Fotografie erschaudern bei dieser Funktionsvielfalt. Sie werden aber die feinen Anpassungsmöglichkeiten der Kamera an Ihre Bedürfnisse und Wünsche schnell lieben lernen und nicht mehr missen wollen. Viele der Einstellungen werden auch eher selten verändert, manchmal nur ein einziges Mal.

Um sich die umfassenden Möglichkeiten der individuellen Anpassungen vor Augen zu führen, empfehle ich, die Individualfunktionen gleich zu Beginn einmal komplett durchzugehen und eigene Einstellungen auszuprobieren. Man bekommt so schnell ein Gefühl dafür, welche Einstellungen möglich sind und wie die Nikon D500 tickt.

Sichern der Menüfunktionen

Wenn Sie umfangreiche Einstellungssets in der Kamera angelegt haben, empfiehlt es sich, die Einstellungen auf eine Speicherkarte zu sichern. Dazu wechseln Sie ins ***SYSTEM***-Menü und wählen die Option ***Einst. auf Speicherkarte/Einstellungen speichern***. Alle Daten werden dann auf der primären Speicherkarte in der Datei ***NCSETUPK.BIN*** abgespeichert. Den Dateinamen dürfen Sie nicht ändern, sonst erkennt die Kamera die Datei nicht mehr.

Ich richte mir dazu eine spezielle kleine Speicherkarte ein, auf der ich meine Setups speichere. Anschließend sichere ich sie auf meinen Computer und versehe sie noch mit Kommentaren und dem aktuellen Datum.

a Autofokus

Ich lege die Priorität sowohl des AF-C wie auch des AF-S, also des kontinuierlichen Fokus und des Einzelfokus, auf die Schärfepriorität. Nur eher selten ist die Auslösepriorität für mich von Nutzen, aber das kann bei einigen Lesern natürlich anders sein. Wer viel Sport-, Action- oder Eventfotografie (vor allem in Kombination mit der Serienbildaufnahme) betreibt, bei denen ein nicht 100-prozentig scharfes Bild nicht zwingend ein K.-o.-Argument ist, aber ständig schnelle Bewegungen gebändigt werden müssen, wird auch die Auslösepriorität einsetzen.

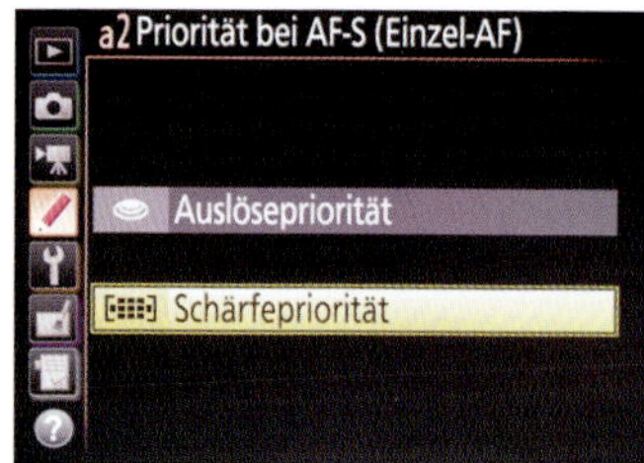

Schärfenachf. mit Lock-On soll verhindern, dass auf Objekte, die kurzzeitig zwischen Kamera und Motiv auftauchen, sofort scharf gestellt wird. Wenn Sie herumtollende Kinder, Vögel im Tiefflug oder andere Actionaufnahmen fotografieren, verhindert diese Funktion, dass der AF unmittelbar z. B. auf eine Hand, die kurz im Bild erscheint, fokussiert und „springt". Mit der Option *AF 3 (Normal)* habe ich in dieser Hinsicht nur selten Probleme. Kommt es aber auf höchste AF-Geschwindigkeit an und sind Störungen eher unwahrscheinlich, macht es Sinn, die Schärfenachführung mit Lock-On auf *Verzögert (5)* zu stellen. Auch die Motivbewegung kann mit *Gleichmäßig* bzw. *Ungleichmäßig* beeinflusst werden.

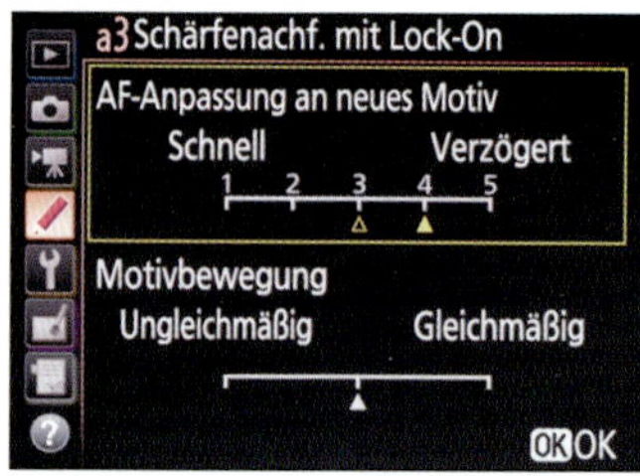

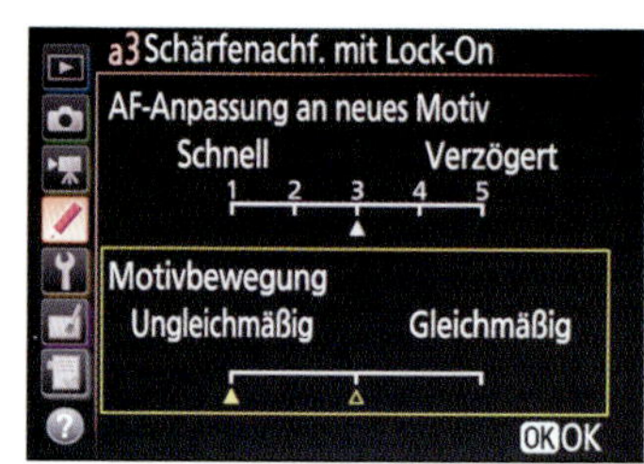

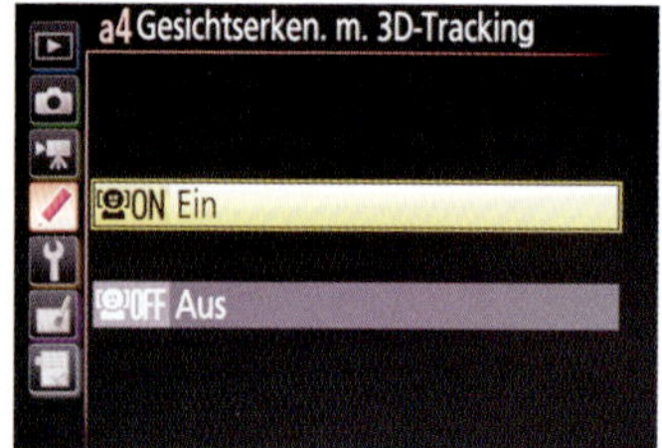

Mit der Option *a4 AF-Aktivierung* wird festgelegt, ob im 3D-Tracking die Gesichtserkennung aktiv ist. Das macht natürlich Sinn, wenn Sie z. B. spielende Kinder oder Sportler verfolgen wollen. Bei einem Autorennen macht es aber meist keinen Sinn und kann im Zweifelsfall wertvolle Zeit kosten.

Anzahl der Fokusmessfelder steht bei mir meistens auf *AF55*. Ich fotografiere, wie schon erwähnt, oft Porträts mit weit geöffneter Blende und auch Produkte vom Stativ aus. In beiden Fällen ist für mich eine möglichst vielfältige und genaue Positionierung des Autofokus hilfreich. Wer mehr Sport- oder Landschaftsaufnahmen macht, ist mit *15 Messfelder* bei der AF-Auswahl vielleicht etwas schneller am Ziel.

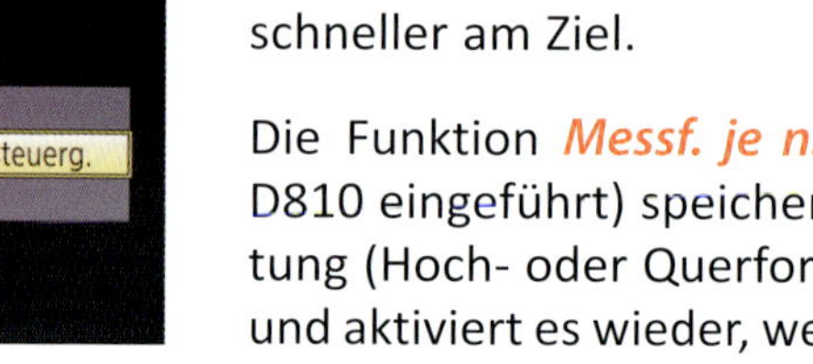

Die Funktion *Messf. je n. Ausrichtung speich.* (mit der D810 eingeführt) speichert das in der jeweiligen Ausrichtung (Hoch- oder Querformat) zuletzt gewählte Messfeld und aktiviert es wieder, wenn man die Ausrichtung ändert.

Manchmal springt das Messfeld erst durch einen leichten Tipp auf den Auslöser korrekt um. Spannender fände ich eine Funktion, die das aktive AF-Messfeld mit der Ausrichtung der Kamera „rotieren" würde. Zusätzlich kann jetzt auch die AF-Messfeldsteuerung je nach Ausrichtung „mitgezogen" werden. Für alle, die das häufiger nutzen, sicher eine schöne Erleichterung.

Wenn Sie die Funktion nur gelegentlich nutzen, empfehle ich, sie nach Gebrauch wieder auf die Standardeinstellung zurückzusetzen (*OFF*). Ansonsten vergisst man die Einstellung rasch, was bei einer späteren Fotosession schnell zu einiger Verwirrung führen kann.

Die ***AF-Aktivierung*** lege ich mir immer gleich auf die AF-ON Taste. Die AF-Messfeldauswahl einschränken nutze ich nicht. Actionfotografen können vielleicht davon profitieren.

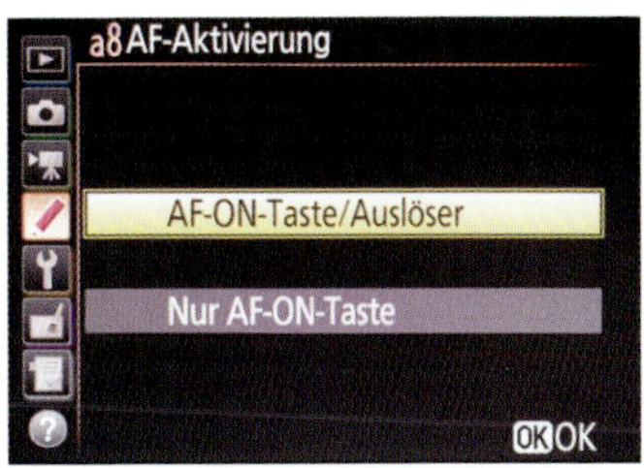

Scrollen bei Messfeldauswahl steht auf Umlaufend, das ist aber sicherlich Geschmackssache. Die Fokusmessfeld-Optionen belasse ich auf den Standardwerten.

b Belichtung

Für die Schrittweiten der ISO-Empfindlichkeit, der Belichtungssteuerung und der Belichtungskorrektur habe ich mich für einen Mittelweg entschieden. Fotografiere ich in der Zeitautomatik A (Blendensteuerung), sind mir für ***ISO-Schrittweite*** und ***Schrittweite Bel.-steuerung*** die *½ LW*-Stufen fein genug, mehr würde mich bei der Arbeit eher behindern. In der Blendenautomatik S (Zeitsteuerung) und im manuellen Modus M arbeite ich für die Belichtungssteuerung aber lieber in feineren *⅓ LW*-Stufen. In diesen Fällen geht es häufig um das exakte Einfangen von Bewegungsabläufen, da bin ich gerne möglichst flexibel.

Für ***Schrittweite Bel.-steuerung*** wähle ich immer eine feine Abstufung von *⅓ LW*-Stufen, um einen möglichst exakten Korrekturfaktor einstellen zu können.

Einfache Belichtungskorr. legt fest, ob zur Einstellung der Korrektur die Belichtungskorrekturtaste gedrückt sein muss oder nicht, wenn der Wert mit dem Einstellrad geän-

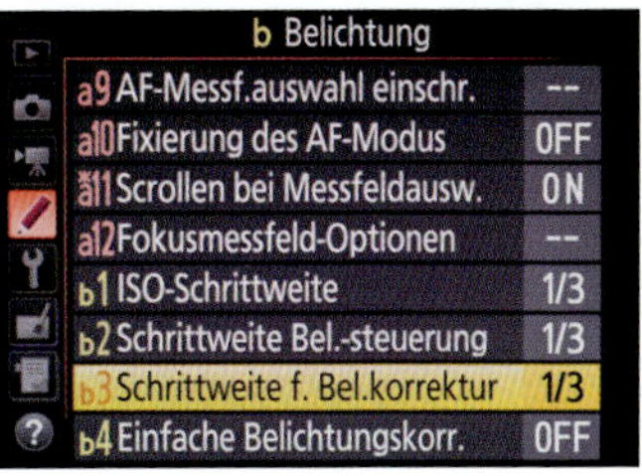

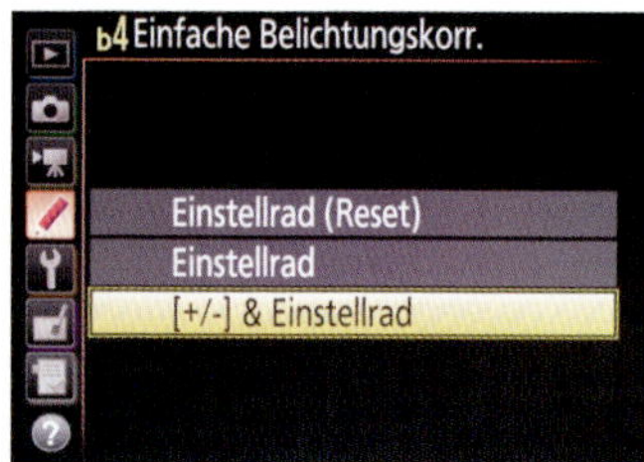

dert wird. Ich persönlich empfehle das Aktivieren dieser Einstellung *[+/-] & Einstellrad* (*OFF*) und nutze sie auch selbst in dieser Weise. So kann nicht versehentlich an der Belichtungskorrektur „herumgespielt" werden und der Korrekturwert wird direkt im oberen Display angezeigt.

Wer es häufig vergisst, den Belichtungskorrekturwert wieder zurückzusetzen, und deshalb falsch belichtete Bilder erhält, kann die Option *Einstellrad (Reset)* ausprobieren. In diesem Fall wird die Belichtungskorrektur nur mit dem Einstellrad vorgenommen. Der Clou daran ist, dass die Korrektur beim Ausschalten der Kamera oder beim Abschalten der Belichtungsmessung wieder zurückgesetzt wird.

Eine optionale Einstellung bei Bedarf: *Gesichtserkennung ein* für Gruppen- und Porträtaufnahmen, wenn die Matrixmessung aktiv ist.

Unter dem Menüpunkt *b6 Messfeldgr. (mittenbetont)* kann die Größe des mittenbetonten Messbereichs variiert werden. Das kann in einigen schwierigen Belichtungssituationen (Sport/Action) sinnvoll sein, ich nutze sie aber nur selten.

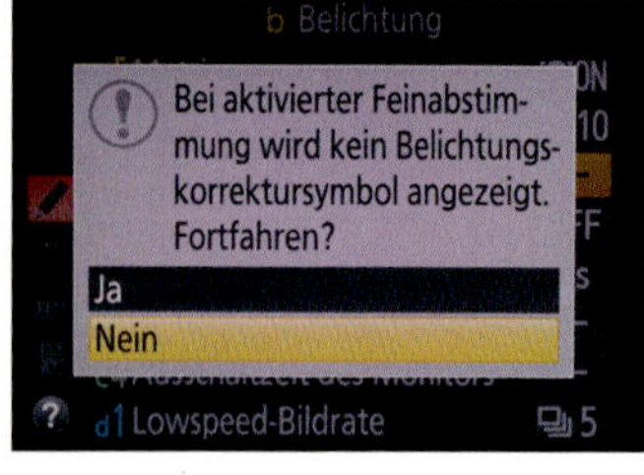

Wenn Sie sich mit der automatischen Belichtungsmessung Ihrer D500 nicht so recht anfreunden können und z. B. die mittenbetonte Messung als generell zu dunkel und die Matrixmessung als zu hell empfinden, können Sie eine individuelle Feinabstimmung fest in der Kamera hinterlegen. Mit der Option *Feinabst. der Bel.-Messung* können Sie alle drei Messmethoden anpassen. Beachten Sie aber, dass die Korrekturwerte dauerhaft gelten und in den Displays der Kamera nicht angezeigt werden. Diese Funktion sollte also mit Vorsicht angewandt werden. Zusätzlich wird auch kein Belichtungskorrektursymbol mehr angezeigt. Ich nutze sie nicht.

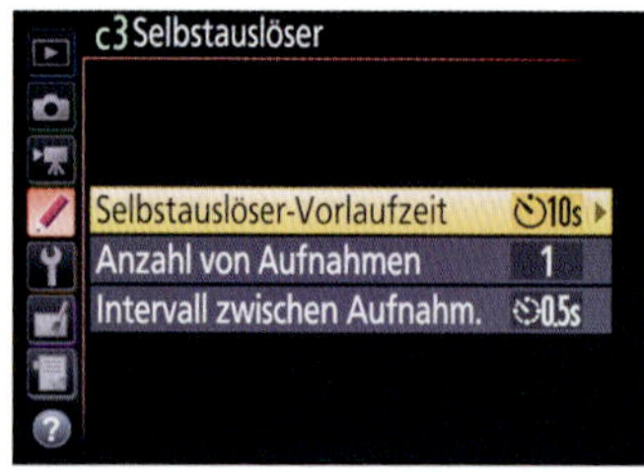

c Timer/Belichtungsspeichern

Die Option *Bel. speichern mit Auslöser* habe ich ausgeschaltet und *Standby-Vorlaufzeit* leicht auf *10 Sek.* erhöht. Den Selbstauslöser setzte ich, neben seiner regulären Funktion, manchmal als schnellen Ersatz für die Intervallaufnahme ein. Neben der Vorlaufzeit können bis zu neun Aufnahmen in Abständen von *0,5 s*, *1 s*, *2 s* und *3 s* eingestellt werden. Das ist sicherlich nicht annähernd so flexibel wie die Intervallaufnahme, aber manchmal schneller für den kleinen Einsatz. Die Ausschaltzeit des Monitors habe ich für die Punkte *Wiedergabe*, *Informationsanzeige* und *Bildkontrolle* leicht erhöht, die Einstellungen sind aber sicherlich individuelle Geschmackssache.

d Aufnahme & Anzeigen

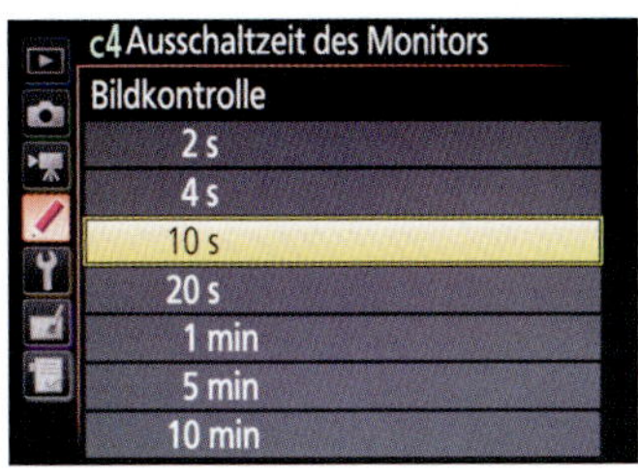

Lowspeed-Bildrate steht auf *4*. Die *ISO-Anzeige* auf *On*, im Ruhemodus zeigt das obere Display trotzdem noch den Bildzähler an. Die Option *Spiegelvorauslösung* steht natürlich standardmäßig auf *Aus*. Ich lege sie mir aber auf jeden Fall ins Benutzermenü. Als Zeit für die Spiegelvorauslösung nehme ich meist volle 3 Sek.

Die Gitterlinien schalte ich fast immer ein. Auch wenn es sich bei den Gitterlinien nicht um eine Drittel-Aufteilung des Bildes handelt, finde ich die Linien hilfreich zur Bildausrichtung und -gestaltung. Die Displaybeleuchtung steht auf *Aus*, ansonsten wäre sie ständig angeschaltet. Für das gelegentliche Einschalten gibt es ja den praktischen Schalter am Auslöser. Wer aber z. B. unterwegs ist, um Nachtaufnahmen aufzunehmen, weiß diese Funktion vielleicht zu schätzen.

e Belichtungsreihen & Blitz

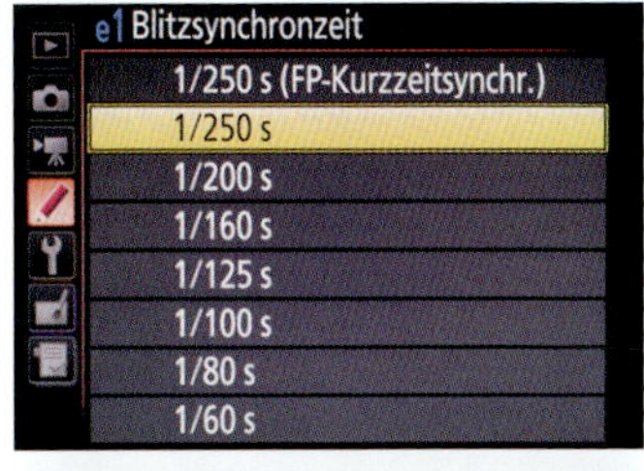

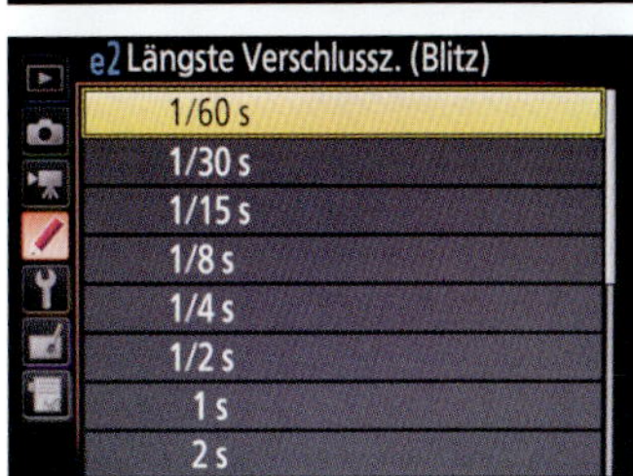

Die Standardeinstellung ist *1/250 s*. Die Nikon D500 unterstützt auch die FP-Kurzzeitsynchronisation von 1/250 Sek. Dies nur zur Erinnerung. Genutzt wird die Kurzzeitsynchronisation z. B., um auch bei hellem Sonnenlicht sehr kurze Belichtungszeiten mit ausgewogener Hintergrundhelligkeit zu realisieren oder um mit weit offenen Blenden Porträts im Gegenlicht besser ausleuchten zu können. Denken Sie bitte daran, dass die Kurzzeitsynchronisation die Blitzleistung deutlich reduziert.

Wenn ich mit Brennweiten bis 70 mm arbeite und in den Modi P oder A mit relativ schwachem Umgebungslicht zu kämpfen habe, stelle ich bei *Längste Verschlussz. (Blitz)* als Standardwert *1/30 s* oder weniger ein. Dadurch versucht die Kamera, mehr Umgebungslicht mit in das Foto zu integrieren. Wenn Sie gleichzeitig die ISO-Automatik (mit festgelegter Obergrenze) einsetzen, können Sie auch noch längere Belichtungszeiten ausprobieren. Trotz der vergleichsweise langen Belichtungszeit ist das Motiv in der Regel scharf, da es durch den Blitz eingefroren wird. Wenn ich (ausnahmsweise) längere Brennweiten mit Blitz nutze, sind die voreingestellten 1/60 Sek. (oder weniger) ein besserer Wert.

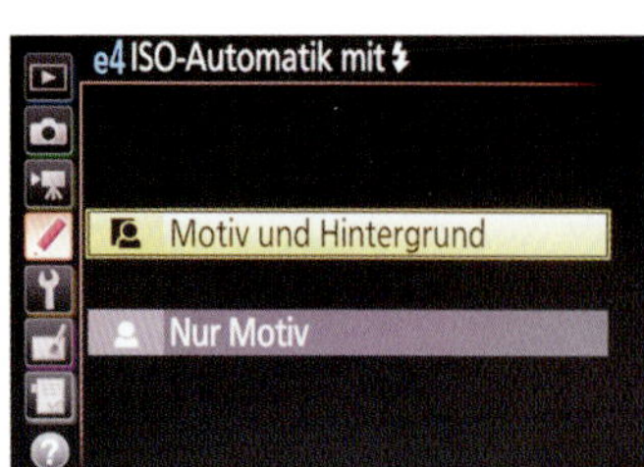

Die Einstellung *Bel.-korr. bei Blitzaufn.* nutzt *Nur Hintergrund*, dann kann man etwas einfacher die Blitzhelligkeit und das Umgebungslicht gegeneinander regeln. *ISO-Automatik mit* ϟ steht auf *Motiv und Hintergrund*. Diese Einstellung hängt aber davon ab, was man machen will (vergl. Abschnitt „Hintergrund in Schwarz versinken lassen" ab Seite 198).

Die Option *Einstelllicht* ist *ON/Ein* und simuliert dann durch das Drücken der Abblendtaste ein Einstelllicht. Falls Sie eine Einstellung mit mehreren Blitzen aufnehmen wollen, denken Sie daran, dass Sie das Einstelllicht aller beteiligten Blitzgeräte von der Kamera aus auslösen können.

Obwohl der Dynamikumfang der Nikon D500 wirklich beeindruckend ist, kann es vorkommen, dass eine einzelne Aufnahme nicht ausreicht, um den gesamten Kontrastumfang der Umgebung abzubilden. Dann hilft die Option *Autom. Belichtungsreihen* (Blitz-BKT) weiter. Ich bevorzuge allerdings nicht die Voreinstellung, sondern die Einstellung *Nur Blitz*, da es bei mir vorwiegend um die Feinabstimmung zwischen Blitz- und Umgebungslicht geht.

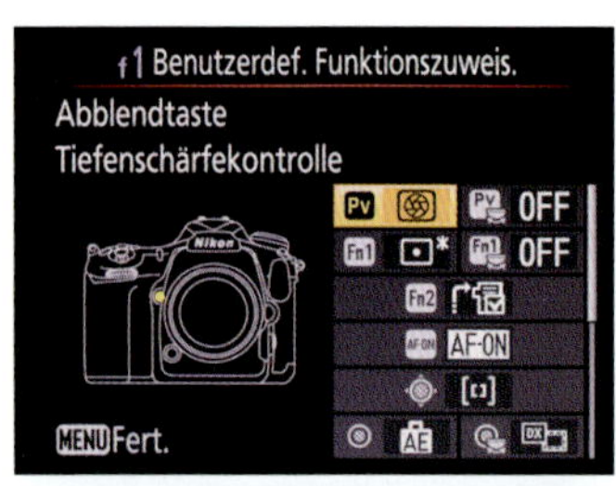

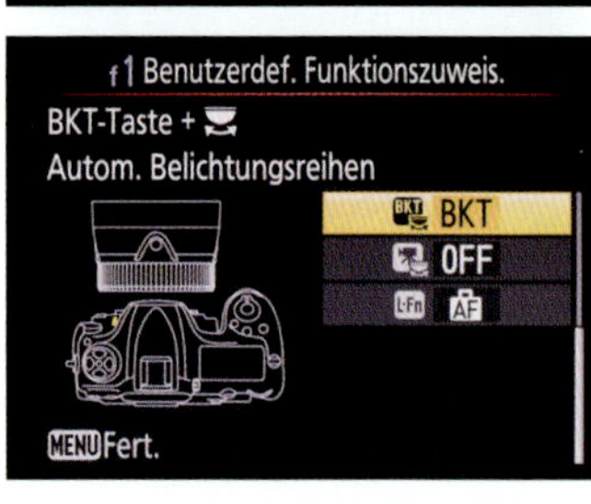

▲ *Häufiger belege ich die Fn1 auch mit dem Virtuellen Horizont im Sucher.*

Die Einstellung zur *BKT-Reihenfolge - ⇨ +*, ist aber Geschmackssache.

f Bedienelemente

Die Belegung der Tasten an der D500 ist sicherlich ein hochgradig subjektives Vorgehen. Ein Richtig oder Falsch kann es da nicht geben. Sie werden sicherlich schnell merken, welche Funktionen Sie häufiger umständlich im Menü suchen. Diese Funktionen sind natürlich ideale Kandidaten für die Funktionstasten und hängen stark vom eigenen Fotografie Stil ab. An der D500 sind die Einstellungen jetzt schön in der Individualfunktion f1 zusammengefasst. In den Bildern sehen Sie meine aktuellen Einstellungen, die sich aber auch schon mal ändern.

Die Mitteltaste des Multifunktionswählers f2 steht für *Bei Aufnahme* auf *RESET*, dann kann ich blind immer sofort das mittlere Autofokusmessfeld aktivieren. Diese Funktion nutze ich in der Praxis oft und gerne.

Für *Bei Wiedergabe* nutze ich ⊕ *Ausschnitt ein/aus*, um mir eine 1:1 (100 %)-Ansicht auf die Mitteltaste zu legen. So kann ich sofort sehr genau die Schärfe einer Aufnahme kontrollieren. Wer in den Optionen für die Wiedergabe z. B. *Kein (nur Bild)* angewählt hat, kann die Mitteltaste auch auf die Option *Histogramme anzeigen* einstellen. Solange die Mitteltaste in der Wiedergabe gedrückt wird, erscheint ein großes Helligkeitsdiagramm in der Ansicht.

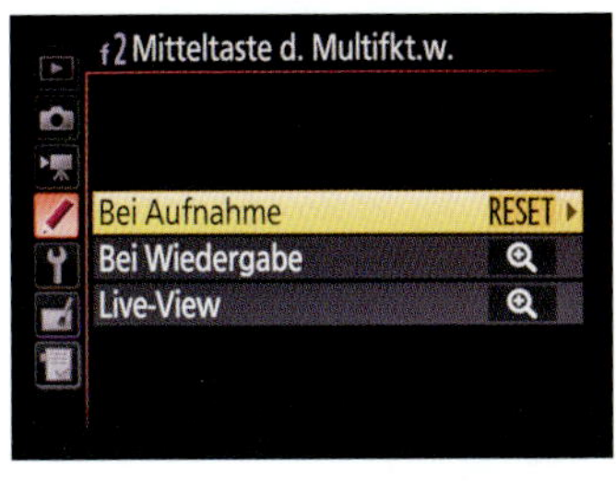

In der Live-View nutze ich ebenfalls *Ausschnitt ein/aus*, um mit der 1:1 (100 %)-Ansicht die Schärfe zu kontrollieren. Der besondere Clou ist, dass die Schärfe genau am aktuellen Fokuspunkt angezeigt wird – und nicht etwa in der Mitte der Ansicht –, und zwar so lange, bis die Mitteltaste erneut gedrückt wird. Das ist nicht nur bei Makroaufnahmen eine sehr gute Hilfe zum genauen manuellen Fokussieren oder um zu kontrollieren, ob der Fokuspunkt exakt sitzt.

Für die Belegung der Funktionstaste (Fn1) stehen 24 Optionen zur Verfügung. Eine eindeutige Empfehlung abzugeben ist damit praktisch unmöglich. Deshalb möchte ich mich auf die Vorstellung meiner Wahl beschränken, ich nutze die Einstellung *Virtueller Horizont im Sucher* (1). Diese Funktion ist sehr praktisch für die korrekte Ausrichtung der Kamera, ohne das Auge vom Sucher zu nehmen. Die Einstellungen von *f4 Einstellräder* bis *f10 Tastenbelegung am MB-D17* stehen alle auf Standard.

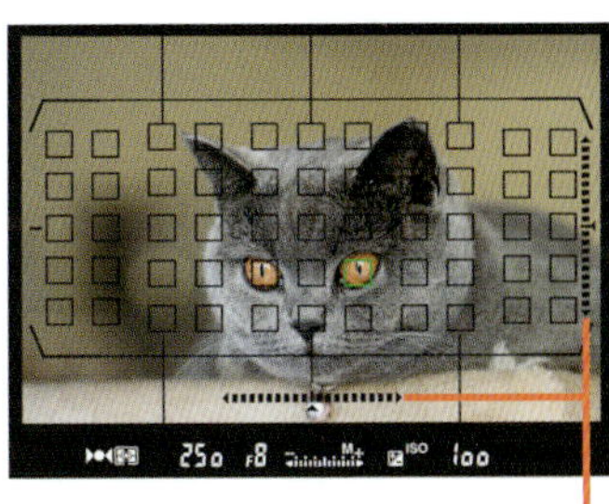

▲ *Der Virtuelle Horizont im Sucher.*

g Video

Die Tasten *PV* und *Fn1* werden mit dem Auf- und Abblenden belegt. Die *Fn2* bekommt die Indexmarkierung

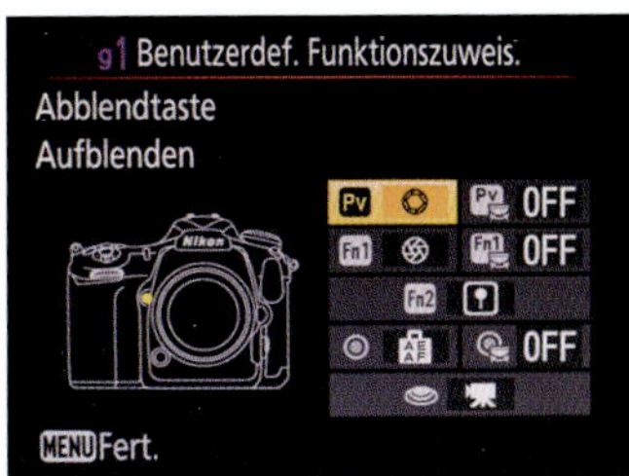

Mitteltaste des Sub-Wählers – Belichtung und Fokus speichern.

Auslöser: Aufnahme von Filmen.

2.5 Das SYSTEM-Menü

Sehr schön ist, dass die Monitorhelligkeit für Menüs bzw. die Wiedergabe und für die Live-View getrennt voneinander eingestellt werden können. Ich belasse ***Monitorhelligkeit*** auf der Standardeinstellung ***0*** und regele bei Nachtaufnahmen oder im prallen Sonnenschein den Monitor entsprechend nach.

Mit dem Monitorfarbabgleich kann man die Farbwiedergabe des Displays fein einstellen. Eine tolle Sache, vor allem für Porträtaufnahmen. Zur Einstellung habe ich meinen ColorChecker abfotografiert und als Referenzbild eingesetzt. In meiner D500 waren in der Werkseinstellung die Grüntöne im Display eine Spur zu dominant.

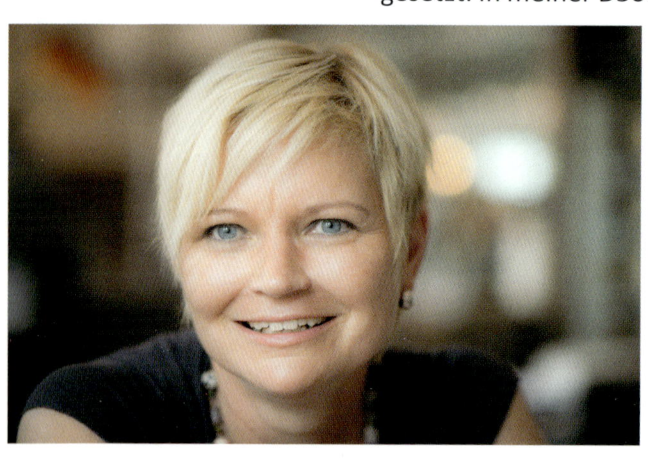

Anhand des Farbabgleichs konnte ich das Display aber schnell und einfach nachregeln. Die Beurteilung der aufgenommenen Fotos wird so deutlich besser. Denken Sie daran, dass nur das angezeigte Bild beeinflusst wird und nicht die Daten des Fotos.

Die Bildsensor-Reinigung halte ich seit ihrer Einführung für eine gute Sache, und sie hat mir schon manche manuelle Sensorreinigung erspart. Ich beschränke mich allerdings bei der Reinigung auf die Option ***Beim Ausschalten reinigen***.

Die ***AF-Feinabstimmung*** wird noch ausführlich besprochen (siehe „6.7 AF-Feinjustierung“ ab Seite 182).

Ein ***Referenzbild (Staub)*** fertige ich nur an, wenn bereits Sensorflecken erkennbar sind, sie mit der Bildsensor-Reinigung nicht mehr zu entfernen sind und ich in einer Situation keine Möglichkeit habe, den Sensor anderweitig zu reinigen.

Sie sollten sinnvollerweise vor dem Anlegen einer Bilderserie mit einem Referenzbild (Staub) die Bildsensor-Reinigung komplett abschalten, sonst liegt der Staub evtl. durch die Sensorreinigung wieder anders und das Referenzbild passt nicht mehr.

Das Referenzbild funktioniert gut zusammen mit einer zeitnahen Bilderserie, allerdings hat es auch mindestens zwei gravierende Nachteile:

1. Wenn es sich nicht gerade um sehr fest sitzende Ölflecken oder Ähnliches handelt, muss das Referenzbild häufiger neu erstellt werden, damit es zum „Staubproblem" passt.
2. Das Herausrechnen der Bildflecken mit dem Referenzbild klappt nur in Capture NX2 bzw. Capture NX-D. In anderen RAW-Konvertern funktioniert das Verfahren nicht.

Ich empfehle, die Punkte *Bildkommentar* und *Copyright-Informationen* mit sinnvollen Angaben auszufüllen.

Den *Flugmodus* habe ich standardmäßig eingeschaltet, also die Verbindungen zu den Smartgeräten gekappt. Das spart ziemlich Akku-Kapazität und verhindert ungewollte Verbindungen. Wer viele Fotos zum Nikon Image Space oder in Soziale Netzwerke hochlädt sollte die Funktion aktivieren. Ebenso ist das automatische *Senden zum Smart-Gerät* bei mir aus.

Wenn Sie umfangreiche Einstellungssets in der Kamera angelegt haben, empfiehlt es sich, die Einstellungen auf einer Speicherkarte zu sichern. Dazu wechseln Sie ins *SYSTEM*-Menü und wählen die Option *Einst. auf Speicherkarte/Einstellungen speichern*. Alle Daten werden dann auf der primären Speicherkarte in der Datei *NCSETUPH.BIN* abgespeichert. Den Dateinamen dürfen Sie nicht ändern, sonst erkennt die Kamera die Datei nicht mehr. Die Datei kann nur auf der ersten (oberen) Speicherkarte abgelegt werden.

Ich richte mir dazu eine spezielle kleine Speicherkarte ein, auf der ich meine Setups speichere. Anschließend sichere ich sie auf meinen Computer und versehe sie noch mit Kommentaren und dem aktuellen Datum.

Die Einstellungen zu dem integrierten Wi-Fi-Netzwerk werden ausführlich im Abschnitt „1.6 Bluetooth und WLAN in Betrieb nehmen" ab Seite 32.

Die *BILDBEARBEITUNG* wird im Abschnitt „2.7 Bildbearbeitung in der Kamera" ab Seite 60 beschrieben.

2.6 Individuelle Einträge im MEIN MENÜ

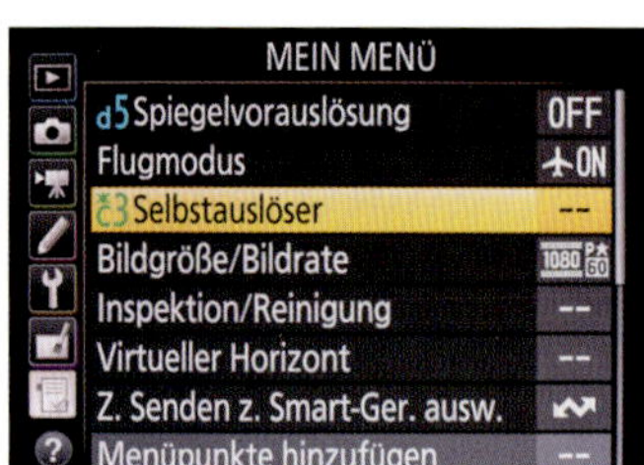

Um individuelle Menüeinträge für den schnellen Zugriff konfigurieren zu können, muss *MEIN MENÜ/Register wählen/MEIN MENÜ* aktiviert sein. Sonst werden die zuletzt genutzten Einstellungen und nicht die konfigurierten Menüpunkte angezeigt.

Welche Menüeinträge Sie häufig einsetzen und deshalb hier unterbringen wollen, wissen Sie selbst natürlich am besten, und eine Empfehlung macht wenig Sinn.

Grundsätzlich rate ich nur dazu, eher Einträge zu verwenden, die im regulären Menü nicht genauso schnell anzusteuern sind und regelmäßig genutzt werden. Vor allem die manchmal geradezu versteckten Einträge der Individualfunktionen gehören wohl dazu.

Zu meinen Einträgen gehören z. B. die Spiegelvorauslösung und der Selbstauslöser, aber auch Einträge wie der virtuelle Horizont.

2.7 Bildbearbeitung in der Kamera

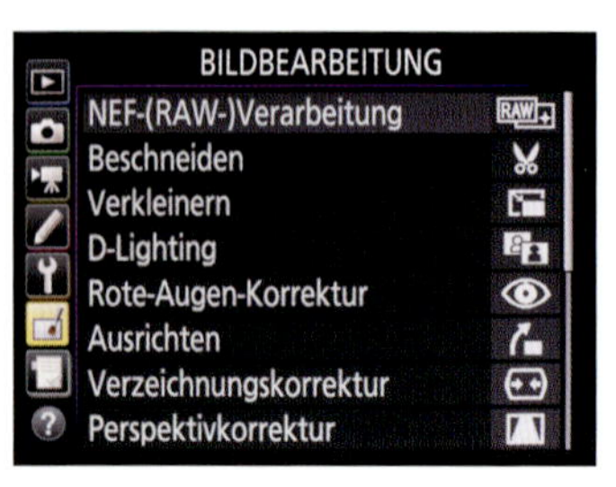

▲ *Die Einstellungen der Bildbearbeitung werden im Nachhinein und mit Kopien der Fotos vorgenommen.*

Die Nikon D500 bietet eine Vielzahl von Bildbearbeitungsfunktionen direkt in der Kamera. Für viele Funktionen ist deshalb eine schnelle Bearbeitung bereits unterwegs in der Kamera möglich. Sie finden die Funktionen im Menü unter dem eigenen Eintrag *BILDBEARBEITUNG*.

Da die Funktionen der Bildbearbeitung auf Kopien der Originale angewandt werden, muss noch genügend Platz auf den Speicherkarten vorhanden sein.

Die Bearbeitungsmöglichkeiten sind recht umfangreich und umfassen 12 Funktionen, teilweise mit weiteren Einstellungsmöglichkeiten.

Eine kleine Tabelle soll der besseren Übersicht halber die Funktionen kurz vorstellen:

	NEF-(RAW-) Verarbeitung	Wandelt NEF-(RAW-)Fotos mit Optionen in JPEG-Bilder um.
	Beschneiden	Fotos können schnell an den Rändern beschnitten werden. Es sind bereits viele wichtige Seitenverhältnisse als Vorgabe gespeichert.
	Verkleinern	Erstellt Bilder mit geringerer Auflösung bzw. Kantenlänge. Fotos können so z. B. direkt per Mail verschickt werden.
	D-Lighting	Die Funktion hellt dunkle Schatten wirkungsvoll auf. Mit der Option ***Porträtmotive*** beschränkt sich die Aufhellung auf die porträtierte Person.
	Rote-Augen-Korrektur	Der Name ist Programm: Rote Augen werden recht sicher erkannt und korrigiert.
	Ausrichten	Leicht schief aufgenommene Fotos können schnell gerade gerichtet werden.
	Verzeichnungs-korrektur	Die Verzeichnungskorrektur kann leichte bis mäßige tonnen- oder kissenförmige Verzerrungen korrigieren.
	Perspektivkorrektur	Tolle Funktion, um stürzende Linien zu korrigieren.
	Filtereffekte	Simuliert gängige Filtereffekte, wie z. B. Skylight, Rotverstärkung oder Weichzeichnung.
	Monochrom	Wandelt ein Farbfoto in ein Schwarz-Weiß-Bild um. Es sind auch zwei Tonungen, Sepia und Blauton, vorgesehen.
	Bildmontage	Mit der Bildmontage können zwei Fotos zu einem neuen kombiniert werden.
	Film bearbeiten	Schnelles Schneiden kleiner Filme.
	Bilder vergleichen	Diese Funktion ist nur mit der Taste im Wiedergabemodus verfügbar und vergleicht ein Originalbild mit einer bearbeiteten Kopie.

NEF-(RAW-)Verarbeitung

Eine weitere umfangreiche Funktion ist die RAW-Daten-Konvertierung in das JPEG-Format.

Die Optionen sind zwar nicht so umfangreich wie in vielen RAW-Entwicklern, die als Software angeboten werden, unterwegs ist es aber manchmal außerordentlich praktisch, nicht zwangsweise auf eine RAW-Software angewiesen zu sein.

Vor der Entwicklung können Sie auf folgende Parameter Einfluss nehmen:

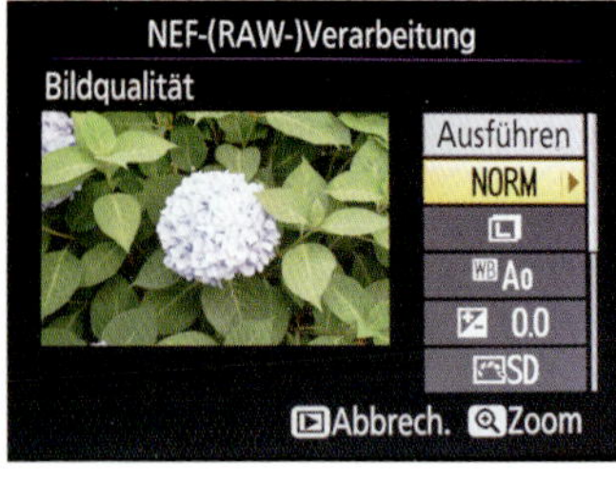

- die Bildqualität in den Stufen Fine(*), Norm(*) und Basic(*);
- die Bildgröße in den Formaten Large, Medium und Small;
- den Weißabgleich: Er bietet alle Einstellungsmöglichkeiten, die auch für die Aufnahme verfügbar sind;
- die Belichtungskorrektur in Stufen von 0,3 LW bis max. ± 2,0 LW;
- Picture Control: Es stehen alle Picture-Control-Modi wie bei der Aufnahme zur Verfügung;
- Rauschreduzierung bei hoher ISO-Empfindlichkeit High, Normal, Low und Off;
- den Farbraum sRGB oder Adobe RGB;
- Vignettierungskorrektur High, Normal, Low, OFF
- das D-Lighting mit den Werten OFF, Low, Normal und High.

Beschneiden

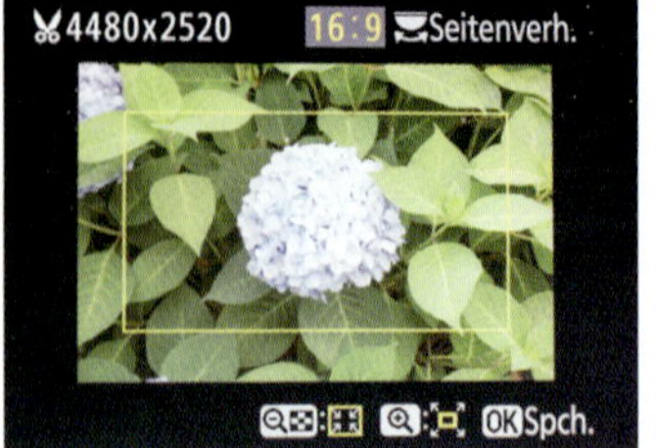

Mit dieser Funktion kann ein Bildausschnitt gewählt werden, der dann in einer Kopie gespeichert wird. Der Bildausschnitt wird mit einem gelben Rahmen markiert. Mit den Tasten und kann der Bildausschnitt vergrößert oder verkleinert werden. Mit dem Multifunktionswähler kann der Ausschnitt auch verschoben werden.

Besonders komfortabel ist die Vorbelegung des Einstellrads mit Ausschnitten gängiger Seitenverhältnisse, wie z. B. 3:2, 16:9 oder 1:1. Dazu muss in der Beschneidungsfunktion einfach nur das Einstellrad auf das gewünschte Seitenverhältnis gedreht und mit der OK-Taste bestätigt werden.

Verkleinern

Mit der Funktion ***Verkleinern*** kann sehr schnell die Größe der Fotos reduziert werden. Dazu wird zuerst wieder ein Foto ausgewählt und anschließend kann unter dem Menüpunkt ***Größe wählen*** eine von vier Größenoptionen angewählt werden. Die Stufen betragen 3,5/2,5/1,1 und 0,6 Megapixel.

D-Lighting

Das *D-Lighting* beschränkt sich darauf, dunkle Schattenpartien im Foto aufzuhellen, ohne die hellen Bereiche weiter aufzuhellen.

In der Praxis kam es aber immer wieder auch in den hellen Bereichen zu leichten Aufhellungen. Sind im Bild Bereiche vorhanden, die drohen durch zu starke Helligkeit strukturlos zu werden, sollte die Funktion nur mit Bedacht eingesetzt werden. Die Stärke der Aufhellung kann auf Low und High gestellt werden.

Rote-Augen-Korrektur

Die Aufgabe dieser Funktion ist wohl selbsterklärend. Sie steht nur für Aufnahmen im JPEG-Format bei ausgelöstem Blitz zur Verfügung. Die Funktion prüft selbstständig, ob rote Augen erkannt werden, und bietet dann die Korrektur an.

Ausrichten

Super praktisch ist die Funktion *Ausrichten*. Wie der Name schon sagt, können Fotos ganz schnell gerade gerichtet werden. Durch Drücken des Multifunktionswählers nach rechts wird das Bild im Uhrzeigersinn gedreht. Entsprechend dreht ein Druck nach links auf dem Multifunktionswähler das Bild gegen den Uhrzeigersinn. Das Programm beschneidet das Bild zum Schluss automatisch auf die bestmögliche Größe.

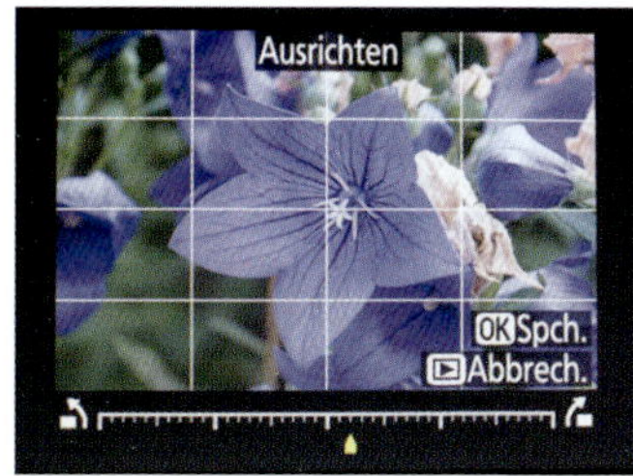

Verzeichnungskorrektur

Viele (Zoom-)Objektive haben, vor allem an den jeweiligen Brennweitenenden, eine mehr oder weniger ausgeprägte Verzeichnung, meist in Form einer tonnen- oder kissenförmigen Verzerrung.

Mit der Verzeichnungskorrektur der D500 können diese Verzerrungen recht einfach korrigiert werden. Bei den Nikon-eigenen Objektiven des G-, E- und D-Typs funktioniert das sogar automatisch. Die Verzeichnung kann bei allen anderen Objektiven manuell vorgenommen werden. Für viele Objektive funktioniert die Korrektur ausgezeichnet, extreme Verzeichnungen können aber nicht vollständig beseitigt werden.

Perspektivkorrektur

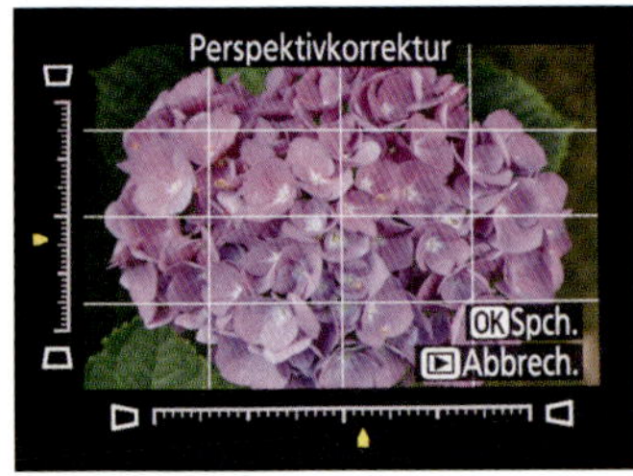

Zu den besonders interessanten Funktionen der kamerainternen Bildbearbeitung gehört die *Perspektivkorrektur*. Mit dieser Funktion können effektiv perspektivische Verzerrungen, wie sie z. B. beim Effekt der stürzenden Linien vorkommen, verbessert werden.

Beachten Sie, dass bei starken Korrekturen automatisch größere Randbereiche des Fotos abgeschnitten werden müssen. Die Einstellungen werden mit dem Multifunktionswähler vorgenommen.

Filtereffekte

Die Filtereffekte versehen die ausgesuchten Fotos mit speziellen Effekten, die teilweise die Effekte von Objektivfiltern nachahmen.

Der *Skylight-Filter* reduziert einen Blaustich im Bild, wie er durch die Reflexion eines intensiv blauen Himmels entstehen kann.

Warmer Farbton bewirkt eine leichte Rotverschiebung im Bild und sorgt für wärmere Farben.

Monochrom

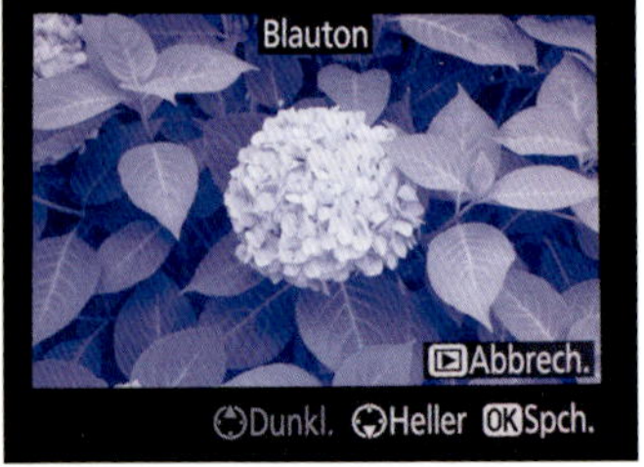

Die Fotos werden mit dieser Option in Schwarz-Weiß umgewandelt und gegebenenfalls mit der Tonung Sepia oder Blauton versehen.

Der Sepia-Effekt bewirkt, dass ein Foto einen nostalgischen Touch bekommt, und eignet sich z. B. gut für Porträtaufnahmen. Der Blauton hingegen lässt ein Foto kühl und funktional wirken.

Bildmontage

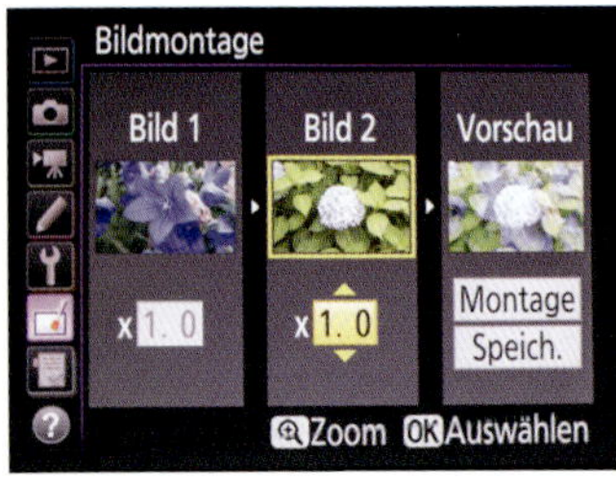

Um zwei RAW-Fotos zu einem neuen Bild zu kombinieren, dient die Funktion *Bildmontage*. Der Anwender erhält ein mächtiges und sehr einfach zu handhabendes Montage-Tool. Besonders gut arbeitet die Bildmontage mit hellen Motivbestandteilen vor einem dunklen Hintergrund.

Zuerst werden mit der OK-Taste zwei bereits aufgenommene Fotos im RAW-Format ausgewählt, die in einem Bild zusammengefügt werden sollen.

In einem zweiten Schritt können Sie die Belichtung der beiden Fotos aneinander anpassen. Die Werte für die Anpassung liegen zwischen 0,1 und 2,0. Das Ausgangsbild hat den Wert 1,0, mit dem Wert 0,5 wird die Belichtungsanpassung halbiert und mit einem Wert von 2,0 wird sie verdoppelt. Das Ergebnis kann unter *Vorsch.* (für Vorschau) begutachtet werden. Mit der OK-Taste können Sie die fertige Montage endgültig abspeichern.

Film bearbeiten

Mit diesem „Mäuse"-Schnittprogramm können kleine Filme schnell in der Kamera geschnitten werden. Besonders sinnvoll ist das meiner Ansicht nach, um den Anfang und evtl. das Ende eines Films sauber zu kupieren. Die Bedienung ist zwar ziemlich ungewohnt, da sie aber auf dem Monitor dauerhaft eingeblendet wird, sollte sie kein allzu großes Problem darstellen.

Denken Sie daran, dass der neu geschnittene Film als Kopie auf die Speicherkarte geschrieben wird. Das kann eine Weile dauern und benötigt eine Menge freien Speicherplatz auf der Karte.

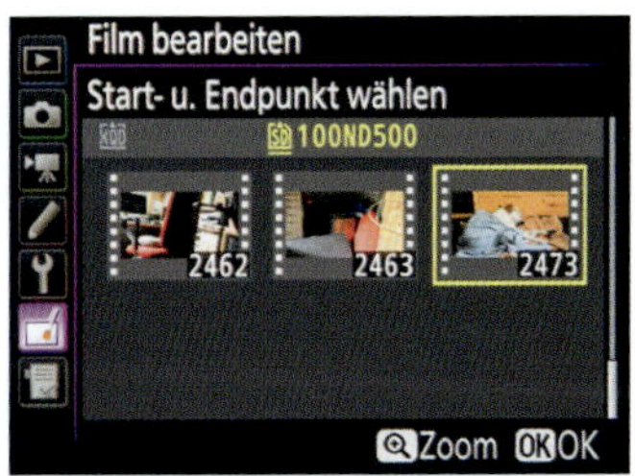

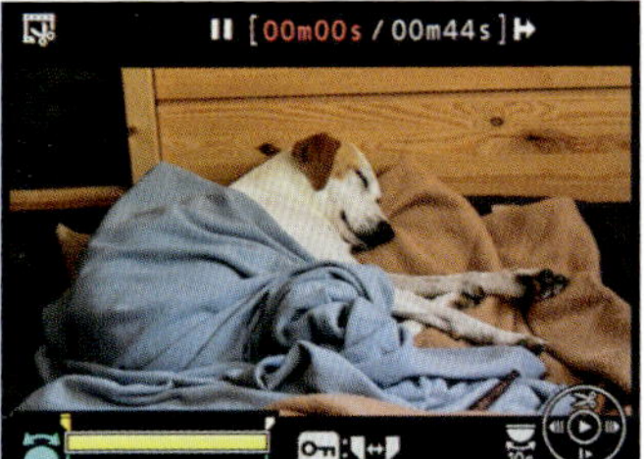

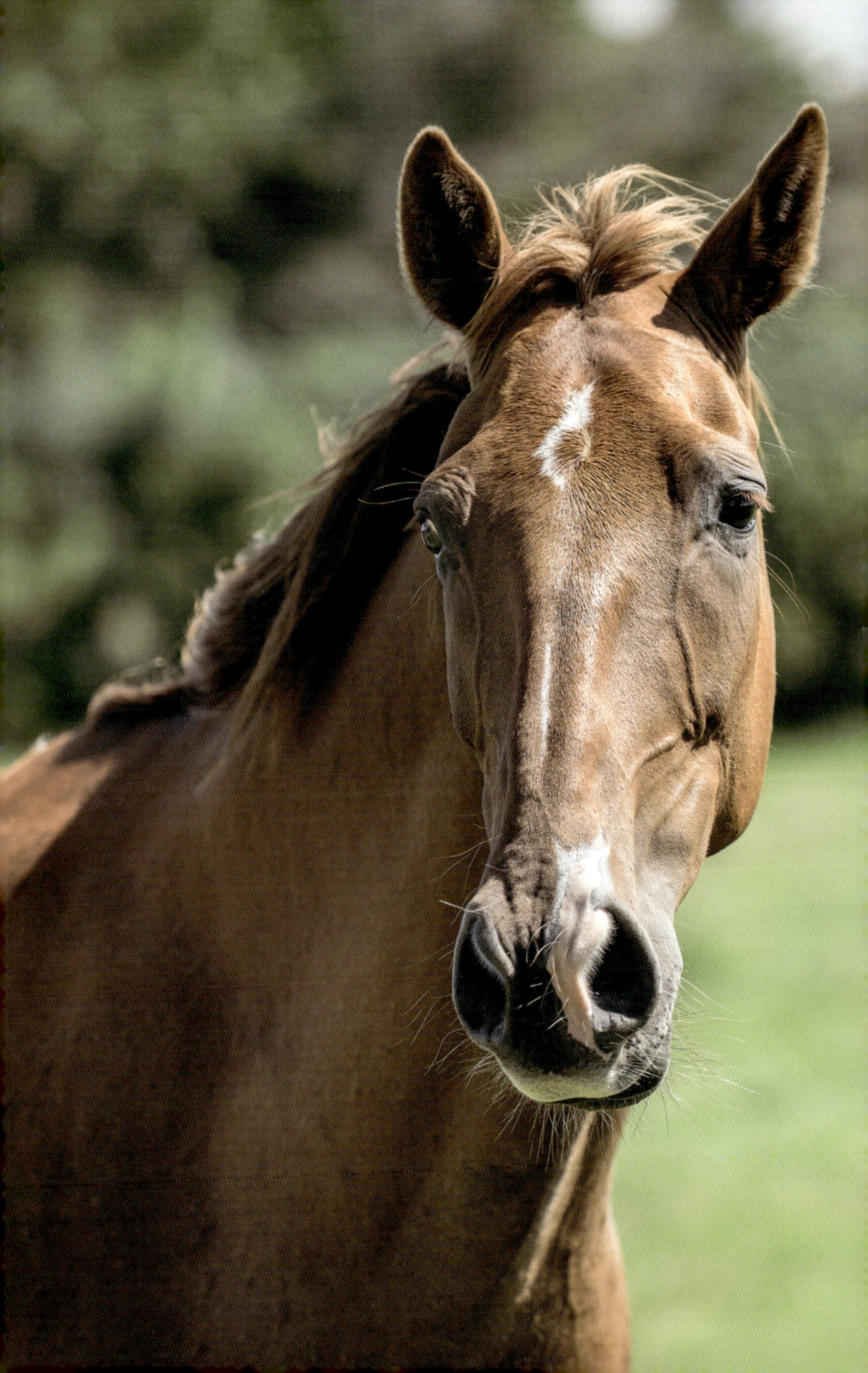

Die Modi der Belichtungssteuerungen einsetzen

Die Nikon D500 kennt wie alle Nikon-(D)SLR die vier grundlegenden Belichtungssteuerungen: die Programm- (P – Program), die Blenden- (S – Shutter Priority) und die Zeitautomatik (A – Aperture Priority) sowie die vollständig manuelle Belichtungssteuerung (M – Manual).

Namensgebung der Programme S und A

Die Programmkürzel sind aus dem Englischen abgeleitet. Im Programm S wird die Belichtungszeit (**S**hutter) vorgegeben und die passende Blende automatisch eingestellt. Ebenso verhält es sich mit dem Programm A, hier wird die Blende (**A**perture) aktiv gewählt und die Kamera stellt automatisch eine passende Belichtungszeit ein.

Die Nikon D500 unterstreicht ihren professionellen Anspruch nicht zuletzt durch das Fehlen der sonst üblichen Vollautomatik.

Der Segen der Vollautomatik – zumindest für Einsteiger ins Thema – ist gleichzeitig ihre größte Schwäche. Sie wählt die Kameraparameter anhand typischer Situationen selbstständig aus und kann nicht auf individuelle Wünsche des Fotografen oder die speziellen Erfordernisse der Situation reagieren.

Die Ergebnisse der Vollautomatik oder ausgewählter Motivprogramme sind zwar durchaus schöne Bilder, die aber in schwierigen und/oder komplexen Situationen keine optimalen Ergebnisse liefern. Sehr viele Fotografen träumen sicherlich auch davon, sich einen eigenen, unverwechselbaren Stil zu erarbeiten, was mit den halbautomatischen oder manuellen Modi sehr viel eher gelingt.

Der Vollautomatik noch am nächsten kommt der Programm-Modus P der D500. Der Programm-Modus P wählt Belichtungszeit und Blende selbstständig. In Kombination mit der ISO-Automatik kommt er einer Vollautomatik schon recht nahe. Sein Vorteil liegt darin, dass je nach Vorstellung und Situation manuell in die Vorauswahl eingegriffen werden kann.

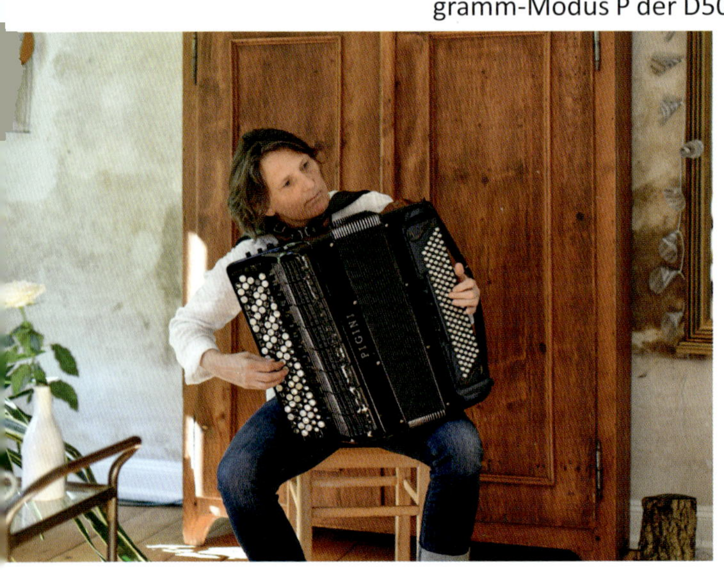

52 mm | 1/160 Sek. | f/2,0 | ISO 100

▲ *Für langsame Bewegungen reicht eine 1/160 Sek. noch aus. Schnellere Bewegungen verlangen eine deutlich kürzere Belichtungszeit.*

Wer bislang eher Automatik- und Motivprogramme gewöhnt war, nähert sich den Belichtungssteuerungen am besten über die fotografischen Situationen an, für die sie sich jeweils besonders bewährt haben. Stehen z. B. schnelle Bewegungen im Vordergrund, wie es unter anderem bei spielenden Kindern, Tieren oder im Sport der Fall ist, empfiehlt es sich insbesondere die Belichtungszeit mit dem Programm S aktiv zu steuern. Für Porträtfotos mit freigestelltem Hintergrund oder Makrofotos mit ihrer oft sehr geringen Schärfentiefe bietet sich die direkte Blendensteuerung A an. Es spricht aber auch nichts dagegen, mit der Programmautomatik P zu beginnen. Es macht aber Sinn, die von der Kamera ermittelten Belichtungswerte zu beobachten und für zukünftige Fotos vergleichbare Werte selbst vorzugeben. Die Lust am Experimentieren und nach und nach den eigenen Stil zu finden ist wohl mit die schönste Zeit des Fotografierens. Für manche Fotografen hört diese Zeit niemals wirklich auf. Viele Fotografen erkennen schnell, dass ihnen eine Betriebsart für ihre Zwecke am leichtesten von der Hand geht. Dies ist dann oft auch der am meisten geeignete Arbeitsmodus.

Die sichere Kombination der Einflussfaktoren einer ausgewogenen Belichtung ist vor allem Übungssache. Es ist ein wenig wie beim Autofahren: Anfangs ist alles außergewöhnlich und man muss unzählige Dinge scheinbar gleichzeitig beachten. Doch nach einiger Zeit haben sich die Abläufe eingespielt und man kann sich ganz auf den Verkehr konzentrieren. Auch in der Fotografie gibt es diese Hürde, wenn sie auch sanfter ausfällt. Immerhin können Sie ständig zwischen den Belichtungssteuerungen und der manuellen Steuerung wechseln. Mit den Belichtungssteuerungen P, A und S kann man schon viel erreichen und sich an die vollständig manuelle Bedienung herantasten.

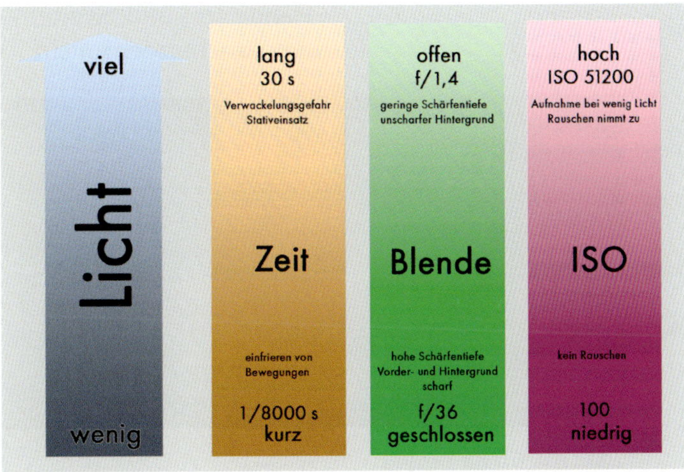

▲ *Anfangs ist es nicht immer ganz einfach, alle drei Parameter der Belichtungssteuerung sicher im Griff zu haben. Aber es lohnt sich.*

Zuvor aber noch einige Informationen zur Live-View, in der die Bedienung an einigen Stellen etwas anders abläuft.

3.1 Belichtungssteuerungen mit der Live-View verwenden

Alle Belichtungsfunktionen arbeiten auch in der Live-View wie gewohnt. Ansicht, Wirkungsweise und Einstellungsmöglichkeiten weisen aber Unterschiede gegenüber dem Fotografieren mit dem Sucher auf, denn der Monitor bietet einfach mehr Platz für zusätzliche Informationen. An dieser Stelle werde ich mich auf die Einstellung des Live-View-Wählers *Fotografieren mit Live-View* konzentrieren. Die Einstellung *Filmen mit Live-View* wird im Kapitel „Videokontrolle mit der Live-View“ ab Seite 212 behandelt.

Bei der Fotografie kommt die Live-View nicht nur bei bodennahen oder Überkopfaufnahmen zum Einsatz, sondern auch bei Landschafts- oder Makroaufnahmen. Vor allem in den letzten beiden Fällen werden die Aufnahmen zumeist vom Stativ aus gemacht, was für die Bedienung der Live-View von Vorteil ist. Erstens haben Sie dann beide Hände frei und zweitens kommt es durch das Berühren des Touchscreens nicht zu Verwacklern.

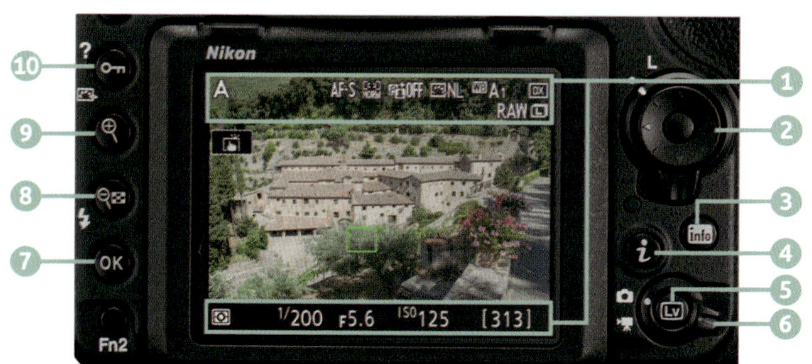

Der Live-View-Modus (in diesem Abschnitt ist wie gesagt in der Regel die Foto-Live-View gemeint) wird durch die Lv-Taste Lv 5 aktiviert.

Mit dem Live-View-Wähler 6 kann zwischen den Modi Fotografieren oder Filmen umgestellt werden. Durch einen einfachen Druck auf die Info-Taste info 3 können unterschiedliche Informationen auf dem Monitor eingeblendet werden 1.

In ersten Fall werden alle wichtigen Informationen zur aktuellen Kameraeinstellung angezeigt. Bei mehrmaligem Druck auf die Info-Taste info werden alternativ das Gitterraster, ein Histogramm, der virtuelle Horizont oder nur ein reduzierter Satz an Informationen in der unteren Leiste angezeigt: Information aus → Gitternetz ein → Histogramm → virtueller Horizont → Information ein. Die *i*-Taste 4 blendet wichtige Kamerainformationen ein.

Die ⊕-Taste 9 dient mit vier Stufen zum Einzoomen in das Bild. Der Zoom kann also nicht ganz so fein gesteuert werden wie bei der Bildwiedergabe. Mit der ⊖-Taste 8 kann analog wieder zurückgezoomt werden. Der vergrößerte Bildausschnitt kann mit dem Multifunktionswähler 2 verschoben werden. Dann zeigt kurzzeitig ein kleiner gelber Rahmen den Ausschnitt im Gesamtbild an. Mit der Individualfunktion *f2* können Sie sich die 1:1-Anzeige auf die OK-Taste des Multifunktionswählers legen, um z. B. ganz schnell in die 100 %-Ansicht zu gelangen und wieder zurückzuspringen. Die -Taste 10 blendet die Picture-Control-Konfiguration ein. So kann sehr schnell der Effekt einer bestimmten Picture Control-Einstellung am Monitor geprüft und ausgewählt werden.

Das Foto-Live-View-Menü

In der Live-View können mithilfe der *i*-Taste Menüfunktionen direkt auf dem Monitor eingeblendet werden. Navigiert wird im Menü mit dem Multifunktionswähler :

Bildfeld	Umschalten zwischen den Bildfeldformaten DX und 1,3x.
Active D-Lighting	Aus, Moderat, Normal, Verstärkt, Extrastark und Automatisch.
Verschluss	Aktiviert bzw. deaktiviert den Verschluss mit elektronischem ersten Vorhang.
Monitor-helligkeit	Von +5 bis –5 in ganzen Schritten. Die Einstellung bezieht sich ausschließlich auf die Live-View-Ansicht.
Monitorweiß-abgleich	Separate Einstellung des Monitorweißabgleichs in der Live-View. Kann hilfreich sein, wenn z. B. während der Wahl des Bildausschnitts eine andere Beleuchtung herrscht als während der Aufnahme.
Splitscreen-Zoom	Stellt zwei unterschiedliche, vergrößerte Bereiche des Bildes nebeneinander dar. Sinnvoll, wenn z. B. ein Gebäude am Horizont ausgerichtet werden soll.

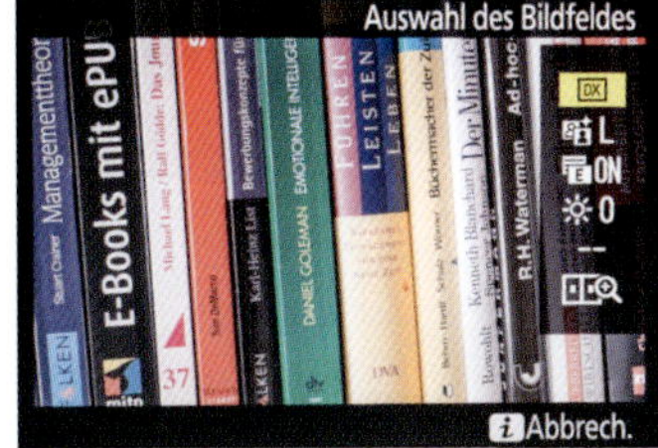

▲ *Ein Beispiel für die Einstellungen über das Einstellungsmenü in der Live-View.*

Die Belichtungskorrektur mit Vorschau

Durch das Drücken der Belichtungskorrekturtaste und gleichzeitiges Drehen am hinteren Einstellrad kann eine Belichtungskorrektur von ± 5 LW-Stufen eingestellt werden. Dazu kann zur Kontrolle vorher mit der OK-Taste eine Skala am rechten Monitorrand eingeblendet werden. Je nach Kameraeinstellung muss das Vorschaubild nicht ganz exakt dem Bildergebnis entsprechen. Abweichungen gibt es z. B., wenn ein Blitz eingesetzt wird oder Active D-Lighting aktiv ist. Der Zahlenwert wird zur Kontrolle am unteren Bildschirmrand angezeigt, solange die Belichtungskorrektur-Taste gedrückt wird.

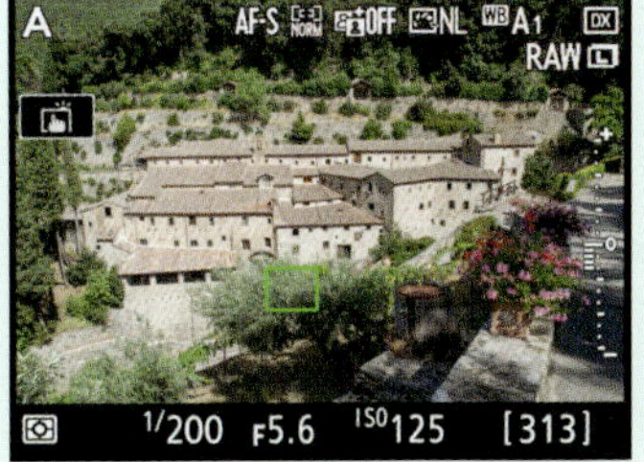

3.2 Die Programmautomatik (P) für den spontanen Schnappschuss

Um die gewünschte Belichtungssteuerung einzustellen, drücken Sie die Taste *Mode* und drehen das hintere Einstellrad.

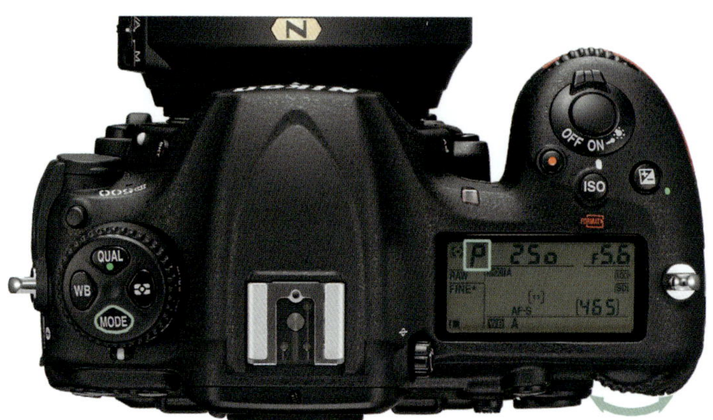

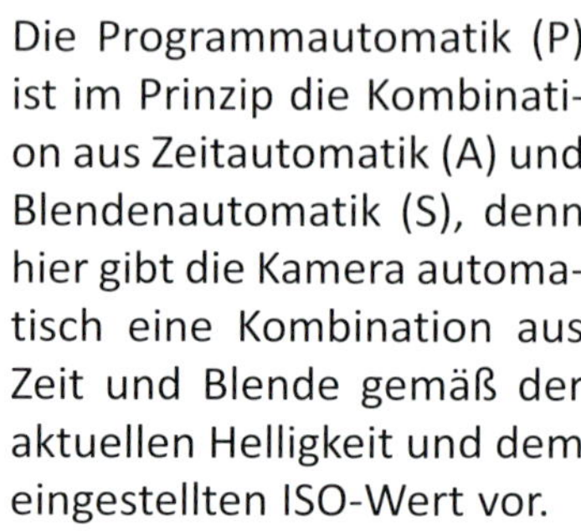

▲ *Die Taste Mode und das hintere Einstellrad stellen die Belichtungssteuerung ein. Im Display erscheint zur Kontrolle das Kürzel zur aktuellen Einstellung.*

Die Programmautomatik (P) ist im Prinzip die Kombination aus Zeitautomatik (A) und Blendenautomatik (S), denn hier gibt die Kamera automatisch eine Kombination aus Zeit und Blende gemäß der aktuellen Helligkeit und dem eingestellten ISO-Wert vor.

Als Fotograf haben Sie in diesem Modus nur eingeschränkte Eingriffsmöglichkeiten. Sie können eine andere, gleichwertige Kombination aus Blende und Belichtung als die von der Kamera vorgeschlagene wählen. Um eine solche Programmverschiebung (bzw. Shift) durchzuführen, drehen Sie einfach das hintere Einstellrad.

Wenn Sie das Rad nach links drehen, wird die Kamera eine Kombination mit längerer Belichtungszeit und einem höheren Blendenwert verwenden, drehen Sie nach rechts, mit einer kürzeren Belichtungszeit und einem niedrigeren Blendenwert, sofern das möglich ist. Die Gesamtbelichtung des Fotos bleibt dabei erhalten. Dieses Programmshiften bietet Ihnen also eine „verschobene" Belichtungslösung mit demselben Belichtungsergebnis. Es dient dazu, die Belichtungszeit und die Schärfentiefe auch im Modus P zu beeinflussen.

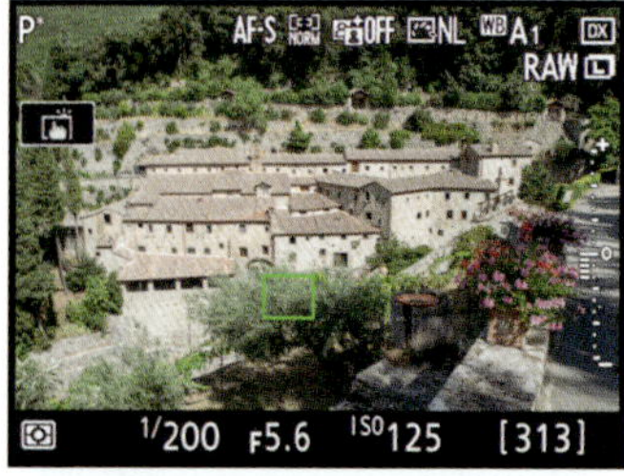

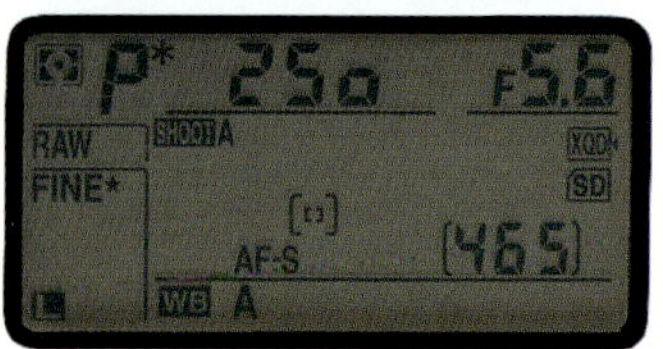

◄ *Wenn Sie die Kameravorgabe auf eine andere Zeit-Blende-Kombination verschoben haben, erscheint auf dem oberen Display und in der Live-View oben links neben dem P ein Sternchen P*. Die resultierende Belichtung bleibt immer gleich. Sie können mit der Programmautomatik keine bewussten Über- oder Unterbelichtungen einstellen, ohne die Belichtungskorrektur zu nutzen. Wenn Sie eine Korrektur eingeben, erscheinen die Lichtwaage im Sucher und das Korrekturzeichen* ☒.

Denken Sie daran, dass der Programm-Modus P beim Shiften des Programms die Belichtungszeit quasi ohne Rücksicht auf Verluste dem neuen Blendenwert anpasst. Wenn Sie z. B. die Blende weit schließen, um eine große Schärfentiefe zu erreichen, kann es durchaus passieren, dass das Foto dann nicht mehr aus der Hand aufgenommen werden kann, weil es zu verwackeln droht. Sie sollten deshalb beim Shiften immer noch einen kurzen Blick auf die Belichtungszeit im Sucher werfen und im Zweifelsfall den ISO-Wert erhöhen oder ein Stativ einsetzen.

Auch stoppt die Kamera ein weiteres Shiften, wenn kein entsprechender Blendenwert mehr zur Verfügung steht.

Eine lustige Szene im Urlaub, eine spontane Szene auf offener Straße oder eine Familienfeier hält immer auch Gelegenheiten für schnelle Schnappschüsse bereit. Oft bieten sich die Motive nur einen kurzen Moment an und es ist keine Zeit für eine aufwändige Konfiguration der Kamera. Dann ist die Programmautomatik oft eine gute Wahl. Sie bekommen immer eine richtige Belichtung und behalten trotzdem eine gewisse Kontrolle über die Kamera.

Auch in der Landschaftsfotografie leistet die Programmautomatik in unkritischen Situationen gute Dienste. Sollte der angebotene Blendenwert nicht die notwendige Schär-

35 mm | f/8 | 1/20 Sek. | ISO 800

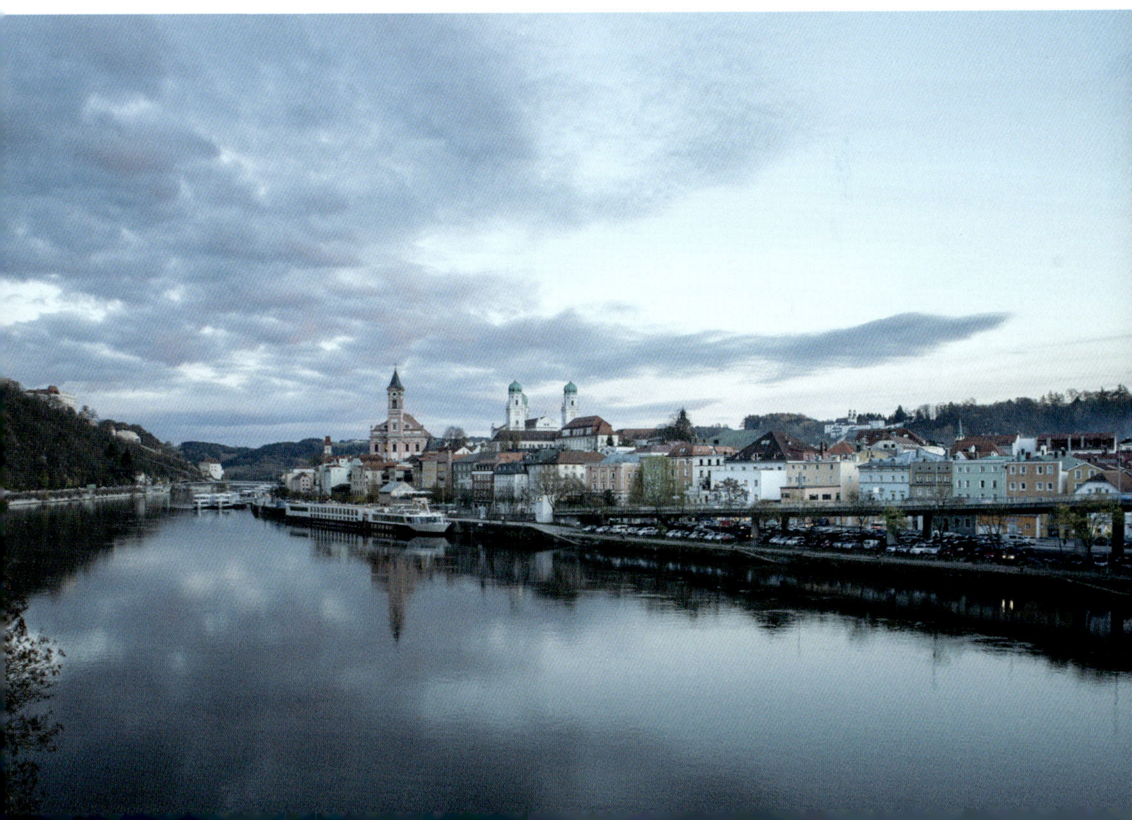

Der Lichtwert

Der **L**icht**w**ert (LW), englisch **E**xposure **V**alue (EV), steht für die Kombinationen aus Blende und Belichtungszeit, die zueinander äquivalent sind. Das Programmshiften macht sich dieses Prinzip zunutze. Der Lichtwert ist in seiner Definition nicht ganz einfach zu verstehen, soll aber trotzdem kurz vorgestellt werden.

Der Lichtwert 0 ist definiert als rechnerisches Äquivalent einer Belichtung mit Blende f/1 und einer Belichtungszeit von 1 Sek. Eine Erhöhung des Lichtwertes um 1 entspricht einer Halbierung der Belichtung, jede Verringerung um 1 einer Verdopplung. Lichtwerte bemessen nicht die Helligkeit, sondern Zeit-Blenden-Kombinationen.

fentiefe aufweisen, können Sie durch Shiften einen geeigneteren Wert erzielen. Achten Sie dann aber immer auf die Belichtungszeit, die im Foto oben durch einen Bildstabilisator noch unkritisch war. Feuerwerksbilder kann die Programmautomatik grundsätzlich auch.

Häufig werden Sie aber die Belichtungszeit verlängern und um -0,3 bis zu -1,3 LW negativ korrigieren, weil sonst der Hintergrund gräulich anstatt schwarz wird.

Um auch sehr schnelle Bewegungen sicher festzuhalten, benötigen Sie eine Verschlusszeit von 1/1000 Sek. Die bietet Ihnen die Programmautomatik nicht ohne weiteres.

Vielmehr ist entweder heller Sonnenschein, eine weit geöffnete Blende oder eine hoher ISO-Empfindlichkeit notwendig. Auch in diesen Situationen müssen Sie meist noch das Programm shiften, um die Belichtungszeit herunterzudrücken.

3.3 Die Belichtungszeit vorgeben mit der Blendenautomatik (S)

Mit der Blendenautomatik (S) geben Sie eine gewünschte Belichtungszeit (engl. **S**hutter Priority = Verschlusspriorität) vor, und die Kamera ermittelt in Abhängigkeit von

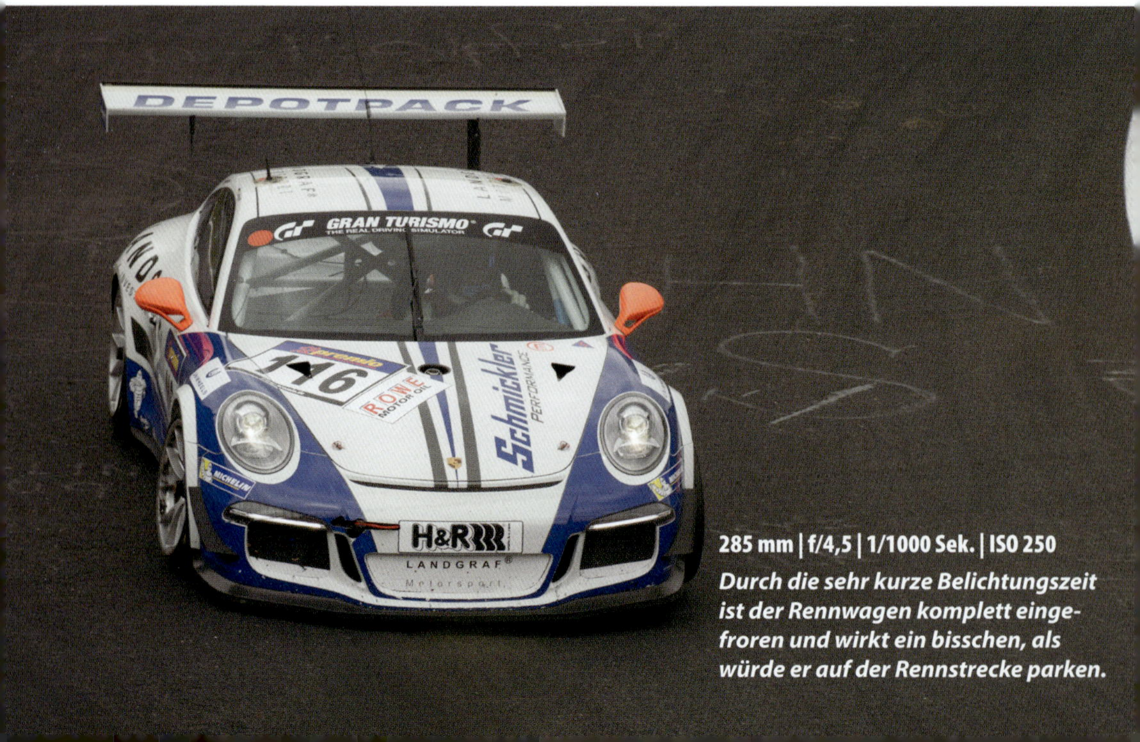

285 mm | f/4,5 | 1/1000 Sek. | ISO 250

Durch die sehr kurze Belichtungszeit ist der Rennwagen komplett eingefroren und wirkt ein bisschen, als würde er auf der Rennstrecke parken.

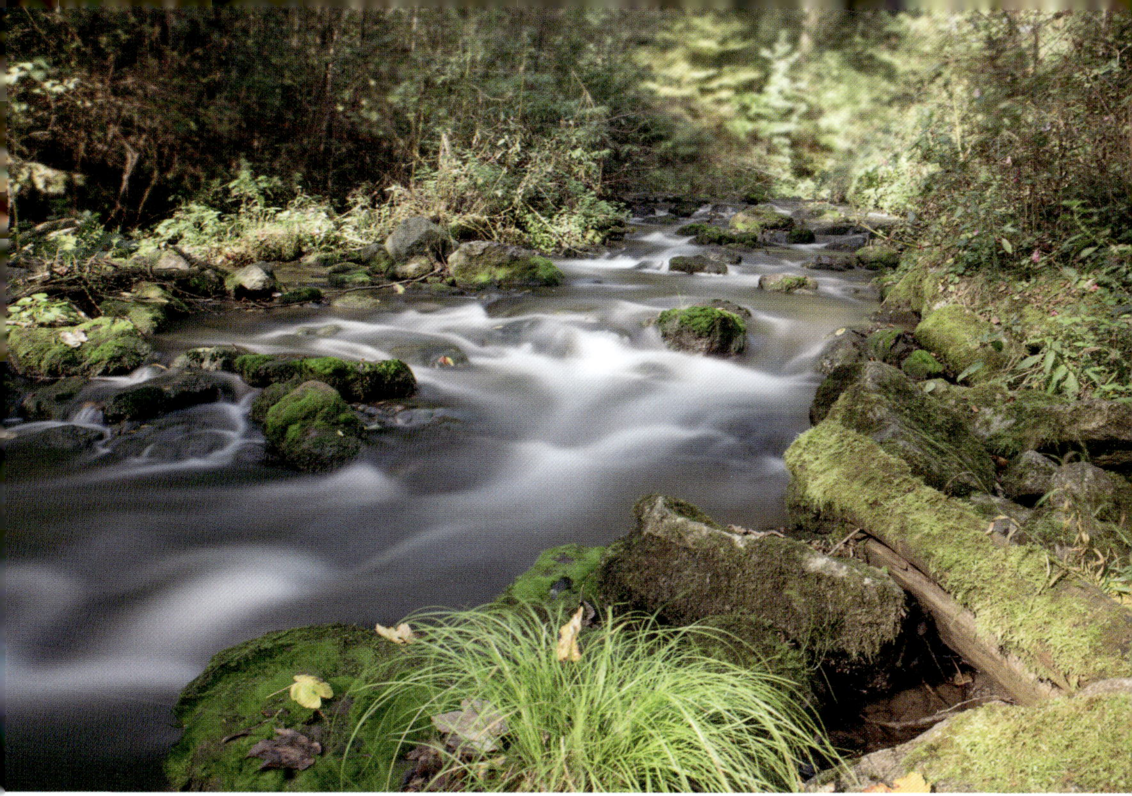

30 mm | f/8 | 42 Sek. | ISO 100 | -0,3 LW korrigiert

▲ *Durch lange Belichtungszeiten können Bewegungen verwischt werden. In diesem Foto konnte dem fließenden Wasser eine weiche Anmutung verliehen werden.*

der ISO-Vorgabe einen passenden Blendenwert aus den möglichen Blenden des Objektivs. Immer dann, wenn Sie Aufnahmen machen, bei denen eine bestimmte Belichtungszeit wichtig ist, können Sie diese in der Belichtungssteuerung S vorgeben.

Möchten Sie z. B. ein sich schnell bewegendes Motiv festhalten, brauchen Sie sehr kurze Belichtungszeiten. Umgekehrt können Sie durch eine bewusst lange Belichtungszeit Bewegungsabläufe verwischen und glätten. Durch eine gezielte Steuerung der Belichtungszeit bewahren Sie sich die Gestaltungsfreiheit, ob Sie die Bewegung komplett einfrieren oder dem Bild durch bewusst eingesetzte Bewegungsunschärfe mehr Dynamik verleihen wollen. Ein typisches Beispiel ist fließendes Wasser, das durch eine längere Belichtungszeit nicht mehr wie eingefroren wirkt.

Mit der Blendenautomatik die richtige Zeit finden

Wenn Sie eine Belichtungszeit vorgeben, zu der die Kamera keine passende Blende mehr einstellen kann, blinkt die Blendenanzeige (sowohl im Sucher als auch in der Live-

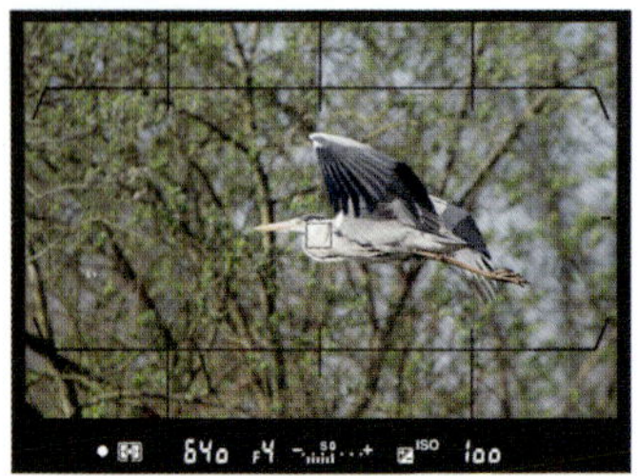

360 mm | f/4 | 1/640 Sek. | ISO 100

▲ *Wird eine sehr kurze Belichtungszeit gewählt und kann die Blendenautomatik die Blende nicht weiter öffnen droht eine Unterbelichtung. Der ISO-Wert muss dann heraufgesetzt werden.*

View). Im Sucher wird dann zusätzlich automatisch die Lichtwaage eingeblendet, an der Sie das Ausmaß der Über- oder Unterbelichtung abschätzen können.

Um einen Vogel im Flug scharf darzustellen, benötigen Sie eine Belichtungszeit von 1/800 Sek. oder meist noch kürzer. In der Programmautomatik P bekommen Sie solche Zeiten oft gar nicht angeboten.

Wer also Tiere und insbesondere Vögel in Bewegung ablichten will, sollte von vorn herein die Blendenautomatik S einstellen.

Anschließend wird eine sehr kurze Belichtungszeit ausgewählt und diese mit der ISO-Automatik kombiniert. Seien Sie nicht knauserig mit dem ISO-Wert und wählen Sie als *Längste Belichtungszeit* min. 1/500 Sek. oder besser noch weniger.

Länger als 30 Sek. belichten mit dem Bulb-Modus

Wenn Sie extrem lange Belichtungszeiten, z. B. für Nachtaufnahmen, Langzeitbelichtungen oder astronomische Aufnahmen benötigen, müssen Sie die manuelle Belichtungssteuerung M einsetzen.

Dann können Sie die Belichtungszeit von Hand, etwa mit einer Stoppuhr, regulieren. Diese dauerhafte Öffnung der Blende mit Handsteuerung (Bulb) wird nur in der Belichtungssteuerung M angeboten. Mehr dazu im Abschnitt „Langzeitbelichtungen" ab Seite 84.

3.4 Die Zeitautomatik (A) für den bewussten Einsatz der Blende

Von der englischen Bezeichnung **A**perture Priority stammt die Abkürzung A. Im Deutschen wird sie als Zeitautomatik oder auch Blendenpriorität bezeichnet. In dieser Einstellung wird die gewünschte Blende für die Aufnahme vorgegeben.

Die Kamera wird dann automatisch die passende Belichtungszeit unter Berücksichtigung der weiteren Parameter, wie des eingestellten ISO-Wertes, ermitteln.

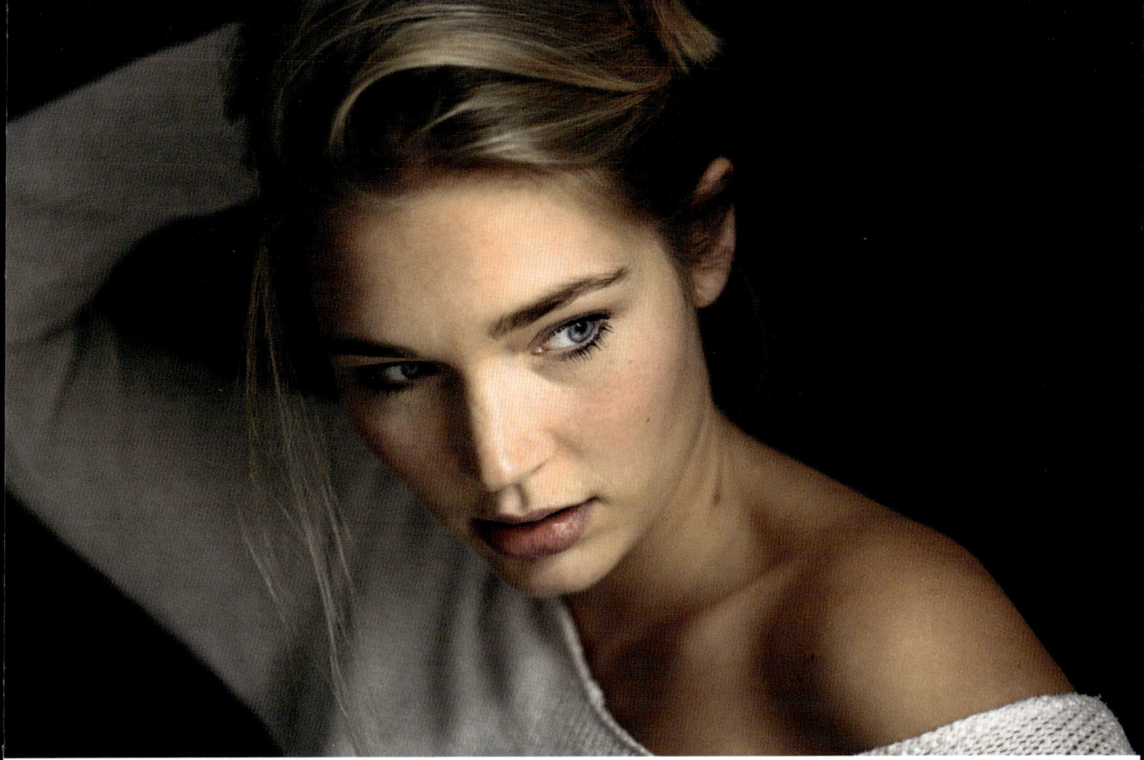

85 mm | 1/100 Sek. | f/2 | ISO 200

Diese Halbautomatik eignet sich sehr gut für alle Aufnahmen, bei denen die Blendenwirkung im Vordergrund steht, und das sind sehr viele Situationen.

Wenn Sie beispielsweise bei einem Makrobild oder einer Architektur-/Landschaftsaufnahme durch eine stark geschlossene Blende (große Blendenzahl) eine möglichst hohe Schärfentiefe erzielen wollen.

Umgekehrt stellt bei einem Porträt eine offene Blende (kleine Blendenzahl) das Motiv vor einem weitgehend unscharfen Hintergrund frei.

Die Warnmeldung greift allerdings erst, wenn rein technisch von der Kamera keine geeignete Belichtungszeit mehr eingestellt werden kann, die eine ausreichende Belichtung gewährleistet (> 30 Sek.).

Das kann bedeuten, dass schon weit früher keine verwacklungsfreie Aufnahme aus der Hand mehr möglich ist. Die Kamera kann natürlich nicht wissen, ob Sie ein Stativ einsetzen oder nicht. Sie müssen beim Fotografieren aus der Hand also immer selbst die Belichtungszeit mit im Auge behalten.

Keine passende Belichtungszeit

Kann Ihnen die Kameraelektronik keine passende Belichtungszeit zu der eingestellten Blende anbieten, blinkt im Sucher bzw. in der Live-View die Belichtungszeit.

Durch die automatisch eingeblendete Belichtungsskala kann auch in diesem Fall das Ausmaß der Fehlbelichtung abgeschätzt werden.

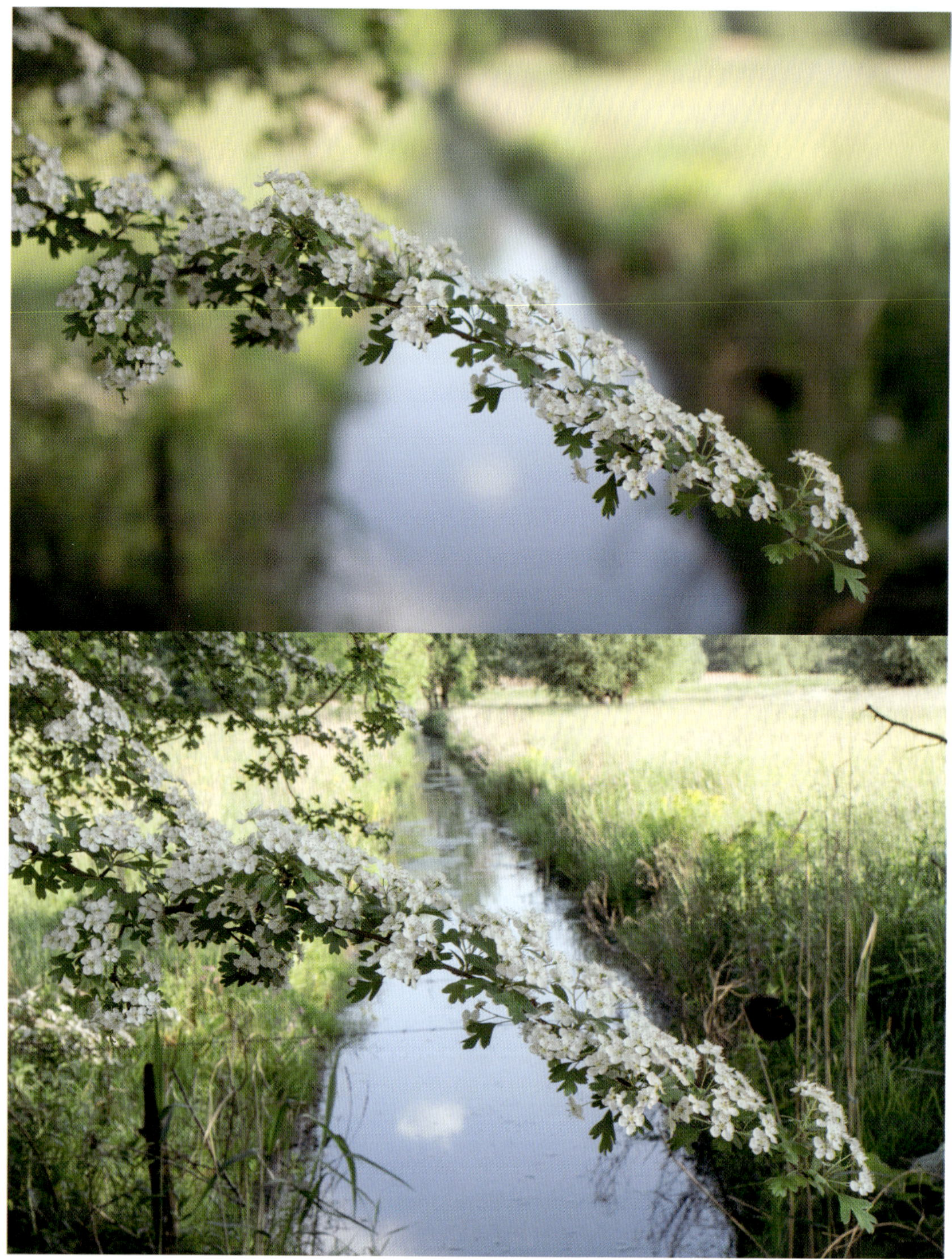

Oben: 52 mm | f/1,6 | 1/2000 Sek. | ISO 100, Unten: 52 mm | f/14 | 1/80 Sek. | ISO 400

▲ *Oben: Eine offene Blende stellt das fokussierte Motiv von Vorder- und Hintergrund frei und lenkt den Blick des Betrachters auf das Motiv. Unten: Eine weit geschlossene Blende erhöht die Schärfentiefe und kann das eigentliche Motiv leicht im Gesamtbild untergehen lassen.*

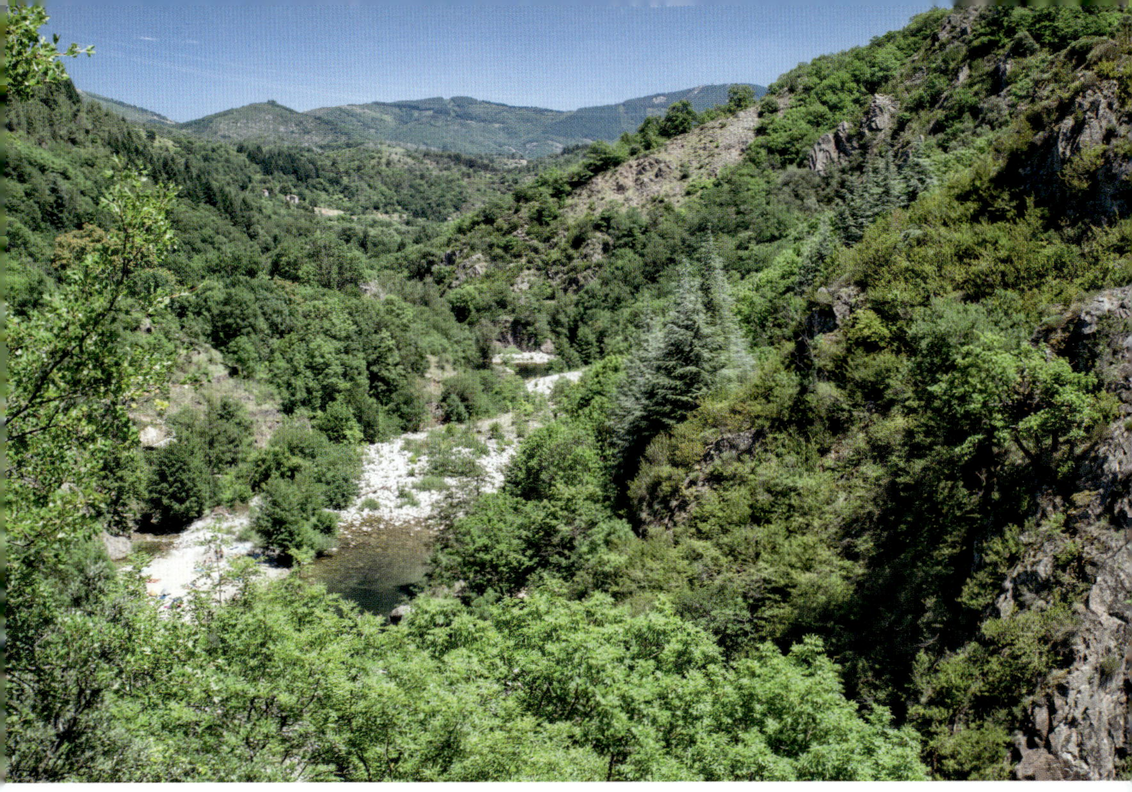

35 mm | f/11 | 1/80 Sek. | ISO 400

▲ *Für die Landschaftsfotografie ist die Blendenpriorität ein Klassiker. Häufig geht es um einen sehr weiten Schärfetiefenbereich vom Vorder- bis in den Hintergrund. Die Belichtungszeiten spielen meist keine große Rolle, da häufig vom Stativ aus aufgenommen wird.*

Zoomobjektive mit variabler Offenblende

Zoomobjektive haben häufig unterschiedliche Werte für die Offenblende (also die größte Blendenöffnung) für unterschiedliche Brennweitenbereiche. Die Kamera erhält von der Objektivelektronik die Informationen, über welche möglichen Blendenwerte das Objektiv bei welcher Brennweite verfügt.

Beispielsweise hat ein Zoomobjektiv wie das Nikon AF-S DX Nikkor 16-85mm f/3,5-5,6G ED VR eine variable kleinste Blende. Bei 16 mm beträgt die relative Öffnung f/3,5 und bei der längsten Brennweite von 85 mm f/5,6. Wenn Sie bei 16 mm in der Belichtungssteuerung A mit dem Einstellrad die Blende auf den kleinsten Wert gebracht haben und dann auf 85 mm zoomen, erscheint automatisch auf dem Display und im Sucher nicht mehr die Anzeige f/3,5, sondern f/5,6.

Hochwertige Zoomobjektive haben oft einen durchgehenden Wert für die Offenblende (z. B. das AF-S NIKKOR 70-200 mm f/2,8G) und daher bleibt der Blendenwert auch beim Zoomen konstant.

ISO-Automatik für kurze Belichtungszeiten

Eine gute Hilfe, um in hektischen Situationen wie z. B. spielende Kinder wirklich kurze Belichtungszeiten zu erreichen, ist die ISO-Automatik. Als Voreinstellung für die kürzeste Belichtungszeit ist *AUTO* vorgegeben.

Die D500 versucht dann in Abhängigkeit von der eingesetzten Brennweite eine vernünftige Belichtungszeit einzustellen und regelt automatisch einen passenden ISO-Wert.

Für ein AF-S Nikkor 50 mm f/1,8 waren das etwa 1/80 Sek. und bei einem AF-S Nikkor 105 mm f/2,8 etwa 1/160 Sek., was in etwa der bewährten Faustformel *Kehrwert von Brennweite mal Cropfaktor* entspricht.

Für das Beispiel der spielenden Kinder ist das aber viel zu langsam. Deshalb sollten Sie in diesen Fällen einige Parameter der ISO-Automatik von Hand einstellen und eine *Längste Belichtungszeit* vorgeben, z. B. 1/500 Sek. einstellen.

Allerdings wird die Kamera dann den ISO-Wert gnadenlos hochschrauben falls es erforderlich ist. Wird der ISO-Wert in der Automatik durch *Maximale Empfindlichkeit* begrenzt, wird der höchste ISO-Wert zwar strikt eingehalten, es gibt aber keine Warnung, wenn deshalb die *Längste Belichtungszeit* nicht mehr eingehalten werden kann.

Braucht man also zwingend sehr kurze Belichtungszeiten, sollte man mit der *Maximalen Empfindlichkeit* nicht zu knauserig umgehen. Bitte nicht vergessen, die Werte hinterher wieder zurückzustellen.

Die Parameter der ISO-Automatik können Sie im Menü *FOTOAUFNAHME/ISO-Empfindlichkeits-Einst.* unter *ISO-Automatik* vornehmen.

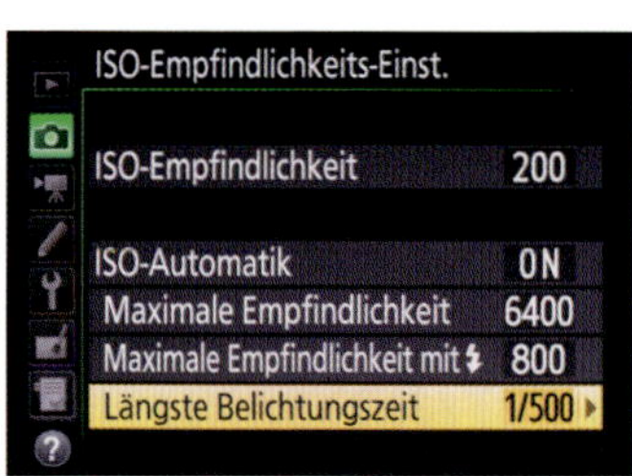

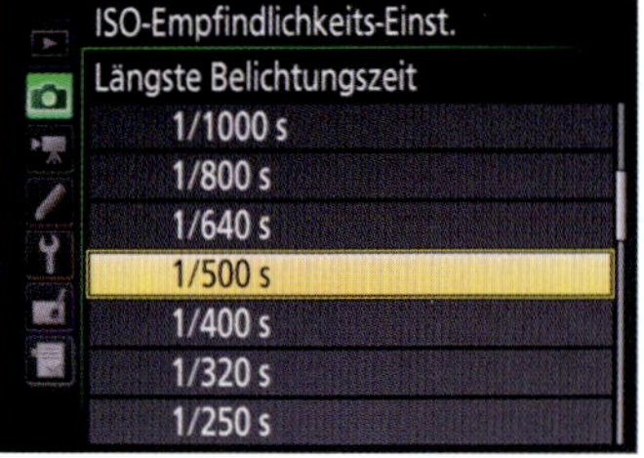

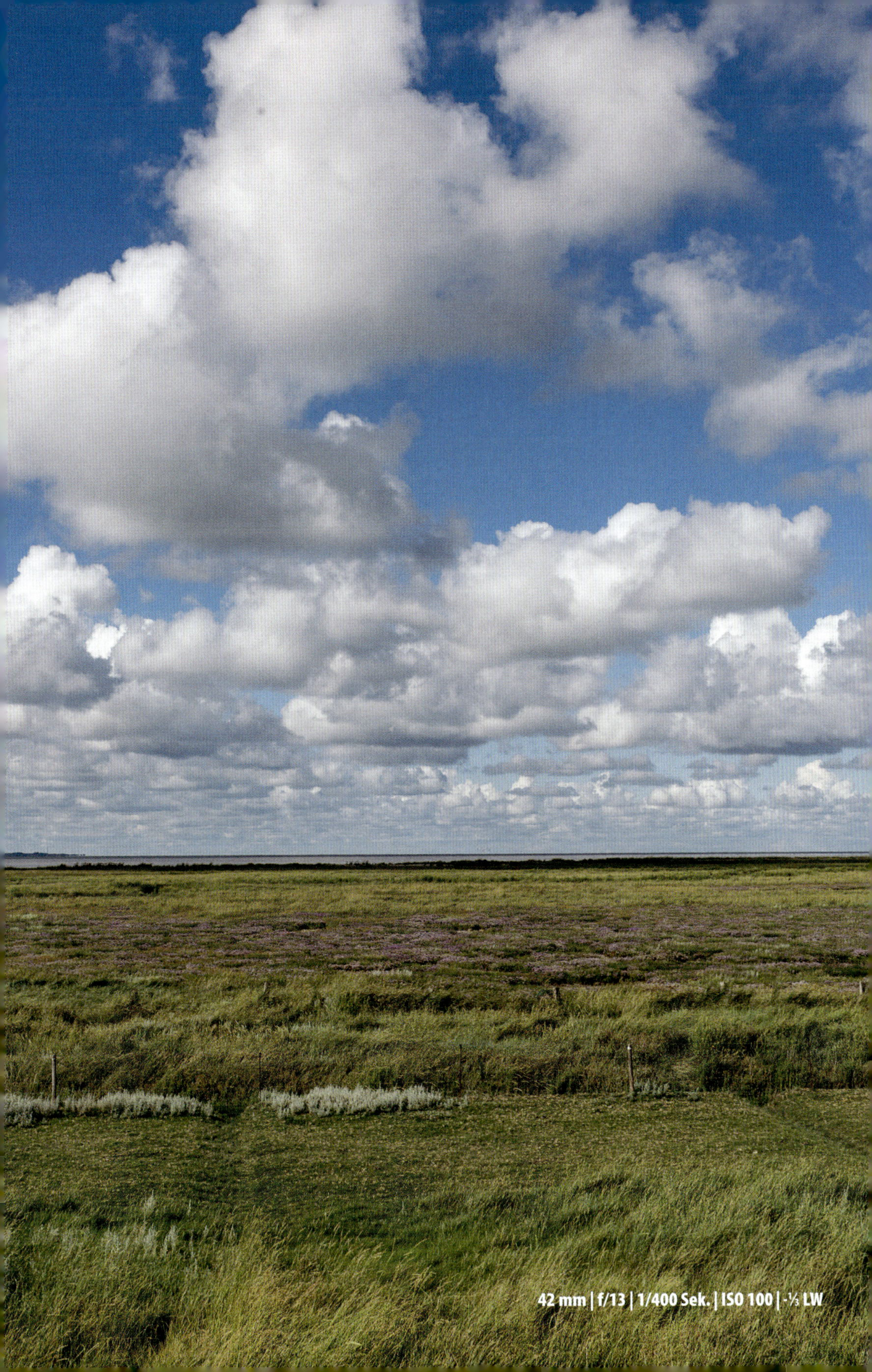

42 mm | f/13 | 1/400 Sek. | ISO 100 | -⅓ LW

3.5 Die volle Kontrolle mit der manuellen Belichtungssteuerung (M)

In der manuellen Belichtungssteuerung haben Sie die völlige Kontrolle über die Kamera. Sie stellen mit dem hinteren Einstellrad die Belichtungszeit und mit dem vorderen den Blendenwert ein. Die Lichtwaage im Sucher und auf dem Infoschirm zeigt Ihnen grafisch an, ob Ihre Einstellung eine korrekte Belichtung ermöglicht oder über- bzw. unterbelichtet.

Die Belichtungsskala stellt den Bereich der von der Kamera errechneten optimalen Belichtungswertes zwischen der Mitte und den Balkenenden dar. Die Schrittweite der Unter- oder Überbelichtung richtet sich nach den eingestellten Optionen in der Individualfunktion *b2 Schrittweite Bel.-steuerung* und beträgt ⅓ LW, ½ LW oder 1 LW. Wenn die Belichtung sehr stark vom errechneten optimalen Wert abweicht und damit außerhalb des Anzeigebereichs liegt, erscheinen jeweils Pfeile ◁▷ am Ende des Balkens. Ein Ausschlag in Minusrichtung bedeutet eine Unterbelichtung, ein Ausschlag in Plusrichtung eine Überbelichtung im Verhältnis zum berechneten Wert.

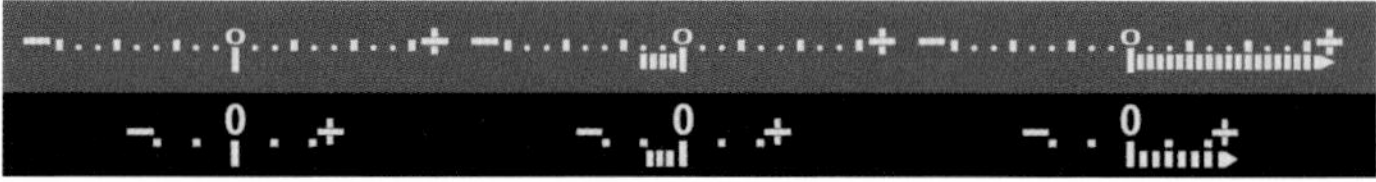

▶ *Die Belichtungsskala: oben die Display-Anzeige und unten die Anzeige im Sucher. Links: korrekte Belichtung, Mitte: etwas unterbelichtet, rechts: stark überbelichtet. Der Pfeil am rechten Ende deutet an, dass die Belichtung noch weiter außerhalb des angezeigten Bereichs liegt.*

Sie sollten die Belichtungsskala als Orientierung einsetzen. Es gibt immer wieder Situationen in denen eine leichte Unter- oder Überbelichtung sogar bessere Ergebnisse erzielt als der exakt berechnete Wert. Von einer bewussten Fehlbelichtung einmal ganz abgesehen. Nutzen Sie als weitere Hilfe immer auch das Histogramm.

Im manuellem Modus steht Ihnen natürlich jede Option offen, die Belichtung anzupassen: Die Blende öffnen oder schließen, die Belichtungszeit oder die ISO-Empfindlichkeit verändern.

Mit etwas Übung geht es aber in der Mehrzahl der Fälle um kleinere Anpassungen der Belichtung. Die sind schnell mit der Belichtungskorrektur erledigt.

Gezielte Belichtungskorrektur

Die Einstellung für die Belichtungskorrektur erreichen Sie über die Taste ⊠ und das hintere Einstellrad. Mit der Nikon D500 können Sie eine Belichtungskorrektur von ± 5 LW-Stufen einstellen. Ist eine Belichtungskorrektur eingestellt, wird das entsprechende Zeichen im Display und im Sucher eingeblendet. Die Stärke der Korrektur wird aber nur so lange eingeblendet, wie die Korrekturtaste gedrückt wird. Nur der Info-Monitor zeigt den Korrekturwert dauerhaft an.

Motivsituationen, die perfekte Belichtungskontrolle benötigen

Vor allem in ungewöhnlichen und komplexen Belichtungssituationen ist die perfekte Kontrolle über die Aufnahmeparameter notwendig. Die manuelle Einstellung von Zeit und Blende erfordert aber einige Erfahrung und ist anfangs auch langwieriger als die Arbeit mit der Programmautomatik P oder den Halbautomatiken A und S. Mit einiger Übung können Sie aber beide Punkte schnell entkräften und haben dann ein sehr professionelles Handling Ihrer Kamera parat.

Bei einem Feuerwerk, wie im gezeigten Bild auf der nächsten Seite, benötigt man wegen der umgebenden Dunkelheit recht lange Belichtungszeiten. Allerdings können diese stark schwanken, je nachdem wie viele Raketen gerade explodieren und wie hell die einzelnen Feuerwerkskörper strahlen. Die Schärfentiefe spielt aufgrund der großen Entfernung nur eine untergeordnete Rolle.

Sie können sich sicherlich leicht vorstellen, was mit solchen Bildern passieren würde, wenn die automatische Belichtung versuchen würde ein einheitliches 18 %-Grau im Bild zu erreichen. Im insgesamt dunklen Bild wird die Automatik den Nachthimmel zu einem dunklen Grau anheben und die Feuerwerksexplosionen würden hoffnungslos überstrahlen. Deshalb wurde eine Belichtungskorrektur von –0,7 LW eingesetzt..

In der Belichtungssteuerung M können Sie auch rein manuelle Objektive ohne eigene CPU, also ohne eingebaute

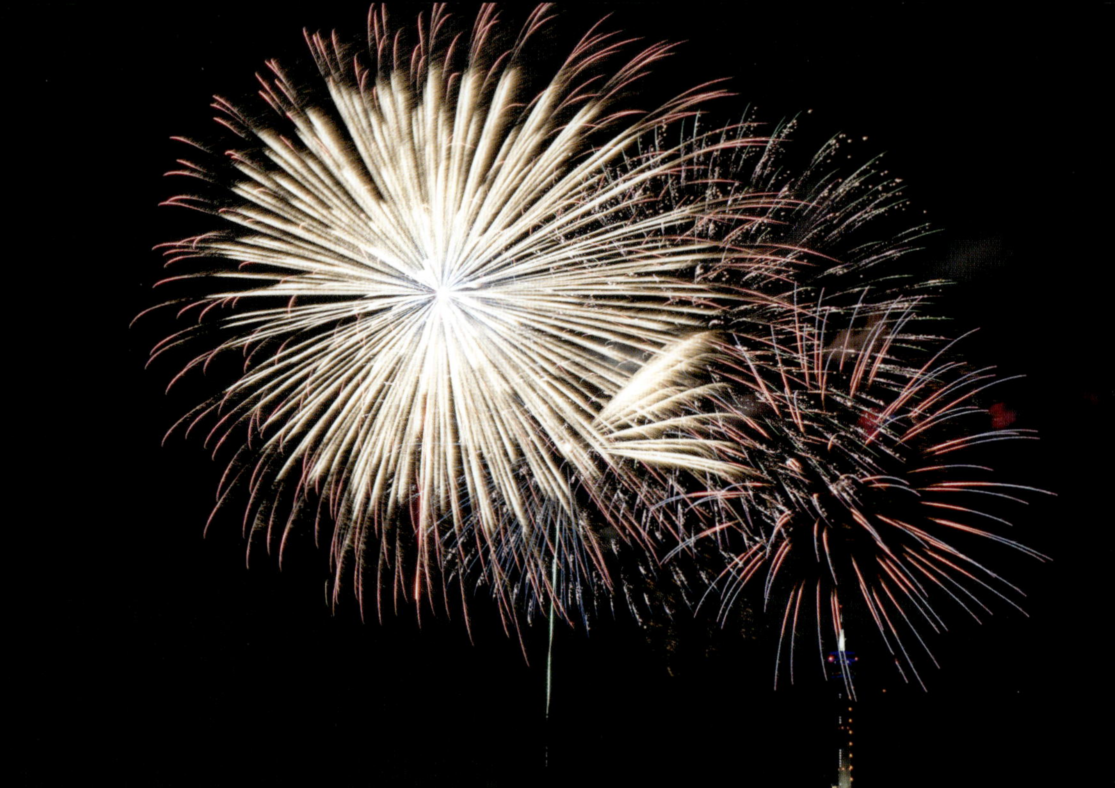

40 mm | f/7,1 | 6,2 Sek. | ISO 200 | -0,7 LW | Stativ

▲ *Ein Feuerwerk ist ein gutes Beispiel für die Vorteile einer manuellen Einstellung der Kamera.*

Messelektronik, nutzen. Um die Belichtungsmessung und die Lichtwaage der D500 mit ihnen nutzen zu können, müssen Sie diese Objektive im Menü *SYSTEM/Objektivdaten* unter einer der Nummern eintragen.

Langzeitbelichtungen

Echte Langzeitbelichtungen, wie sie in Nacht- oder Astronomieaufnahmen vorkommen, sind ausschließlich im Modus M möglich. Derartige Langzeitbelichtungen können grundsätzlich nur von fest montierten Kameras bzw. vom Stativ aus gemacht werden. Selbst dann kann schon ein leichter Wind zu Unschärfe im Bild führen. Eine Hilfe kann es dann sein, das Stativ zusätzlich mit Gewichten zu beschweren. Dazu sind an vielen Stativen extra Haken angebracht. Zur Not können Sie z. B. Ihren Fotorucksack mit einem Karabiner anbringen und das Stativ so stabilisieren.

Das Bild des Karussells besitzt einen sehr hohen Dynamikumfang, der von den automatischen oder halbautomatischen Programmen nicht gut bedient werden kann. In

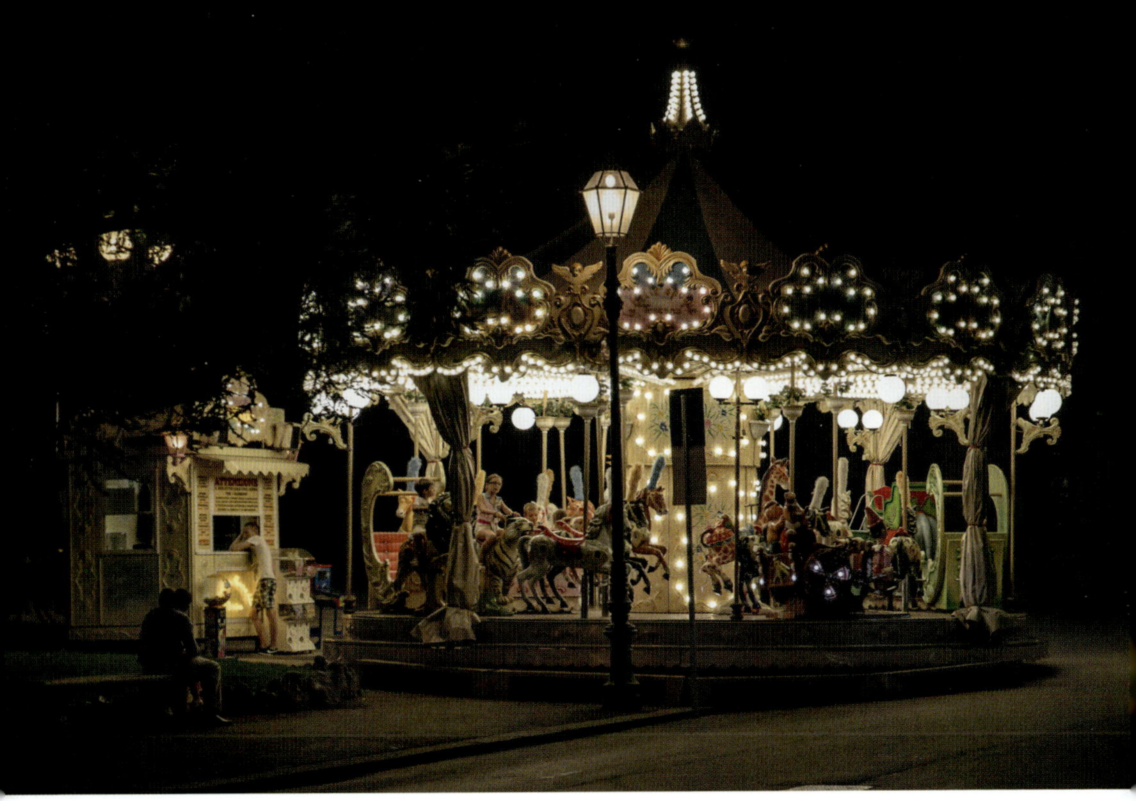

50 mm | f/10 | 1/10 Sek. | ISO 800

diesen Fällen ist die manuelle Einstellung die beste Wahl. Es wird aber auch dann häufig notwendig sein einige Testaufnahmen zu erstellen und sich an die besten Werte heranzutasten.

Der Bulb- und Time-Modus

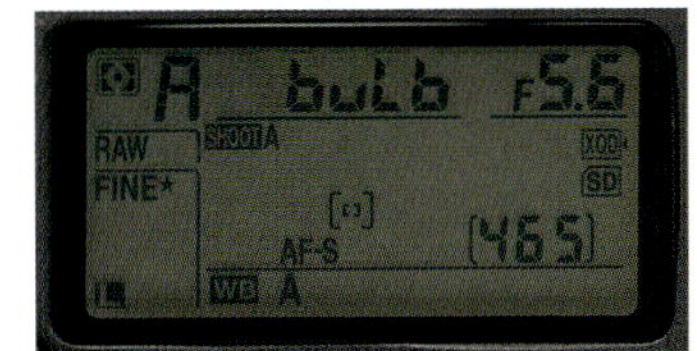

Wenn Sie im manuellen Modus die Belichtungszeit über 30 Sek. hinaus steuern, erscheint auf dem Info-Display der Hinweis *Bulb* bzw. im Display buLb. In diesem Modus bleibt der Verschluss so lange geöffnet, wie der Auslöser betätigt wird. Dazu sollte ein Kabelfernauslöser oder eine Funkfernsteuerung genutzt werden, um eine Erschütterung der Kamera zu vermeiden.

Belichtungszeit-Einstellung x 250

Die allerletzte Einstellung für die Belichtungssteuerung im manuellen Modus zeigt übrigens meist den Wert *x 250* an. Sie hat aber mit der Langzeitbelichtung nichts zu tun, sondern fixiert die Belichtungszeit auf die Blitzsynchronzeit. Dafür steht das *x*. Die *250* steht für 1/250 Sek. Wenn Sie die Blitzsynchronzeit unter der Individualfunktion *e1* auf einen anderen Wert eingestellt haben, erscheint dieser Wert im Display.

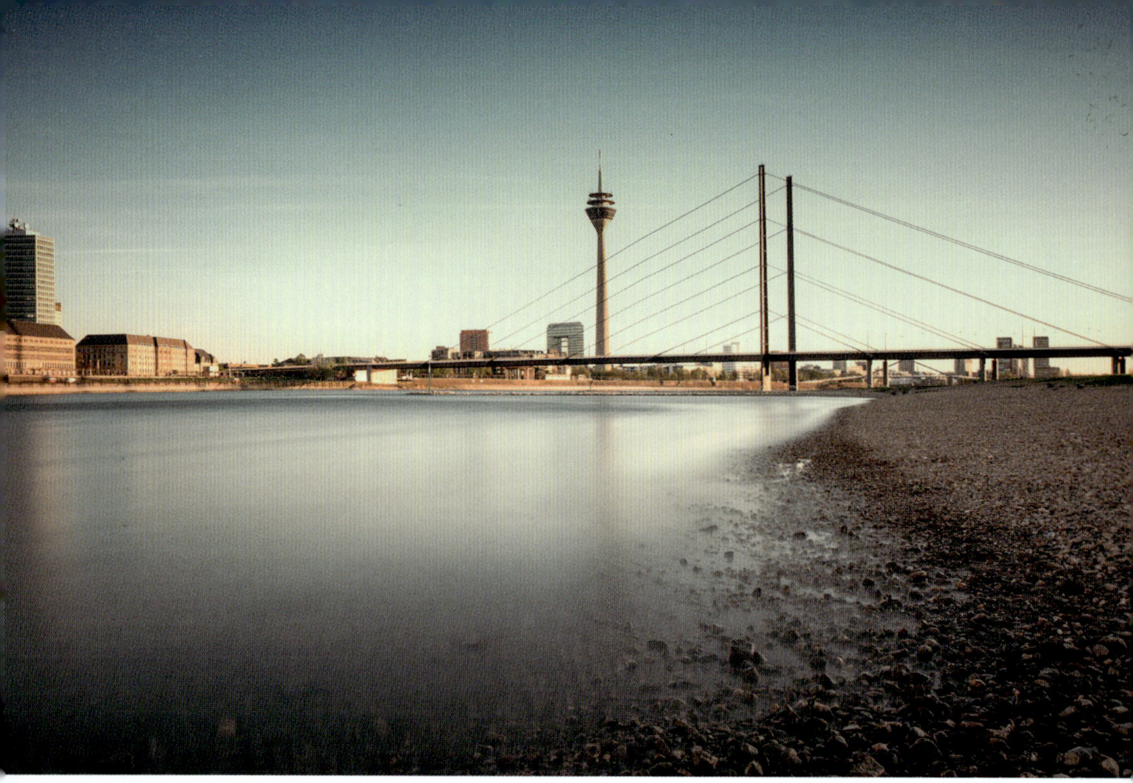

25 mm | f/11 | 50 Sek. | ISO 100 | ND-Filter

▲ *Je nach Motiv und Einsatzzweck kann es sinnvoll sein, für Langzeitbelichtungen im Kameramenü unter Aufnahme die Rauschreduzierung auf Ein zu stellen.*

Die Belichtungszeit kann dann noch einmal weitergedreht werden, und auf dem Info-Monitor erscheint der Hinweis *Time* bzw. im Display das Zeichen – –. Dieser Modus entspricht weitgehend dem Modus *Bulb*, nur bleibt der Verschluss so lange geöffnet, bis der Auslöser bzw. der Fernauslöser ein zweites Mal gedrückt wird. Das ist in der Regel angenehmer, wenn die Belichtungszeit in die Minuten geht. Der Grenzwert für die Belichtung liegt bei 30 Minuten.

3.6 Die Picture Controls richtig nutzen

Ich kenne ernsthafte Fotografen, die ein einziges Mal die Picture-Control-Einstellungen ihrer Kamera aufrufen, dort die Voreinstellung *Neutral* wählen und die Funktion danach vergessen. Wenn Sie genau wie die erwähnten Fotografen ausschließlich im RAW-Format fotografieren, ist dieses Verhalten zumindest nachvollziehbar. Die Picture-Control-Einstellungen haben keine direkte Auswirkung auf die Rohdaten in einer RAW/NEF-Datei, wohl aber auf das eingebettete und angezeigte Vorschaubild.

Deshalb sind die Picture Controls für Fotografen, die die Belichtung und Farben ihrer Fotos bereits am Kameramonitor beurteilen, durchaus interessant. Nicht zuletzt wird aus dem eingebetteten JPEG-Bild auch das Histogramm zur Kontrolle der Belichtung generiert, doch dazu etwas später noch mehr. Picture Control-Einstellungen werden auch nur in den Nikon eigenen Softwareprodukten voll unterstützt. Andere RAW-Konverter ignorieren sie einfach.

Picture Controls – ideal für das JPEG-Format

Für Fotografen, die vorwiegend im JPEG-Format fotografieren, sind die Picture Controls allerdings ein mächtiges Instrument, ihren Fotos bereits in der Kamera einen individuellen Schliff zu geben. In vielen Fällen mag der geschickte Einsatz der Picture Controls eine spätere Nachbearbeitung der Fotos überflüssig machen oder zumindest helfen, ihn auf ein Minimum zu reduzieren.

Mit Picture Control die Bildaufbereitung kontrollieren

Die Picture-Control-Einstellungen in der Nikon D500 vermitteln dem Bildprozessor, wie die Rohdaten in das anzuzeigende Bild umzuwandeln sind. Da die D500 ein ausgezeichnetes Display besitzt, das eine wirklich brauchbare erste Beurteilung der aufgenommenen Fotos erlaubt, ist eine entsprechend gute Aufbereitung und Anzeige der Aufnahmen natürlich Pflicht. Welche Picture-Control-Konfiguration zum Einsatz kam und welche Einstellungen vorgenommen wurden, können Sie sich z. B. in XNView anzeigen lassen.

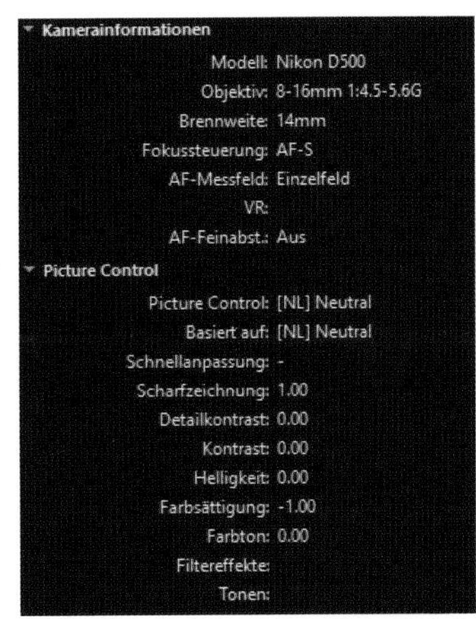

Picture Control für JPEG und Video

Die **P**icture-**C**ontrol-Profile sind vor allem für Fotografen wichtig, die gerne im JPEG-Format fotografieren, und für Videofilmer. Alle Einstellungen der PC-Profile werden direkt in das JPEG- bzw. MOV(H.264)-Format abgespeichert und können nicht mehr direkt geändert werden. Die Profile stellen damit ein umfangreiches Werkzeug für das Feintuning der Bildeigenschaften dar, wenn man sie denn nutzen will. Im RAW-Format können, zumindest mit den Nikon-eigenen Softwareprodukten, die Einstellungen der Picture-Control-Profile auch im Nachhinein noch geändert werden. RAW-Konverter von Drittanbietern ignorieren die Einstellungen.

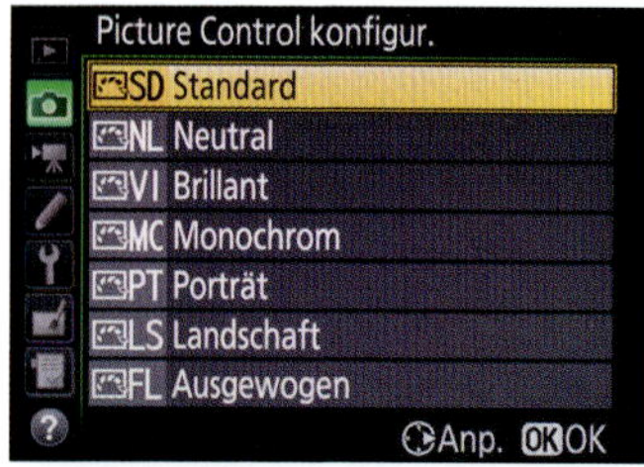

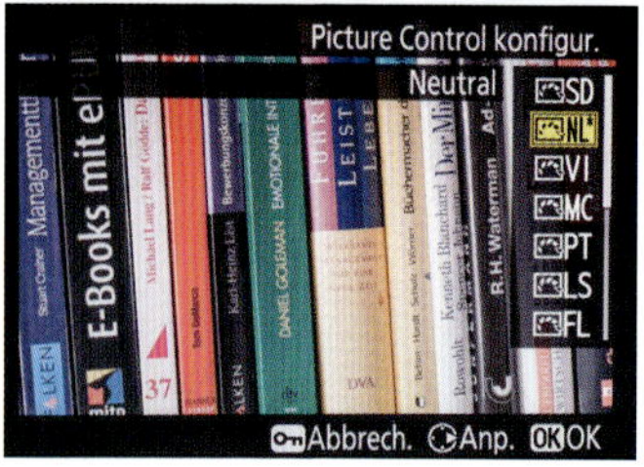

▲ *Im Register FOTOAUFNAHME finden Sie den Eintrag Picture Control konfigur. Sie bekommen in der Live-View auch gleich eine Vorschau auf die Wirkung einer veränderten Bildschirmdarstellung.*

Die Picture-Control-Konfigurationen rufen Sie entweder über das Menü *FOTOAUFNAHME/Picture Control konfigur.* oder direkt über die Schlüssel-Taste auf (Mehrfachbelegung). Für Filmaufnahmen wählen Sie entsprechend die Schlüssel-Taste oder *FILMAUFNAHME/ Picture Control konfigur.* Die Konfigurationen haben verschiedene Grundcharakteristika der Bildanmutung: *Standard*, *Neutral*, *Brillant*, *Monochrom, Porträt*, *Landschaft* und *Ausgewogen*. Die Konfiguration *Ausgewogen* setzt noch unterhalb der Einstellung *Neutral* an und nimmt praktisch keine Änderungen an den RAW-Daten vor. Sie ist die beste Ausgangsbasis für spätere umfassende Bearbeitungen des Ausgangsmaterials. Dazu etwas weiter unten noch nähere Details.

Einmal eingestellt bleiben die Picture Controls in der Kamera auch nach dem Aus- und wieder Einschalten erhalten. Daran sollten Sie denken, wenn Sie die Einstellungen einmal vorübergehend ändern wollen. Die Einstellungen gelten sowohl für das RAW/NEF- wie auch für das JPEG-Format, allerdings mit einem wichtigen Unterschied. Die

Picture Control Utility 2

Mit der D810 führt Nikon eine neue Version der Picture Control Utilities ein, die Version 2. Die neue Version unterstützt auch die D500. Das PC-Utility 2 kann jetzt nicht nur aus ViewNX-i und Capture NX-D heraus aufgerufen werden, sondern ist ein eigenständiges Programm. In der neuen Version werden die erweiterten Möglichkeiten der Picture-Control-Einstellungen berücksichtigt. Anwender können dazu das erweiterte Format NP2 wählen. Alte, abgespeicherte NCP-Formate können in das neue Format konvertiert werden. Das neue Format kann aber nicht als Preset in ältere Kameras importiert werden.

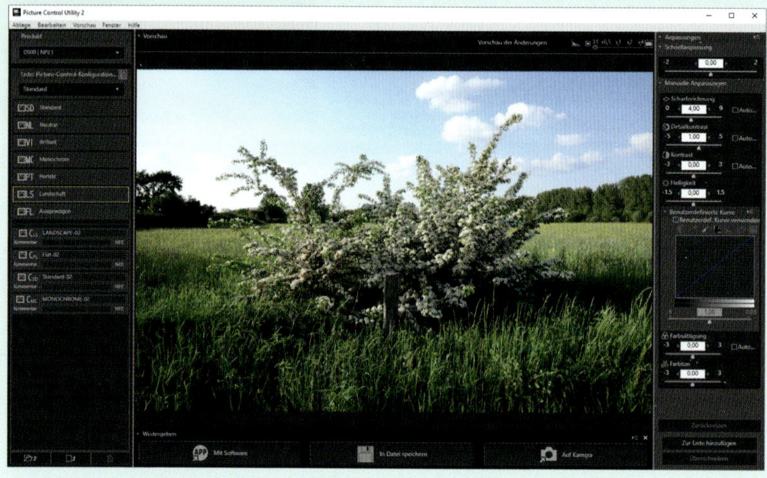

Picture-Control-Einstellungen im RAW-Format können nur von Nikon-Software ausgelesen und entsprechend berücksichtigt werden. Das JPEG-Format schreibt hingegen schon in der Kamera alle Parameter fest in das Dateiformat und diese werden deshalb auch in allen Bildbearbeitungsprogrammen entsprechend angezeigt. Das gilt auch für aufgenommene Videos.

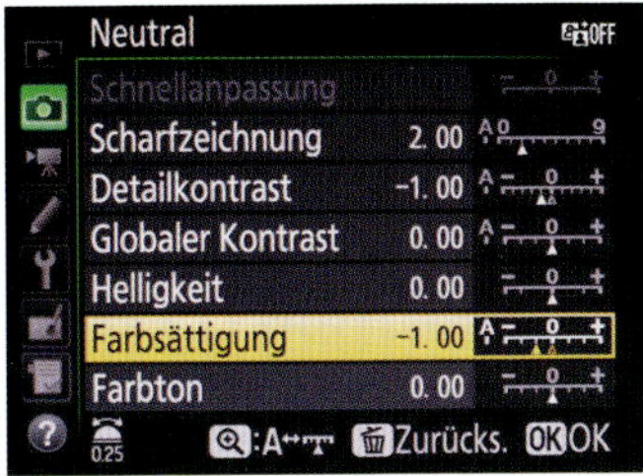

Jedes Picture-Control-Preset enthält zusätzlich eine Reihe einstellbarer Parameter, die sehr fein abgestuft individuell konfiguriert werden können. Für die Scharfzeichnung, den Detailkontrast und globalen Kontrast, die Helligkeit, die Farbsättigung und den Farbton können diese Anpassungen vorgenommen werden. Sie können also die Picture-Control-Einstellungen noch ganz nach Ihrem Geschmack anpassen. Dazu müssen Sie die entsprechende Konfiguration auswählen und mit dem Multifunktionswähler nach rechts in die Anpassung wechseln. Mit dem Multifunktionswahlrad können Sie mit einem Druck nach links oder rechts die Einstellungen schnell um ganze Einheiten oder alternativ mit dem vorderen Einstellrad in feinen Schritten um 0,25 Einheiten verschieben.

Als Alternative zu den fest vorgegebenen Werten steht in den Einstellungen für Scharfzeichnen, Detailkontrast und globaler Kontrast sowie Farbsättigung noch ein Automatikmodus *A* zur Verfügung. In diesem Fall steuert die Kamera den Parameter, abhängig von der fotografischen Szene und dem Motiv, eigenständig. Ausgewählt wird der Automatikmodus mit der Taste . Die Informationen von Nikon dazu sind derzeit etwas spärlich, es wird nur das Beispiel einer Landschaftsaufnahme bei bewölktem Himmel angeführt. Die Einstellung *A* (**A**uto) für die Parameter *Globaler Kontrast* und/oder *Sättigung* soll unter Umständen zu lebhafteren und klareren Aufnahmen führen.

Die Picture-Control-Einstellungen (außer *Neutral*, *Ausgewogen* und *Monochrom*) verfügen auch noch über eine Schnellanpassung. Mit ihr können auf die Schnelle mehrere Parameter gleichzeitig verändert werden. Die Schnellanpassung kann nur mit dem Multifunktionsrad und nur in fünf ganzen Schritten, von –2 bis +2, eingestellt werden. Negative Werte führen zu eher zarten und weichen Aufnahmen und positive zu kräftigeren Bildern. Um die Auswirkungen der geänderten Einstellungen zu prüfen, machen Sie am besten eine Anzahl von Probeaufnahmen und vergleichen diese mit den Standardeinstellungen. Nikon bietet unter *http://imaging.nikon.com/lineup/microsite/picturecontrol* eine englischsprachige Seite an, die viele der Picture-Control-Einstellungen näher erläutert und auch interaktiv veränderbare Vorschauen der Einstellungen am Beispiel zeigt.

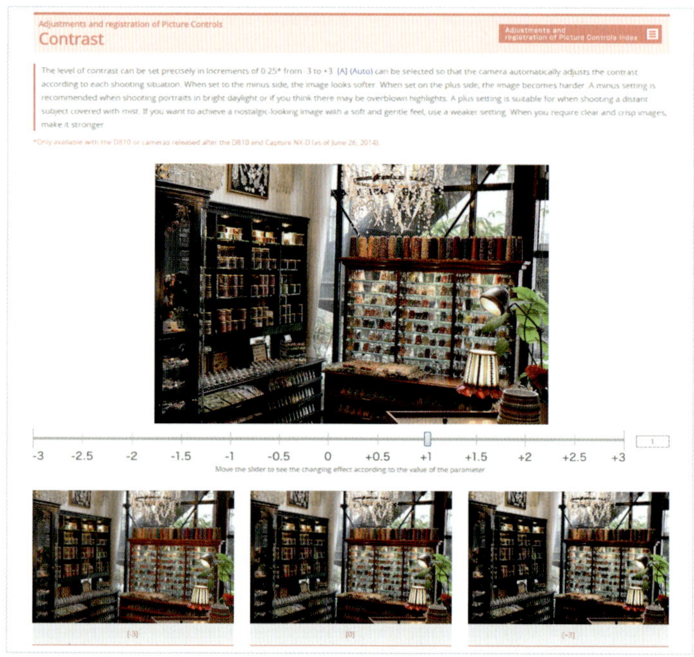

▶ *Auf der Website von Nikon können Änderungen der Picture-Control-Einstellungen direkt ausprobiert werden.*

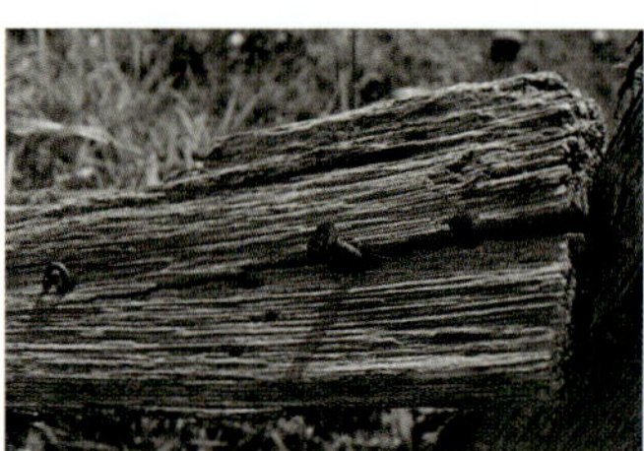

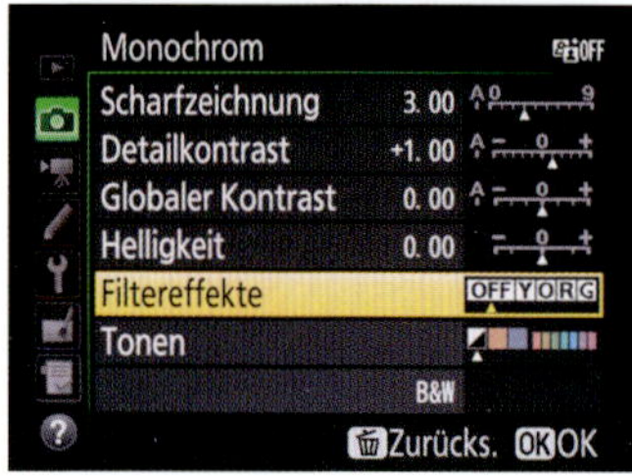

▲ *Die Filtereffekte sind der analogen Fotografie nachempfunden: Y (**Y**ellow), O (**O**range) und R (**R**ed) betonen den Kontrast im Schwarz-Weiß-Foto. Er nimmt in der Reihenfolge Y → O → R zu. So kann z. B. die Helligkeit des Himmels gemildert werden, was zu etwas dunkleren Bildern führt. Die Wirkung des G(**G**reen)-Filters wird gerne zum leichten Abdunkeln von Porträtaufnahmen genutzt. Es lässt die Hauttöne etwas kräftiger erscheinen.*

Die Konfiguration *Monochrom* bietet darüber hinaus noch Parameter für die *Filtereffekte* sowie *Tonen*.

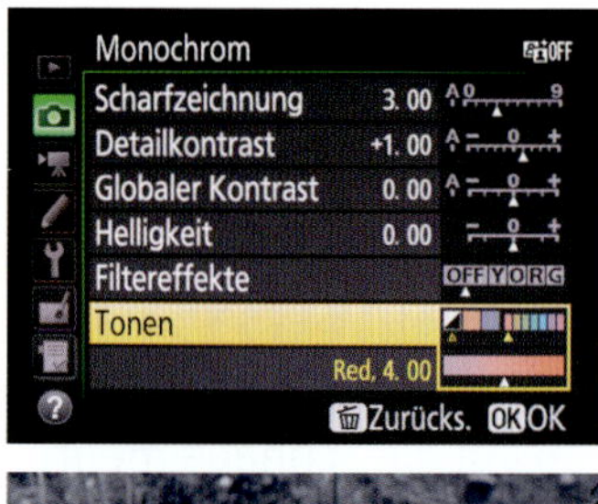

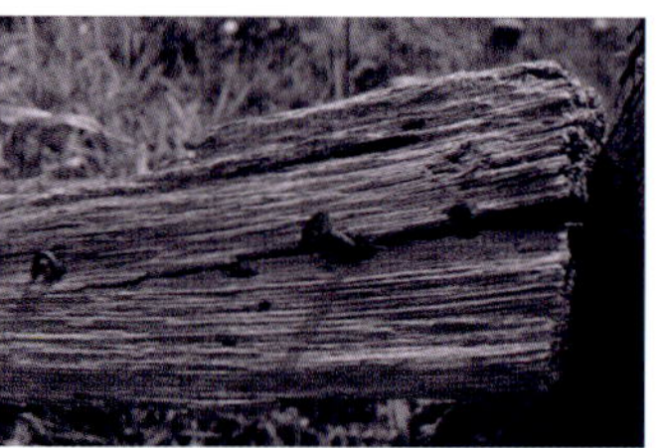

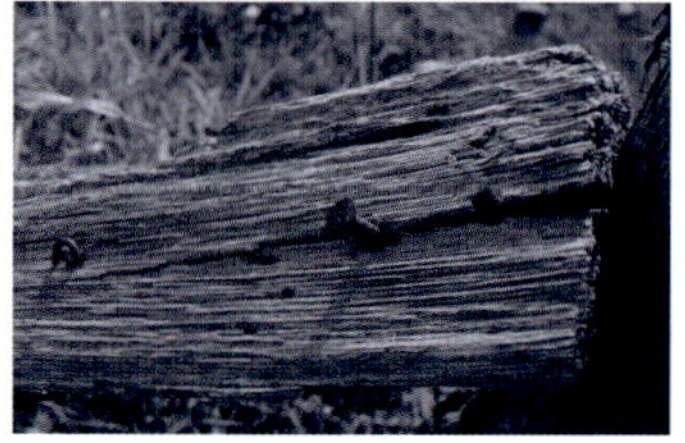

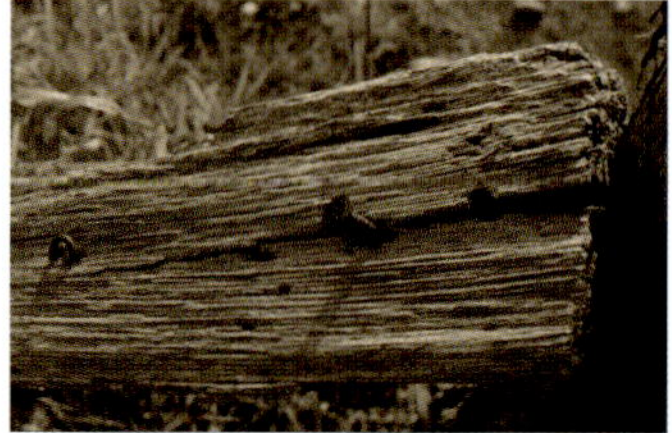

▶ *Deutlich intensiver wirkt das Tonen auf die Fotos. Außer Schwarz-Weiß stehen neun Tonungen zur Verfügung, die mit dem unteren Intensitätsregler zwischen 1 und 7 in 0,25er-Schritten eingestellt werden können.*

Wenn Sie eine der Standardkonfigurationen angepasst und gespeichert haben, erscheint rechts neben dem Picture-Control-Kürzel ein kleiner Stern. So bekommen Sie immer einen Hinweis angezeigt, dass die Einstellung verändert wurde.

Die Bildwirkung der Basis-Picture-Controls im Überblick

Nikon hat der D500 einen Grundstock an Picture-Control-Konfigurationen mitgegeben: *Standard*, *Neutral*, *Brillant*, *Monochrom*, *Porträt*, *Landschaft* und *Ausgewogen*. Diese Modi können Sie auch nicht löschen, sie gehören zur Grundeinstellung.

Picture Control Standard (SD)

Dieser Bildoptimierungsparameter ist eine neutrale Vorgabe. Er dient dazu, Ergebnisse zu erzielen, die keine grundlegenden Veränderungen enthalten und gleichzeitig eine möglichst korrekte Darstellung erzeugen.

Die Bilder erscheinen ein klein wenig weich, weil die Schärfung zurückgenommen ist und auch der Kontrast nicht angehoben wird.

Empfohlene Verwendung: Bilder, die mit der Einstellung *Standard* optimiert wurden, sind eigentlich universell verwendbar. Sie können z. B. auf einem Tablet-PC oder einem Flat-Screen-Fernseher mit hoher Leuchtkraft durchaus schon präsentiert werden. Aufgrund der geringen Anhebung von Farben und Kontrast eignen sich die Bilder eher weniger für den Ausdruck oder die Präsentation auf Geräten mit wenig eigener Brillanz wie zum Beispiel auf einem Projektor.

Picture Control Neutral (NL)

In der Einstellung *Neutral* werden der Kontrast und die Farben im Bild nicht mehr angehoben und es wird auch kaum geschärft. Damit wird das JPEG-Bild fast unverändert generiert. Es eignet sich gut, um alle wichtigen Nachbearbeitungen später in der Bildbearbeitung am PC zu erledigen.

Empfohlene Verwendung: Diese Bilder dienen daher auch kaum der Präsentation, sondern eher der Weiterverarbeitung. Da sie nahezu unverfälscht sind, sind sie als NEF und bedingt als JPEG eine perfekte Grundlage für die Weiterverarbeitung mit Software wie Photoshop oder Nikon Capture NX-D.

Picture Control Brillant (VI)

Mit dieser Einstellung wird die Sättigung der Farben Rot und Grün erhöht, der Kontrast verstärkt, und die Bilder werden geschärft. Beim JPEG-Format sind diese Bearbeitungen später am PC kaum noch reversibel (die Abkürzung VI steht übrigens für **vi**vid, engl. für lebendig).

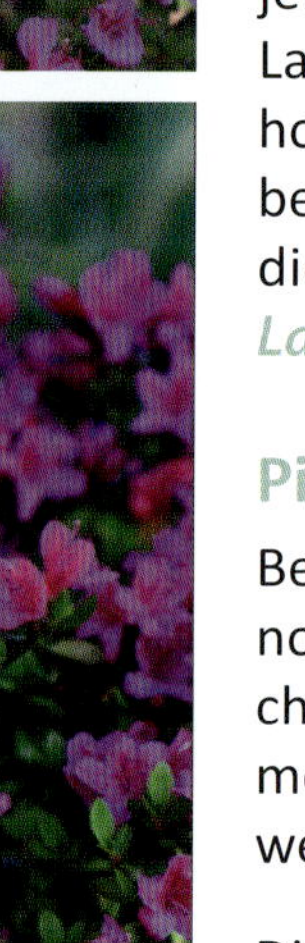

▲ *Eine Szene im Vergleich der zwei Picture Controls Standard und Brillant. Die nachträgliche Anwendung ist bei NEF-Dateien problemlos mit Nikon ViewNX-i bzw. Picture Control Utility 2 möglich.*

Empfohlene Verwendung: Diese Picture-Control-Konfiguration sollten Sie wählen, wenn Sie die JPEGs aus der Kamera direkt ausdrucken oder mit einem Medium mit geringer Eigenbrillanz, etwa einem Projektor, darstellen wollen. Wenn Sie Landschaften oder Fotos mit einem hohen Anteil der natürlichen Farben Grün und Blau aufnehmen, ist die Picture-Control-Konfiguration *Landschaft* die bessere Wahl.

Picture Control Monochrom

Bei dieser Konfiguration können Sie noch spezielle Filtereffekte aussuchen, die bei der Generierung des monochromen Bildes angewendet werden.

Diese stellen Sie genauso ein, wie Sie die anderen Parameter in der Kamera bearbeiten können, damit sie beim nächsten Bild zum Einsatz kommen.

Oder Sie wenden sie am PC auf NEF-Bilder an, um nachträgliche Effekte zu erzeugen. Diese Picture-Control-Konfiguration zur Bildoptimierung ist recht umfangreich und unterstützt auch die Anwendung von *Filtereffekte* und *Tonen* auf die Aufnahmen. Die Ergebnisse sind bei behutsamer Handhabung schon recht gut.

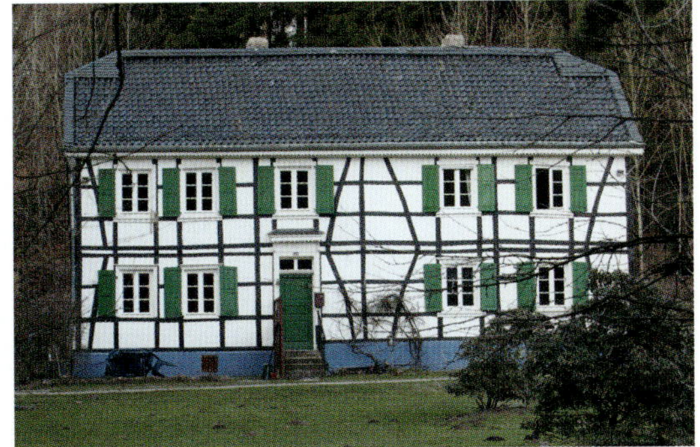

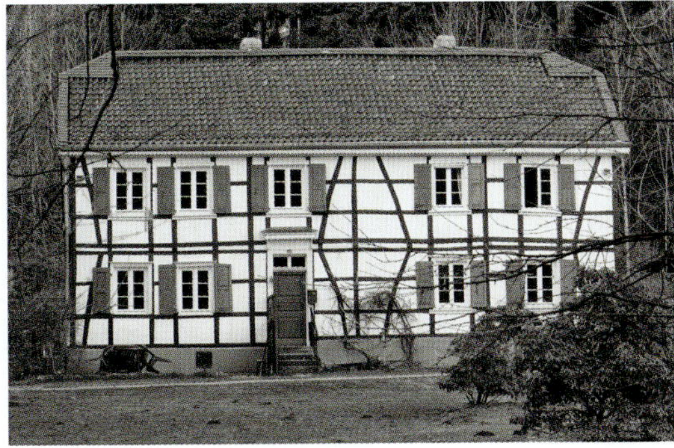

Picture Control Porträt (PT)

Die Hauttöne werden bei dieser Einstellung betont, der Kontrast wird etwas erhöht und die Schärfung zurückgenommen. Die Bilder wirken weich, aber stimmig in den Farben, wie es bei den meisten Porträts üblich ist.

Wenn Sie aber z. B. an einem Charakterkopf Altersfalten oder andere Gesichtskonturen betonen wollen, ist diese Picture-Control-Konfiguration eher ungeeignet.

Empfohlene Verwendung: Porträts verlangen nach einer feinen und perfekten Nachbearbeitung. Daher ist diese Konfiguration eher geeignet, eine sofortige Beurteilung zu ermöglichen und eine mögliche Option aufzuzeigen, was Sie nach einer intensiveren Nachbearbeitung noch erreichen können. Oder Sie müssen sofort nach der Aufnahme JPEG-Bilder herausgeben, dann ist diese Picture-Control-Konfiguration eine gute Wahl. In jedem Fall sollten Sie dann aber eine Doppelspeicherung von JPEG- und NEF-Daten vornehmen, um später noch bessere Versionen erzeugen zu können.

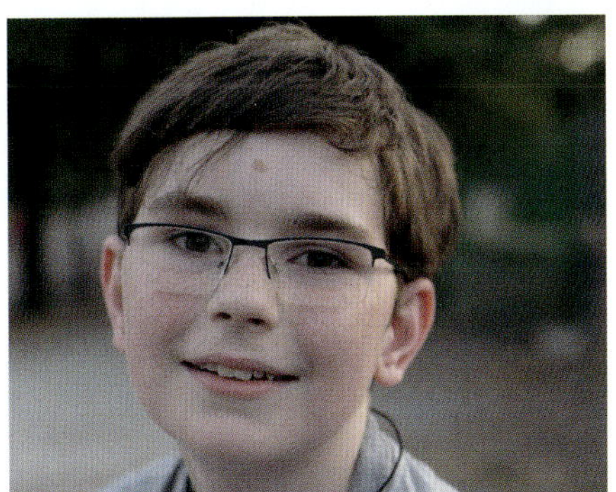

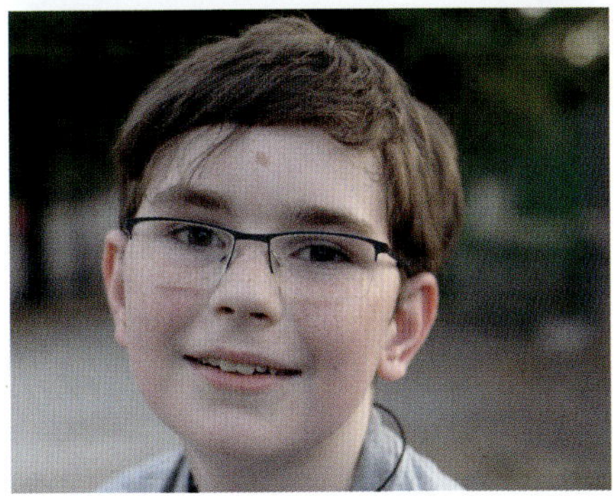

▲ *Im direkten Vergleich von einem Bild, das mit der Picture-Control-Konfiguration Neutral aufbereitet wurde, und einem mit der Option Porträt, zeigen sich subtile Unterschiede. Die Hauttöne werden schön betont.*

Picture Control Landschaft (LS)

Bei der Fotografie von Landschaften oder Architekturmotiven wollen Sie ja zumeist die Details herausarbeiten, Kanten oder Kontraste betonen. Daher werden die Farbtöne der Natur, vor allem Blau und das helle Grün, betont, die Kontraste angehoben, und das Bild wird leicht geschärft.

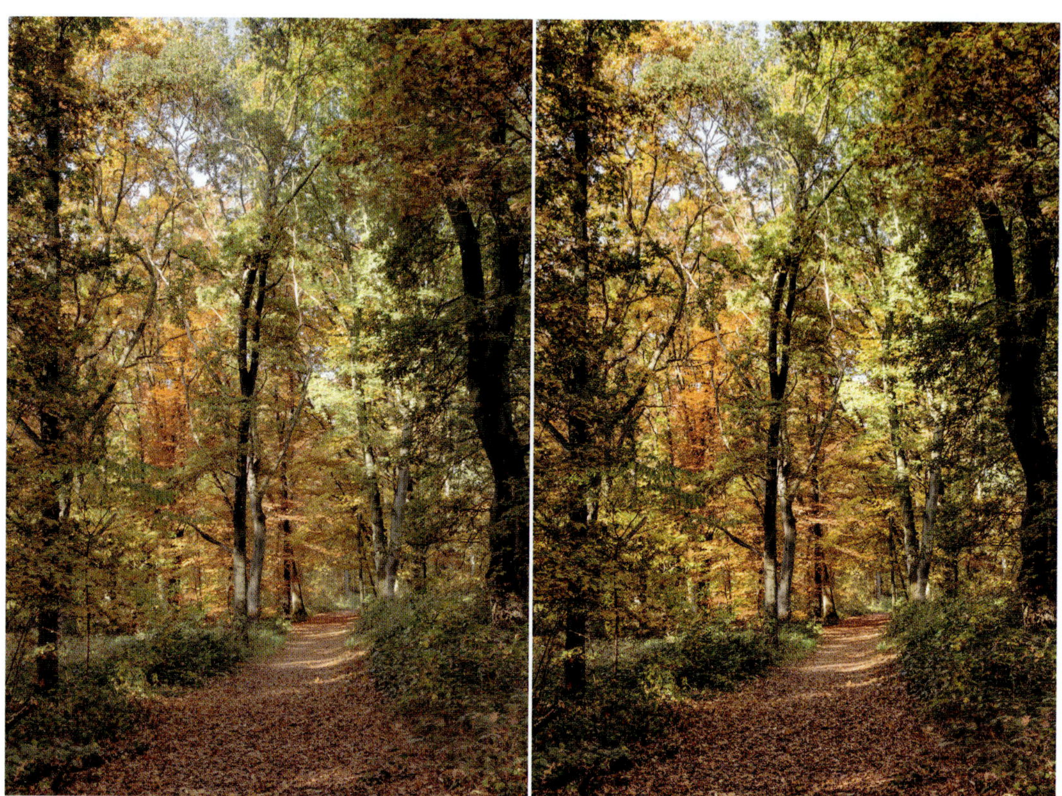

▲ *Das Picture Control Landschaft sättigt die Farben, vor allem Blau und Grün. Das Bild wird insgesamt etwas abgedunkelt, der Kontrast steigt.*

Empfohlene Verwendung: Die Verwendung ist die gleiche wie beim Stil *Brillant*, jedoch wegen der anderen Farbbetonung speziell auf Landschaften ausgerichtet.

Picture Control Ausgewogen (FL)

Der Stil *Ausgewogen* (Flat) entwickelt das RAW-Ausgangsmaterial unter minimaler Aufbereitung. Dieses Picture Control weist also im gewissen Sinne die größte Nähe zum (RAW-) Originalmaterial auf.

Die Bilder wirken weniger lebhaft und erscheinen eher etwas flau. Es bewahrt aber eine reiche Tonalität in den Helligkeitsabstufungen und Farbtönen.

Empfohlene Verwendung: Der Stil *Ausgewogen* ist das optimale Ausgangsmaterial, wenn Sie den Stil der Entwicklung in der Bildbearbeitung maximal selbst bestimmen wollen. Feine Abstufungen in Farbe, Helligkeit und Texturen können optimal herausgearbeitet werden. Insbesondere, wenn Sie einen eigenen kreativen Stil anwenden wollen. Das gilt nicht nur für Fotos, sondern auch für Filmaufnahmen.

Picture Control und das Histogramm

Wer im Histogramm der Kamera die Helligkeitsverteilung im RAW-Format optimal beurteilen will, sollte das Picture Control *Ausgewogen* (FL) auswählen. Das Histogramm kommt dann der tatsächlichen Helligkeitsverteilung der RAW-Datei am nächsten.

Erkauft wird das allerdings durch ein eher flaues Vorschaubild auf dem Display. Praktisch alle Bilder mit dieser Picture Control Einstellung müssen noch nachbearbeitet werden. Man kann zwar die Aufbereitung bis zu einem gewissen Grade automatisieren, es gilt also genau abzuwägen, welchen Informationsgewinn man im Histogramm tatsächlich bekommt.

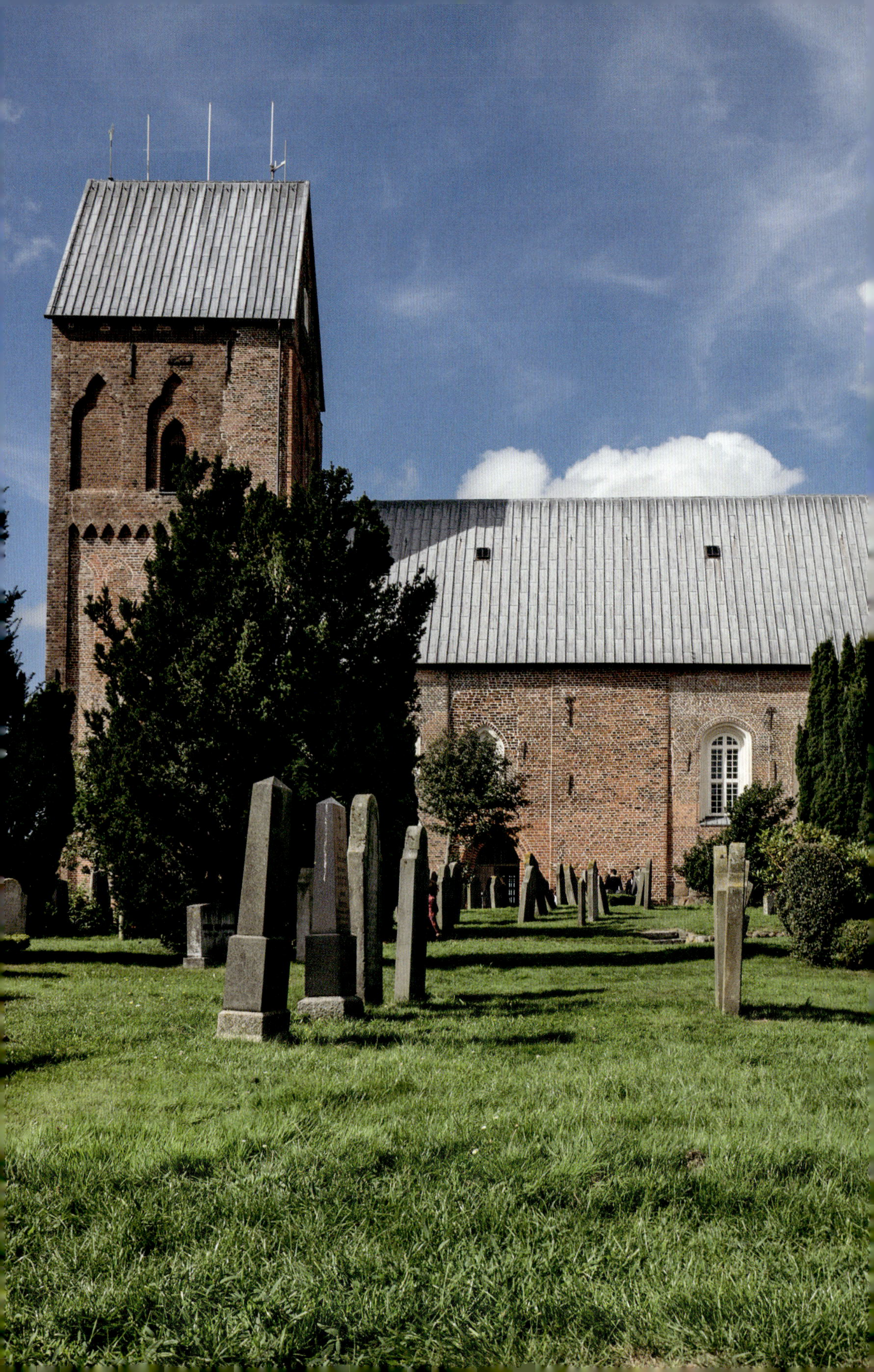

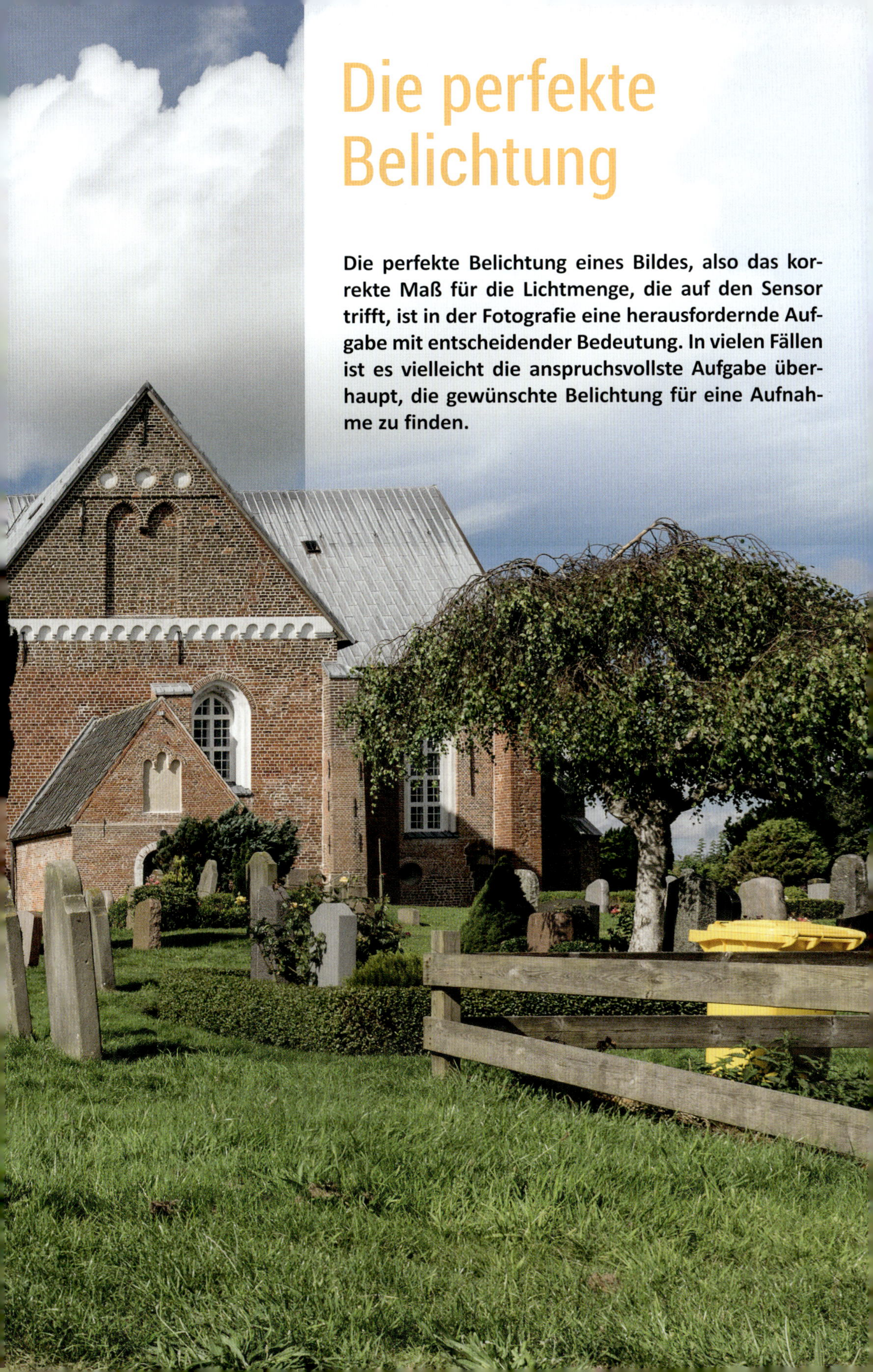

Die perfekte Belichtung

Die perfekte Belichtung eines Bildes, also das korrekte Maß für die Lichtmenge, die auf den Sensor trifft, ist in der Fotografie eine herausfordernde Aufgabe mit entscheidender Bedeutung. In vielen Fällen ist es vielleicht die anspruchsvollste Aufgabe überhaupt, die gewünschte Belichtung für eine Aufnahme zu finden.

Wenn z. B. eine Landschaftsaufnahme aufgenommen werden soll, ist der Vordergrund häufig vergleichsweise dunkel, der Himmel dagegen sehr hell. Vorbeiziehende Wolken können die Sonne zeitweise verdecken und zu erheblichen Lichtschwankungen führen, um nur einmal eine Standardsituation zu nennen.

Welche wesentlichen Faktoren müssen bei der Belichtung also berücksichtigt und aktiv beeinflusst werden?

Die beste Zeit-Blende-ISO-Kombination

Das geeignete Zusammenspiel der drei Einflussgrößen Belichtungszeit, Blendenwert und ISO-Empfindlichkeit macht die Basis einer gelungenen Belichtung aus. Gleichzeitig bedeutet jede Einstellungskombination dieser Werte eine Entscheidung für eine bestimmte Bildwirkung.

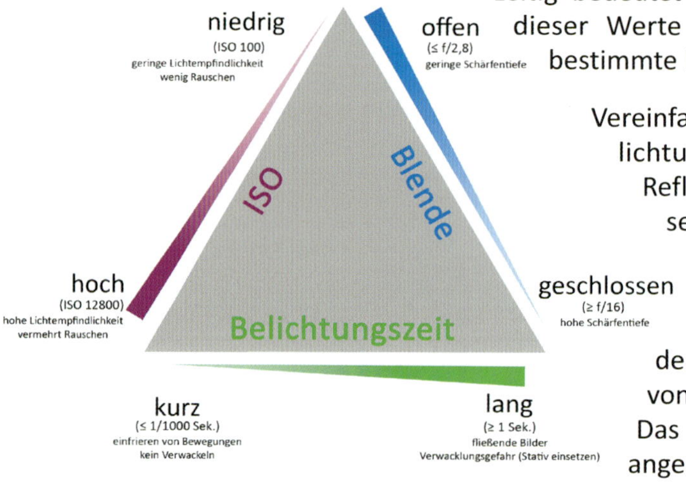

Vereinfacht ausgedrückt misst der Belichtungsmesser der Kamera die Reflexion des Lichts vom angemessenen Motiv. Die Belichtungssteuerung der D500 ist mittlerweile überaus raffiniert geworden. Allerdings basiert der grundlegende Referenzwert vom 18 %-igen Grau immer noch. Das führt tendenziell dazu, dass angemessene Motive, die dunkler sind als dieses 18 %-Grau, tendenziell überbelichtet werden, da sie so belichtet werden, als wären sie so hell wie ein 18%iges Grau.

niedrig
(ISO 100)
geringe Lichtempfindlichkeit
wenig Rauschen
offen
(≤ f/2,8)
geringe Schärfentiefe
ISO
Blende
hoch
(ISO 12800)
hohe Lichtempfindlichkeit
vermehrt Rauschen
geschlossen
(≥ f/16)
hohe Schärfentiefe
Belichtungszeit
kurz
(≤ 1/1000 Sek.)
einfrieren von Bewegungen
kein Verwackeln
lang
(≥ 1 Sek.)
fließende Bilder
Verwacklungsgefahr (Stativ einsetzen)

Motive die heller als das 18 %-Grau sind, werden tendenziell unterbelichtet. Trotzdem werden weitaus mehr Motive gut belichtet, als man nach dieser Überlegung vermuten könnte. Das liegt an der ständigen Weiterentwicklung der Belichtungsmesser. Es lenkt aber die Aufmerksamkeit auf den springenden Punkt: der Belichtungsmesser in der D500 hat Grenzen. Sind diese erreicht, muss der Fotograf eingreifen. Wer im Modus P (mit allen Grundeinstellungen) eine weiße Fläche fotografiert, bekommt etwa so etwas wie im Bild auf Seite 99 oben.

Dieses kleine Beispiel soll nur verdeutlichen, dass man nicht blind der automatischen Belichtung vertrauen kann. Der Fotograf muss die Lichtsituation sehen und einschätzen können und dann die richtigen Einstellungen an der Kamera vornehmen, um die gewünschte Lichtsituation einzufangen. Oder wie ein weiser Fotograf einmal sagte: „Cameras don't take the best photos: photographers do."

▲ *Eine weiße Fläche im Modus P mit der D500 fotografiert. Es entspricht in etwa dem 18%igen Grau, das die Programmautomatik als Bezugspunkt nutzt. (Farb- und Helligkeitsabweichungen können z. B. durch den Weißabgleich oder das verwendete Objektiv entstehen).*

4.1 Bedeutung der Belichtungszeit

Welche Faktoren beeinflussen die Belichtung? Da ist zuerst einmal sehr naheliegend die Belichtungszeit. Die Belichtungszeit gibt, wie der Name schon sagt, die Zeit an in der Licht auf den Sensor fällt. Gesteuert wird dies durch die gewählte Verschlusszeit und umgesetzt wird es durch den Verschlussvorhang in der Kamera. Dieser verdeckt den Sensor und öffnet sich gemäß der Verschlusszeit. Wie Sie vielleicht schon im Abschnitt „3.3 Die Belichtungszeit vorgeben mit der Blendenautomatik (S)" ab Seite 74 erfahren haben, kann in diesem Modus (und natürlich im manuellen Modus) die Verschlusszeit unmittelbar vorgegeben werden.

Die direkte Zeitvorgabe wird häufig dazu verwendet, besonders lange oder sehr kurze Belichtungen zu erreichen. Aufnahmen in der Dämmerung oder in der Nacht benötigen z. B. lange Belichtungszeiten um noch genügend Licht einzufangen, herumtollende Kinder oder Sportaufnahmen benötigen sehr kurze Belichtungszeiten von 1/1000 Sekunde oder weniger, um schnelle Bewegungen scharf abbilden zu können.

Beides hat unmittelbare Auswirkung auf Bewegungen. Lange Belichtungszeiten verwischen Bewegungen, kurze frieren sie ein.

Vollkommen eingegefrorenen Bewegungen, wie sie jenseits von etwa 1/1000 Sekunde auftreten, fehlt allerdings meist etwas. Wie die Bezeichnung schon vorgibt, geht die Dynamik der Szene verloren, sie wird eingefroren. Deshalb wählt man die Belichtungszeit besser so, das noch ein gewisser Teil der Bewegung erkennbar ist.

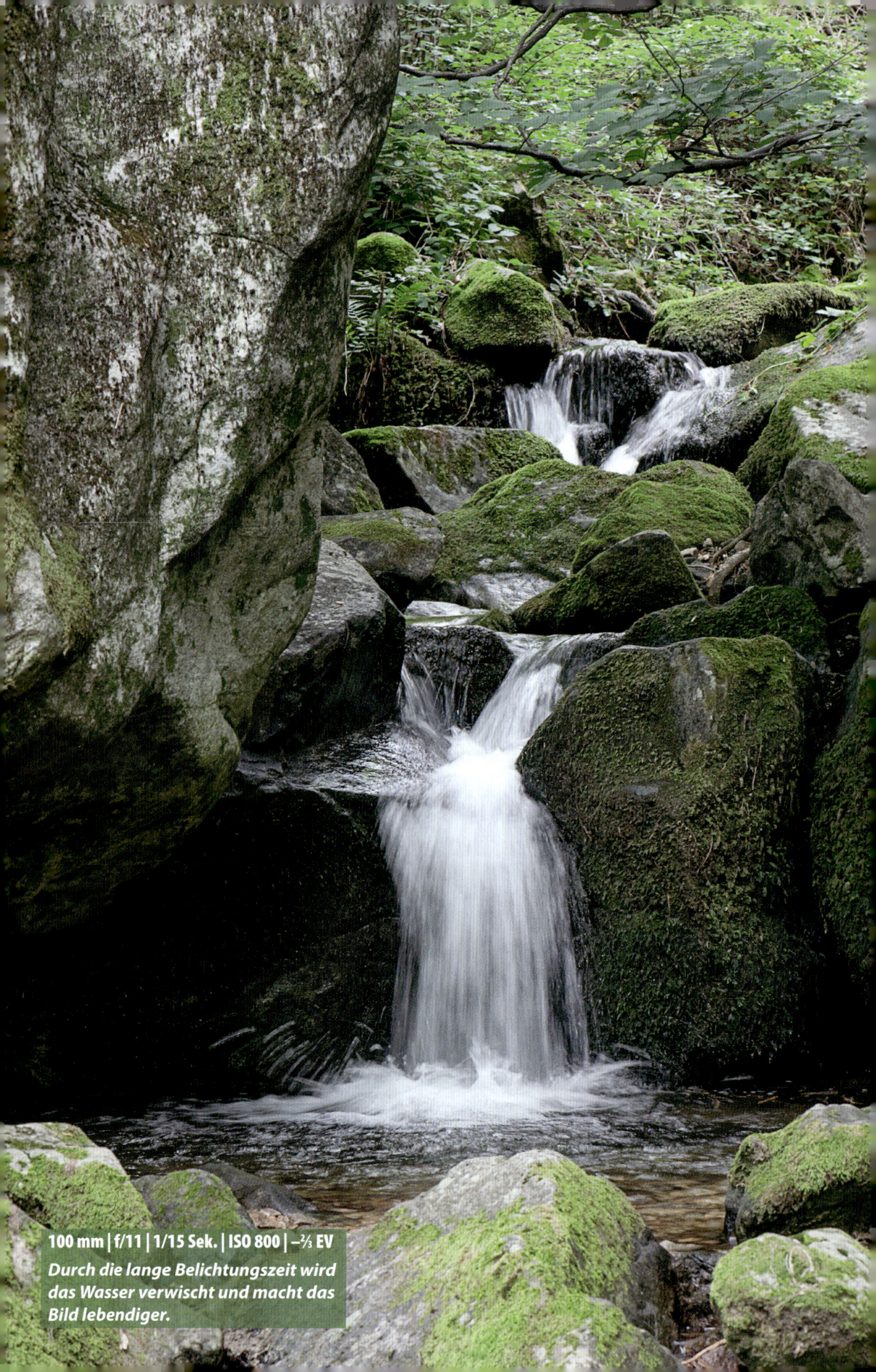

100 mm | f/11 | 1/15 Sek. | ISO 800 | –⅔ EV

Durch die lange Belichtungszeit wird das Wasser verwischt und macht das Bild lebendiger.

Einfluss der Belichtungszeit auf die Bildwirkung

Über die Steuerung der Belichtungszeit können also schnelle Bewegungen in ihrer Bildwirkung fein abgestimmt werden. Je nachdem, ob die Dynamik, die einer Bewegung innewohnt, durch leichtes Verwischen besonders hervorgehoben wird oder ob eine Situation exakt eingefroren werden soll.

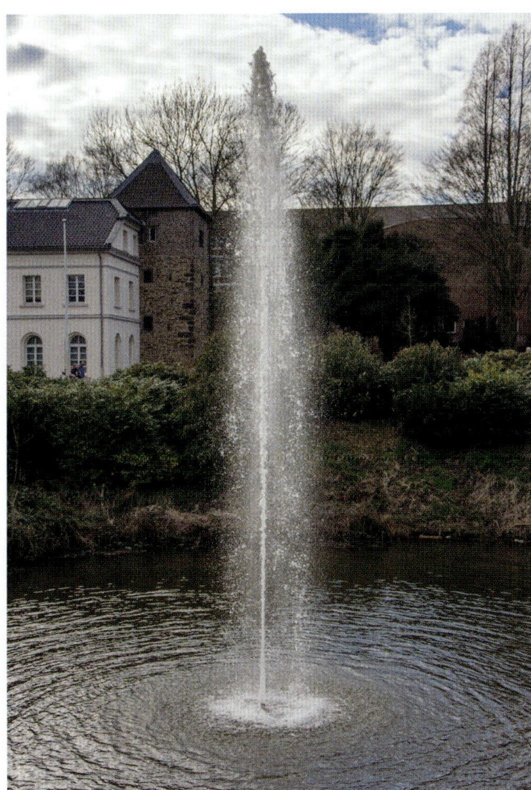

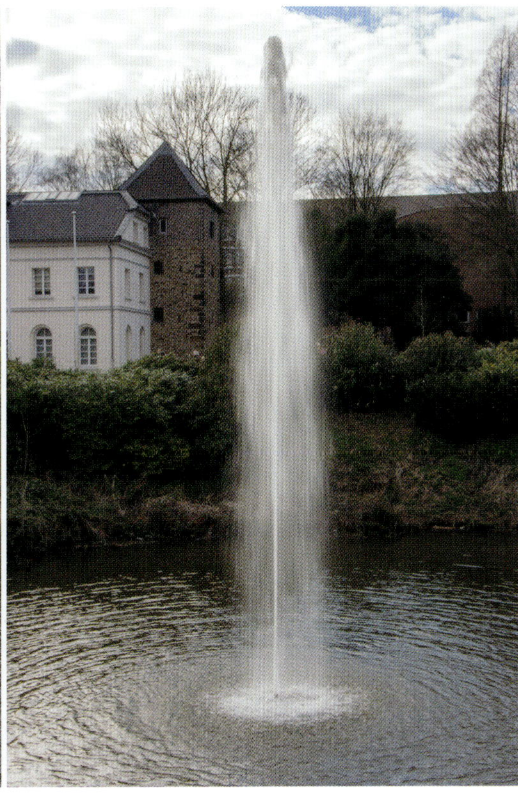

▲ *Die verschiedenen Belichtungszeiten fangen das fließende Wasser unterschiedlich ein. Im linken Bild wurde eine Belichtungszeit von 1/250 Sek. genutzt, im rechten Bild wurde eine Belichtungszeit von 1/10 Sek.*

Je näher sich ein bewegtes Objekt zur Kamera bewegt und je schneller sich Motiv bzw. Fotograf bewegen, desto kürzer muss die Belichtungszeit sein. Die folgende kleine Tabelle zeigt Ihnen einige typische Belichtungszeiten für bewegte Objekte und mit welcher Belichtungszeit Sie diese scharf darstellen. Die Werte sind recht konservativ gewählt, was bedeutet, dass auch längere Belichtungszeiten noch zu scharfen Bildern führen können. Diese Werte haben also einen Sicherheitspuffer.

	Motiventfernung			
Bei 100 mm Brennweite	**<10 m**	**>10 m**	**>50 m**	**>100 m**
Schrittgeschwindigkeit	1/250 Sek.	1/125 Sek.	1/60 Sek.	1/15 Sek.
Laufen oder Joggen, langsames Radfahren	1/640 Sek.	1/250 Sek.	1/125 Sek.	1/60 Sek.
Rennen, Fechten, Ballsportarten, Wasserspritzer	1/1000 Sek.	1/640 Sek.	1/250 Sek.	1/125 Sek.
Radrennen, Skifahren, langsame Autofahrt	1/1250 Sek.	1/1000 Sek.	1/640 Sek.	1/250 Sek.
Fliegende Vögel, schneller Motorsport	1/2000 Sek.	1/1250 Sek.	1/1000 Sek.	1/640 Sek.

Dynamische Effekte durch Mitziehen

Ein besonderer Effekt kommt beim Mitziehen zum Tragen. Die Kamera verfolgt ein sich schnell bewegendes Objekt, trotzdem wird eine relativ lange Belichtungszeit gewählt. Dadurch wird das Hauptmotiv scharf abgebildet, der Hintergrund und besonders schnelle Motivbestandteile sind aber durch die lange Belichtungszeit verwischt. Durch diesen Effekt wird die Geschwindigkeit sichtbar gemacht.

Sinnvoll möglich ist das Mitziehen nur dann, wenn die Bewegungsrichtung des Motivs vorgegeben oder zumindest

▼ *Mitzieheffekte in Kombination mit relativ langen Belichtungszeiten machen ein Bild dynamischer und die Bewegung wird sichtbar.*
120 mm | f/4,5 | 1/250 Sek. | ISO 400

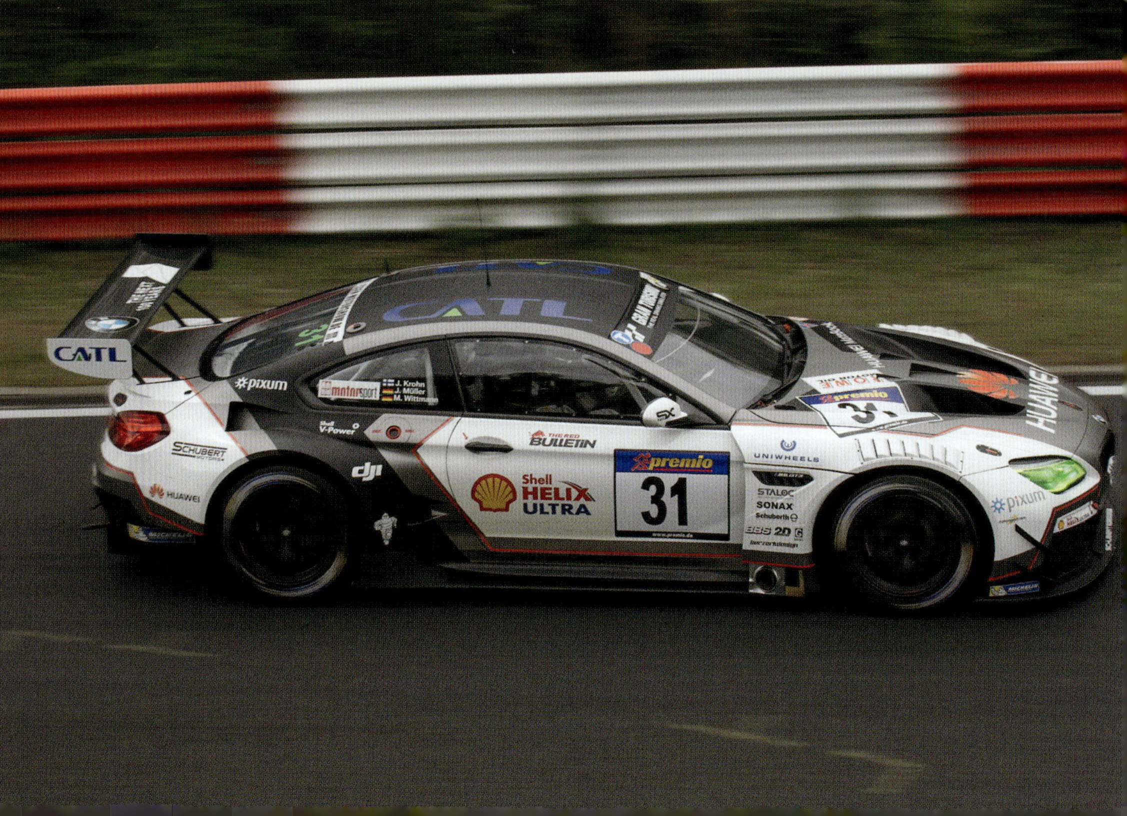

gut abschätzbar ist, wie es z. B. im Motorsport der Fall ist. Im Beispielbild ist der Rennwagen ausreichend scharf abgebildet. Durch das Mitziehen und durch die hohe Drehbewegung der Reifen wirken Hintergrund und Reifen verwischt, was den Eindruck von hoher Dynamik im Bild hält. Allerdings muss die Kamera dabei relativ gleichmäßig und ruhig bewegt werden, was einige Übung erfordert. Bei einer Geschwindigkeit von etwa 260 Km/h wäre der Wagen sonst nicht scharf abgebildet. Für Mitzieh-Effekte ist der gleichzeitige Einsatz der sehr hohen Serienbildgeschwindigkeit der D500 ein unschätzbarer Vorteil. Ein, zwei Bilder haben dann meist eine gute Schärfe des Hauptmotivs. Für diese Geschwindigkeit wäre sonst mindestens 1/1200 Sek. notwendig gewesen.

4.2 Die Lichtempfindlichkeit des Sensors – ISO

Eine weitere entscheidende Einflussgröße für ein gut belichtetes Bild ist die ISO-Empfindlichkeit. Sie gibt an, welche Menge an Licht der Sensor der D500 für die korrekte Belichtung benötigt.

Unter der ISO-Empfindlichkeit des Sensors kann man sich vereinfacht eine generelle Signalverstärkung des Sensors vorstellen. Je höher die ISO-Empfindlichkeit, desto höher ist die Signalverstärkung des Sensors. Wenn die ISO-Lichtempfindlichkeit verdoppelt wird, halbiert sich die für eine ausgewogene Belichtung notwendige Lichtmenge, die auf den Bildsensor fallen muss.

Wenn also die ISO-Lichtempfindlichkeit um einen Wert von ISO 200 auf ISO 400 erhöht wird, können Sie ein Foto mit 1/250 Sek. statt mit 1/125 Sek. oder mit Blende f/8 statt f/5,6 aufnehmen. So kann eine schnelle Bewegung des Motivs durch eine kürzere Belichtungszeit eingefroren werden, oder die Schärfentiefe kann für die Aufnahme deutlich erhöht werden.

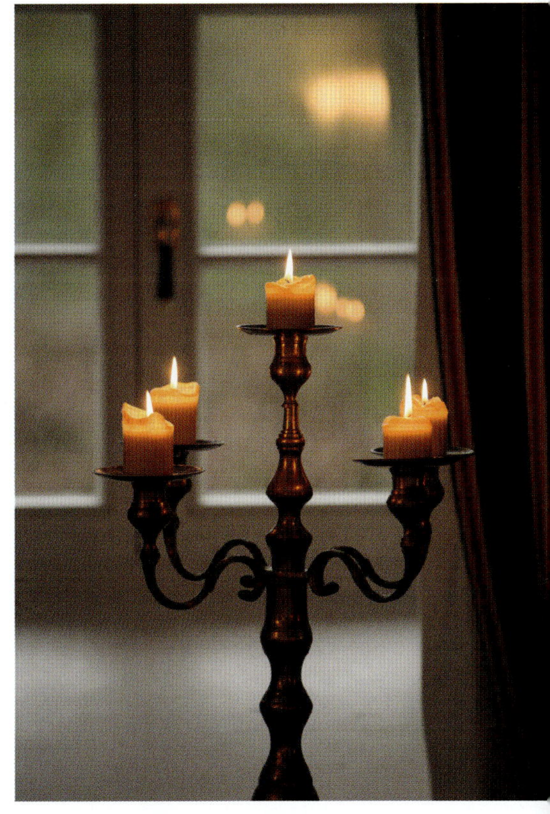

85 mm | f/4 | 1/50 Sek. | ISO 6400

Die Dunkelheit der Räume

Viele Menschen beurteilen die Helligkeit in Räumen sehr optimistisch, obwohl sie häufig nur einem Bruchteil der Helligkeit, selbst eines trüben Tages, im Freien entspricht. Das Geheimnis ist schnell gelüftet: Unser Auge passt im Zusammenspiel mit dem Gehirn die Helligkeit sehr schnell an die Umgebung an. Wenn wir also vom sonnenbeschienen Garten in die Wohnung treten, erscheint uns im ersten Moment alles recht dunkel, aber schon wenige Sekunden später ist der Eindruck meist verschwunden und es sieht alles wieder „normal hell" aus. Die Iris im Auge hat sich automatisch so stark erweitert, dass wesentlich mehr Licht ins Auge fällt und wir wieder gut sehen können. Das entspricht im Wesentlichen der Automatik in der Kamera, auch sie passt u. a. die Blende/Iris an die vorhandene Lichtmenge an. Im (teil-)manuellen Modus soll aber genau das nicht passieren, da wir die Kontrolle selbst behalten wollen.

Sind die Lichtverhältnisse so schlecht, dass eine normale Freihandaufnahme nicht mehr möglich ist, kann ein heraufgesetzter ISO-Wert die Belichtungszeit so weit verkürzen, dass Sie trotzdem noch zu einem scharfen Foto kommen. Die Grundempfindlichkeit des D500-Sensors beträgt ISO 100. An normal hellen Tagen brauchen Sie diesen Wert zumindest im Freien nicht allzu häufig zu ändern. Ganz anders sieht es hingegen in geschlossenen Räumen oder am Abend aus. In diesen Situationen kann es schnell notwendig sein, die ISO-Empfindlichkeit deutlich zu erhöhen, um noch eine akzeptable Belichtungszeit zu erreichen, die ohne Verwacklung aus der Hand möglich ist.

Die ISO-Empfindlichkeit an der D500 wurde von Nikon stark verbessert und erlangt höchste Qualität. Grundsätzlich steigt jedoch mit höherem ISO-Wert nicht nur die Empfindlichkeit für erwünschte Bildinformationen, sondern auch Fehler und Störpixel, die in jedem Sensor auftreten.

▼ *In Innenräumen muss die ISO-Empfindlichkeit häufig deutlich heraufgesetzt werden, wenn man aus der freien Hand fotografieren muss.*

30 mm | f/5,6 | 1/80 Sek. | ISO 3200 | –0,7 LW

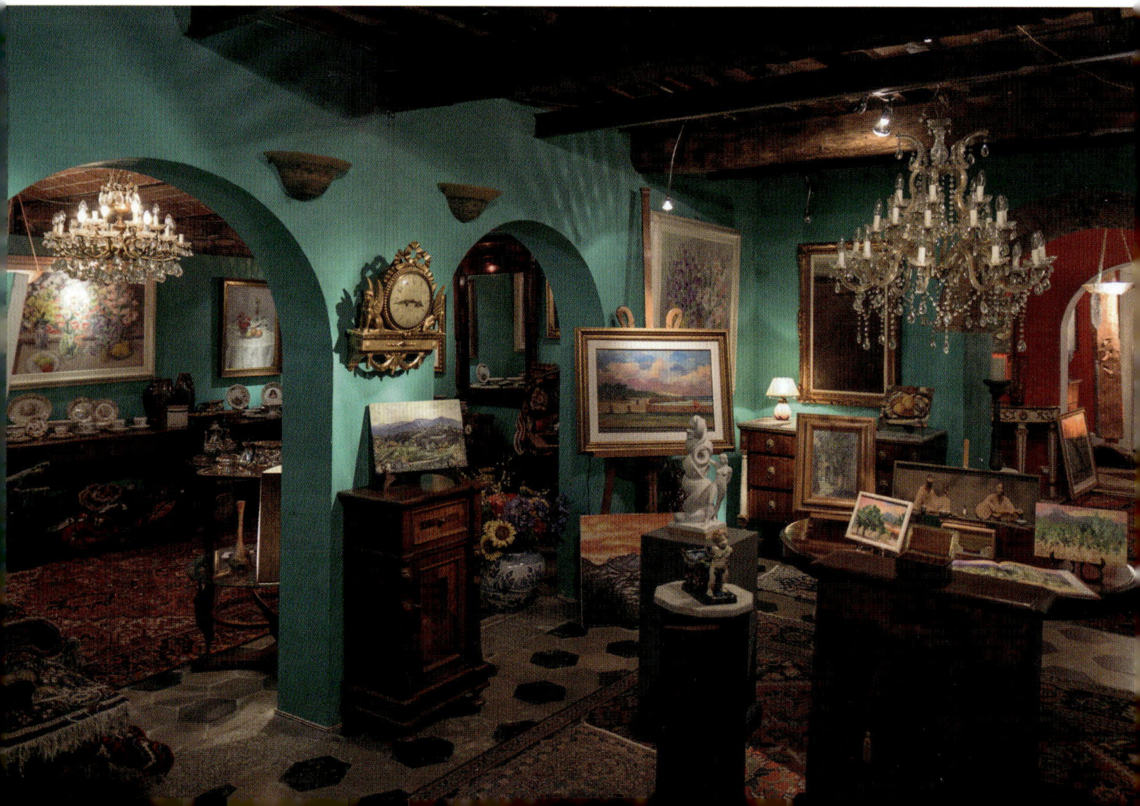

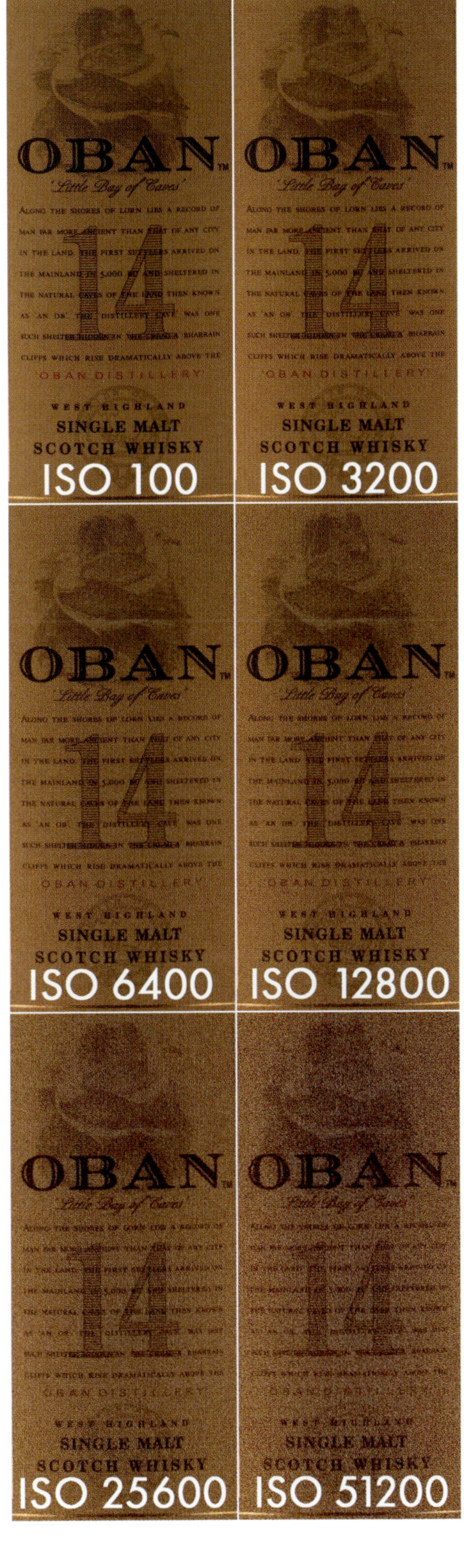

▶ *Die Ausschnitte zeigen deutlich, wie sich das Rauschen im Bild verhält. Der Vergleich beginnt erst bei ISO 3200, da geringere ISO-Werte im Druck keine nennenswerten Unterschiede ergeben würden. Es macht aber auch deutlich, dass die immerhin sieben Hi ISO-Einstellungen von Hi0,3 bis Hi5 eher Marketinginstrument denn brauchbare Kameraeinstellung sind. Dessen unbenommen ist die Bildqualität der D500 sowohl im Low-ISO- wie im High-ISO-Bereich absolute Spitze.*

Es entsteht eine körnige Struktur in den Bildern, das Rauschen. Hohe ISO-Werte führen auch zu nachlassender Auflösung, Kantenunschärfe und Farbveränderungen. Nicht zuletzt ist die Sichtbarkeit dieser Veränderungen auch noch von der konkreten Szene und deren Beleuchtungssituation abhängig. Das bedeutet de facto: Artefakte einer sehr hohen ISO-Empfindlichkeit stören den Betrachter subjektiv besehen nicht immer gleich stark.

Bis zu einer ISO-Empfindlichkeit von ISO 3200 bleiben die Fotos der D500 sehr beachtlich und absolut brauchbar. ISO 6400 stellt für mich persönlich eine Grenze dar. Für viele Fotos ist die Qualität noch mehr als ausreichend, für andere schon untauglich. Was aber nicht heißen soll, dass ich nicht z. B. im Urlaub auch mal noch höhere ISO-Werte einsetze.

Ich bin jedenfalls kein Freund von pauschalen Grenzen was die Qualität von Fotos betrifft. Letztlich muss jeder am konkreten Foto selbst entscheiden, ob die Qualität noch akzeptabel ist oder nicht.

Die ISO-Grenzen und Rauschreduzierung

Die D500 bietet Ihnen die Möglichkeit, den ISO-Wert von 100 bis 51200 in Schritten von ⅓, ½ oder ganzen LW-Stufen einzustellen. Zusätzlich können Sie die Empfindlichkeitsstufe Hi 0,3 bis Hi 5 einstellen, was einem ISO-Wert von bis zu 1.640.000 entspricht.

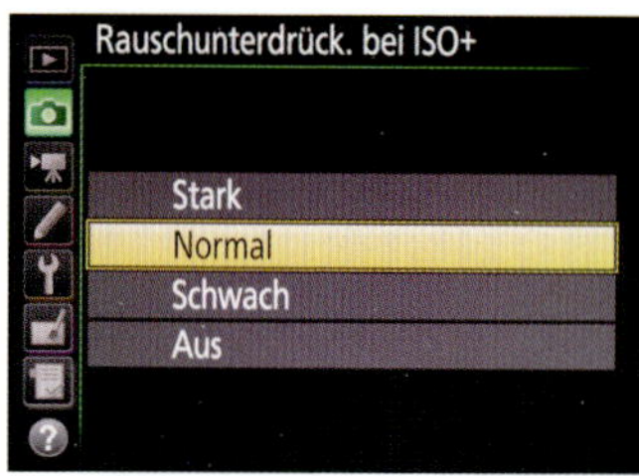

▲ *Bei dem Einsatz hoher ISO-Werte ist für die kamerainterne Rauschreduzierung die Einstellung Normal sinnvoll.*

Am unteren Ende kann manuell auf die Einstellungen Lo 0,3 bis Lo 1 umgestellt werden, was in etwa ISO 80 bis 50 entspricht.

Der Verlauf des Qualitätsabfalls bei hohen ISO-Werten zeigt im RAW-Format an der D500 einen annähernd linearen Verlauf. Besonders schön setzt die D500 die Nikon-Tradition fort, dass das Rauschen sowohl in den dunklen, wie in den hellen Bereichen sehr gleichmäßig und nur langsam zunimmt. Der Dynamikumfang bleibt – ebenfalls Nikon-typisch – auf ausgezeichnetem Niveau.

Darüber hinaus können Sie an der D500 im Menü *FOTOAUFNAHME* oder über das i-Taste-Menü die Rauschunterdrückung bei hohen ISO-Werten einschalten. Für Bilder direkt aus der Kamera ist das ab ca. ISO 3200 eine gute Wahl. Nikon geht recht behutsam mit der Rauschreduzierung um, sodass die Abschwächung des Rauschens nicht zu stark auf Kosten der Detailauflösung geht. Die Nachbearbeitung von Hand liefert im Zweifelsfall zwar bessere Ergebnisse, ist aber auch deutlich aufwendiger.

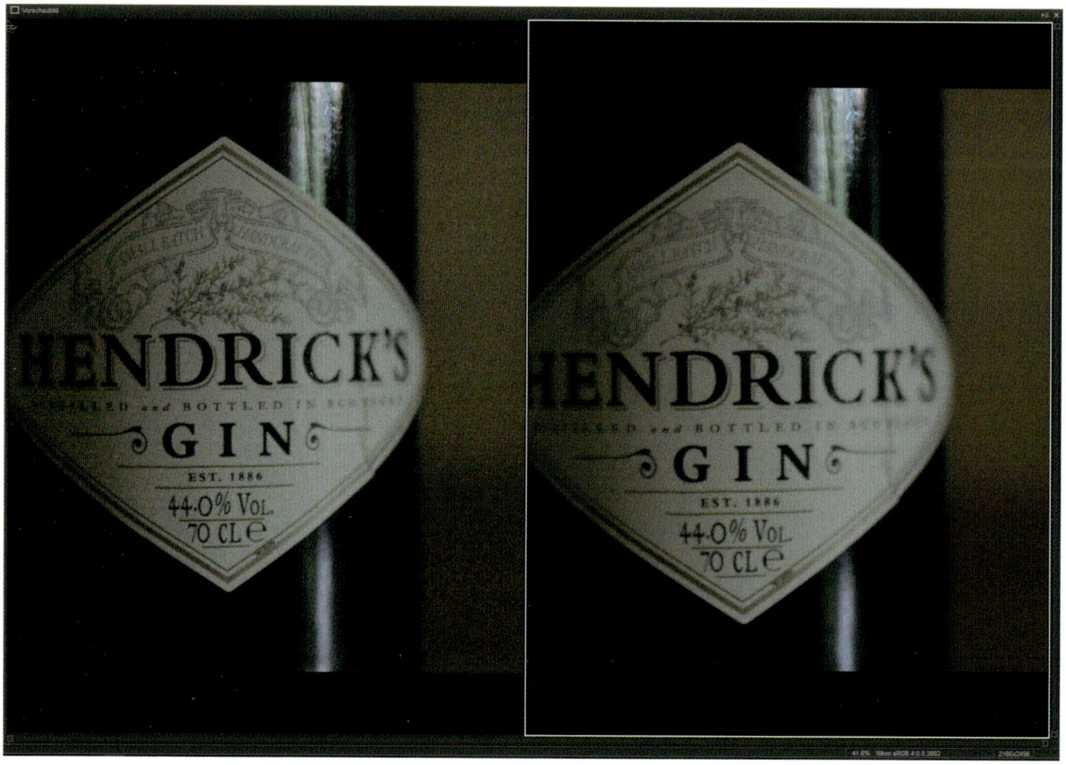

▼ *Die Ausschnittvergrößerung zeigt ein Foto mit dem ISO-Wert 12800, links ohne und rechts mit starker Rauschreduzierung. Das Bild zeigt, wie vorsichtig Nikon die Rauschunterdrückung handhabt und wie moderat die Texturen in Mitleidenschaft gezogen werden.*

50 mm | f/1,4 | 1/2000 Sek. | ISO 12800

Mehr Flexibilität mit der ISO-Automatik

Eine alte Faustregel in der Fotografie lautet sinngemäß: Halte den ISO-Wert immer so gering wie möglich. Grundsätzlich gilt sie auch heute noch. Allerdings ist die Kontrolle des Rauschens in modernen Kameras wie der D500 sehr viel besser geworden als noch vor wenigen Jahren. Vor allem in den unteren Bereichen bis etwa ISO 1600 ist die Rauschneigung in der D500 sehr gering. Eine flexibel und moderat eingesetzte ISO-Automatik ist deshalb ohne weiteres vertretbar und sinnvoll. Wenn Spitzenergebnisse in Bezug auf das Rauschen notwendig sind oder mit einem Stativ gearbeitet wird, kann die Automatik leicht abgeschaltet werden.

Die ISO-Automatik ist dann die richtige Funktion, wenn eine dynamische Motivsituation eine ebenso aktive Anpassung der ISO-Werte erfordert. Um die Automatik zielgerichtet einsetzen zu können, muss man ihre Wirkungsweise kennen.

Sie können im Menü *FOTOAUFNAHME* die ISO-Automatik aktivieren und die Wirkungsweise der ISO-Automatik sinnvoll beeinflussen, damit sie die Werte nicht ständig in zu hohe Bereiche verschiebt.

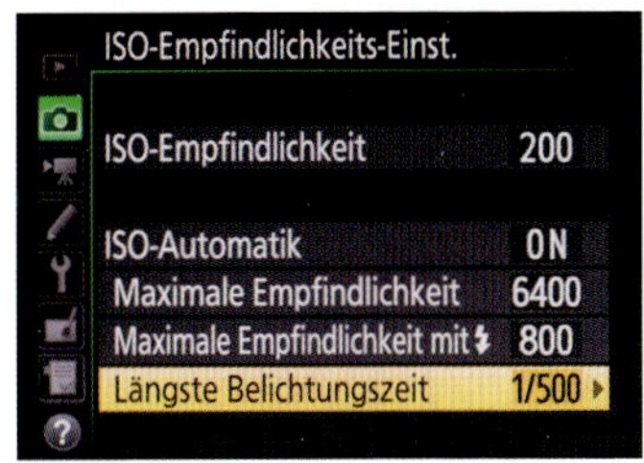

Dazu legen Sie den maximalen ISO-Wert fest, den die D500 in der ISO-Automatik erreichen kann und der für die jeweilige Situation sinnvoll ist. Sie können dabei alle Werte ab ISO 200 auswählen. Bei den Einstellungen können Sie sich nach den Begrenzungen richten, die im vorherigen Abschnitt aufgezeigt wurden. Der richtige Schwellenwert für die Belichtungszeit soll in erster Linie verhindern, dass Sie mit einer zu langen Belichtungszeit fotografieren.

Modus P	Blende	ISO max.	Zeit
Modus A	ISO max.	Zeit	
Modus S	ISO max.	Blende	
Modus M	ISO max.		

Wenn Sie die ISO-Automatik der D500 aktiviert haben, mit dem Belichtungsprogramm A arbeiten und die Blende schließen, wird die Kamera zuerst die Belichtungszeit bis zum Erreichen des eingestellten Schwellenwertes *Längste Belichtungszeit* verlängern. Ab dann wird sie den ISO-Wert so lange um eine Stufe anheben, bis eine Belichtungszeit erreicht ist, die kürzer oder gleich dem Schwellenwert ist. Wenn wiederum der Wert für *Maximale Empfindlichkeit* erreicht ist, verlängert das Programm wieder die Belichtungszeit.

Automatische längste Belichtungszeit

Wird *Längste Belichtungszeit* auf *AUTO* gestellt, wird im Programm A der Schwellenwert für *Längste Belichtungszeit* auf die verwendete Brennweite abgestimmt. Dazu müssen Sie Objektive mit einer CPU einsetzen, die deren Brennweite zur Kamera überträgt. Bei manuellen Objektiven funktioniert diese Steuerung nicht, da die Werte nicht übermittelt werden. Die automatischen Belichtungszeiten können tendenziell in kürzere und längere Zeit beeinflusst werden. Was genau das in einer konkreten Situation bedeutet, ist aber nicht klar und kann nur ausprobiert werden.

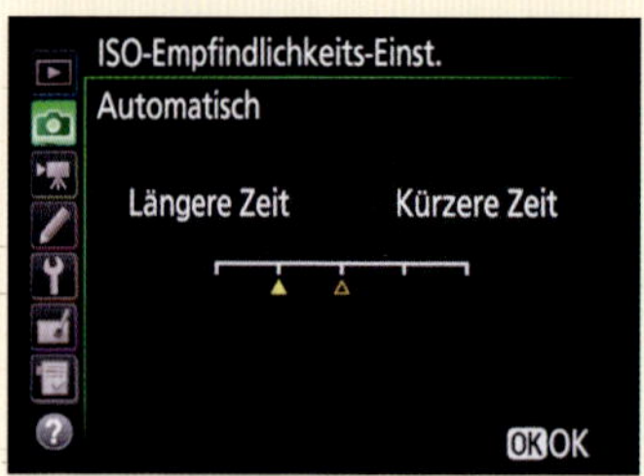

Ich rate allen, die diese Funktion ausgiebig nutzen wollen, einige Tests im Vorfeld durchzuführen. Die Automatik reagiert in manchen Fällen etwas eigenwillig. In unkomplizierten Situationen leistet die Automatik gute Dienste, für komplexere Aufgaben kann ich sie aber nicht empfehlen.

Setzen Sie die ISO-Automatik mit Grenzwerten ein, gilt es in den Programmen P und A die Belichtungszeit im Auge zu behalten. Ist die Automatik z. B. auf ISO 800 und die Längste Belichtungszeit gleichzeitig auf 1/125 Sek. eingestellt, hat im Zweifelsfall der ISO Wert den Vorrang.

Herrscht ungünstiges Licht, sodass keine sinnvolle Belichtung mit voreingestellten Werten möglich ist, ändert die Kamera folgende Werte:

Der ISO-Wert erhöht sich bis zum eingestellten Wert *Maximale Empfindlichkeit* und nicht weiter. Die Blende wird geöffnet bis zur maximal möglichen Stufe. In den Programmen P und A wird anschließend die Belichtungszeit so lange hochgesetzt, bis eine ausgewogene Belichtung zustande kommt (bis max. 30 Sek.). Im manuellen Modus wird nur der ISO-Wert bis *Maximale Empfindlichkeit* angehoben.

4.3 Die Lichtmenge regeln mit Blende und Zeit

Neben der Belichtungszeit und Empfindlichkeit des Sensors regelt die eingestellte Blende die Menge des einfallenden Lichts.

Die Lichtmenge, die durch eine gegebene Blendenöffnung fällt, ist gleichzeitig von der eingesetzten Brennweite abhängig. Deshalb werden keine absoluten Zahlen verwendet, stattdessen erfolgt die Angabe als relative Blendenöffnung – das Verhältnis der Blendenöffnung zur Brennweite.

Typische Schreibweisen für Blendenwerte sind 1:2,8, f/2,8 oder auch F/2,8 (f steht für **F**ocal Length). In der englischen Schreibweise steht kein Komma, sondern der Punkt als Dezimalzeichen: f/2.8.

Bei Fotografen, die mit manuell eingestellten Belichtungswerten noch nicht sehr vertraut sind, führt die Blenden-

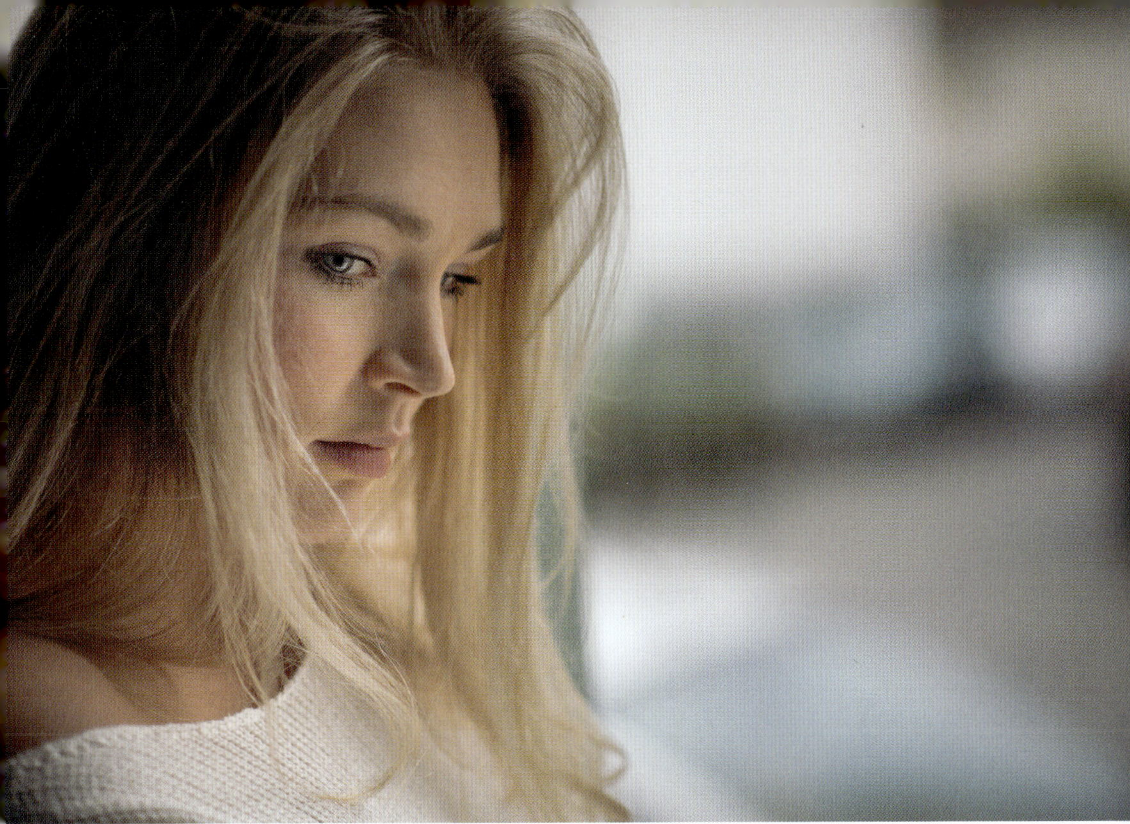

85 mm | f/1,8 | 1/125 Sek. | ISO 100

steuerung immer wieder zu leichten Irritationen. Denn je größer die Blendenzahl, desto kleiner ist die Blendenöffnung. Deshalb ist die Schreibweise 1:4 oder $^1/_4$ für den Blendenwert 4 hilfreich, denn bekanntlich ist z. B. $^1/_4$ ein höherer Wert als $^1/_8$. Bei häufigerem Einsatz gewöhnt man sich sehr schnell an die korrekten Blendenwerte. Die Reihe der möglichen ganzen Blendenstufen lautet:

f/	1	1,4	2	2,8	4	5,6	8	11	16	22	32	45

Die Nikon D500 kann auch Halbe- und Drittel-Blendenstufen einstellen:

f/	1	1,1	1,2	1,4	1,6	1,8	2,0	2,2	2,5	2,8	3,2	3,5
	4	4,5	5	5,6	6,3	7,1	8	9	10	11	13	16
	18	20	22	25	29	32	40	45				

Es gibt noch kleinere und größere Werte, die in der Praxis aber nur selten auftreten.

Der berechnete Blendenwert

Die Blendenzahl f gibt das Verhältnis von Brennweite f zur Öffnungsweite D eines Objektivs an. Es handelt sich um einen rein mathematisch berechneten Wert. Die tatsächlich auf den Sensor fallende Lichtmenge ist immer etwas geringer als durch diese Berechnung, da an den Übergängen von Luft/Glas und Glas/Glas immer etwas Licht gestreut und reflektiert wird. Für Videosysteme wird deshalb auch der Transmissionswert angegeben. Er repräsentiert die tatsächlich auf der Bildebene auftreffende Lichtmenge einer Cine-Optik.

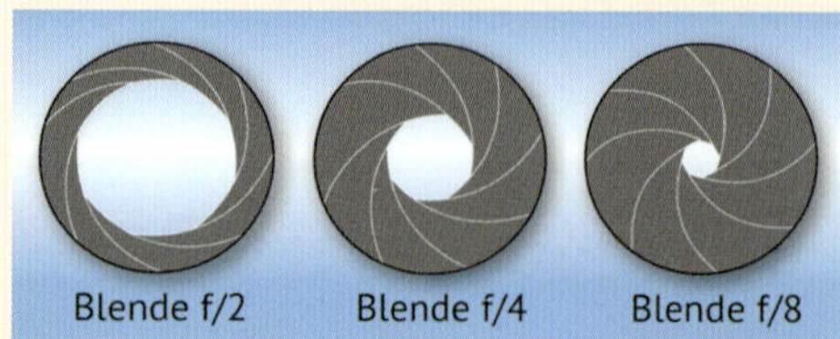

▲ *Ein einfacher Zusammenhang: Je weiter die Blende geöffnet wird, desto mehr Licht fällt auf den Sensor (bei gegebener Brennweite).*

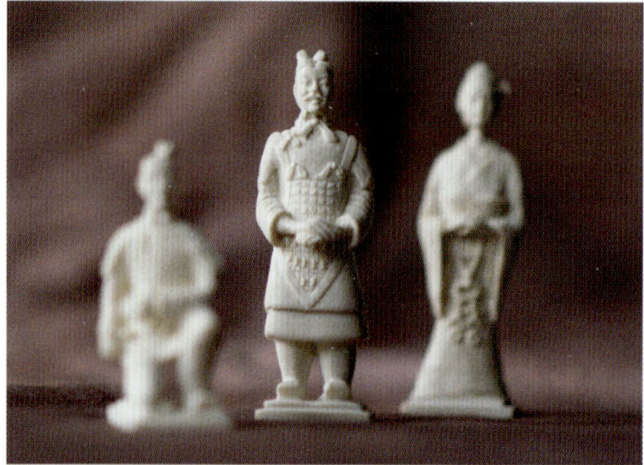

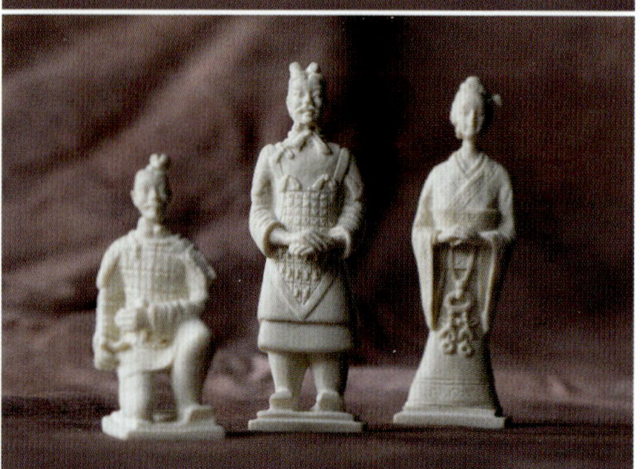

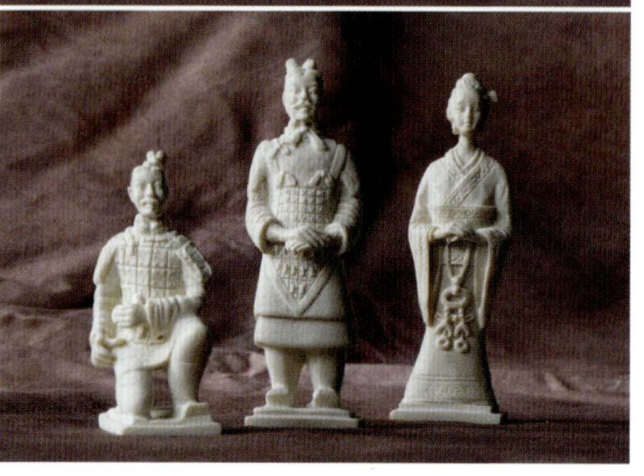

Die Blende und die Schärfentiefe

Die Blende regelt nicht nur, welchen Lichtdurchfluss ein Objektiv hat, sie bestimmt auch das Ausmaß des Schärfebereichs, die Schärfentiefe. Mit stark geschlossener Blende wird der Bereich, in dem eine Aufnahme scharf ist, sehr weit. Das bedeutet, ein Bild ist vom Vordergrund bis zum Hintergrund scharf, wie es z. B. gerne von Landschaftsfotografen eingesetzt wird. Wird die Blende weiter geöffnet, wird der Bereich in dem scharf abgebildet wird immer geringer. In der Praxis sind das manchmal nur noch wenige Millimeter. Alles was vor oder hinter dem Bereich der

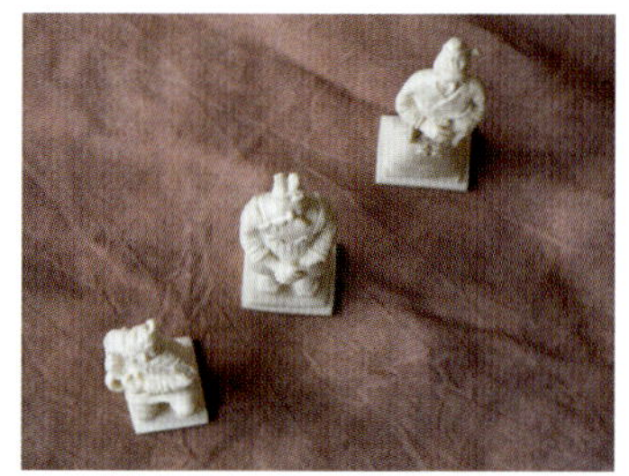

◀ *Im Aufbau für das Foto sind die Figuren nur wenige Zentimeter voneinander entfernt.*

◀ *Bei einer offenen Blende von f/1,8 (oben) ist nur die unmittelbare Fokusebene scharf, Vorder- und Hintergrund sind unscharf. Die Figur wird so wundervoll freigestellt. Die Aufmerksamkeit des Betrachters ist ihr sicher. Nach unten hin mit immer weiter geschlossener Blende (f/5,6 – f/22) steigt die Schärfentiefe stetig an.*

Weitere Parameter der Schärfentiefe

Die Schärfentiefe hängt noch von weiteren Faktoren ab, z. B. dem Abbildungsmaßstab. Der Abbildungsmaßstab setzt sich aus der Brennweite des Objektivs und der Entfernung des Motivs (Gegenstandsweite) zusammen. Dabei gelten vereinfacht folgende Zusammenhänge:

- Je geringer die Blendenzahl, umso geringer die Schärfentiefe.
- Je höher die Brennweite, umso geringer die Schärfentiefe.
- Je geringer der Motivabstand, umso geringer die Schärfentiefe – und umgekehrt.

Da in diesem Buch nur die Nikon D500 behandelt wird, lasse ich den Zerstreuungskreis einmal außen vor. Er ist u. a. dafür verantwortlich, dass z. B. mit Vollformatkameras die Schärfentiefe leichter verringert werden kann als bei APS-C Sensoren (bei gleicher Pixeldichte). Die Schärfentiefe kann also leicht und vielseitig beeinflusst werden. Allerdings ist die Blende meist das Mittel der Wahl um sie zu verändern.

Schärfentiefe liegt wirkt mehr oder weniger verschwommen. So kann ein Porträt wirkungsvoll vom Hintergrund freigestellt werden. Eine offene Blende erzeugt eine selektive Schärfe. Nur dort, wo die Kamera fokussiert hat, wird Schärfe dargestellt. Bei einer stark geschlossenen Blende erweitert sich die Schärfentiefe. Ein sehr lichtstarkes Porträtobjektiv wie das Nikon 85 mm f/1,4 schwächt offen den Lichtfluss nur um den Faktor 1:1,4. Als Resultat ist die Schärfentiefe bei einem Meter Distanz auf wenige Millimeter beschränkt. Das Spiel mit der Blende ergibt also weitreichende gestalterische Möglichkeiten. Doch gilt es ja, eine Lichtmenge zu erhalten, die zum ISO-Wert passt. Außer in der manuellen Belichtungssteuerung M wird die Kamera, in den Grenzen des Möglichen, immer sicherstellen, dass Blende, Zeit und ISO zusammenpassen.

Funktionseinbußen ohne Entfernungs-Funktion

Die volle Funktionsunterstützung der Matrixmessung erhalten Sie nur mit Objektiven der D-, E- und G-Reihe. Ansonsten wird eine vereinfachte Matrixmessung ohne Entfernungsinformationen verwendet, die deutlich unpräziser arbeitet.

4.4 Mit der passenden Messung zur richtigen Belichtung

Die passende Belichtungsmessmethode kann für die richtige Belichtung eines Fotos entscheidend sein. Besonders in Situationen mit hohem Dynamikumfang sind die Methoden der Belichtungsmessung und des Messpunkts bzw. der Messpunkte maßgebend für

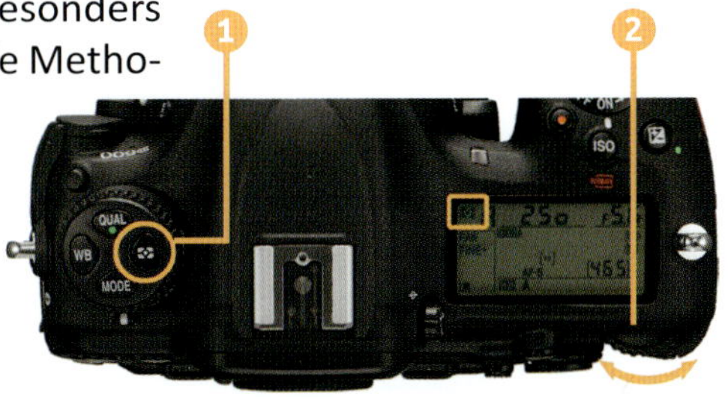

▶ *Mit der Taste* ⊡ ❶ *und dem hinteren Einstellrad* ❷ *können Sie zwischen der Matrixmessung, der mittenbetonten Belichtungsmessung, der Spotmessung und der lichterbetonten Belichtungsmessung auswählen.*

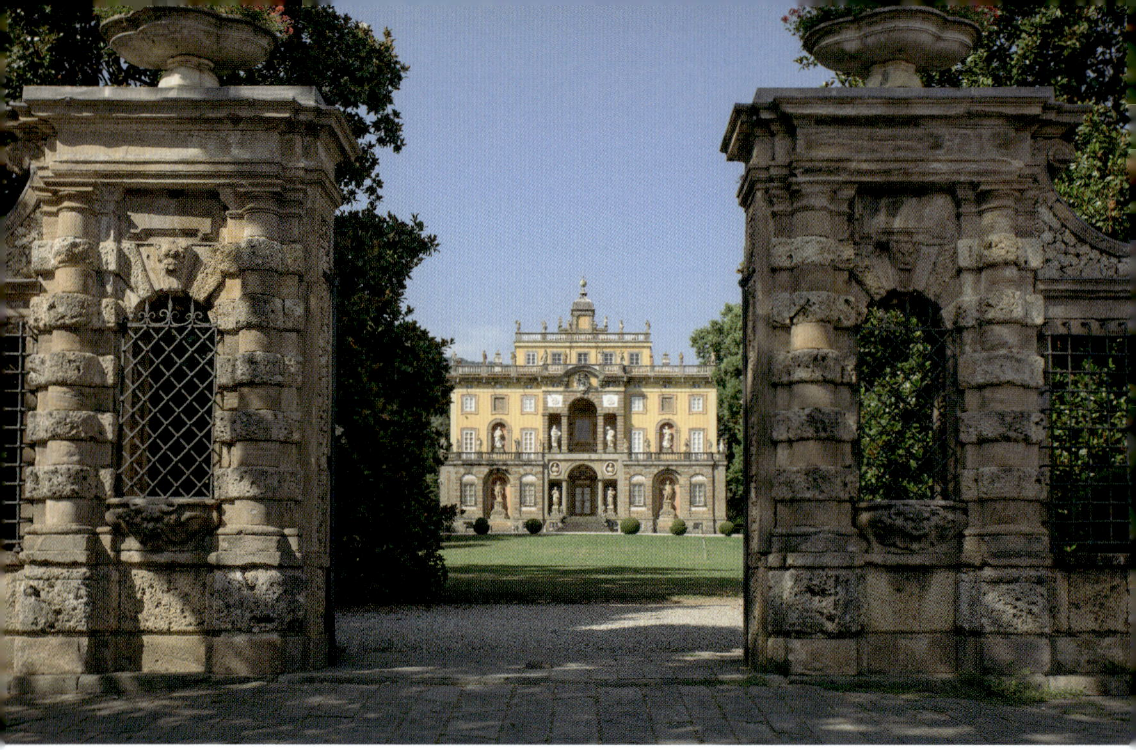

35 mm | f/10 | 1/200 Sek. | ISO 100

▲ *Eine geschlossene Blende ist besonders für Landschaftsaufnahmen geeignet. Vom Vordergrund bis zum Hintergrund ist das Bild scharf. Das leichte Weitwinkelobjektiv unterstützt eine hohe Schärfentiefe.*

das spätere Ergebnis des Fotos. Daher sollen die möglichen Messverfahren, ihre Vor- und Nachteile sowie die bevorzugten Anwendungsbereiche ausführlich vorgestellt werden. Der interne Belichtungsmesser der D500 misst anhand von Einzelfeldern praktisch den gesamten Bildausschnitt und verfügt über einen eigenen 180.000-Pixel-RGB-Sensor. Dieser misst das durch das Objektiv einfallende Licht und nutzt diese Informationen zur Steuerung u. a. von Autofokus, Belichtung, Weißabgleich und Blitz. Es wird dabei nicht nur die reine Helligkeitsverteilung, sondern auch Farbe und Entfernung unter dem Fokuspunkt gemessen. Die D500 unterscheidet vier verschiedene Verfahren zur Belichtungsmessung: die Mehrfeldmessung, Nikon nennt sie Matrixmessung, die mittenbetonte Messung, die Spotmessung und die lichterbetonte Belichtungsmessung*.

Belichtungsmessung mit der Matrixmessung

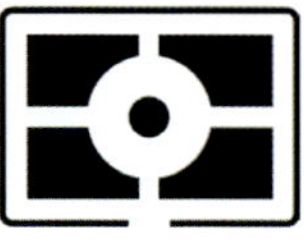

Mit zahlreichen über das Sucherfeld verteilten Sensoren misst die Matrixmessung die Helligkeitsverteilung im aktuellen Bildausschnitt und versucht, daraus mithilfe einer in der Kamera abgelegten Motivdatenbank das Motiv zu erkennen und so die optimale Belichtung abzuleiten. Die Matrixmessung ist immer dann eine gute Wahl, wenn der Fokus des Motivs weniger auf einem Detail als vielmehr auf der Gesamtheit der Szenerie liegt. Die Matrixmessung führt zu einer ausgewogenen, alle Bildbestandteile berücksichtigenden Belichtung.

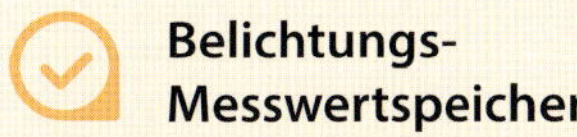

Belichtungs-Messwertspeicher

Die D500 hat keine eigenständige Taste für den Belichtungsmesswert (AE-L). Diese Funktion ist auf den Joystick gewandert. Nachdem Sie fokussiert haben, drücken Sie den Joystick – im Sucher unten links erscheint die Anzeige AE-L (je nach Tastenbelegung unter f1) – jetzt können Sie die Kamera schwenken und die gemessene Belichtung mitnehmen.

Sie ist auch immer das Mittel der Wahl, wenn keine Zeit für eine präzise Analyse der Lichtverhältnisse bleibt und es eher darum geht einen flüchtigen Schnappschuss festzuhalten. Die Matrixmessung mittels RGB-Sensor ist mittlerweile so gut und ausgefeilt geworden, das sie sicher eine große Bandbreite von Situationen abdeckt. Auch Situationen wie sie häufig bei Landschaftsaufnahmen vorkommen, mit einem hellen Himmel und einem dunkleren Vordergrund hat die Matrixmessung recht gut im Griff. Sollte es doch nicht auf Anhieb klappen, reicht es manchmal die Kamera ganz leicht zu schwenken, um die Belichtungsmessung deutlich zu verbessern.

In kniffligen Beleuchtungssituationen kann die Matrixmessung aber schon mal an ihre Grenzen stoßen: Ein typisches Beispiel dafür ist die Gegenlichtaufnahme oder Szenen mit extremen Helligkeitsunterschieden. Dann kann schon eine geringfügige Bewegung der Kamera zu unvorhersehbaren Änderungen in der Bildwirkung führen, weil sich die Gewichtung zwischen hellen und dunklen Bildanteilen recht drastisch ändert. Auch Spitzlichter jedweder Art mag die Matrixmessung eher nicht.

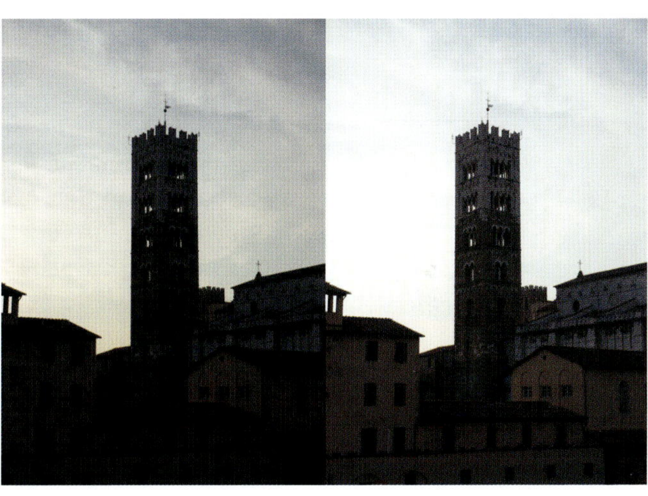

▲ *Unterschiedliche AF-Messpunkte beeinflussen die Belichtung.*

Bei der Matrixmessung wird zunächst der Kontrastumfang ermittelt. Bei hohem Gegensatz wird die Bildmitte etwas stärker berücksichtigt, da die Elektronik davon ausgeht, dass sich das Hauptmotiv meistens in oder nahe der Bildmitte befindet. In schwierigen Lichtsituationen kann es deshalb sinnvoll sein, das Motiv nicht zu sehr an den Rand wandern zu lassen, sondern es eher in der Mitte zu positionieren.

Beeinflussung der Matrixmessung

Was nicht alle Fotografen wissen ist die Tatsache, dass sie in der Matrixmessung noch einen gewissen Einfluss auf das Belichtungsergebnis haben. Das aktive Fokusmessfeld wird in der Matrixmessung zur Gewichtung der endgültigen Belichtungsmessung herangezogen. Steht der aktive AF also auf dem hellen Bestandteil eines Motivs, wird die Kamera eher versuchen, diese Bereiche korrekt zu belichten, und umgekehrt. Voraussetzung ist natürlich ein aktivierter Autofokus; ist dieser deaktiviert, wird das AF-Feld nicht weiter berücksichtigt. Wird der Autofokus im AF-C/3D-Tracking-Modus automatisch nachgeführt, wird das aktuelle AF-Feld ebenfalls nicht mehr berücksichtigt.

Mit der Individualfunktion *b5* kann für die Matrixmessung eine *Gesichtserkennung ein* bzw. *aus* -geschaltet werden. Als Voreinstellung ist sie aktiviert. Nikon stellt derzeit nur wenig Information dazu zur Verfügung wie ein erkanntes Gesicht in die Belichtungsmessung einbezogen wird. Viele Situationen, die bei den Vorgängermodellen noch zu Belichtungsproblemen geführt haben, kann die D500 besser verarbeiten. Die Motiverkennung ist spürbar weiterentwickelt worden.

Wenn Sie als Fotograf die Belichtung gezielter steuern wollen, bietet Ihnen die D500 zwei Methoden zur selektiven Belichtungssteuerung: die mittenbetonte Messung und die Spotmessung.

Die mittenbetonte Belichtungsmessung

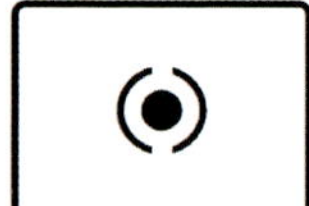

So gut die Matrixmessung auch funktioniert, hat sie doch einen manchmal gewichtigen Nachteil: Durch die enorme Flexibilität und den Abgleich mit einer internen Motivdatenbank sind ihre Ergebnisse nicht sicher reproduzierbar. Wer eine verlässliche Gewichtung der Belichtung benötigt sollte deshalb auf eine Belichtungsmethode mit fest definierter Gewichtung umsteigen. Der Matrixmessung am nächsten kommt dabei wohl die mittenbetonte Integralmessung (*b4 Avg*). Sie berücksichtigt das gesamte Bildfeld, gewichtet die Bildmitte aber stärker. Sie ist robuster gegen ein besonders helles oder dunkles Umfeld oder gegenüber Details.

Ein interessanter Zwischenschritt zur Spotmessung ist die mittenbetonten Belichtungseinstellungen mit fest definiertem zentralem Messbereich mit einem Durchmesser von 6, 8, 10 oder 13 mm. Sie gewichtet ebenfalls den zentralen Bildbereich mit 75 % wesentlich stärker als den Restbereich mit 25 %. Nikon empfiehlt die Messmethode auch bei der Anwendung von Filtern, die Licht absorbieren (Filterfaktor über 1x). Das klassische Einsatzgebiet der mittenbetonten Belichtungsmessung ist ein weitgehend formatfüllendes Hauptmotiv, also z. B. ein Porträtfoto. Bei älteren oder manuellen Objektiven ohne CPU ist der Durchmesser von 8 mm fest eingestellt.

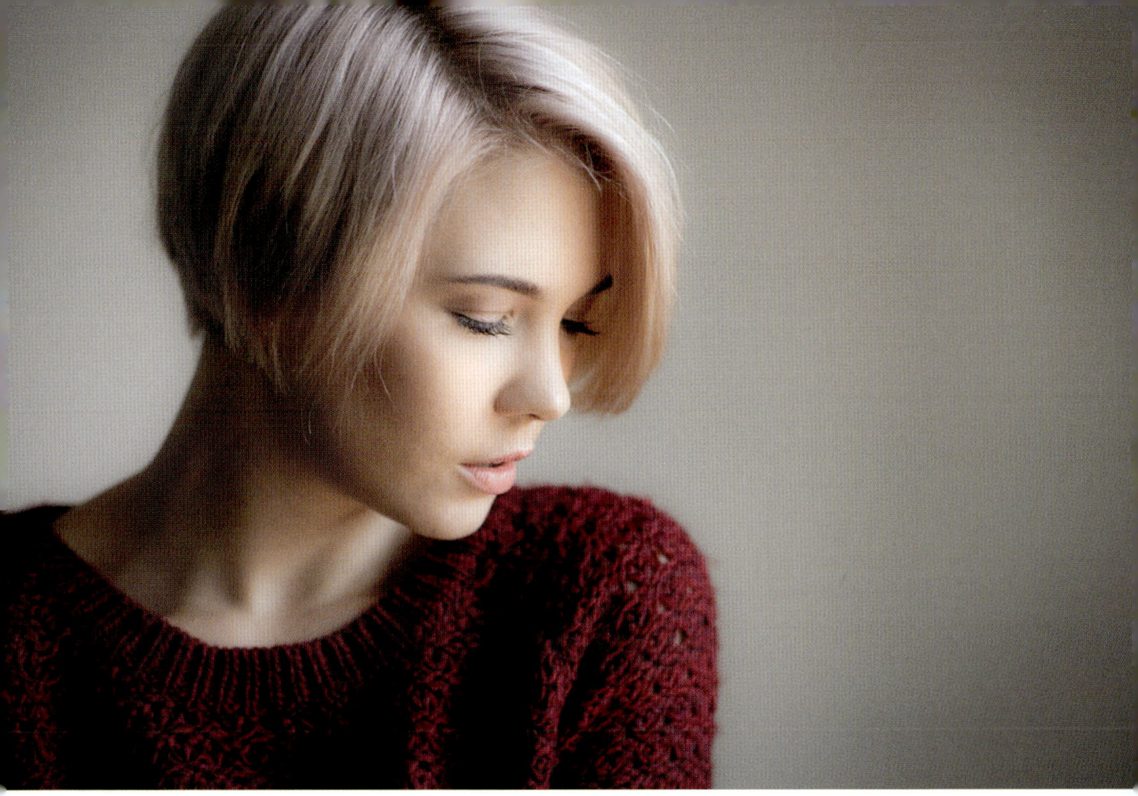

Diese Methode der Belichtungsmessung ist die beste Wahl, wenn Ihr Hauptmotiv ein Objekt ist, das sich in seiner Helligkeit deutlich vom Restmotiv unterscheidet. Die mittenbetonte Messung wird stets Ihr Hauptmotiv richtig belichten, auch wenn das zu einer gewissen Fehlbelichtung des Hintergrunds führt – anders als die Matrixmessung, die stets versucht, das gesamte Bild ausgeglichen zu belichten. Verwenden Sie daher die mittenbetonte Messung dann, wenn Sie eine schwierige Belichtungssituation vorfinden und der Hintergrund im Zweifelsfall nicht entscheidend ist. Es empfiehlt sich in diesen Situationen intensiv von der Belichtungskorrektur

85 mm | f/2 | 1/80 Sek. | ISO 200 (Model: Tamara Figura, tamarafigura.de)

▲ *Die mittenbetonte Belichtungsmessung wertet die Messergebnisse über die gesamte Bildfläche aus. Sie gewichtet aber den zentralen Bildbereich mit einem Durchmesser von 6, 8, 10 oder 13 mm (blau) im Sucher mit 75 % wesentlich stärker als den Restbereich mit 25 %.*

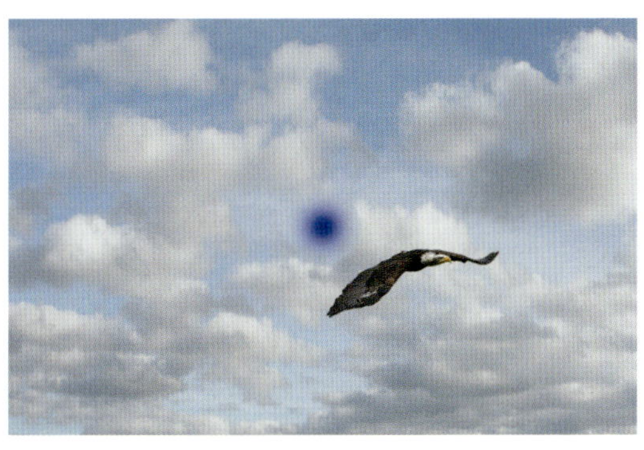

▶ *Der Nachteil der mittenbetonten Belichtungsmessung kommt bei bewegten Motiven schnell zum Tragen: Springt das Hauptmotiv aus dem Mittenkreis, misst die Kamera den Hintergrund und das Hauptmotiv wird eventuell falsch belichtet.*

Gebrauch zu machen um stärkere Ausreißer in der Belichtung zu kompensieren. Das Motiv muss für eine korrekte Messung zumindest immer mittig angemessen werden, ansonsten kommt es zu Fehlbelichtungen. Nutzen Sie für die Bildkomposition den Belichtungs-Messwertspeicher auf dem Joystick (s. Seite 113).

Auf den Punkt gemessen mit der Spotmessung

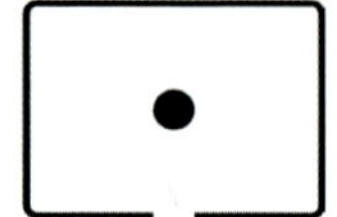

Bei der Spotmessung wertet die D500 nur die Helligkeit in einem kleinen Kreis von etwa 3,5 mm Durchmesser, ausgehend von der Mitte des aktiven AF-Messfeldes, aus, um eine Belichtungslösung zu errechnen. Der Rest des Bildfeldes wird nicht ausgewertet.

Spotmessung und AF-Messfeld

Anders als bei der mittenbetonten Messung kann das Spotfeld auch außermittig liegen, es ist an das aktive Autofokusfeld gekoppelt, das auch am Rand liegen kann. Das gilt allerdings nicht, wenn die automatische Messfeldsteuerung aktiv ist. In diesem Fall können ja auch mehrere AF-Messfelder gleichzeitig für die Messung herangezogen werden. Deshalb ist für die Belichtungssteuerung in diesem Modus immer das Spotfeld in der Mitte aktiv. Auch bei Objektiven ohne eigene CPU liegt das Spotfeld immer in der Mitte. In diesen Fällen können Sie aber, genau wie bei der mittenbetonten Messung, den Belichtungsspeicher mit dem Joystick benutzen.

Das Spotfeld ist kleiner als die Markierungsrahmen der Autofokusfelder im Sucher. Daher müssen Sie zum richtigen Anvisieren der zu messenden Stelle im Motiv die Mitte der AF-Markierung wählen.

Die Spotmessung ist die ideale Messmethode, wenn Sie ein Motiv fotografieren wollen, das sich von der Umgebung deutlich in der Helligkeit unterscheidet, und Sie die Belichtung des Hauptmotivs auf jeden Fall sicherstellen wollen. Allerdings hat die Spotmessung ihre Tücken: Wenn das AF-Feld auch nur ein klein wenig bewegt wird, z. B. durch einen geringfügigen Schwenk der Kamera oder eine Bewegung des Motivs, kann die Belichtung auf völ-

Der Klassiker: die Ersatzmessung

Bei der Ersatzmessung nutzen Sie nicht das tatsächliche Motiv zur Belichtungsmessung, sondern ein Ersatzmotiv. Diese Methode stammt eigentlich aus der Zeit der Handbelichtungsmesser und diente der schnellen Arbeit mit der Kamera. Der Klassiker dieser Methode ist, wenn der Sportfotograf z. B. auf den grünen Rasen im hellen Sonnenlicht misst. Dieser entspricht in seinem Reflexionsverhalten etwa dem mittleren Grau – wie auch eine hell asphaltierte Straße oder die Haut eines durchschnittlichen Mitteleuropäers. Die Ersatzmessung kann der Orientierung dienen, wenn Sie in schwierigen Lichtsituationen einen Referenzwert für Blende und Zeit haben wollen. Am besten eignet sich dafür eine Graukarte, die Sie in der konkreten Lichtsituation anmessen. Mit diesem Referenzwert können Sie dann die manuelle Einstellung Ihrer Kamera vornehmen und sie gegebenenfalls noch korrigieren.

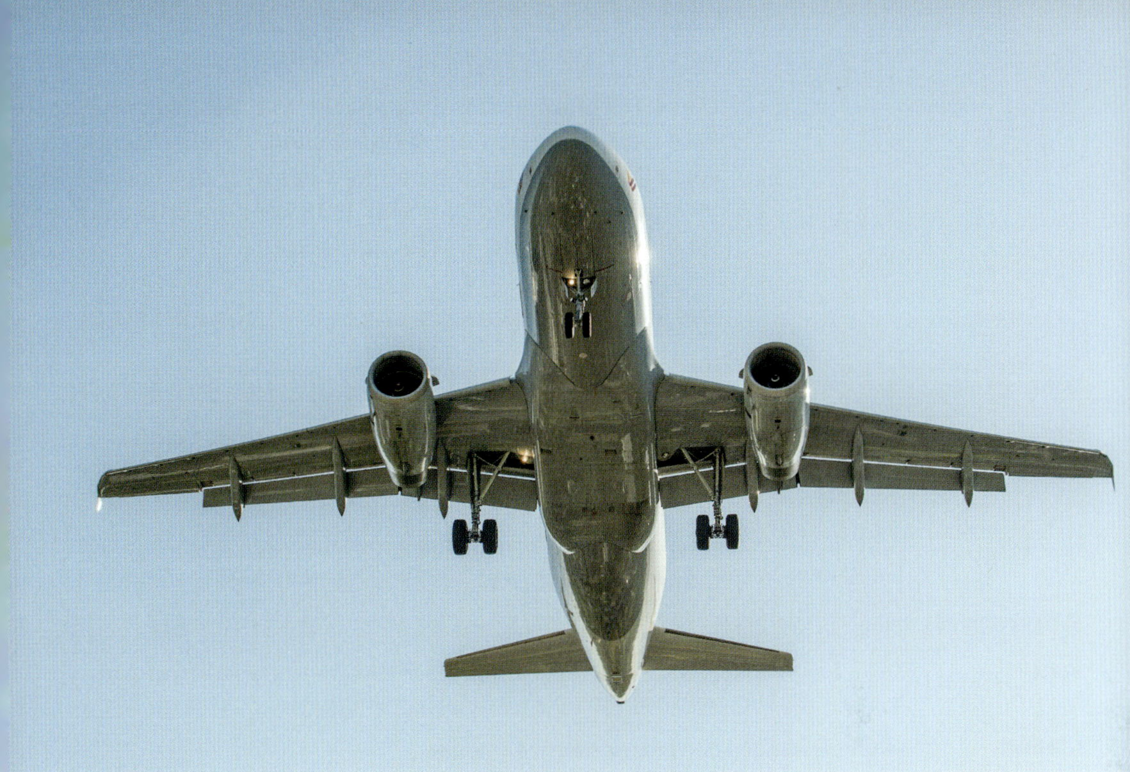

105 mm | f/8 | 1/250 Sek. | ISO 400 | –0,3 LW

▲ *Motive mit gleichzeitig auftretenden sehr hellen und sehr dunklen Bildpartien sind mit der Spotmessung gut zu einer optimalen Belichtung zu bringen. Allerdings will die Anmessung gut überlegt sein und ist auch etwas Glückssache. Mit der Matrixmessung wäre das Flugzeug zu dunkel geworden.*

lig andere Werte springen. Deshalb erfordert die korrekte Spotmessung einige Erfahrung und Übung. Die Spotmessung benötigt im Unterschied zur Matrix- und mittenbetonten Messung etwas mehr Licht zur korrekten Funktion. Deshalb empfiehlt sie sich nicht für extreme Low-Light-Situationen.

Lichterbetonte Belichtungsmessung

Die Kamera richtet die Belichtung nach den hellsten im Bild vorkommenden Motivbestandteilen aus. Mit dieser Methode lassen sich insbesondere ausgebrannte Lichter wirkungsvoll verhindern.

Ich habe gute Erfahrungen mit dieser Belichtungsmessung in kritischen Situationen gemacht. Gerne wird an dieser Stelle das Beispiel von Spotlichtern auf Bühnen benutzt um die Wirkungsweise zu verdeutlichen.

Allerdings ist die Ursache der Spitzlichter im Motiv unerheblich, es funktioniert auch, wenn die Sonne durch ein Blätterdach flirrt.

Diese Belichtungsmessung macht mit der Nutzung des RAW/NEF-Formates am meisten Sinn. Um die Lichter zu vermeiden, muss gegebenenfalls der Rest der Fotos relativ stark abgedunkelt werden. Im RAW-Konverter können sie dies meist leicht wieder korrigieren.

Die Belichtungsmessungen im Schnell-Check

Matrixmessung	
Vorteil	In sehr vielen Fällen korrekte Belichtung; auch für außermittige Motive leicht einsetzbar; schnell und unkompliziert gut für Street- und Actionfotografie und Reportage geeignet
Nachteil	Kaum gezieltes Anmessen von wichtigen Motivteilen möglich; Messverhalten nicht transparent; schwierig, gezielte Über- oder Unterbelichtungen exakt zu wählen
Mittenbetonte Messung	
Vorteil	Zuverlässig und reproduzierbar; übersichtlich; selektive Messung wichtiger Motivteile; mittels Messwertspeicherung auch für außermittige Motive geeignet
Nachteil	Falschmessungen bei ungeeignetem Anmessen
Spotmessung	
Vorteil	Zur sicheren Bestimmung der Belichtung bei hohen Kontrasten; punktgenaue Belichtung auch bei kleineren Motivbestandteilen
Nachteil	Falschmessungen bei ungeeignetem Anmessen

Die Belichtungsspeicherung nutzen

Liegt der Bereich für die Belichtungsmessung bei der Spotmessung oder der mittenbetonten Messung in der Mitte, Ihr Hauptmotiv soll aber außermittig platziert werden, müssen Sie zu einem Hilfsmittel greifen. Da die Kamera die Belichtung kontinuierlich misst, würde sonst durch das Verschwenken die Belichtung geändert.

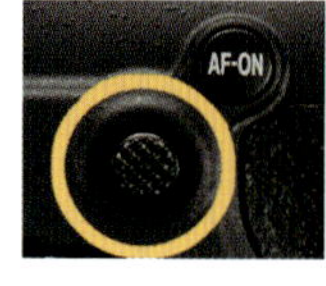

Die Lösung bietet die Belichtungsspeicherung. Dazu müssen Sie zuerst mit halb durchgedrücktem Auslöser eine Belichtungsmessung auf das Hauptmotiv ausführen. Dann aktivieren Sie mit einem Druck auf den Joystick den Belichtungsspeicher. Die gemessene Belichtung wird, solange der Joystick gedrückt wird, gespeichert und ändert sich nicht. Dann schwenken Sie auf den gewünschten Bildausschnitt und lösen aus.

Die Nutzung der Belichtungsspeichertaste gibt Ihnen eine hohe Flexibilität. Gleichzeitig müssen Sie auch immer damit rechnen, dass Sie bei einer selektiven Belichtungsmessung Bildbereiche durch Über- oder Unterbelichtung verlieren könnten. Wie meistens sollten Sie im Zweifelsfall etwas unterbelichten, um bei Verwendung des RAW-Dateiformats noch etwas Spielraum für die Nachbearbeitung auf dem Computer zu haben.

Belichtungsänderung trotz Speicherung beim Zoomen

Wenn Sie die Kamera nicht nur verschwenken, sondern auch den Zoom verändern, kann sich die Belichtungslösung trotz Belichtungsspeicherung noch ändern. Hat das Objektiv keine konstante Blende, wie es z. B. beim 18–105-mm-Kit-Objektiv der Fall ist, wird die Kamera die Belichtungslösung beim Zoomen an die geänderte Lichtstärke anpassen.

4.5 Belichtungsprobleme sicher meistern

In kontrastreichen Fotosituationen wird es bei einigen Bildern vorkommen, dass besonders helle Bereiche völlig weiß erscheinen („ausfressen“) oder dunkle Bereiche rein schwarz zulaufen und keinerlei Zeichnung mehr enthalten. Sind im RAW/NEF-Format in einer späteren Bearbeitung noch gewisse Reserven vorhanden, um die Informationen in diesen Bildbereichen zumindest teilweise zu retten, sind sie im JPEG-Format nicht mehr ohne weiteres zurückzuholen. Dass die hellen Bildbereiche (Lichter) im Bild ohne Struktur ausfressen, kommt wahrscheinlich häufiger vor als der umgekehrte Fall.

Überbelichtete Bereiche vermeiden durch die Spitzlichter-Anzeige

Besonders ärgerlich sind derartige Überstrahlungen wenn sie als kleine Bereiche auftreten, sogenannte Spitzlichter. Sie sind dann auch im Histogramm schlecht zu erkennen und schnell übersehen.

Vor allem dann, wenn es sich nur um kleinere Bereiche handelt, werden sie als schmaler Strich am Ende des Histogramms leicht übersehen, wenn das gesamte Histogramm ansonsten ausgeglichen wirkt.

Um überbelichtete Bereiche sicher zu bemerken, bietet Ihnen die Kamera daher noch eine nützliche Funktion: Spitzlichter können Ihnen im Bild durch ein Blinken der

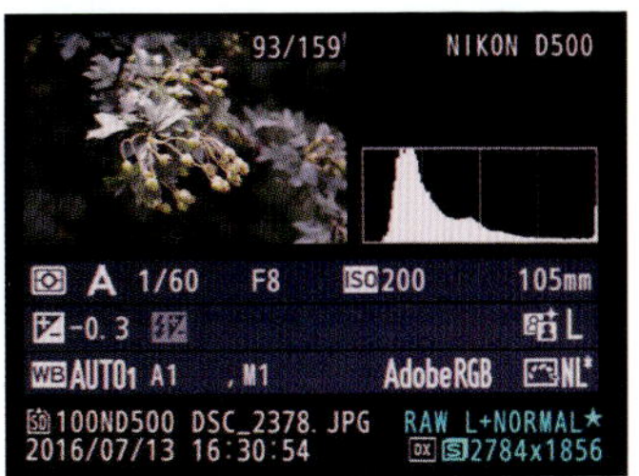

▲ *Ist das Bild nur etwas überbelichtet, fällt der leichte Ausreißer im Histogramm an der rechten Seite kaum auf.*

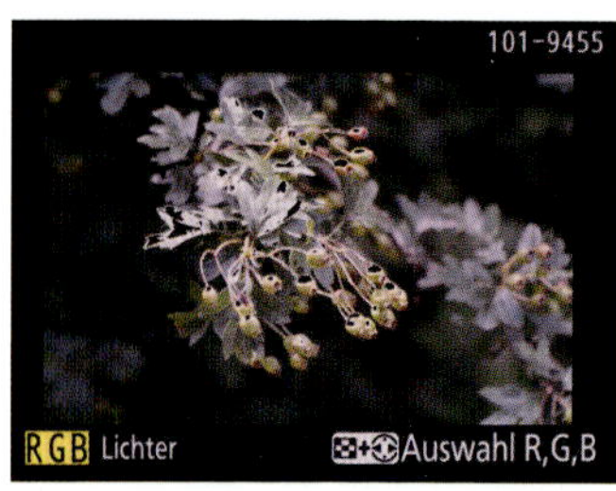

▲ *Viel besser ist die Überbelichtung am Kameramonitor mit der Option Lichter zu sehen. Im Bild ist eine starke Überbelichtung der Blütenblätter mit blinkenden schwarzen Flächen auf den ersten Blick erkennbar. In diesen Bereichen befindet sich keinerlei Zeichnung mehr.*

überbelichteten Bereiche angezeigt werden. Um diese Funktion zu aktivieren, schalten Sie im Menü unter *WIEDERGABE/Opt. für Wiedergabeansicht/Weitere Bildinformationen* die Option *Lichter* ein.

Sie können mit dem Multifunktionswähler schnell zwischen den Ansichten des Bildes umschalten. Anhand der blinkenden Anzeigen können Sie entscheiden, ob dies die von Ihnen geplante Bildwirkung stört oder vernachlässigt werden kann. Kleinere schwarz blinkende Flächen in nicht bildwichtigen Motivbestandteilen können notfalls später in der RAW-Entwicklung behoben werden. Wird im JPEG-Format fotografiert, sollten die Lichter besser gar nicht ausgefressen sein.

Das ideale Histogramm

Um es gleich vorwegzunehmen: So etwas wie ein universell ideales Histogramm gibt es nicht. Die ideale Helligkeitsverteilung in einem Foto hängt immer entscheidend vom Motiv und von der angestrebten Bildaussage ab.

Die x-Achse in der Horizontalen zeigt die Helligkeitswerte von ganz links für reines Schwarz bis zum äußersten rechten Rand für reines Weiß. Die y-Achse in der Vertikalen zeigt die Anzahl der Bildpunkte, die dem jeweiligen Helligkeitswert zugewiesen sind. Je höher der Balken, desto mehr Bildpunkte haben diesen Wert.

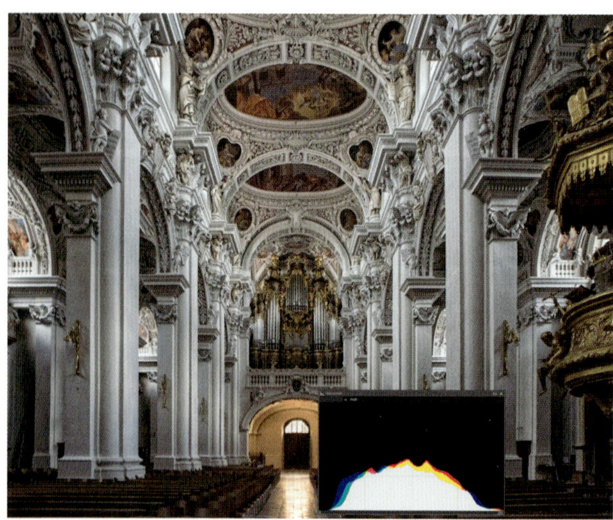

24 mm | 1/20 Sek. | f/9 | ISO 6400

▲ *Viele Fotografen sehen wohl so eine Glockenform im Histogramm als besonders erstrebenswert an. Tatsächlich können aber auch stark abweichende Formen völlig korrekt sein.*

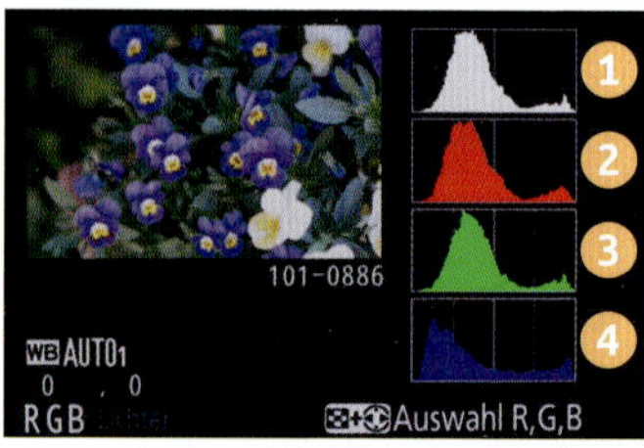

▲ *Die RGB-Histogrammanzeige der D500 zeigt das Histogramm für die Gesamthelligkeit 1 und die der einzelnen Farbkanäle Rot 2, Grün 3, Blau 4.*

Histogramm im Zusammenhang mit dem Motiv beurteilen

Bei der Beurteilung eines Histogramms werden Sie meistens feststellen, dass es in den seltensten Fällen eine gleichmäßige Verteilung über den Gesamtbereich zeigt. Ihre D500 versucht nur, für den gemessenen Bereich eine ausgewogene Belichtung zu erreichen. Doch wenn das Motiv und die Lichtsituation keine gleichmäßige Verteilung von hellen und dunklen Anteilen oder gar eine einseitige Farbverteilung aufweisen, wird auch das Histogramm dies widerspiegeln. Ein ganz typisches Beispiel sind viele Landschaftsaufnahmen mit einem „Doppelberg", der linke steht für den eher dunklen Vordergrund und der rechte für den hellen Himmel.

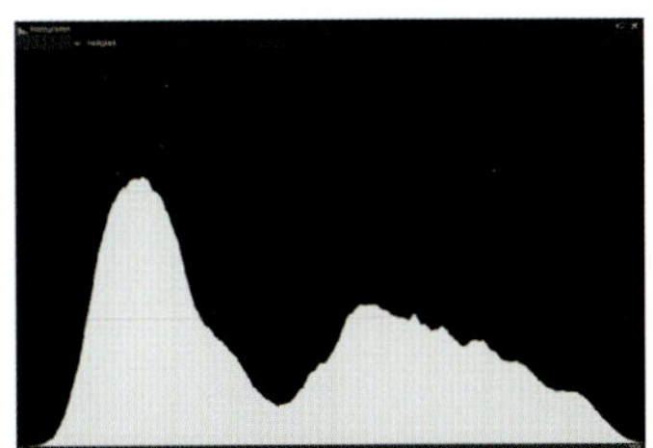

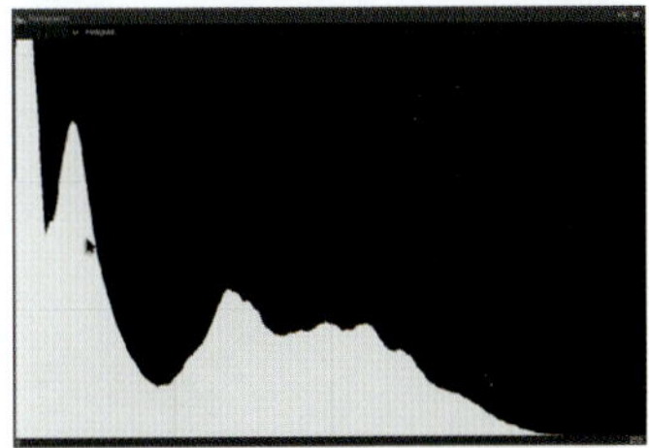

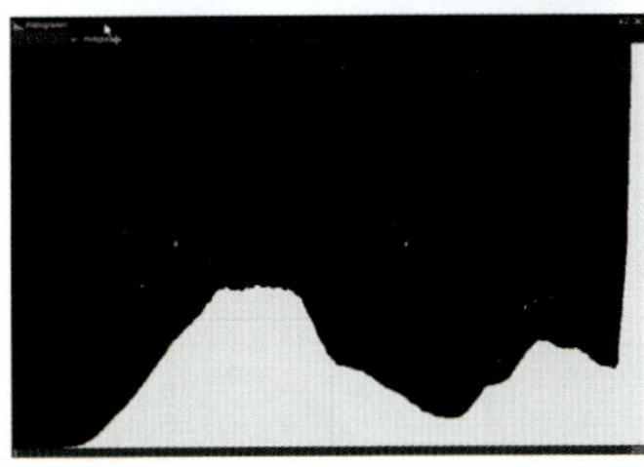

▲ *Das erste Bild zeigt eine ausgeglichene Belichtung. Im zweiten Bild ist die Helligkeitsverteilung nach links verschoben und wird durch den linken Rand abgeschnitten. Das Bild ist unterbelichtet. Im letzten Bild ist die Verteilung nach rechts verschoben und das Histogramm wird auf der rechten Seite abgeschnitten. Das Bild ist deutlich überbelichtet.*

Tendenziell ist ein Foto, dessen Histogramm links oder rechts deutlich abgeschnitten ist, unter- oder überbelichtet. Das Histogramm der Kamera bezieht sich allerdings auf ein JPEG-Vorschaubild. Falls Sie also im RAW-Format arbeiten, wird es dem größeren Dynamikumfang und den Reserven des RAW-Fotos nicht gerecht.

Nikon selbst rät deshalb dazu, das Histogramm nur als Anhaltspunkt zu nehmen. In der Praxis zeigt sich das Histogramm allerdings als verlässlichere Informationsquelle als die rein visuelle Beurteilung des Monitorbildes in der Kamera. Letzte Klarheit, ob ein Bild den eigenen Belichtungsvorstellungen entspricht, gibt allerdings erst ein Bildbearbeitungsprogramm.

Denken Sie auch an die Bildwirkung, die erzielt werden soll. Im Dunkeln verschwundene Bildanteile können beispielsweise bei einem Low-Key-Bild durchaus gewollt sein, und nicht alle ausgefressenen Bildanteile müssen automatisch mit einem verdorbenen Bild gleichgesetzt werden.

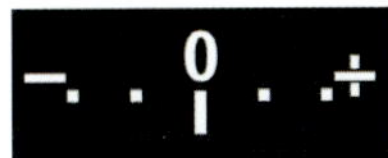

▲ *Die Belichtungsskala ist das beste Instrument, um eine sinnvolle Belichtungskorrektur einzusetzen. Steht die Belichtungsskala auf 0, ist die Belichtung meistens optimal. Es kommt auch vor, dass anhand des Histogramms noch einmal nachjustiert werden muss.*

Die Belichtung optimieren mit der Belichtungskorrektur

Trotz der sehr guten Belichtungssteuerung tauchen immer wieder Situationen auf, die eine leichtere Korrektur der Belichtung notwendig oder wünschenswert machen. Die etwas paradox erscheinende Regel für diese Situationen

▼ *Links: Ohne Belichtungskorrektur wirkt der sehr helle weiße Marmor grau.*
Rechts: Deutlich bessere Wirkung durch eine mäßige Überbelichtung.
Links: 80 mm | f/5,6 | 1/2000 Sek. | ISO 100
Rechts: 80 mm | f/5,6 | 1/2000 Sek. | ISO 200 | +1 LW

lautet: Sehr helle Motive etwas überbelichten und sehr dunkle Motive tendenziell unterbelichten. Ein schönes Beispiel für diese Situation sind große weiße Flächen wie Schnee.

Die Belichtungssteuerung lässt sich von der großen Helligkeit irritieren und versucht, sie an das 18 %-Grauwertschema anzupassen – mit dem Ergebnis, dass der Schnee oft unschön grau im Foto erscheint.

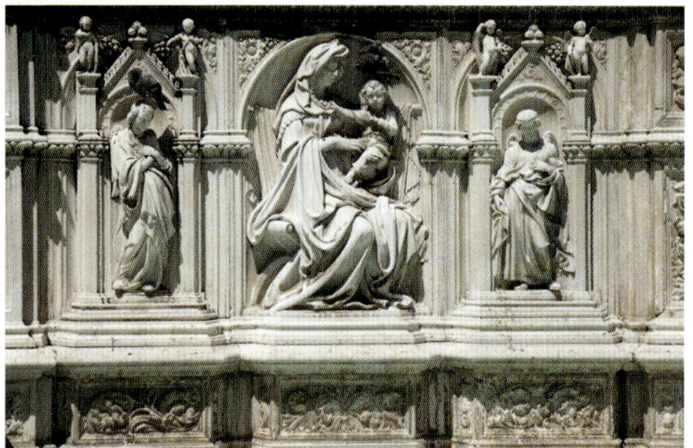

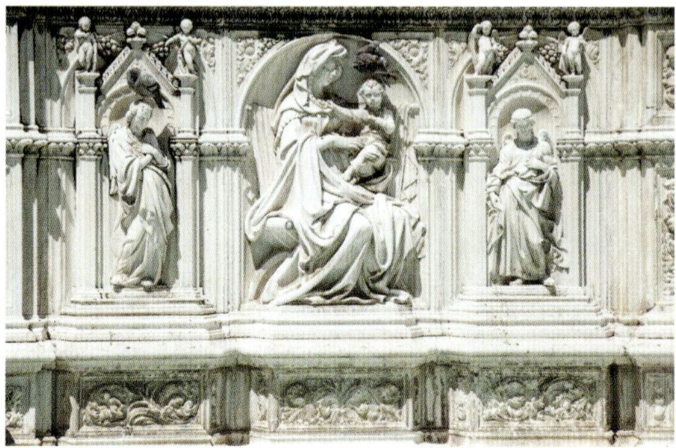

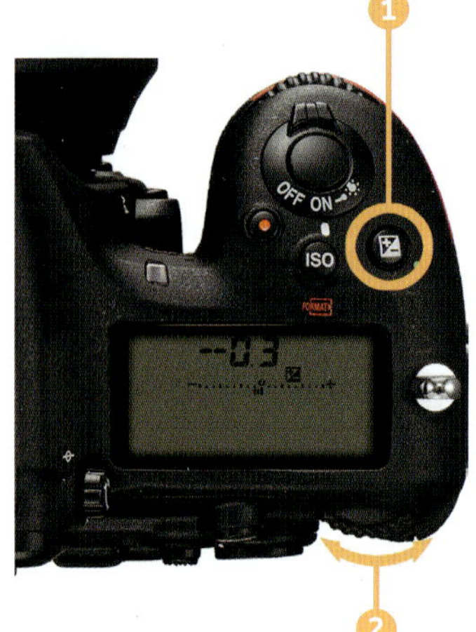

▲ *Eine Belichtungskorrektur geben Sie mit der Korrekturtaste* ⊠ *1 und dem hinteren Einstellrad 2 vor. Im Sucher wird leider nur die Aktivität der Belichtungskorrektur angezeigt, nicht aber die Richtung und Stärke. Dazu muss zusätzlich die Korrekturtaste gedrückt werden.*

Wenn Sie also z. B. im Programm-Modus A arbeiten und nicht die Blende verstellen wollen, aber trotzdem eine etwas geringere oder höhere Belichtung erzielen, greift die Belichtungskorrektur.

Ihnen wird in diesem Buch sicher aufgefallen sein, dass sich bei einigen Beispielbildern Angaben über eine Belichtungskorrektur befinden. Diese sollen als Orientierung dazu dienen, wann und in welchem Ausmaß eine solche Korrektur sinnvoll ist. Wenn Sie die Histogramme schwieriger Belichtungssituationen im Blick behalten, werden Sie schnell ein Gefühl dafür bekommen, wann und um welchen Betrag die Belichtung korrigiert werden sollte. Tendenziell habe ich bei Naturaufnahmen mit der Nikon D500 eine leicht knappe Belichtung erlebt, die mit der Belichtungskorrektur sehr einfach ausgeglichen werden kann.

Belichtungskorrektur bleibt beim Ausschalten erhalten!

Achten Sie immer darauf, eine eingestellte Belichtungskorrektur wieder zurückzustellen. Denn wenn Sie eine Belichtungskorrektur eingegeben haben, bleibt diese auch bestehen, wenn Sie die D500 ausschalten.

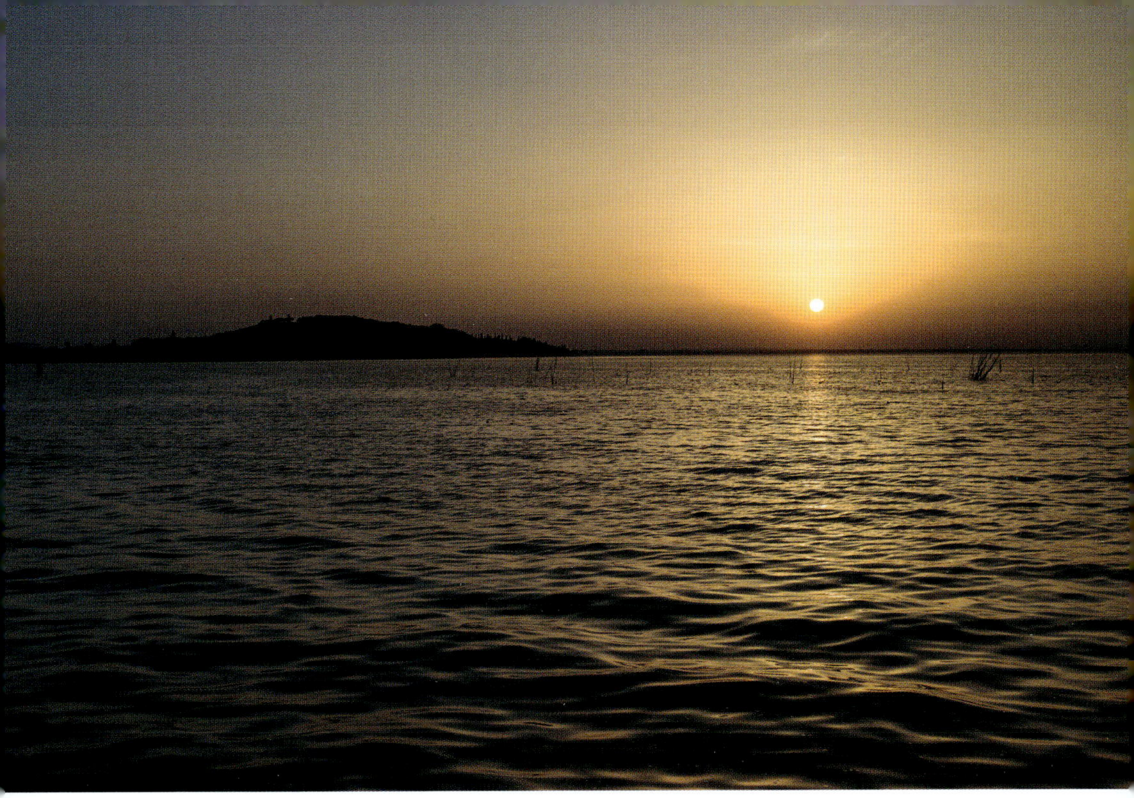

40 mm | f/9 | 1/320 Sek. | ISO 400 | –0,7 LW

▲ *Die leichte Unterbelichtung führt zu einer kontrastreicheren und farbintensiveren Wiedergabe des Sonnenuntergangs.*

Im Gegenzug werden beispielsweise sehr dunkle Motive wie Nachtaufnahmen mit der Belichtungsmessung oft etwas zu lang belichtet, sodass die ursprüngliche Lichtstimmung verloren geht. Die Bilder wirken verwaschen oder gräulich und haben kein richtiges Schwarz. Vor allem Nachtbilder müssen recht häufig negativ korrigiert fotografiert werden, um die volle Schwärze zu erhalten.

Belichtungsproblem gegen den blauen Himmel

Ein Motiv gegen das Licht oder einen hellen Hintergrund wie den Himmel richtig zu belichten, ist eine typische Gegenlichtsituation. Dies gilt vor allem, wenn der Hintergrund sehr hell ist und/oder dem Hintergrund relativ viel Fläche im Bild eingeräumt wird.

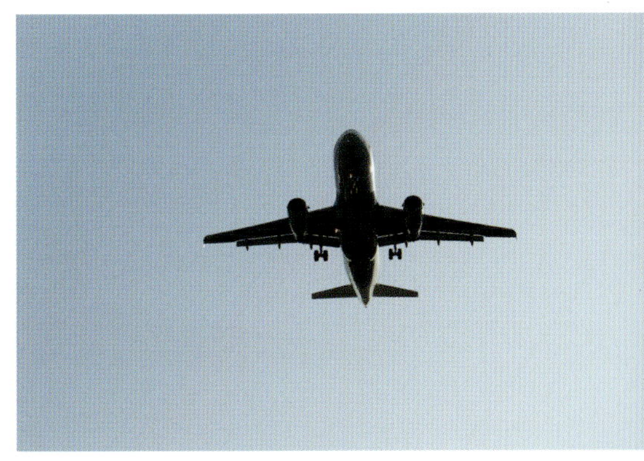

105 mm | f/8 | 1/200 Sek. | ISO 400

▶ *Gegen den sehr hellen Himmel scheitert die Matrixmessung schnell an einer Belichtungs aufgabe wie der in diesem Beispiel. Das Flugzeug, das Hauptmotiv, ist deutlich unterbelichtet.*

Die Matrixmessung wird – immer anhand der 18 %-Grau-Vorgabe – versuchen, einen Ausgleich zu schaffen, mit der Folge, dass das Hauptmotiv wahrscheinlich unterbelichtet wird.

Es gibt mehrere Wege, um die Belichtung zu korrigieren:

1. Die einfachste Lösung ist: nehmen Sie das *Active D-Lighting* aus dem Menü *FOTOAUFNAHMEN* und stellen Sie es auf *Automatisch* bzw. *Verstärkt* oder *Extrastark*. Das Active D-Lighting hellt dunkle Motivbestandteile auf, ohne die hellen Partien zu verändern. Das Active D-Lighting kann aber nur relativ moderat in die Bildwirkung eingreifen und eignet sich gut für leichtere Fälle.
2. Sie setzen die Mittenbetonte- oder die Spotmessung ein. Der Einsatz dieser Belichtungsmessmethoden führt in sehr vielen Fällen zu deutlich besseren Ergebnissen. Allerdings ist ihr Einsatz bei sich schnell bewegenden Motiven, wie Vögel oder Flugzeuge, nicht ganz einfach und verlangt etwas Übung und Glück. Ist der Kontrast zwischen Motiv und Hintergrund sehr hoch kann auch der Hintergrund teilweise ausbrennen.
3. Sie benutzen eine positive Belichtungskorrektur und hellen das Hauptmotiv so auf. Auch in diesem Fall besteht die Gefahr, dass bei hohen Kontrasten der Hintergrund ausbrennt.

105 mm | f/8 | 1/600 Sek. | ISO 200 | +1,0 LW

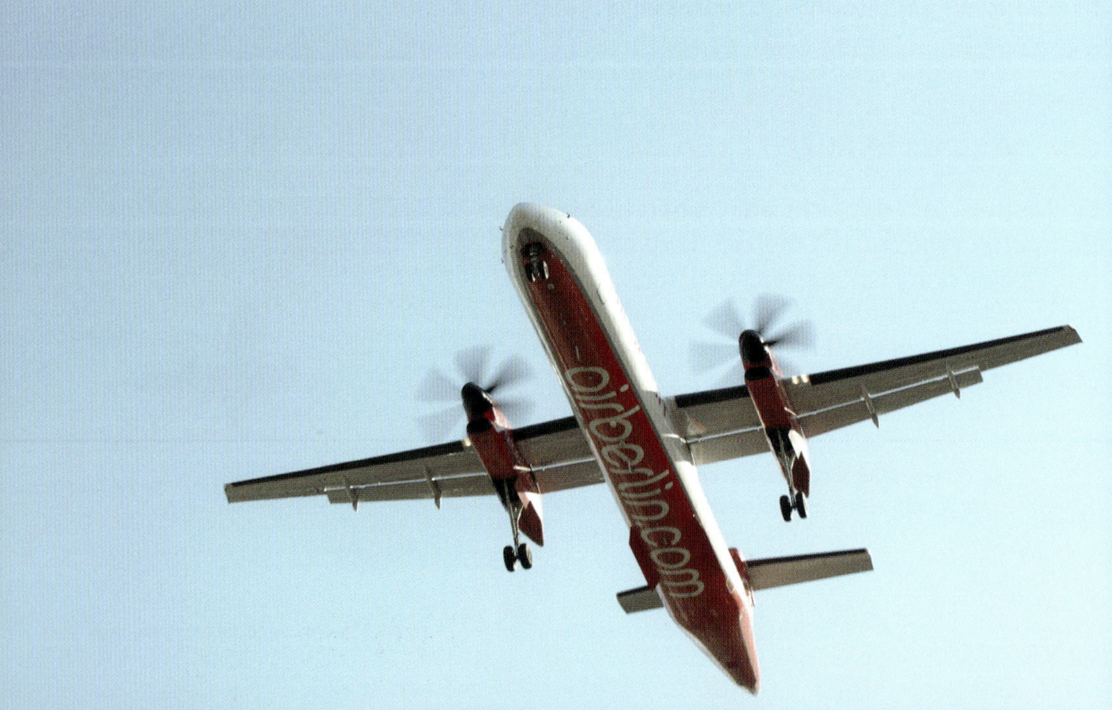

4.6 Besondere Lichtkontraste handhaben

Zu wenig oder auch zu viel Licht stellt manchmal eine echte Herausforderung für den Fotografen dar. In der Architektur-, Natur- und Landschaftsfotografie kommt es immer wieder vor, dass der Dynamikumfang der Szene zu groß für den Kamerasensor ist. Dann wird das Histogramm typischerweise sowohl links, als auch rechts abgeschnitten. Als Folge daraus versinken dunkle Motivteile im zeichnungslosen Schwarz und helle Bestandteile brennen aus. In diesen Situationen lässt sich mit dem RAW-Format und im Konverter einiges retten. Ist der Dynamikumfang aber zu hoch oder möchten Sie im JPEG-Format fotografieren, müssen Sie zu anderen Mitteln greifen.

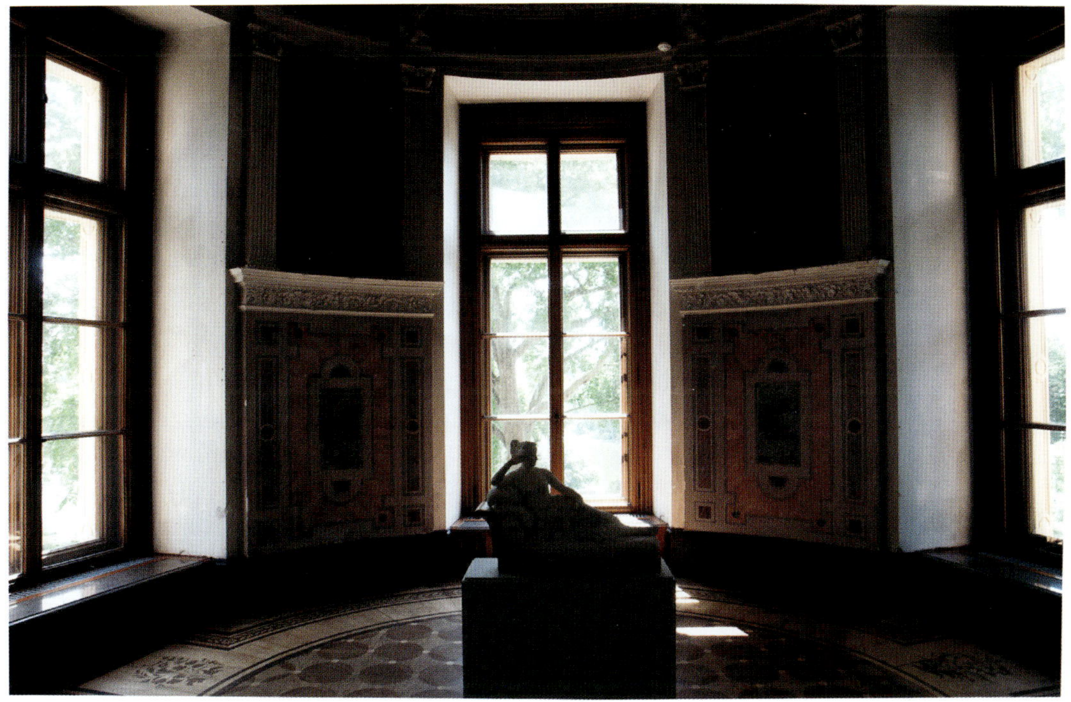

24 mm | f/7,1 | 1/100 Sek. | ISO 400

▲ *Ein typischer Vertreter außergewöhnlicher Helligkeitsunterschiede, ein dunkler Innenraum mit hellen Fenstern.*

Optimale Belichtung mit Belichtungsreihen

Wenn Sie Lichter und Schatten plagen und Sie sich nicht sicher sind, wie die optimale Belichtung aussehen soll, kann das Feature der Belichtungsreihe (engl. BKT für **Bra**c**ke**t**ing**) weiterhelfen. Es bietet die Möglichkeit automatisch eine Reihe von Bildern mit unterschiedlicher Belichtung anzufertigen und sich dann am Monitor später das Bild mit der besten Belichtung herauszusuchen.

Ebenfalls ist es möglich, die Belichtungsreihe für die Erstellung von Bildern mit extremem Dynamikumfang – durch die Kombination zu einer HDR-Aufnahme – zu erstellen. Die Nikon D500 bietet eine automatische Belichtungsreihe mit maximal 3 LW-Stufen Abstand.

▲ *Ein Lightroom-Histogramm eines Landschaftsfotos mit sehr hohem Dynamikumfang.*

Dazu erstellen Sie drei bis maximal neun Aufnahmen mit unterschiedlichen Belichtungswerten direkt hintereinander. Einen guten Anhaltspunkt, um über den Einsatz der Belichtungsreihe nachzudenken, stellen eine Testaufnahme und die Auswertung des Histogramms dar.

Für viele Situationen ist eine kurze Reihe mit drei Aufnahmen mit einem Abstand von 0,7 bis 1 LW-Stufen bereits gut geeignet.

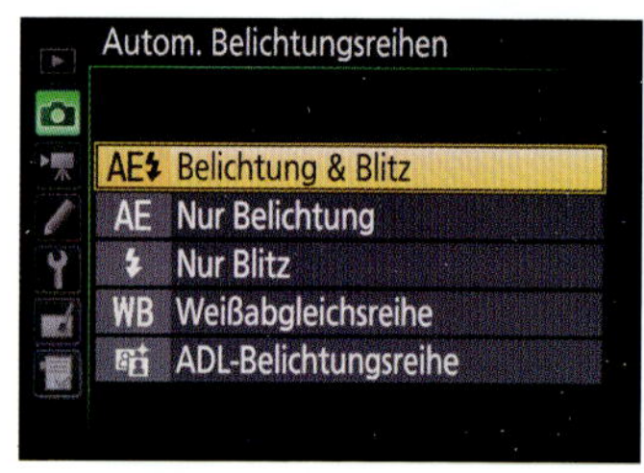

In Abhängigkeit von den Einstellungen im Menü *FOTOAUFNAHMEN/Autom. Belichtungsreihen* können auch weitere Optionen gewählt werden. Die interessanteste dürfte wohl sein auch einen zugeschalteten Blitz zu steuern. Dazu gibt es drei Varianten:

Die Belichtung von Kamera und Blitz werden verändert oder es werden jeweils nur die Belichtungswerte der Kamera oder des Blitzes angepasst. Diese Variationsbreite deckt einen sehr großen Bereich von auftretenden Situationen zuverlässig ab.

Wenn nur die Schatten unterschiedlich stark aufgehellt werden sollen, ist auch die Option *ADL-Belichtungsreihe* interessant. Mit ihr wird eine Active D-Lighting Belichtungsreihe aufgenommen. Es können bis zu fünf Aufnahmen erstellt werden.

Eine automatische *Weißabgleichsreihe* kommt im meinem Alltag eher selten vor. In kniffligen Lichtsituationen mit wenig Zeit kann aber eine solche automatische Belichtungsreihe hilfreich sein.

Gesteuert werden die unterschiedlichen Methoden alle auf die gleiche Art: Zuerst die Art der Belichtungsreihe einstellen, z. B. *Nur Belichtung AE*. Anschließend halten Sie den Knopf *BKT* ❶ seitlich/oben am Kameragehäuse gedrückt.

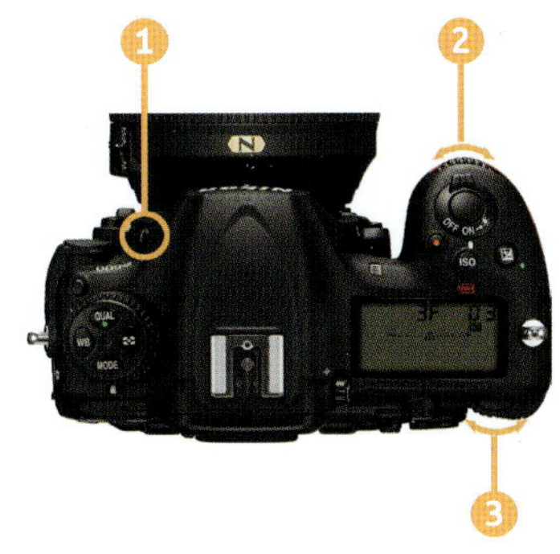

Im Fall der Standard-Belichtungsreihe wählen Sie mit dem hinteren Einstellrad ❸ die Anzahl der Aufnahmen und mit dem vorderen Rad ❷ die Abstandsweite der Belichtungskorrektur.

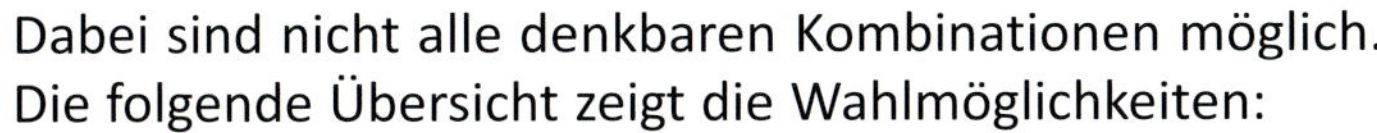

Dabei sind nicht alle denkbaren Kombinationen möglich. Die folgende Übersicht zeigt die Wahlmöglichkeiten:

HinteresEinstellrad nach rechts	**Optionen für vorderes Einstellrad (LW)**	**Anzahl Aufnahmen**	**Schema der Reihenfolge für 0,3 LW**
0F	0.3/0.7/1.0/2.0/3.0	0	0
3F	0.3/0.7/1.0/2.0/3.0	3	0/–0,3/+0,3
5F	0.3/0.7/1.0/2.0/3.0	5	0/–0,7/–0,3/+0,3/ +0,7
7F	0.3/0.7/1.0	7	0/–1,0/–0,7/–0,3/ +0,3/+0,7/+1,0
9F	0.3/0.7/1.0	9	0/–1,3/–1,0/–0,7/–0,3/+0,3/+0,7/+1,0/+1,3
Hinteres Einstellrad nach links	**Die folgenden Einstellungen nehmen eine Belichtungsreihe in nur einer Richtung vor.**		
– 2F	0.3/0.7/1.0/2.0/3.0	2	0/–0,3
+ 2F	0.3/0.7/1.0/2.0/3.0	2	0/+0,3
– 3F	0.3/0.7/1.0/2.0/3.0	3	0/–0,3/–0,7
+ 3F	0.3/0.7/1.0/2.0/3.0	3	0/+0,3/+0,7

High-Dynamic-Range-Aufnahmen

Geht es nicht nur darum, die beste Belichtungszeit auszuwählen, sondern auch darum, einen zu hohen Dynamikumfang zu bändigen, können Sie mit geeigneter Software auch **H**igh-**D**ynamic-**R**ange(HDR)-Bilder erstellen.

Die Methode eignet sich nur für statische Motive, da in einer HDR-Aufnahme die aufgenommenen Fotos übereinandergelegt und anschließend miteinander verrechnet werden. Wann immer es möglich ist, sollten Sie mit einem soliden Stativ arbeiten, nur in wirklich hellem Tageslicht kann auch aus der Hand fotografiert werden.

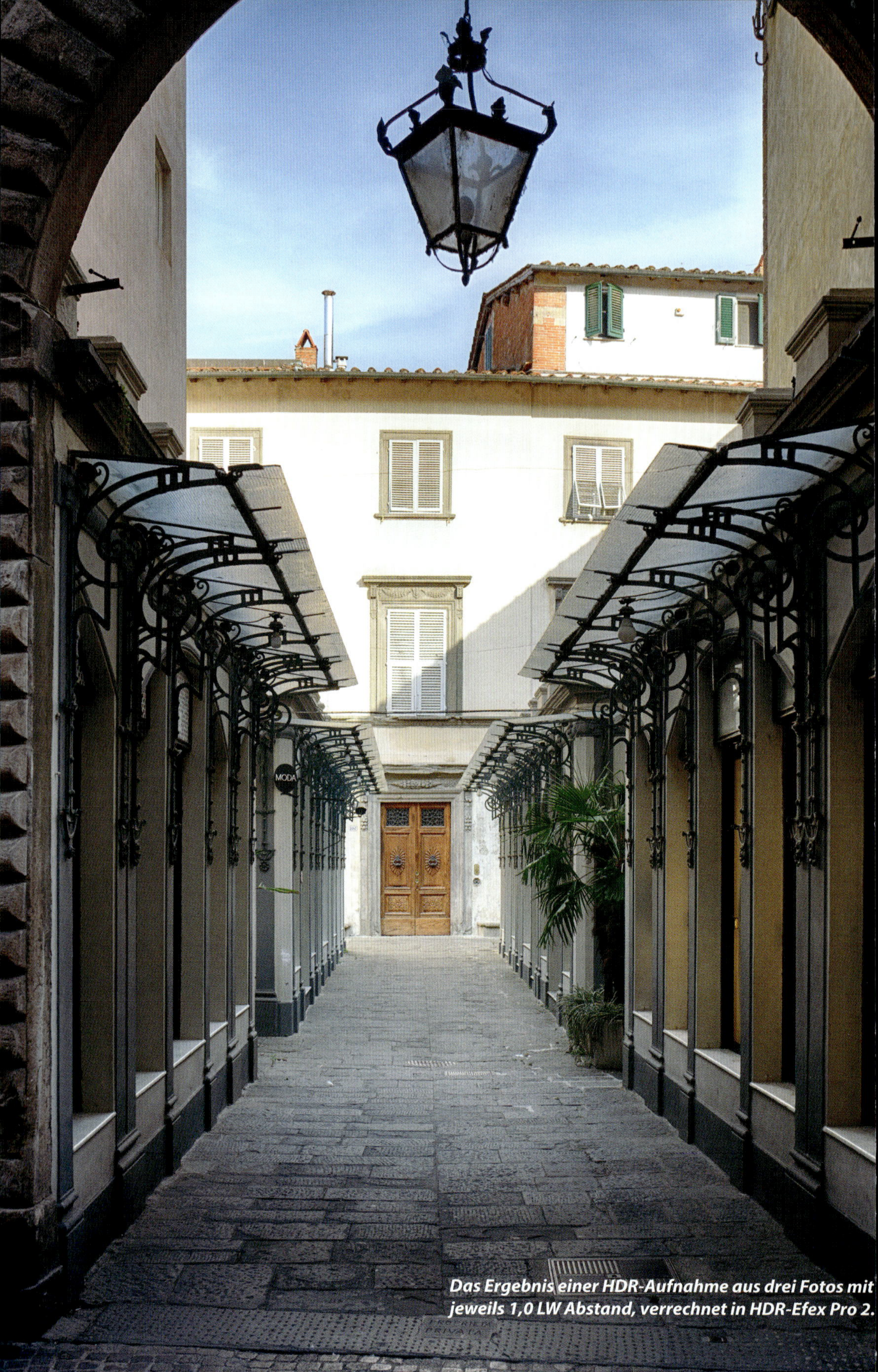

Das Ergebnis einer HDR-Aufnahme aus drei Fotos mit jeweils 1,0 LW Abstand, verrechnet in HDR-Efex Pro 2.

Achten Sie darauf, dass bei den Aufnahmen mit längerer Belichtungszeit ein Verwackeln auch bei den höheren Belichtungszeiten ausgeschlossen ist.

Ein bereits mäßiger Wind kann ebenfalls in Landschaftsaufnahmen Zweige und Blätter verwischen. Schalten Sie für eine Belichtungsreihe die ISO-Automatik aus (*FOTO-AUFNAHME/ISO-ISO-Empfindlichkeits-Einst.*), um einen Wechsel der ISO-Empfindlichkeit innerhalb der Reihe zu vermeiden.

In der Individualfunktion *e7* können Sie die Reihenfolge der aufzunehmenden Fotos einstellen. In den Voreinstellungen legt die erste Belichtungsmessung den Nullpunkt der Belichtungsreihe fest. Eine Belichtungskorrektur sollte evtl. vorher zurückgestellt werden. Nutzen Sie die Belichtungsmessung, die zur Motivsituation passt.

Fertigen Sie jetzt eine Belichtungsreihe an, z. B. drei Aufnahmen mit einem Unterschied in der Belichtung von einer Lichtwertstufe: –1,0 LW/0 LW/+1,0 LW. Die Weite der Abstände und die Anzahl der Bilder für die Belichtung wird durch den Dynamikumfang bestimmt.

Grundsätzlich liefern kürzere Abstände in der Belichtung evtl. mit mehr einzelnen Aufnahmen die bessere Lichtzeichnung, allerdings bergen die dann wahrscheinlich fünf, sieben oder gar neun notwendigen Fotos die größere Gefahr des Verwackelns bzw. einer Bewegungsunschärfe.

Sollte das immer noch nicht ausreichen, ist es meistens besser, beispielsweise sieben Aufnahmen mit 1 LW-Stufe Abstand aufzunehmen als drei Aufnahmen mit 3 LW-Stufen Abstand. Werden die Abstände der LW-Stufen zu groß, kann es später in der Bildbearbeitung zu Tonwertabrissen in feinen Farbverläufen kommen.

Zu hohe Helligkeit absenken

Vor allem im Sommer hat man mit sehr hellem Umgebungslicht und Streulicht zu kämpfen. Leider kann man sich die Uhrzeit für seine Aufnahmen nicht immer aussuchen.

105 mm | f/8 | 1/1000 Sek. | ISO 100

▶ *Das grelle Mittagslicht erzeugt ohne Eingreifen des Fotografen recht kontrastarme Bilder.*

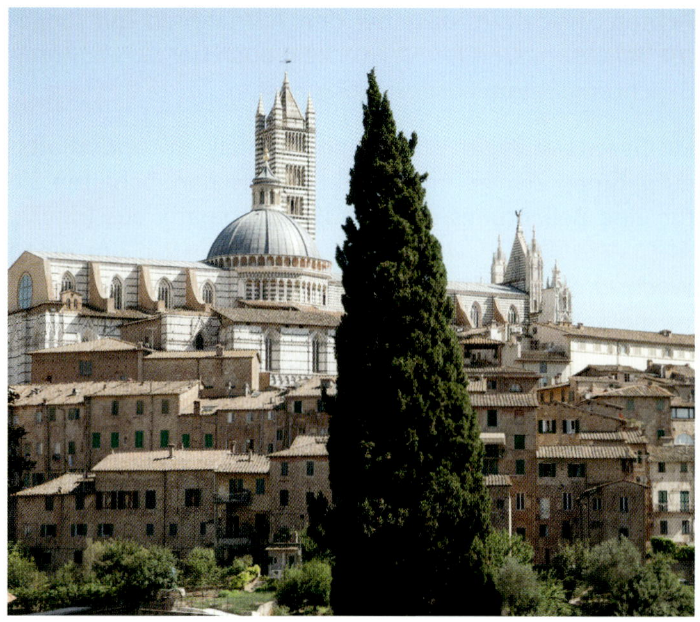

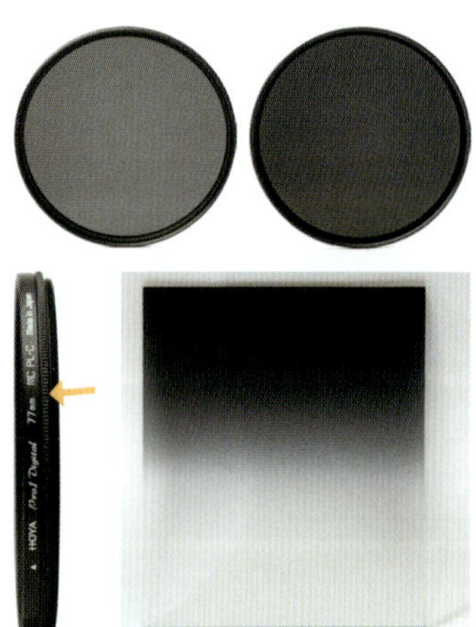

▲ *Oben links der Neutralgraufilter. Den Polfilter (rechts) erkennt man leicht an dem seitlichen drehbaren Element. Unten ein Grauverlaufsfilter.*

Gleißender Sonnenschein am späten Vormittag ist nicht die optimale Zeit zum Fotografieren, die Sonne ist zu grell, und die Schatten sind durch die immer höher stehende Sonne kurz aber sehr ausgeprägt.

Das menschliche Auge passt sich dem grellen Licht an und empfindet es als weniger grell, als es wirklich ist. Die Kamera registriert die extreme Helligkeit aber korrekt und erzeugt eher flache Fotos mit stellenweise massiven Tiefen.

Wenn man die Belichtungszeit und die Blende nicht beliebig ändern möchte, können Filter das starke Sonnenlicht bändigen. Im Urlaub immer dabei haben sollte man einen Polfilter, der sowohl die Lichtmenge reduziert, wie auch Reflexionen mindert. Als schönen Nebeneffekt wird das Streulicht des Himmels wirkungsvoll reduziert, wodurch er in satteren Farben leuchtet.

Die zweite Möglichkeit ist die Verwendung eines Grau- bzw. Grauverlaufsfilters. Graufilter werden in unterschiedlichsten Abstufungen angeboten und eignen sich auch gut für die Langzeitbelichtung (siehe dazu den Abschnitt „Langzeitbelichtungen“ ab Seite 84).

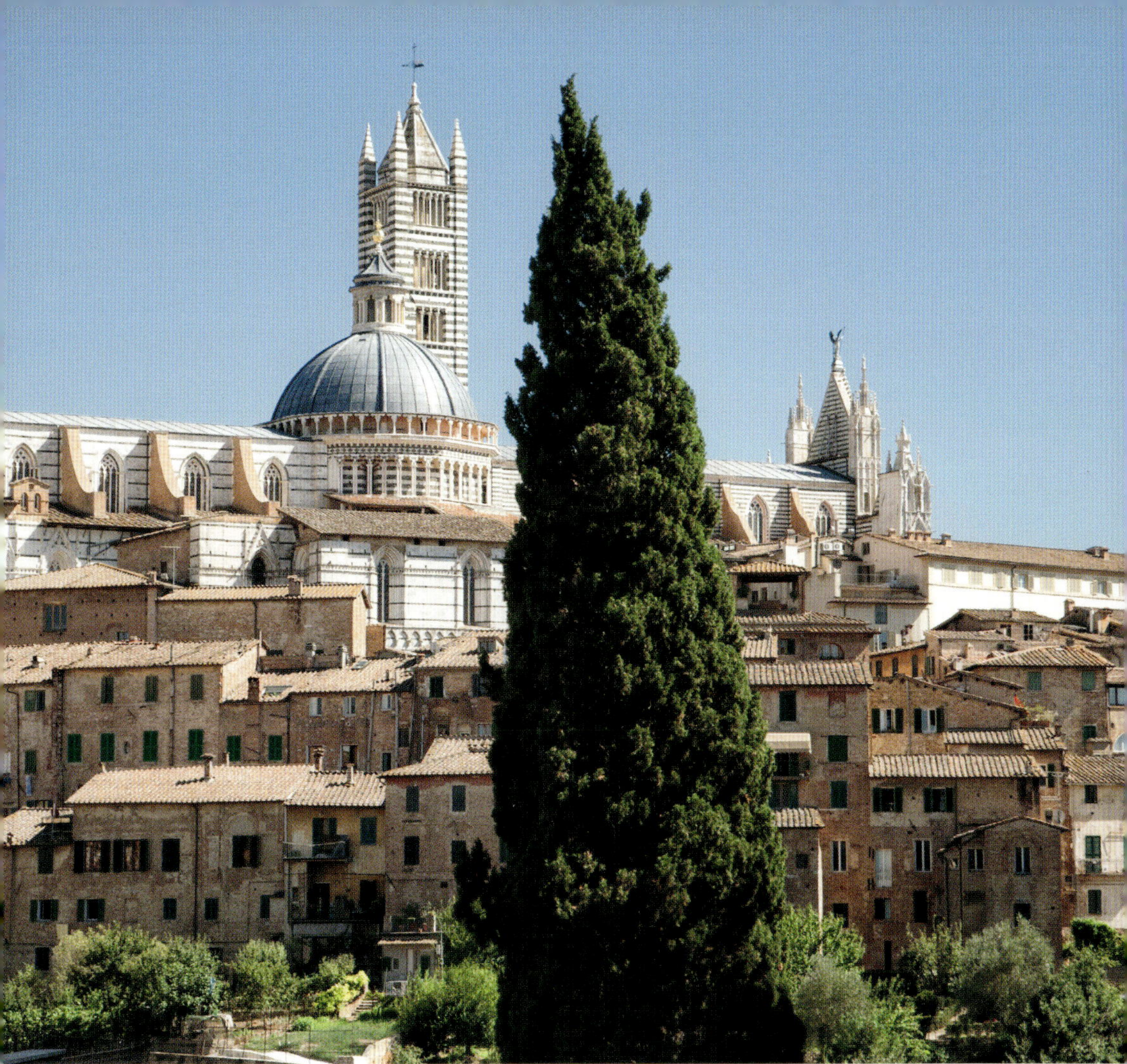

105 mm | f/8 | 1/250 Sek. | ISO 100

▲ *Die gleiche Aufnahme zur Mittagszeit mit aufgesetztem Polfilter.*

Graufilter funktionieren wie eine Sonnenbrille und lassen einfach weniger Licht auf den Sensor. Der Name Neutralgraufilter deutet darauf hin, dass sie nur die Lichtdurchlässigkeit ändern sollen und keinesfalls die Farben. Leider gibt es immer wieder Graufilter, die einen meist blauen oder roten Farbstich hervorrufen. Da helfen nur Testberichte und Ausprobieren.

Grauverlaufsfilter decken nur die obere Filterhälfte ab und gehen dann mit einem mehr oder weniger abrupten Übergang zur vollen Lichtdurchlässigkeit über. Sie sollen in erster Linie einen sehr hellen Himmel dämpfen und so die Gesamtdynamik herabsetzen.

Neutraldichte ND, NDx	Lichtdurch-lässigkeit	Verlängerung der Verschlusszeit	Anzahl Blendenstufen
0	100 %	1	0
0,3	50 %	2	1
0,45	35 %	3	1,5
0,6	25 %	4	2
0,9	12,6 %	8	3
1	10,0 %	10	3,3
1,2	6,3 %	16	4
1,8	1,6 %	64	6
2	1,0 %	100	6,6

Im Nahbereich: gezieltes Licht zur Kontrastangleichung

Anders als bei Landschaftsaufnahmen, bei denen man durch die relativ große Entfernung zum Hauptmotiv und zum Hintergrund wenig bis gar keinen Einfluss auf die Lichtstärke und Lichtqualität nehmen kann, gibt es im Nahbereich mehr Möglichkeiten, starke Kontraste zu verringern. Ein häufig eingesetztes Mittel ist künstliches Licht durch Blitzen. Der Blitz wird nicht als Hauptlichtquelle genutzt, sondern dient zum Aufhellen der Szene. Durch das Aufhellen wird der Kontrast zwischen Motiv und Umgebung verringert, sodass das Bild harmonischer ausgeleuchtet ist.

Eine weitere einfache Möglichkeit besteht im Einsatz von Reflektoren, mit denen man das einfallende Licht auf das Motiv zurücklenken kann. Gleichzeitig können Reflektoren harte Schatten aufhellen. Dazu können Sie auf fertige Faltreflektoren aus dem Fachhandel zurückgreifen oder auch nur eine einfache, weiße Styroporplatte aus dem Baumarkt verwenden.

Mit silberner oder goldener Alufolie können Sie dem Licht auch einen eigenen Farbton mit auf den Weg geben. Sollen Porträtaufnahmen bei hellem Sonnenschein gemacht werden, bietet sich auch ein Diffusor an. Ein Diffusor macht in erster Linie durch Streuung hartes Licht weicher und senkt die Lichtmenge. Reflektoren und Diffusoren lassen sich auch prima kombinieren.

Die emotionale Komponente schwacher Kontraste

Es gibt natürlich auch immer wieder Situationen, in denen der Kontrast und der Dynamikumfang eines Motivs auf natürliche Art stark verringert ist. Man denke nur an minimalistische Architekturaufnahmen oder Landschaften im Nebel oder Morgendunst, Wüsten mit Staub- und Sandschleiern usw.

Den Kontrast in diesen Fotos stark anzuheben würde die ursprüngliche Bildwirkung in vielen Fällen zerstören. Vielmehr wecken solche Bildkompositionen im Betrachter das Gefühl von Weichheit, Zartheit und Anmut – insbesondere in der Landschaftsfotografie auch von Friedfertigkeit und Ruhe. Der geringe Kontrastumfang eines Motivs wird so zum beabsichtigten Stilmittel.

▼ *Der Morgennebel im Bergischen Land vermittelt eine ganz eigene Stimmung, die durch die Farben und den geringen Dynamikumfang im Bild unterstützt wird.*

200 mm | f/7,1 | 1/250 Sek. | ISO 400

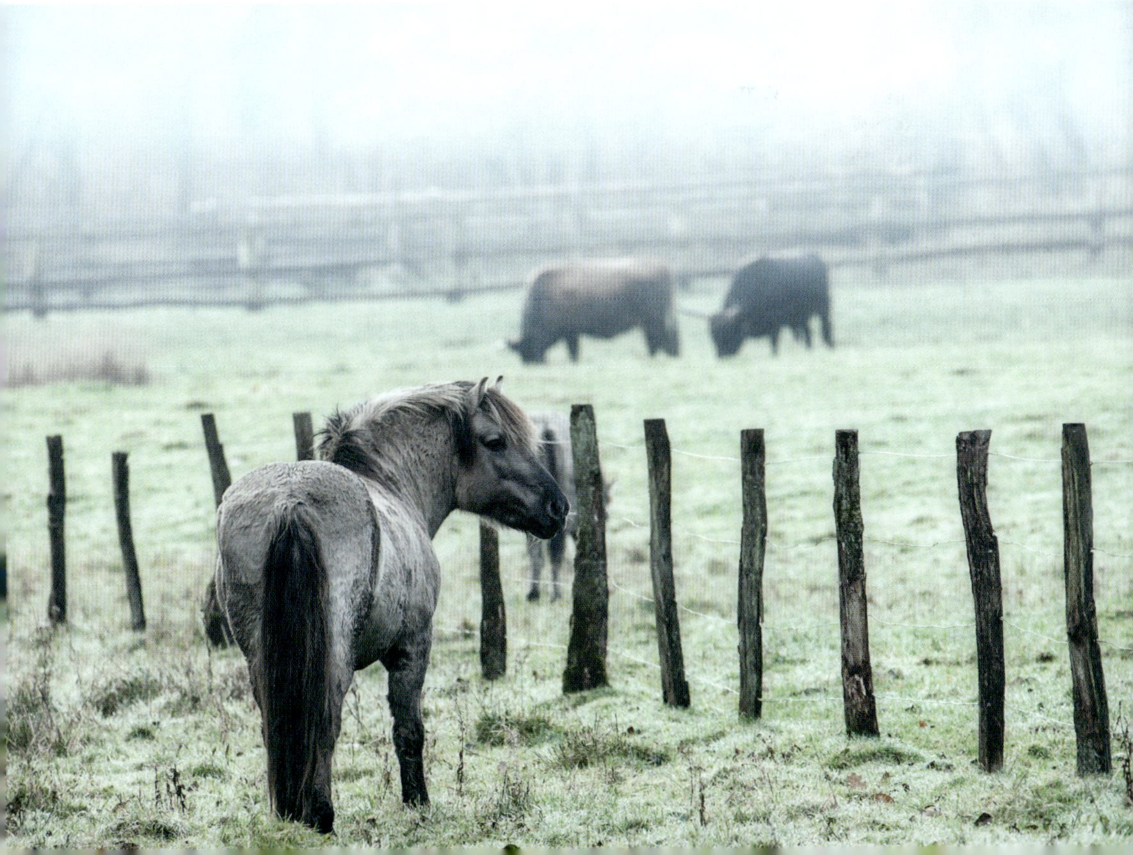

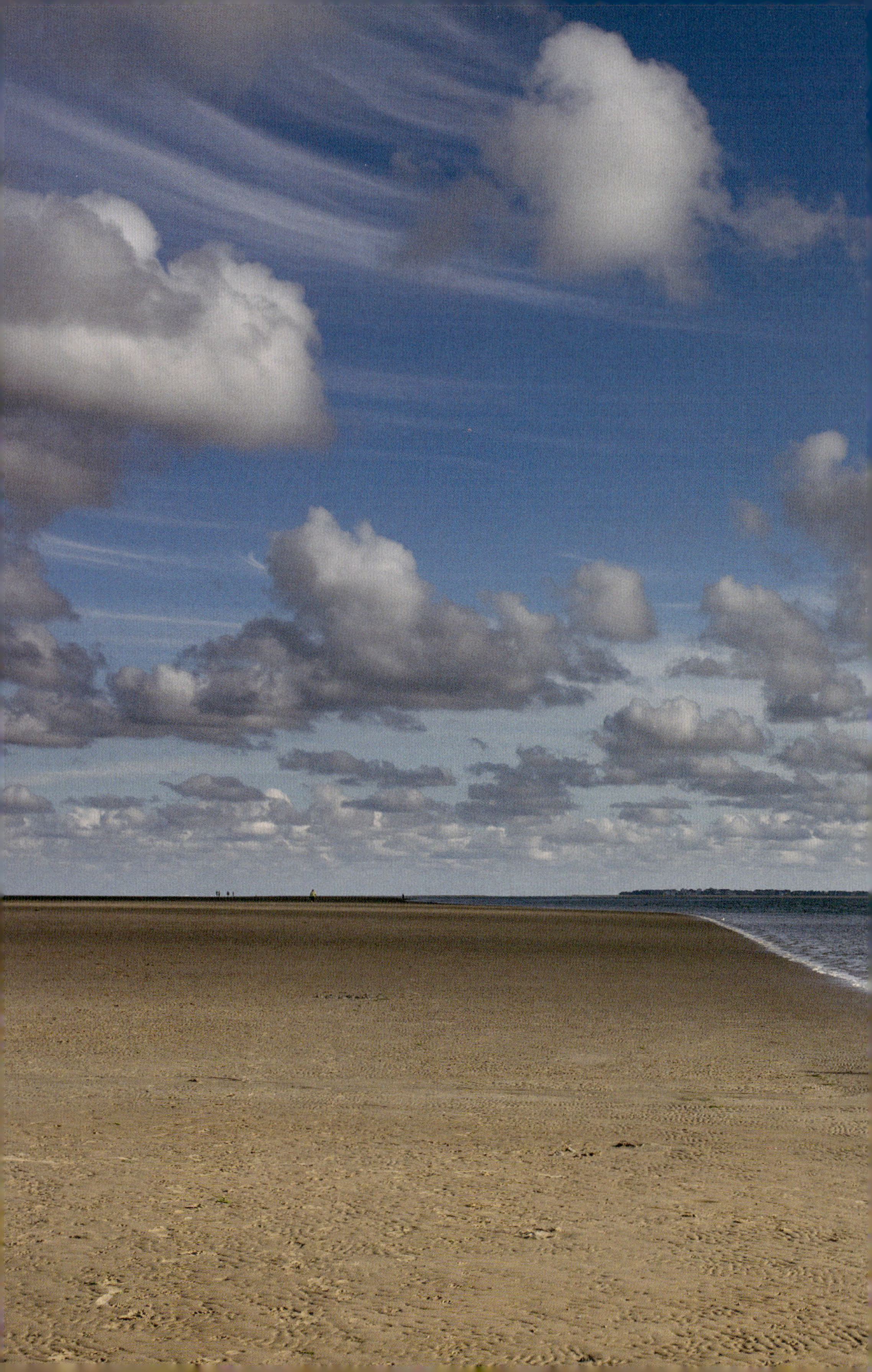

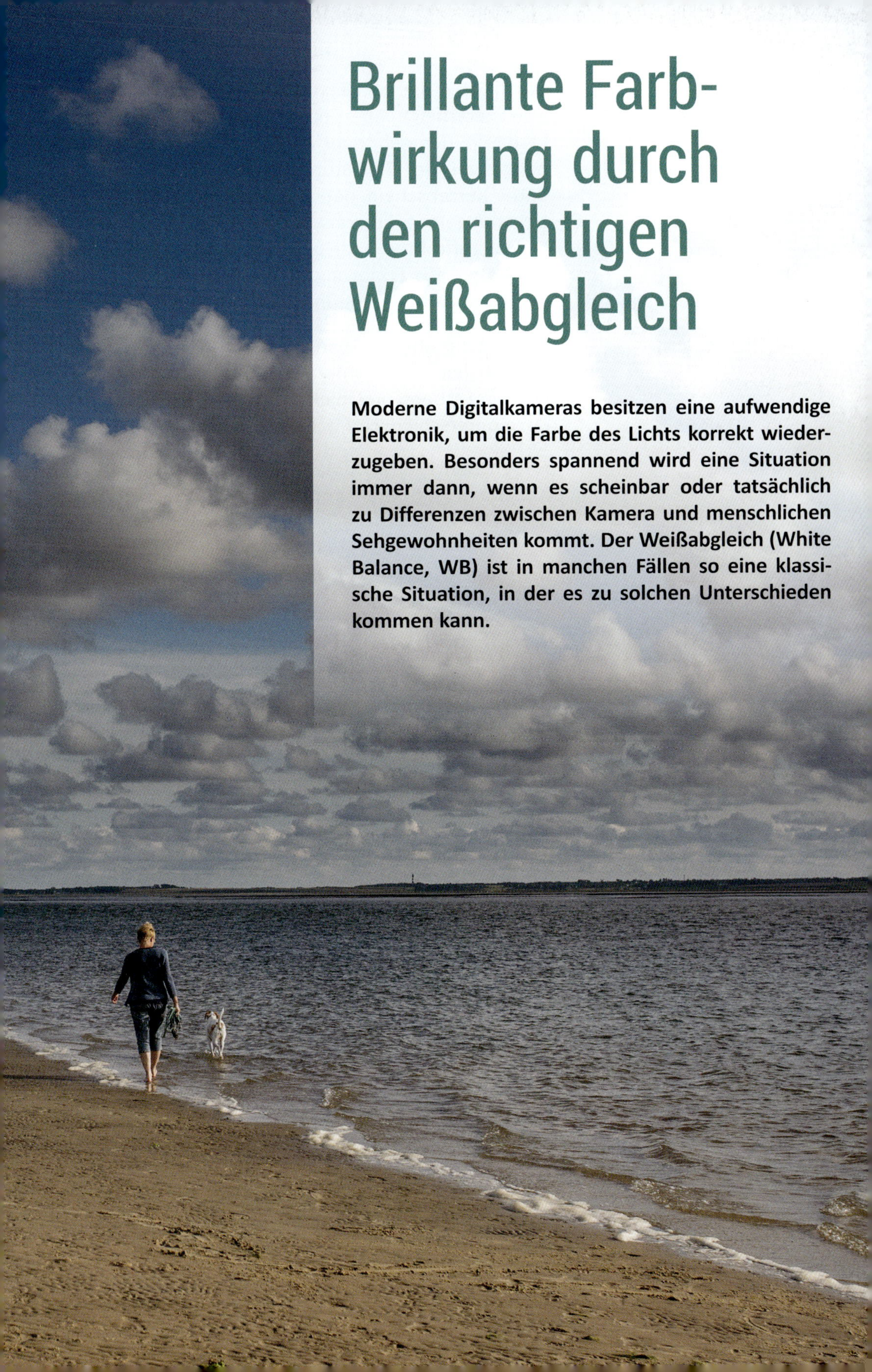

Brillante Farbwirkung durch den richtigen Weißabgleich

Moderne Digitalkameras besitzen eine aufwendige Elektronik, um die Farbe des Lichts korrekt wiederzugeben. Besonders spannend wird eine Situation immer dann, wenn es scheinbar oder tatsächlich zu Differenzen zwischen Kamera und menschlichen Sehgewohnheiten kommt. Der Weißabgleich (White Balance, WB) ist in manchen Fällen so eine klassische Situation, in der es zu solchen Unterschieden kommen kann.

Wenn Sie z. B. einen Text auf einem weißen Blatt Papier lesen, erscheint Ihnen das Papier nach einer Weile des Lesens immer mehr oder weniger weiß, weitgehend unabhängig von der Belichtungssituation – obwohl das Blatt unter Kerzenschein oder Glühlampenbeleuchtung eher Licht mit gelbem bis orangem Farbton reflektiert und unter Leuchtstoffröhren eher bläulich erscheint. Unser Gehirn weiß aber aus Erfahrung, dass das Papier weiß ist, und regelt die Farbempfindung entsprechend nach.

Das Prinzip entspricht in der D500 dem automatischen Weißabgleich. Die Kamera weiß natürlich nichts über die wahren Farben von Objekten, ihre Elektronik erkennt jedoch unterschiedliche Lichtsituationen bzw. Lichtquellen.

Neben den drei Automatikmodi sind das die Klassiker: ***Kunstlicht*** (z. B. Glühlampe), ***Leuchtstofflampe***, ***Direktes Sonnenlicht***, ***Blitzlicht***, ***Bewölkter Himmel*** und ***Schatten***. Die D500 kennt auch noch die beiden Modi ***K Farbtemperatur auswählen*** und ***PRE Eigener Messwert***. Gemessen wird die Farbtemperatur in **K**elvin (K).

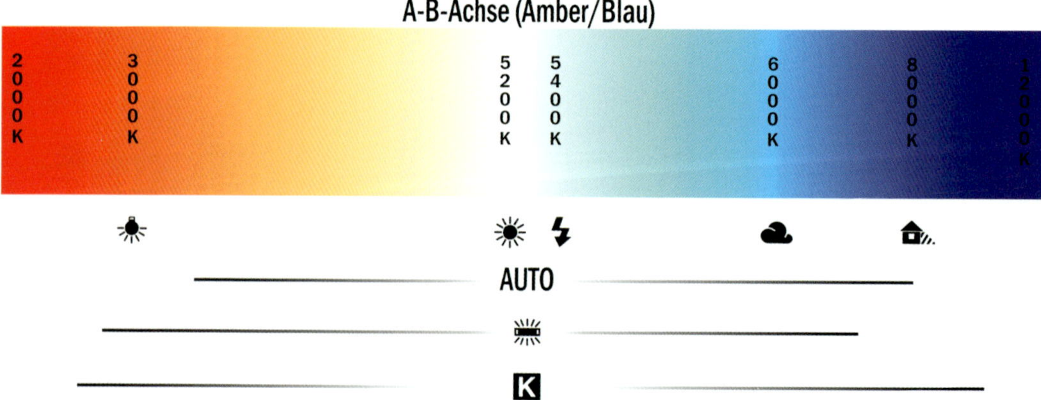

▲ *Das Farbspektrum auf der Amber-Blau-Achse mit den entsprechenden Kelvin-Werten und den Bereichen der unterschiedlichen Weißabgleichseinstellungen der D500.*

Die Farbabstufungen in Kelvin sind für die Farbwahrnehmung nicht linear. Konstante Farbverschiebungen im länger welligen (wärmeren) Licht werden vom menschlichen Auge als stärker wahrgenommen als im kühleren Bereich. Deshalb erscheint eine Temperaturänderung des Lichts von beispielsweise 400 K im warmen Licht von 3.000 K bedeutend stärker als im kühleren Licht von 7.500 K. Aus diesem Grund wurde noch eine zusätzliche Einheit für den Weißabgleich entwickelt, das Mired. Erfreulicherweise ist die Einheit recht einfach aufgebaut:

$$\text{Farbtemperatur in Mired} = \frac{1.000.000}{\text{Farbtemperatur in Kelvin}}$$

Der Vorteil dieser Einheit ist, dass gleiche Differenzen gleichen Farbverschiebungen entsprechen. Genutzt wird die Einheit in der Feinabstimmung des Weißabgleichs.

Die Weißabgleichsoptionen der D500

Optionen		Farbtemperatur ca.
AUTO	Automatisch	3.500 – 8.000 K
	$AUTO_0$ Weiß bewahren (warme Farben reduzieren)	
	$AUTO_1$ Normal	
	$AUTO_2$ Warme Lichtstimmung	
Kunstlicht		3.000 K
Leuchtstofflampe		
	1 Natriumdampflampe	2.700 K
	2 Warmweißes Licht	3.000 K
	3 Weißes Licht	3.700 K
	4 Kaltweißes Licht	4.200 K
	5 Tageslicht (weiß)	5.000 K
	6 Tageslicht	6.500 K
	7 Quecksilberdampflampe	7.200 K
Direktes Sonnenlicht		5.200 K
Blitzlicht		5.400 K
Bewölkter Himmel		6.000 K
Schatten		8.000 K
K Farbtemperatur auswählen		2.500 –10.000 K
PRE Eigener Messwert		–

▲ *Die Liste gibt die WB-Einstellungsoptionen der Nikon D500 wieder.*

Vorteile des automatischen Weißabgleichs

Die Voreinstellung der Nikon D500 ist der automatische Weißabgleich *AUTO1*. Die Automatik der D500 arbeitet in sehr vielen Fällen ausgezeichnet und deckt einen weiten

Live-View-Monitorweißabgleich

Um den Weißabgleich auf dem Monitor sicher beurteilen zu können, muss die Farbdarstellung des Displays selbst natürlich ebenfalls einwandfrei sein. Sie können deshalb im ***SYSTEM***-Menü unter ***Monitorfarbabgleich*** die Darstellung des Monitorbildes anhand eines Referenzfotos auf der Speicherkarte optimieren.

Bereich von etwa 3.500 K bis 8.000 K ab. Das schließt unter normalen Bedingungen Sonnenschein, moderat bewölkten Himmel und leichten Schatten mit ein. Vor allem in Situationen, in denen sich die Farbtemperatur ständig ändert, also z. B. schnell vorbeiziehende Wolken am Himmel, ist der automatische Weißabgleich eine große Erleichterung für den Fotografen.

Erstaunlich gute Ergebnisse liefert der automatische Weißabgleich auch in einfachen Mischlichtsituationen. In Innenräumen, in denen sowohl Tageslicht z. B. durch ein Fenster fällt als auch andere Beleuchtungsquellen vorhanden sind, arbeitet die Automatik in zahlreichen Fällen gut.

Für spezielle Lichtstimmungen, wie z. B. einen Sonnenuntergang, schalten Sie besser auf die etwas wärmere Farbstimmung des Modus *AUTO2* um. Dieser Modus bewahrt die rötliche Lichtfarbe. Ursprünglich graue oder weiße Flächen erhalten dann aber manchmal einen rötlichen Farbstich. Der Modus *AUTO0* versucht im Gegensatz dazu graue und weiße Flächen immer exakt zu erhalten, im Zweifelsfall auch auf Kosten der Lichtstimmung.

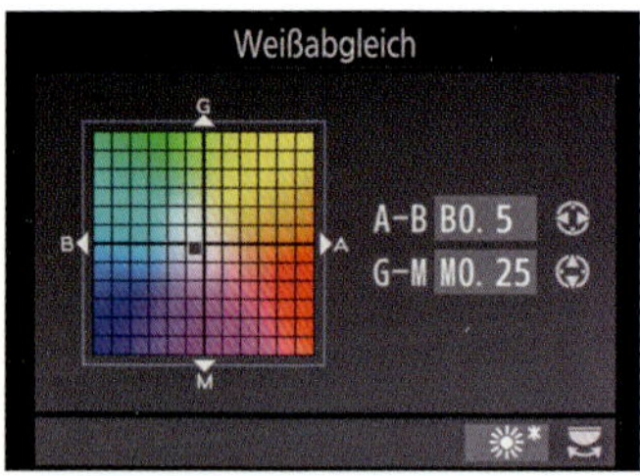

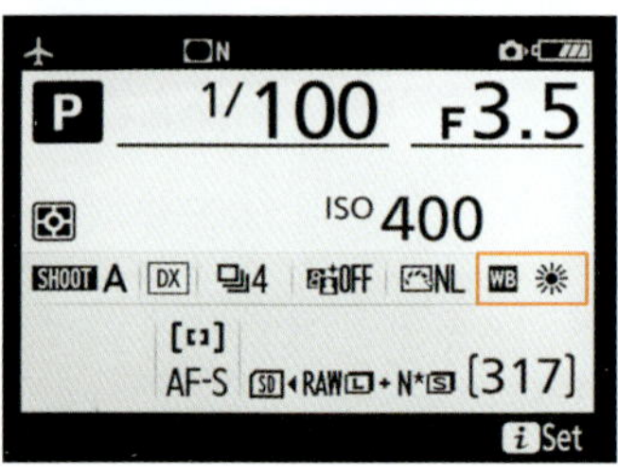

▲ *Die aktuelle WB-Einstellung kann bei Druck auf die WB-Taste und mit aktiviertem Info-Screen angepasst und mit dem hinteren Einstellrad geändert werden. Ein kleiner Stern oben rechts bedeutet, dass das Weißabgleichsprofil angepasst wurde.*

Um den Weißabgleich Ihren Wünschen gemäß einzustellen, können Sie entweder über das Menü ***FOTOAUFNAHME/ Weißabgleich*** gehen oder die Taste WB und das hintere Einstellrad nutzen. Mit letzterer Methode kontrollieren Sie den eingestellten Wert auf dem Monitor. In die dritte Ebene der Einstellungen für die Umstellung *AUTO0/ AUTO1/AUTO2* oder die Differenzierung von ***Leuchtstofflampen*** gelangen Sie aber nur über das Kameramenü.

Mit einem Druck auf die WB-Taste und dem vorderen Einstellrad können Sie schnell entlang der X-Achse (Blau/ Amber) in 0.5 Schritten navigieren. In der Live-View bekommen Sie einen direkten Eindruck von der geänder-

Flexibler Weißabgleich mit dem RAW/NEF-Format

Speichern Sie Ihre Bilder im NEF-Format, erhalten diese die Sensordaten und einen zugeordneten Wert für den Weißabgleich. Die Kamera hat diesen zwar für die Farbzuordnung verrechnet, aber nur für das Vorschaubild. Sie können also am Computer z. B. mit Nikon Capture NX-D oder ViewNX-i die Sensordaten mit einem anderen Farbtemperaturwert verarbeiten und so ungestraft mit dem Weißabgleich experimentieren.

ten Einstellung und können bereits eine recht gute Beurteilung des späteren Fotos vornehmen. Bei den von der Kamera gemessenen Farben stellt sich noch die Frage nach der Herkunft des Lichts. Es gibt ja z. B. zahlreiche unterschiedliche Lichtquellen, Reflexionen von farbigen Flächen und Lichtstreuungen in der Atmosphäre, die die Lichtfarbe beeinflussen können. Die Beleuchtung kann z. B. das Farbspektrum des aufgenommenen Bildes komplett verschieben. Um solche Verschiebungen berücksichtigen zu können, benötigt die Kamera, wie bei der Belichtungssteuerung, eine Referenz, um die gemessenen Farbinformationen richtig zuordnen zu können. Normalerweise dient als Referenzfarbe Weiß, Neutralgrau oder Schwarz.

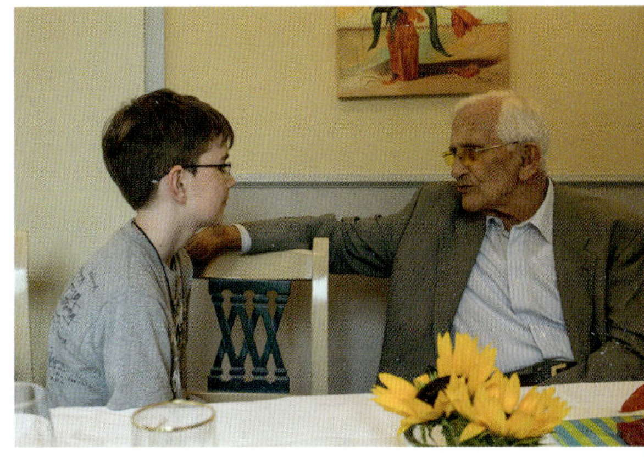

35 mm | f/5,6 | 1/80 Sek. | ISO 3200

▲ *Solche Szenen mit ganz unterschiedlichen Lichtquellen, von links kühles Tageslicht, von rechts Glühlampenlicht und die Reflexion der gelben Tapete, bringen den automatischen Weißabgleich an seine Grenzen. Aber auch mit manuellem Abgleich ist es unter diesen Bedingungen nicht einfach, realistische Farben einzustellen.*

Erst wenn die D500 einen eindeutigen Referenzwert hat, kann sie die gesamten Messwerte des Sensors richtig zuordnen und ein farbrichtiges Bild erzeugen. Die Referenzfarbe legt dabei die Gewichtungsfaktoren für die einzelnen Farbkanäle fest.

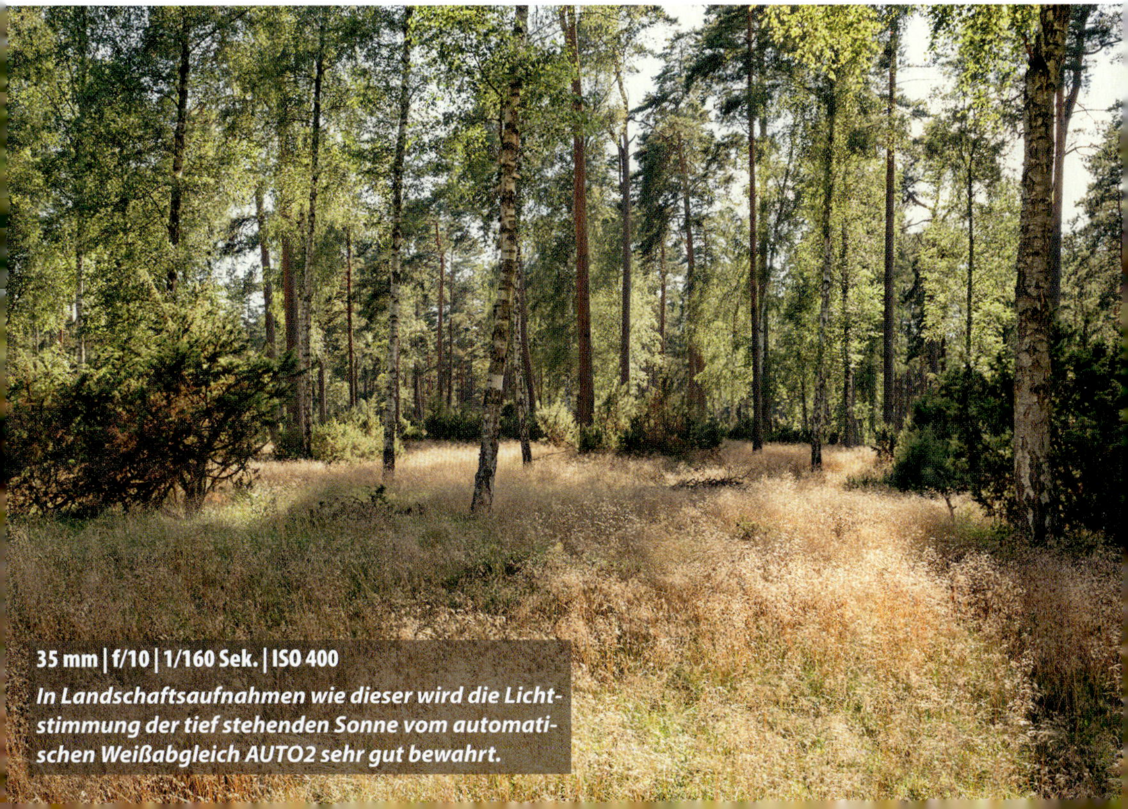

35 mm | f/10 | 1/160 Sek. | ISO 400

In Landschaftsaufnahmen wie dieser wird die Lichtstimmung der tief stehenden Sonne vom automatischen Weißabgleich AUTO2 sehr gut bewahrt.

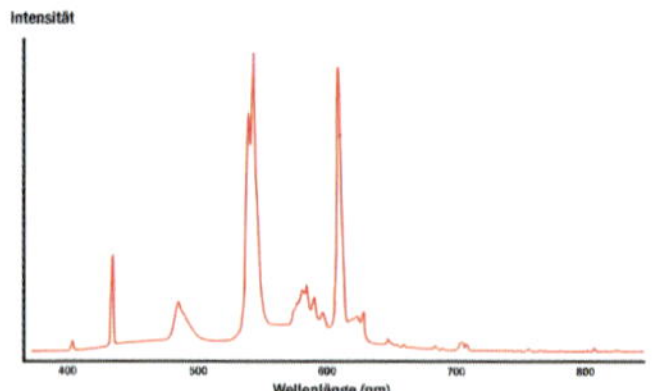

Licht von Leuchtstofflampen und Energiesparlampen

In dem Maße, in dem die gute alte Glühbirne ausgemustert wird, wandert das Interesse zu energieeffizienteren Leuchtmitteln wie Leuchtstoffröhre, Energiesparlampen und LEDs. Eine Besonderheit stellt deshalb auch die starke Differenzierung der Einstellung ***Leuchtstofflampe*** in den Einstellungen der Weißabgleichsoptionen dar.

Dieser Lampentyp ist recht unterschiedlich aufgebaut und emittiert Licht ganz unterschiedlicher Farbtemperaturen. In den meisten Fällen senden die Lampen überdies kein kontinuierliches Spektrum aus, sondern nur einzelne, relativ scharf umrissene Spektrallinien. Deren Farben ergeben additiv dann die Leuchtfarbe der Röhre. Gleiches gilt im Wesentlichen auch für Energiesparlampen. Das Spektrum von LEDs liegt, was die Verteilung des Spektrums angeht, etwa in der Mitte zwischen Leuchtstofflampen und Glühbirnen. Die D500 kann die Besonderheiten der daraus resultierenden Farbtemperatur erfassen und verarbeiten.

Für LED-Licht hilft im Zweifelsfall nur das Ausprobieren, welche Einstellung am ehesten zum Ziel führt. Vor allem sehr preisgünstige LED-Lampen besitzen nicht selten zusätzlich einen erkennbaren Farbstich, meist ins Grün- oder Gelbliche. In diesen Fällen hilft meist nur eine individuelle Feinabstimmung des Weißabgleichs weiter oder Sie nutzen eine Graukarte.

Der Weißabgleich beim Blitzen

Die Farbtemperatur des Blitzlichts liegt bei etwa 5.600 K (SB-910), dem hellen Mittagslicht. Die Weißabgleichseinstellung ***Blitzlicht*** bringt aber häufig einen leicht warmen Farbton ins Bild, der einer geringeren Farbtemperatur entspricht. Wenn das nicht gewünscht ist, ist die Einstellung ***Direktes Sonnenlicht*** meist eine gute Alternative. Sie sorgt für wesentlich neutralere Farben.

Dieses Verhalten ist deshalb etwas erstaunlich, da die Nikon-Blitze (z. B. SB-700, SB-900, SB-910, SB-5000) im Rahmen des Nikon **C**reative **L**ighting **S**ystem (CLS) die Farbtemperaturübertragung beherrschen, die dafür sorgt, dass die Farbtemperaturinformationen des Blitzlichts automatisch auf die Kamera übertragen werden. Auf diese Weise soll sichergestellt werden, dass der Weißabgleich der Kamera automatisch angepasst wird.

Selbst wenn ein Farbkorrekturfilter genutzt wird, während der Weißabgleich der Kamera auf *AUTO1* oder *Blitzlicht* eingestellt ist, soll automatisch die Filterart an die Kamera übermittelt und der Weißabgleich der Kamera entsprechend angepasst werden, sodass die richtige Farbtemperatur erreicht wird.

5.1 Feinabstimmung des Weißabgleichs

Die Nikon D500 bietet die Möglichkeit, die voreingestellten Werte des Weißabgleichs individuell anzupassen. Das geht sogar recht einfach und schnell. Rufen Sie das Menü *FOTOAUFNAHME/Weißabgleich* auf, drücken Sie auf dem Multifunktionswähler nach rechts, wählen Sie eine Einstellung und drücken Sie erneut nach rechts. So gelangen Sie in das Feinabstimmungsmenü.

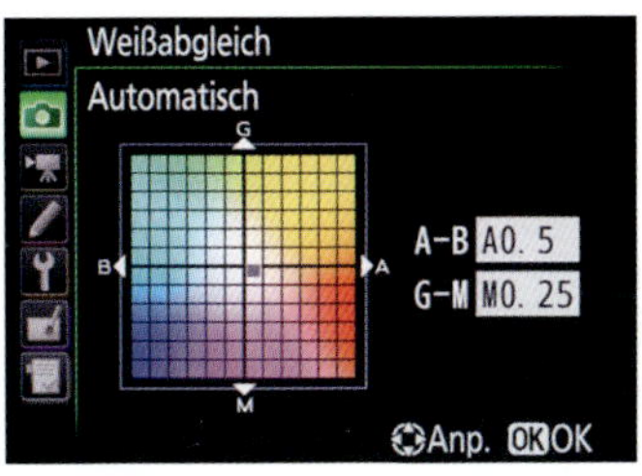

Das angezeigte Koordinatensystem spannt auf der x-Achse die Farbverschiebung **A**mber-**B**lau (A-B) auf und auf der y-Achse eine **G**rün-**M**agenta (G-M)-Verschiebung. Der Weißabgleich wird auf der A-B-Achse in Schritten von 0,5 eingestellt, was etwa 5 Mired entspricht.

Auf der senkrechten G-M-Achse kann eine Farbstichkorrektur in Schritten von 0,25 vorgenommen werden. Mit der D500 arbeite ich beispielsweise, wie in der Abbildung zu sehen ist, mit einer leichten Korrektur der *AUTO1*-Einstellungen von *A0.5* und *G0.5* oder für Porträts eher mit *A0.5* und *M0.75*.

Denken Sie bei diesen Änderungen daran, dass die Einstellungen dauerhaft gespeichert sind, also immer angewandt werden. Sie sollten sich deshalb, falls notwendig, vorsichtig an einen optimalen Korrekturwert herantasten, sonst haben Sie nach der Korrektur mehr Arbeit als ohne.

Modifizierte Weißabgleichseinstellungen werden in der Anzeige mit einem kleinen Stern kenntlich gemacht .

Testbilder sind unerlässlich

Wenn Sie im JPEG-Format speichern, also später einen Farbstich nur schwer ändern können, und sich nicht sicher sind, ob der Weißabgleich stimmt, machen Sie Testbilder. Nutzen Sie dazu evtl. die Funktion Weißabgleichsreihe (siehe S. 145). Schauen Sie sich die Fotos auch in der Vergrößerung genau an. Am Histogramm kann man übrigens in aller Regel einen Farbstich nicht erkennen, auch nicht an den Histogrammen der einzelnen Farbkanäle.

5.2 Die Farbwirkung in der Live-View beurteilen

Wenn Sie statt des Suchers die Live-View nutzen, kann Ihnen die Kamera schon einen guten ersten Eindruck davon liefern, welche Farbstimmung Sie erhalten werden. Das ausgezeichnete Display der D500 erlaubt eine deutlich bessere Beurteilung des Fotos als die Monitore vieler anderer Kameras. Deshalb nutzen Sie diesen Vorteil für den Weißabgleich.

Dazu sollten Weißabgleich und Monitorfarbabgleich möglichst exakt abgestimmt werden, damit eine entsprechend genaue Beurteilung bereits auf dem Kameradisplay möglich ist.

Nicht vergessen werden sollte natürlich auch, dass eine absichtlich deutlich unterkühlte oder eine zu warme Farbgebung sehr schöne Effekte erzeugen kann. Eine generelle Empfehlung für entsprechende Einstellungen kann aber nur schwer ausgesprochen werden, zu unterschiedlich sind die Motive und auch der Geschmack des Betrachters. Ein bisschen kreatives Herumspielen mit dem Weißabgleich ist deshalb immer einmal erlaubt.

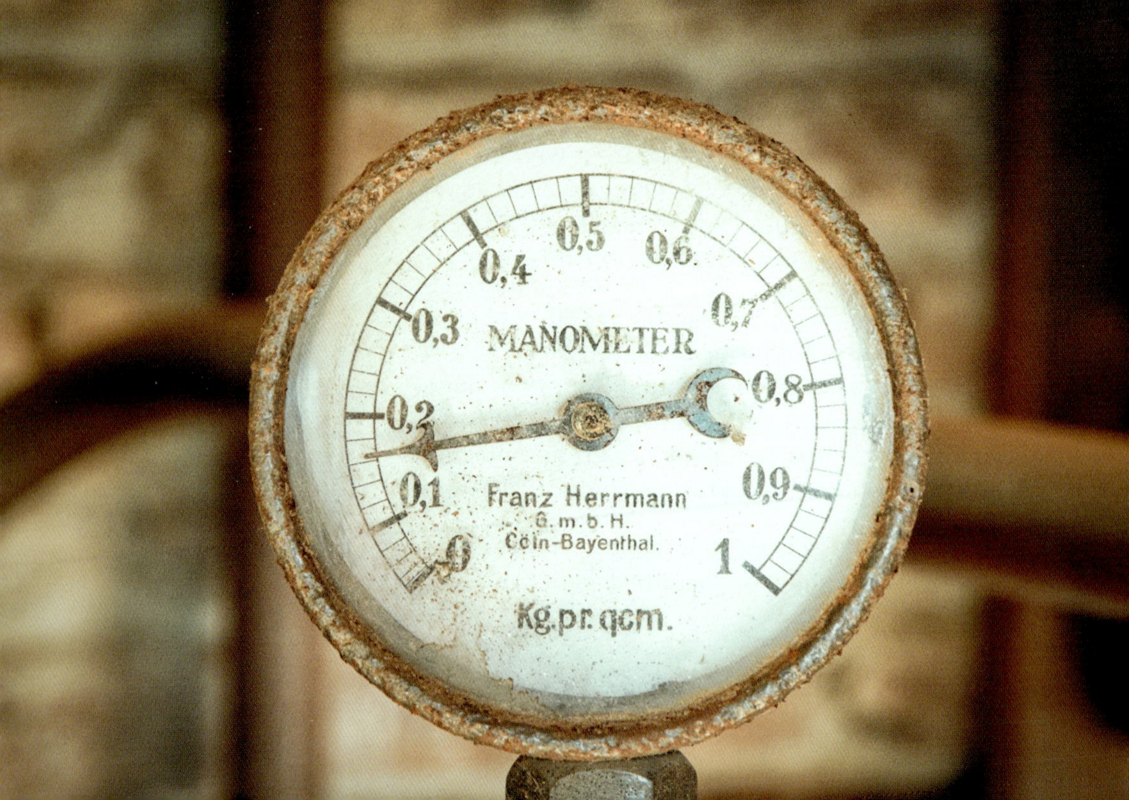

▼ *Mit einer starken Verschiebung des Weißabgleichs hin zu wärmeren Farben lässt sich ganz leicht ein schöner Vintage-Effekt erzeugen.*

120 mm | f/5,6 | 1/80 Sek. | ISO 3600

5.3 Die Graukarte als Hilfsmittel

Wenn Sie keine aufwendige WB-Messung vornehmen wollen, bietet es sich an, eine Graukarte einzusetzen. Graukarten sind Kunststoffkarten, die von Visitenkartengröße bis DIN A3 reichen und als „Farbe“ einen 18-prozentigen Grauwert ausweisen.

Der Weißabgleich auf eine solche Graukarte gewährleistet bei einheitlichem Licht am besten eine neutrale Farbwiedergabe. Bei Aufnahmen aus der Natur mit ihrem heterogen zusammengesetzten Licht, das zudem oft eine bestimmte Stimmung wiedergeben soll, führt dies nicht in jedem Fall zu hinreichenden Resultaten. Eine Graukarte erzielt nur dann ein überzeugendes Ergebnis, wenn sie von weißem Licht beleuchtet wird, wie es z. B. bei Studioanlagen gegeben ist.

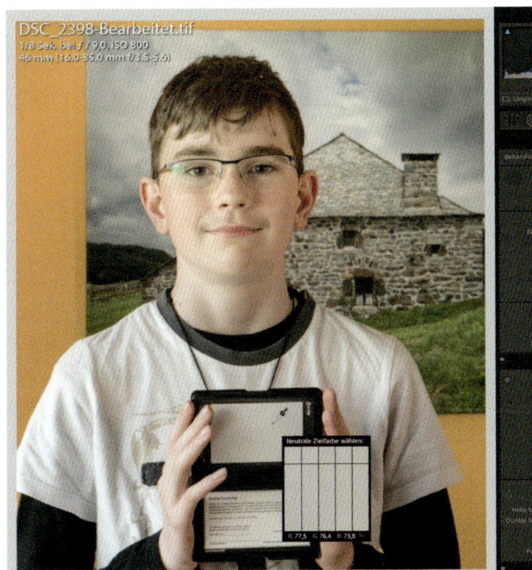

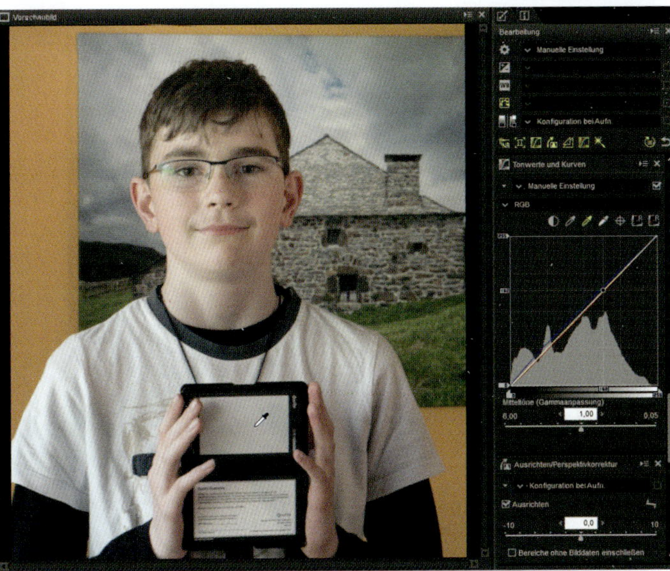

▲ *Im RAW-Format reicht ein einfacher Klick mit der Pipette in Lightroom oder Capture NX-D auf die Graukarte, um den korrekten Weißabgleich zu setzen.*

Machen Sie ein Foto dieser Graukarte bei den gegebenen Lichtverhältnissen. Da der Grauwert dieser Karte genau bekannt ist, können Sie mit einem guten Bildverarbeitungsprogramm wie Adobe Photoshop oder Nikon Capture NX2/NX-D die Farbwiedergabe anhand dieser Kartenabbildung kalibrieren. Am überzeugendsten funktioniert das natürlich im NEF-/RAW-Format. Dort kann der Weißabgleich auch im Nachhinein relativ einfach geändert werden. Die Graukarte

Kein weißes Papier verwenden

Manche Fotografen behelfen sich mit einem weißen Blatt Papier, um einen Referenzwert für den Weißabgleich zu bekommen.

Papier ist allerdings häufig oberflächenbehandelt und/oder enthält optische Aufheller, die den Weißabgleich in die Irre führen können.

macht es Ihnen aber besonders einfach, mit der Pipette eine exakte Einstellung zu finden. Im JPEG-Format ist die Kalibrierung auf den Grauwert ebenfalls möglich, allerdings in wesentlich engeren Grenzen. Am einfachsten geschieht dies mit der Gradationskurve. In Photoshop CC sieht das dann so aus wie im Bild auf Seite 143. Mit der kleinen, mittleren Pipette klicken Sie in die Graukarte im geladenen Foto. Die farbigen Kurven im Histogramm stellen dann die Farbkorrekturen für die einzelnen Farbkanäle dar, die Photoshop zur Einstellung des korrekten Weißabgleichs vornimmt.

5.4 Farbtemperatur manuell einstellen

In manchen Situationen ist es notwendig, einen wirklich objektiven Weißabgleich vorzunehmen, der also unabhängig vom eigenen Farbempfinden ist. Vor allem in der Studiofotografie mit exakt definierten Lichtquellen ist das eine sinnvolle Vorgehensweise. Für den manuellen Weißabgleich bietet Ihnen die D500 zwei Möglichkeiten:

- Die direkte Einstellung eines festen Wertes für die Farbtemperatur. Das ist in Situationen mit Blitzlichtern mit bekannter und einheitlicher Farbtemperatur als Hauptlichtquelle eine schnelle Möglichkeit, den Weißabgleich einzustellen.
- Sie können ebenfalls einen eigenen Messwert für den Weißabgleich als Referenzwert festlegen. Diese Möglichkeit ist meistens flexibler, aber auch aufwendiger. Sie bietet sich an, wenn die vorhandene Farbtemperatur nicht genau bekannt ist, die Temperaturen voneinander abweichen oder es durch Reflexionen etc. zu Farbabweichungen kommen kann.

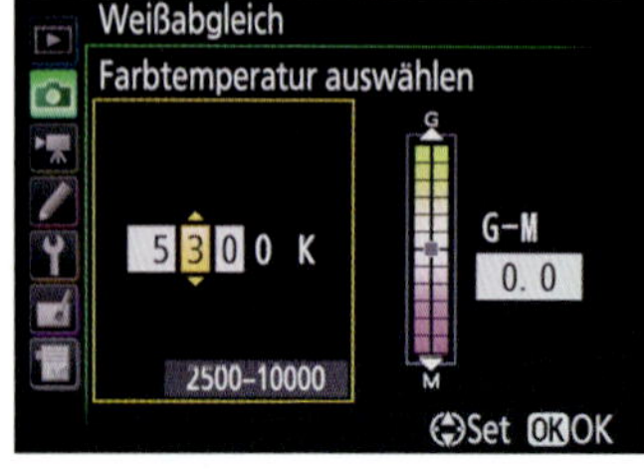

Wenn Sie z. B. in einer Lichtbox Objekte fotografieren, die von außen mit einheitlichem Blitzlicht beleuchtet werden, können Sie versuchen, eine feste Farbtemperatur an der D500 anzugeben. Im Menü ***FOTOAUFNAHME/Weißabgleich/Farbtemperatur auswählen*** kann mit den Tasten des Multifunktionswählers zwischen den Werten 2.500–10.000° K eingestellt werden. Für meine Blitzanlage wäre das z. B. der Wert 5.600 K.

Viele Studioblitze halten die angegebene Farbtemperatur recht konstant ein, auch wenn es hin und wieder Alterungserscheinungen gibt. Allerdings habe ich es schon erlebt, dass bereits der alleinige Einsatz einer Softbox die Lichttemperatur erkennbar verändert, von anderen Effekten einmal ganz zu schweigen.

Weißabgleichsreihe

Die Nikon D500 bietet auch noch an, eine Weißabgleichsreihenfunktion durchzuführen. Diese Funktion steht Ihnen allerdings nur dann zur Verfügung, wenn Sie ausschließlich im JPEG-Format aufnehmen.

Stellen Sie im Menü ***FOTOAUFNAHMEN*** die ***Autom. Belichtungsreihen*** auf den Eintrag ***WB Weißabgleichsreihe***. Anschließend drücken Sie die BKT-Taste an der linken Kameraseite und stellen mit dem hinteren Einstellrad die Anzahl der Aufnahmen ein.

Weißabgleichsreihe bleibt bestehen

Denken Sie daran, die Weißabgleichsreihe wieder explizit zurückzustellen. Ansonsten würde die BKT-Einstellung bestehen bleiben und Sie würden sich sicherlich über ständig wechselnde Farbtemperaturen in Ihren Fotos wundern.

Im Info-Display erscheint der Punkt *WB-BKT* (im oberen Display und im Sucher nur *BKT*), die Lichtwaage zeigt Stärke und Richtung der Verschiebung an. Mit dem vorderen Einstellrad kann die Schrittweite für die Weißabgleichsreihe gewählt werden. Jeder Schritt entspricht etwa 5 Mired.

Eine Verschiebung des WB in nur eine Richtung lässt sich mit einem Druck auf die BKT-Taste und einer Drehung des hinteren Einstellrads nach links erreichen: B2F bzw. A2F. Bei eingestellten höheren B-Werten ergibt sich eine Farbverschiebung in Richtung **B**lau (B) und entsprechend bei eingestellten A-Werten eine Verschiebung in Richtung **A**mber (A).

5.5 Weißabgleich mit eigenen Messwerten

Ein Weißabgleich mit einem eigenen Messwert ist auf genau eine feste Lichtsituation beschränkt, kann diese aber sehr genau festhalten. Jede Änderung der Lichtsituation kann aber einen neuen Messwert notwendig werden lassen.

Die D500 bietet für die Messwerte sechs Speicherplätze (*d-1* bis *d-6*). In der Regel wird ein neues Foto als Referenz aufgenommen. Fotografieren Sie ein Referenzobjekt, am besten eine Graukarte, unter genau den Lichtbedingungen, unter denen dann die endgültige Aufnahme gemacht werden soll. Stellen Sie im Modus M die Belichtungsskala auf ±0. Beim Messen des Weißabgleichs wird die Belichtung automatisch um +1 LW erhöht.

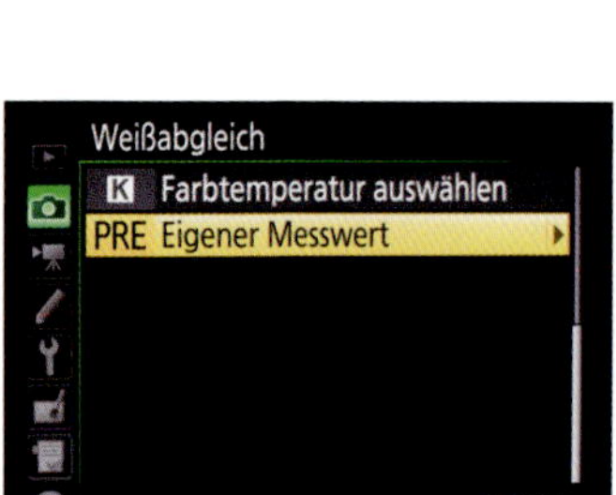

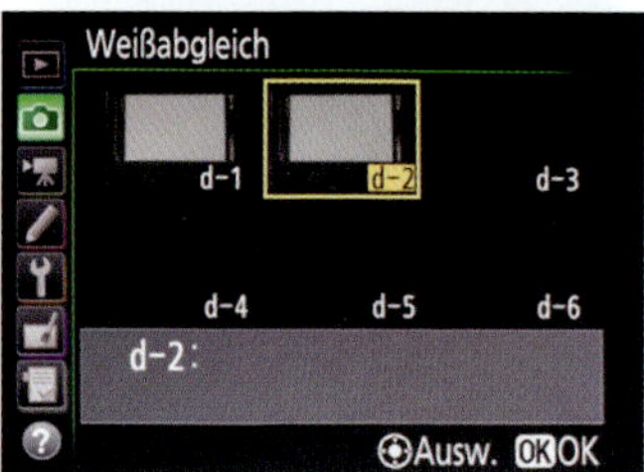

Wählen Sie im Menü ***Weißabgleich*** den Eintrag ***PRE Eigener Messwert*** oder drücken Sie die Taste WB und stellen Sie mit dem hinteren Einstellrad den Weißabgleich auf den Wert *PRE*. Mit dem vorderen Einstellrad können Sie den Speicherplatz *d1* bis *d6* für die Aufnahme wählen.

Anschließend lassen Sie die WB-Taste los und drücken sie dann gleich wieder für einige Sekunden, bis im Display die Anzeige *PRE* zu blinken beginnt. Nehmen Sie jetzt das gewünschte Referenzbild formatfüllend auf. Dazu muss die Kamera nicht fokussieren, ein Weißabgleich ist auch ohne Scharfstellung möglich. Das aufgenommene Foto erscheint nicht in der Wiedergabeansicht. Ist der Weißabgleich erfolgreich, blinkt einige Sekunden lang auf dem Display *Good* bzw. im Sucher *Gd*. Erscheint der Schriftzug *no Gd*, müssen Sie den Vorgang wiederholen.

Achten Sie darauf, dass Sie genau das Licht auf die Karte einwirken lassen, an dessen Lichttemperatur Sie sich orientieren wollen. Verwenden Sie nicht den Blitz, denn selbst wenn Sie eine Mischung aus Umgebungslicht und Blitzlicht vermessen wollten, bekämen Sie bei der Nutzung des Blitzlichts auf ein so begrenztes Ziel in der Regel nicht die gleiche Lichtmischung hin wie beim realen Motiv. Der Blitz würde in jedem Fall eine beherrschende Lichtquelle darstellen, und so wäre in den meisten Fällen das Messergebnis wertlos. Vergessen Sie nicht, einen aussagekräftigen Kommentar zu hinterlegen, um später eine erneute Zuordnung zu erleichtern.

Haben Sie schon früher Referenzwerte unter genau definierten Bedingungen erstellt, können Sie auch ein Bild auswählen, das sich bereits auf der Speicherkarte befindet. Den Weißabgleich des gewählten Bildes können Sie dann wiederum mit der Feinabstimmung optimieren. Es macht Sinn, dieses Bild dann gleich zu schützen.

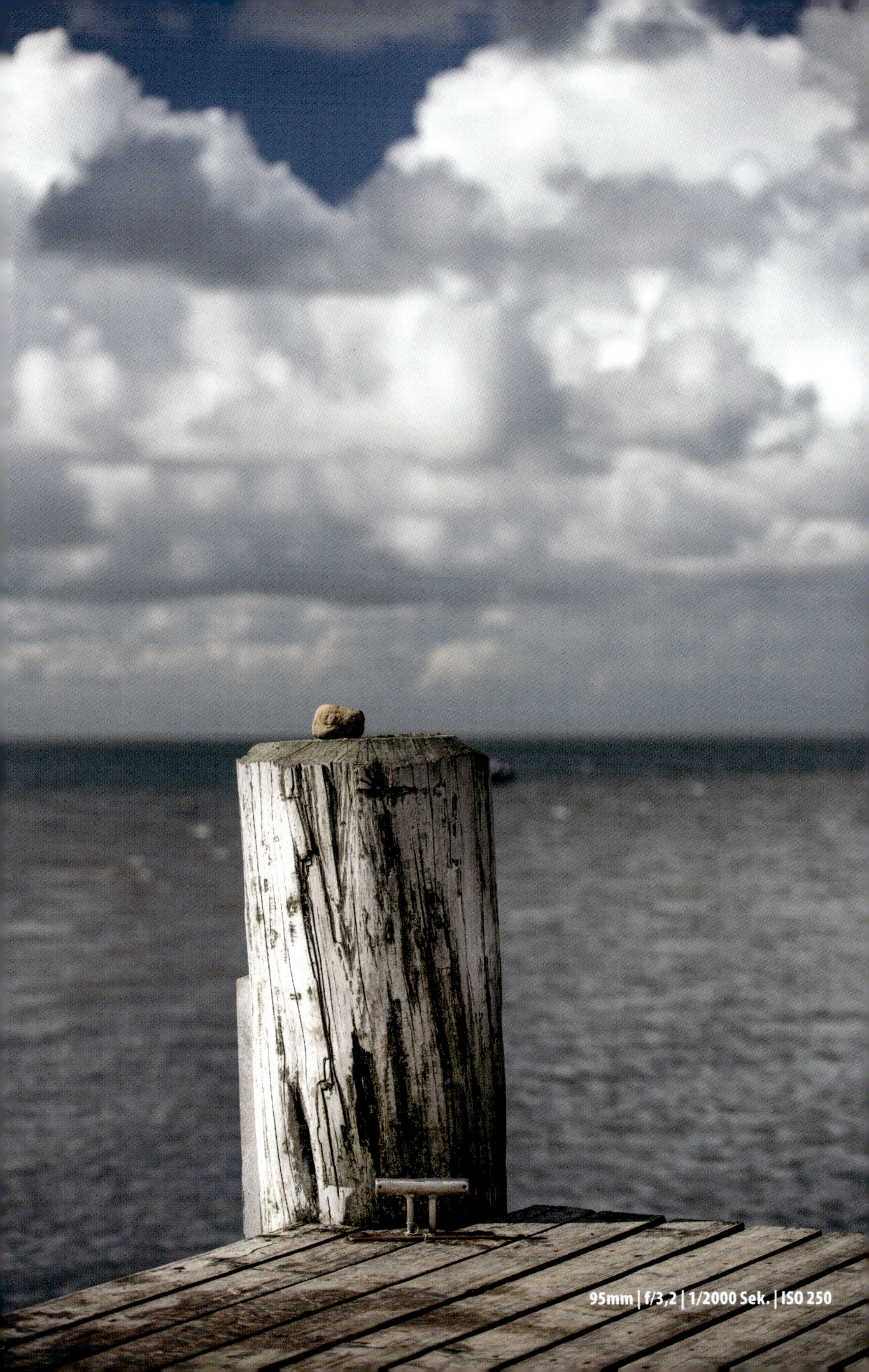

95mm | f/3,2 | 1/2000 Sek. | ISO 250

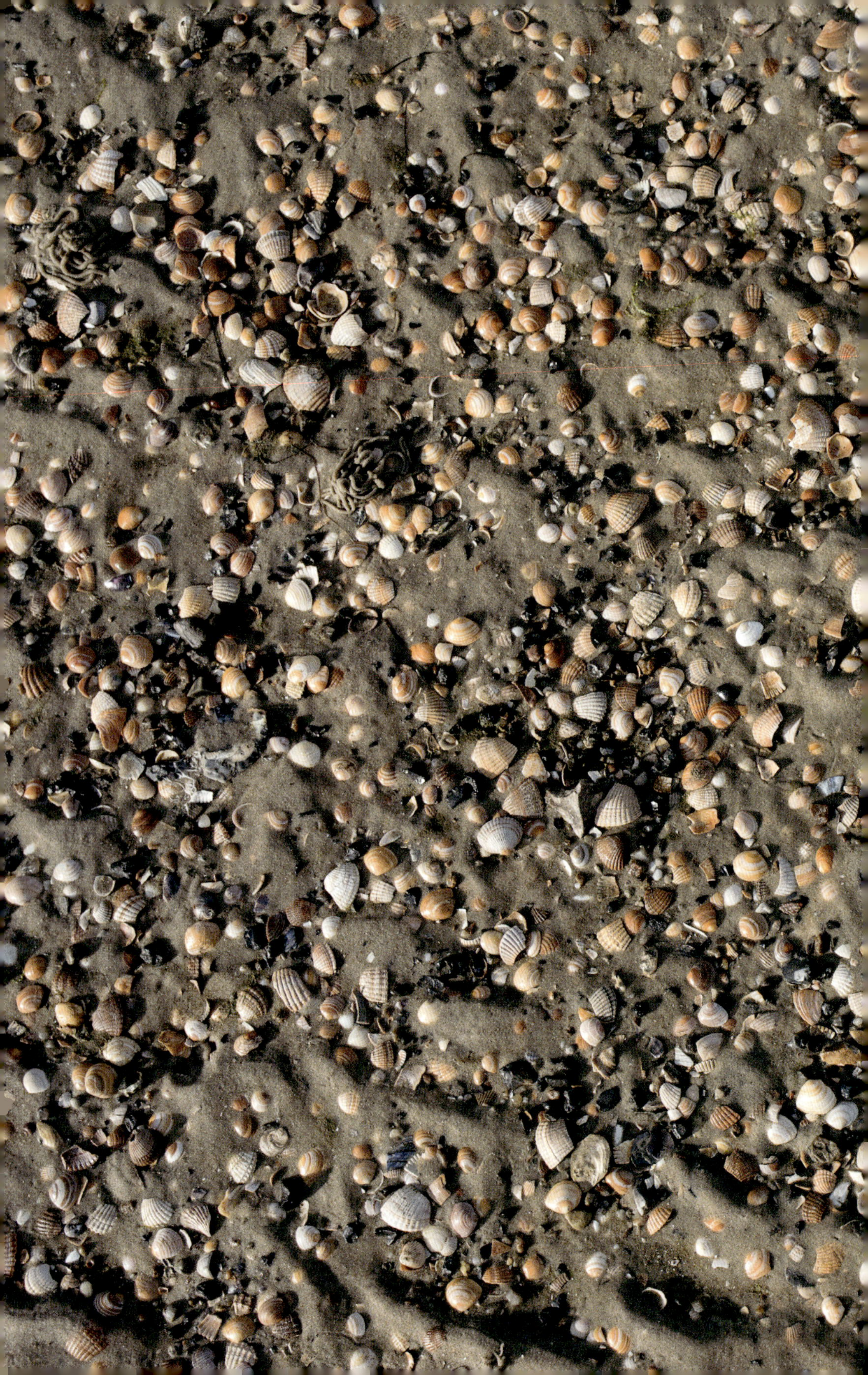

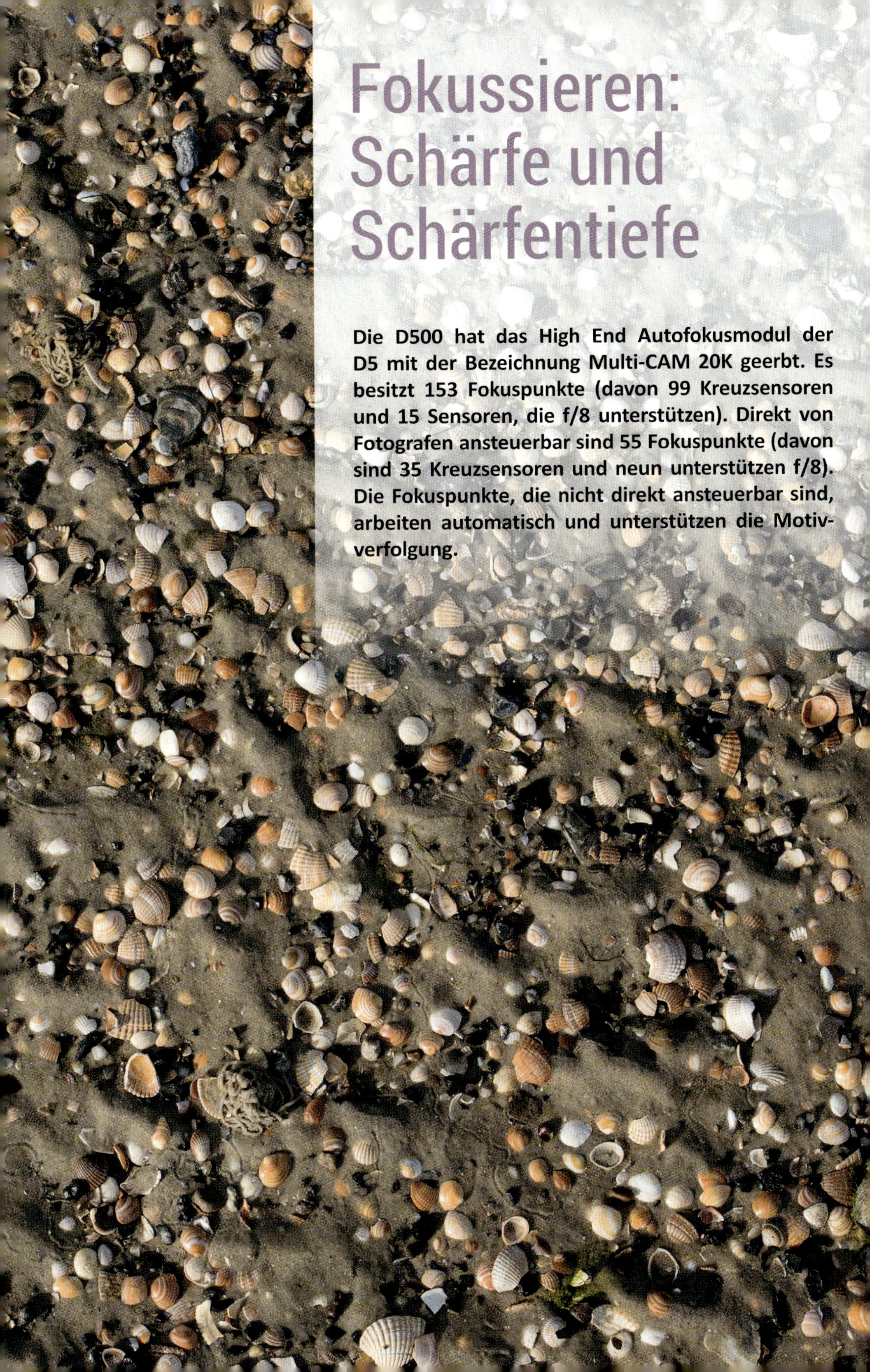

Fokussieren: Schärfe und Schärfentiefe

Die D500 hat das High End Autofokusmodul der D5 mit der Bezeichnung Multi-CAM 20K geerbt. Es besitzt 153 Fokuspunkte (davon 99 Kreuzsensoren und 15 Sensoren, die f/8 unterstützen). Direkt von Fotografen ansteuerbar sind 55 Fokuspunkte (davon sind 35 Kreuzsensoren und neun unterstützen f/8). Die Fokuspunkte, die nicht direkt ansteuerbar sind, arbeiten automatisch und unterstützen die Motivverfolgung.

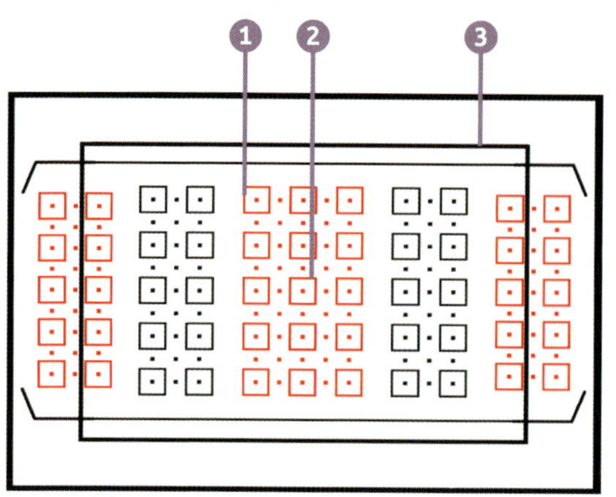

153 Fokus-Punkte ▢ · ▢ · (99 Kreuzsensoren rot)
55 Anwählbare Fokus-Punkte ▢ ▢ (35 Kreuzsensoren rot)

▲ *Die Anordnung der AF-Sensoren. Die rot gekennzeichneten Sensoren ❶ sind Kreuzsensoren, die schwarzen Liniensensoren. Das mittlere AF-Feld ❷ kann bis hinunter zu –4 LW arbeiten, alle anderen bis –3 LW. Der innere schwarze Rahmen ❸ kennzeichnet die 1.3x Cropfläche. In diesem Modus stehen natürlich nur die innerhalb der Markierung stehenden Sensoren zur Verfügung.*

Der zentrale AF-Fokuspunkt arbeitet bis hinunter zu –4 LW, kommt also mit sehr wenig Licht aus. Die restlichen Sensoren funktionieren auch immerhin bis –3 LW herunter. Die dynamische Messfeldsteuerung trägt jetzt der großen Anzahl von Fokusmessfeldern Rechnung und ist unterteilt in 25, 72 und 153 Messfelder. Neu im APS-C Lager ist die Messfeldgruppensteuerung (Group Area AF), die bislang den Vollformatkameras vorbehalten war.

Es sollte deshalb über alle mehr oder weniger exakten Definitionen der Schärfe und deren technische Umsetzung nicht vergessen werden, dass der Bildeindruck grundsätzlich eine subjektiv geprägte Wahrnehmung ist, etwa so wie der Ausdruck „weiches Licht“. Jeder wird in seiner Vorstellung eine etwas andere Erwartung an den Begriff der Schärfe haben und aufgrund seiner Erfahrung und Erwartung die Schärfe auch unterschiedlich beurteilen.

Es ist in zahlreichen Motivsituationen und Lichtverhältnisse gar nicht sinnvoll, das technisch Machbare auch tatsächlich auszureizen. Es wurde ja auch schon in einigen Beispielen gezeigt, dass eine durchgehende Schärfe im Foto unter bestimmten Gesichtspunkten gar nicht gewollt ist. Wohl niemand möchte ein sommerliches Kinderporträt oder eine romantische Abendstimmung bei Kerzenschein mit analytischer Schärfe aufnehmen.

Schärfe beurteilen

Natürlich ist der Begriff „Schärfe“ deshalb nicht der schieren Willkür ausgesetzt. Die Schärfe setzt sich aus drei Komponenten zusammen, die genau messbar sind: der Auflösung, dem Kontrast und der Kantenschärfe.

Unter der Auflösung kann man sich die Erkennbarkeit feiner und feinster Strukturen vorstellen. Sie wird in der Regel von der Ausrüstung vorgegeben, hängt aber in der Praxis auch vom individuellen Sehvermögen ab. Der Kontrast bezeichnet die Stärke der Helligkeitsunterschiede in einem

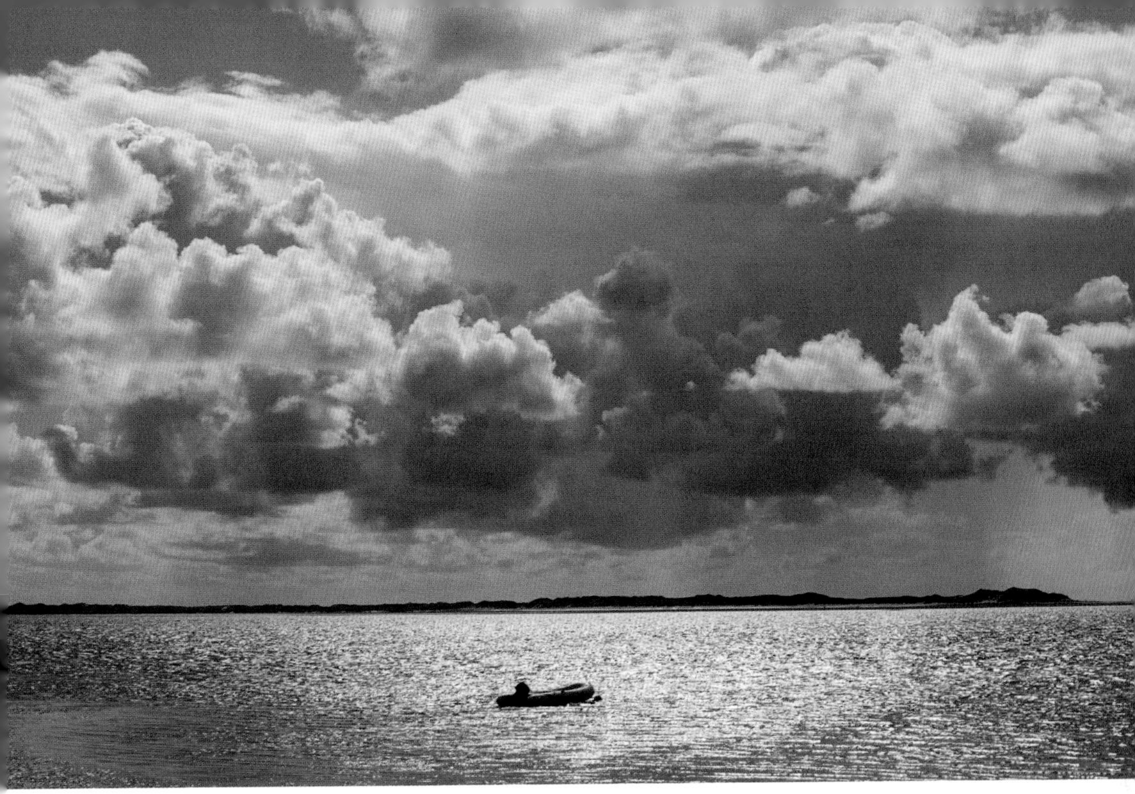

70 mm | f/10 | 1/1250 Sek. | ISO 100

▲ *Die durchgängige Schärfentiefe vom Vordergrund bis in den Hintergrund bestimmt die Bildwirkung dieses Fotos.*

Bild oder zwischen einzelnen Bildpunkten. Der gesamte Kontrastumfang in einem Bild wird Dynamik genannt.

Die Kantenschärfe beschreibt, wie abrupt sich die Helligkeit an Kanten ändert. Kontrast und Kantenschärfe lassen sich in der Bildbearbeitung relativ leicht beeinflussen und können bis zu einem gewissen Grad fehlende Auflösung kompensieren. Das Optimum aller drei Komponenten liefert – zumindest rein technisch – das Höchstmaß an Schärfe.

Warum universelle Schärfe nicht immer ein gutes Foto ausmacht

Der subjektive Schärfeeindruck, den der Betrachter eines Fotos hat, lässt sich hingegen nicht rein technisch beschreiben. Er hängt von weiteren Parametern ab, etwa so profanen Dingen wie dem Betrachtungsabstand und von so komplexen wie den Erfahrungen und Erwartungen des Betrachters. Der fortgeschrittene Fotograf wird ganz regelmäßig sowohl Schärfe wie auch Unschärfe (also begrenzte Schärfentiefe) in seine Fotos mit aufnehmen.

Der Motivbestandteil, der dem Fotografen am Herzen liegt, wird scharf abgebildet, Unwichtiges fällt in die Unschärfe. Die Schärfe nimmt in der Fotografie immer eine gewisse Tiefe an.

Das können nur wenige Millimeter sein oder auch Kilometer. Den Bereich, in dem Objekte scharf abgebildet werden, nennt man Schärfentiefe.

Der Fotograf muss stets die Regeln der Schärfentiefe im Auge behalten, um die Schärfe selektiv nutzen zu können:

- Je weiter die Blende geschlossen ist (hoher Blendenwert), desto weiter erstreckt sich die Schärfentiefe.
- Je länger die Brennweite, desto geringer ist die Schärfentiefe.
- Je geringer die Motiventfernung, desto geringer wird die Schärfentiefe und jeweils umgekehrt.

Rein technisch ist die Schärfentiefe noch von weiteren Faktoren abhängig, z. B. der Sensorgröße bzw. dem Pixelpitch. Diese Finessen sollen aber außen vor bleiben, da sie für die D500 konstant bleiben.

Der gezielte Einsatz der Schärfentiefe ist eines der wichtigsten Gestaltungsmittel der kreativen Fotografie. Am einfachsten und effektivsten steuert man die Schärfentiefe über die Blende im Modus A der Kamera.

Unterschiedliche Einsatzgebiete der Schärfe

Der Porträtfotograf nutzt gerne offene Blenden von f/1,2 bis f/2,8 und Brennweiten zwischen 35 mm und 135 mm mit geringer Schärfentiefe. Diese Kombination ermöglicht es, die porträtierte Person scharf abzubilden und den Hintergrund in Unschärfe verschwimmen zu lassen. Diese Unschärfe wird auch als Bokeh bezeichnet.

Der Landschaftsfotograf nutzt häufig und gerne mittlere bis geschlossene Blenden von Blende f/8 aufwärts. Kombiniert mit Brennweiten vom Weitwinkel bis in den Normalbereich von 50 mm und hohen Motivabständen, erzielt er so eine hohe Schärfentiefe, die sich vom Vorder- über den Mittel- bis in den Hintergrund erstreckt.

Der Makrofotograf arbeitet gerne mit lichtstarken Objektiven im leichten Telebereich. Oftmals ist er gezwungen, Blenden oberhalb von f/10 einzusetzen, um bei sehr geringem Motivabstand und mit Brennweiten von 50 mm bis 180 mm noch eine ausreichende Schärfentiefe erzielen zu können.

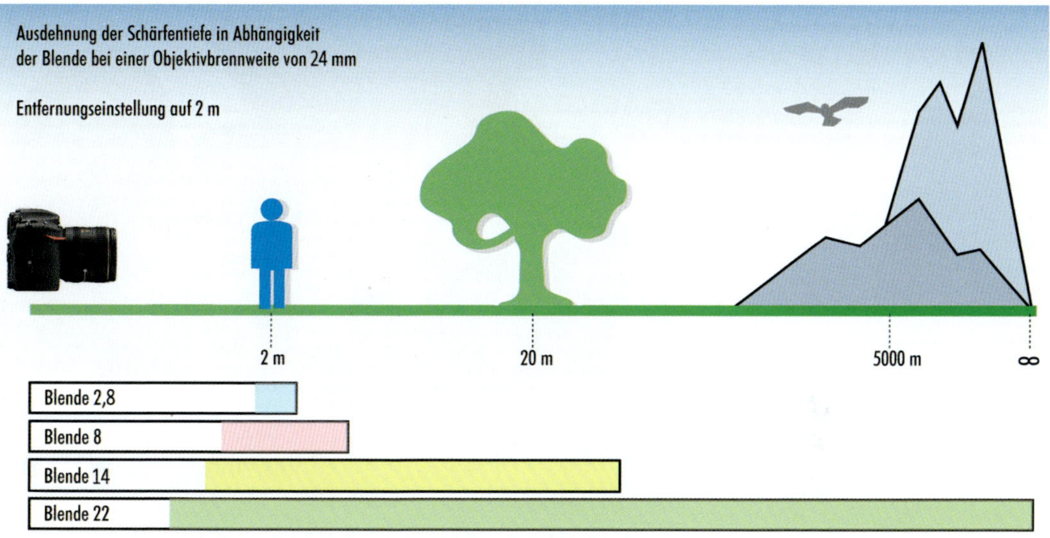

▲ *Die Schärfentiefe in Abhängigkeit von der Blendenöffnung. Die farbig markierten Bereiche stellen die Ausdehnung der Schärfentiefe dar.*

Der Bereich der Schärfentiefe kann leicht berechnet werden. Mussten früher umständliche Tabellen zur Hand genommen werden, gibt es heute für alle Smartphones handliche Apps. Meist werden englische Bezeichnungen verwendet, wie **D**epth **o**f **F**ield Calculator (DoF Calculator).

In der folgenden Tabelle sollen einmal ein paar typische Beispiele für die Ausdehnung der Schärfentiefe aufgelistet werden, damit man sich einen Eindruck machen kann.

Bereich	Blende	Brennweite	Motiv-Entfernung	Schärfentiefe ca.
Porträt	f/1,8	85 mm	2 Meter	3,6 cm
Landschaft	f/8	24 mm	12 Meter	∞ (unendlich)
Gruppe	f/8	50 mm	5 Meter	3,3 Meter
Tiere	f/7,1	300 mm	20 Meter	1,19 Meter
Makro	f/16	105 mm	20 cm	0,1 cm

Abstände richtig kalkulieren

Die AF-Entfernung zum Motiv rechnet sich ab der Sensorebene der Kamera. Neben dem oberen Display ist eine kleine Markierung angebracht. Sie markiert die Sensorebene und damit den Nullpunkt für die Entfernungsmessung.

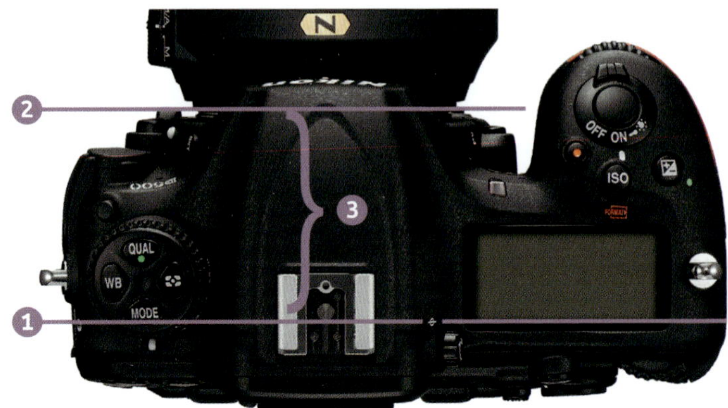

▶ *Die kleine weiße Markierung ❶ symbolisiert die Sensorebene. Das Auflagenmaß ❸ von 4,65 cm berechnet sich bis zum Bajonettanschluss ❷.*

Das Objektiv AF-S DX 16-80 VR hat einen Mindestabstand von 35 cm ab Sensorebene. Die Objektivlänge beträgt ca. 8,55 cm, das Auflagemaß 4,65 cm. Damit ergibt sich ein Mindestabstand des Objekts von etwa 22 cm zwischen Frontlinse und Motiv.

Die Schärfeebene

Die Schärfentiefe spannt sich immer parallel zur Sensorfläche auf und bildet eine Schärfeebene mit definierter Tiefe.

Befindet sich die Sensorebene ❶ parallel zur Motivebene ❷, erscheint das gesamte Bild scharf ❸. Wenn die Sensorebene gekippt wird ❹ das Motiv aber senkrecht steht ❺ erscheint nur der Schnittpunkt und die Ausdehnung der Schärfentiefe scharf ❻, der Rest des Motivs ist unscharf.

Nur wenn Sie Spezialobjektive verwenden, wie Tilt-Shift-Objektive, können die perspektivischen Verzerrungen z. B. beim Fotografieren hoher Gebäude gemindert werden.

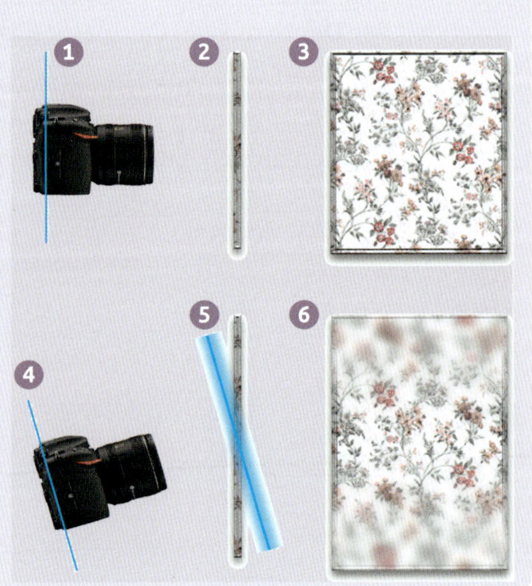

6.1 Die Schärfe beurteilen

Wenn Ihr Bild vor Ort nicht wirklich scharf geraten ist, können Sie auch mit der besten Software oft nichts mehr machen. Daher ist es wichtig, wenn immer möglich die Schärfe bereits vor Ort zu prüfen – am besten durch Kontrollbilder. Ihre D500 ist dazu mit einem sehr guten und großen LCD-Monitor ausgestattet, der eine ausgezeichnete Bildkontrolle erlaubt.

Kontrolle mit dem LCD

Sie können sich das Bild automatisch oder manuell nach der Aufnahme auf dem LCD anzeigen lassen und mittels Vergrößerung die Schärfe kontrollieren. Vor allem bei Aufnahmen in kritischen Situationen, z. B. mit sehr geringer Schärfentiefe, ist dies unerlässlich.

Damit Sie ein Bild wirklich beurteilen können, schalten Sie im Menü *WIEDERGABE/Opt. für Wiedergabeansicht* unter anderem den Punkt *Keine (nur Bild)* ein.

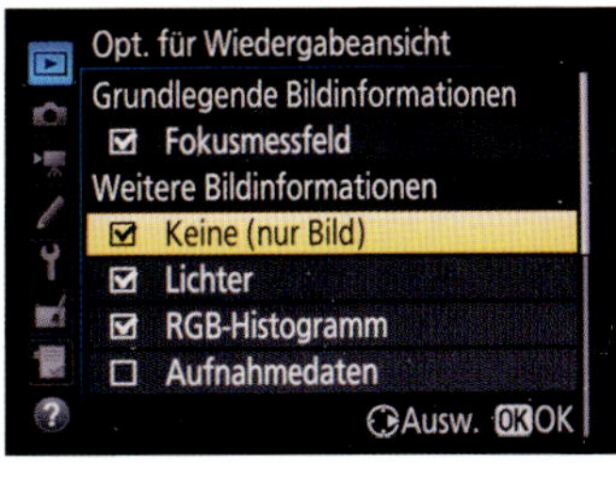

Schalten Sie mit der Wiedergabetaste die Bildanzeige ein und blättern Sie mit dem Multifunktionswähler nach links oder rechts zu dem Bild, das Sie kontrollieren wollen. Mit der Auf-/Ab-Funktion des Multifunktionswählers rufen Sie verschiedene Anzeigeoptionen auf. Eine davon ist jetzt die reine Bildanzeige ohne weitere Informationen.

Nun vergrößern Sie das Bild mit der Lupentaste. Ist es vergrößert, ändert sich die Funktion des Multifunktionswählers. Nunmehr verschiebt er das Bild, und Sie können genau den Bereich inspizieren, in dem die AF-Markierung

▼ *In der Normalansicht ist nur eine grobe Orientierung möglich. In der 100 %-Ansicht (rechts) kann die Schärfe schon recht genau beurteilt werden.*

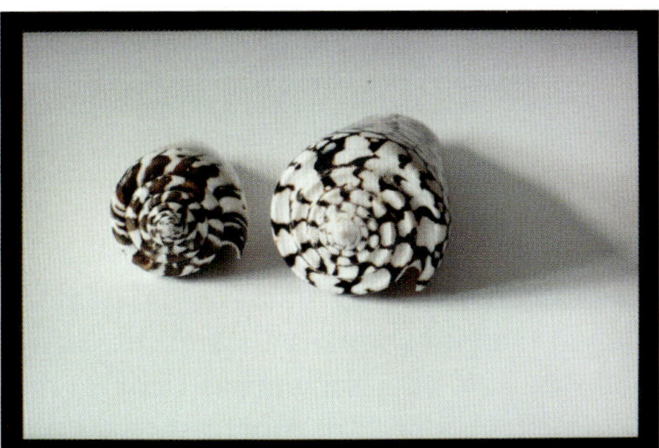

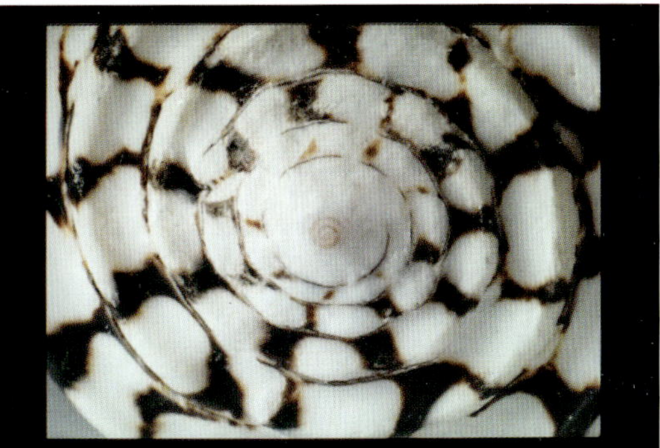

Direkt in die 100 %-Ansicht springen

Wenn wenig Zeit ist, macht es Sinn sich die Bildvergrößerung z. B. auf die Mitteltaste des Multifunktionswählers zu legen.

Über die Individualfunktion *f2 Mitteltaste d. Multifkt.w./Bei Wiedergabe/Ausschnitt ein/aus/1:1 (100%)* können Sie anschließend im Wiedergabemodus mit der Mitteltaste ● direkt in die 100 %-Anzeige springen (und wieder zurück). Das spart eine Menge Gefummel mit der Zoomtaste.

lag. Damit können Sie exakt den Bereich kontrollieren, auf den die Kamera fokussiert hat. Oder Sie begutachten die Schärfe am Rand des Bildes.

Auch eine Überprüfung der Dynamik des Bildes über das Histogramm liefert wertvolle Hinweise. Bei einer schwachen Dynamik kann ein entsprechend geringer Schärfeeindruck vorliegen. Beachten Sie aber, dass sich das Histogramm in der Vergrößerung dem Bildausschnitt anpasst und nicht mehr für das gesamte Bild steht.

6.2 Mangelnde Motivschärfe

Wie schon angedeutet, hängt der Schärfeeindruck des Betrachters von mehr als dem technisch korrekten Scharfstellen ab. Auch die beste optische Schärfe wird bei einem diffusen Nebelbild nicht zu einem hochgradigen Schärfeeindruck führen.

Es ist eher so, dass eine zu hohe technische Schärfe in einer weichen Bildsituation für den Bildeindruck störend sein kann. Sie sind als Fotograf gefordert, die Schärfeeinstellungen, die Ihre Bildaussage unterstützen, passend zur Motivsituation zu ermitteln. Daher steigen wir mit den wichtigsten Faktoren ein, die einem scharfen Bildeindruck entgegenstehen.

Lesen Sie sich für weitere Informationen auch den Abschnitt „6.6 Typische Autofokusprobleme und Gegenmaßnahmen" ab Seite 179 durch.

Unschärfe durch schwachen Kontrast

Unser Schärfeempfinden wird maßgeblich bestimmt vom Kantenkontrast. Keine Kanten, keine Schärfe! Doch nur aus Motivsituationen, die an sich schon kontrastreich sind, lassen sich auch kontrastreiche Bilder erstellen. Dies ist gegeben, wenn ausreichend Licht vorhanden ist und keine Störfaktoren im Bild auftauchen.

Die Gegenlichtblende

Bei allen Lichtsituationen, die schwache Motivkontraste verursachen, ist die Gegenlichtblende ein wichtiges Hilfsmittel. Sie schützt nicht nur vor direkt einfallendes Sonnenlicht, sondern verringert das den Kontrast mindernde Streulicht.

Fotoszenen mit niedrigem Grundkontrast – wie z. B. durch Nebel, Dunst, Regen, Schnee, starkes Gegenlicht, Streulicht, heiße, wabernde Luft oder schwaches Licht – ergeben hingegen einen schwachen Motivkontrast.

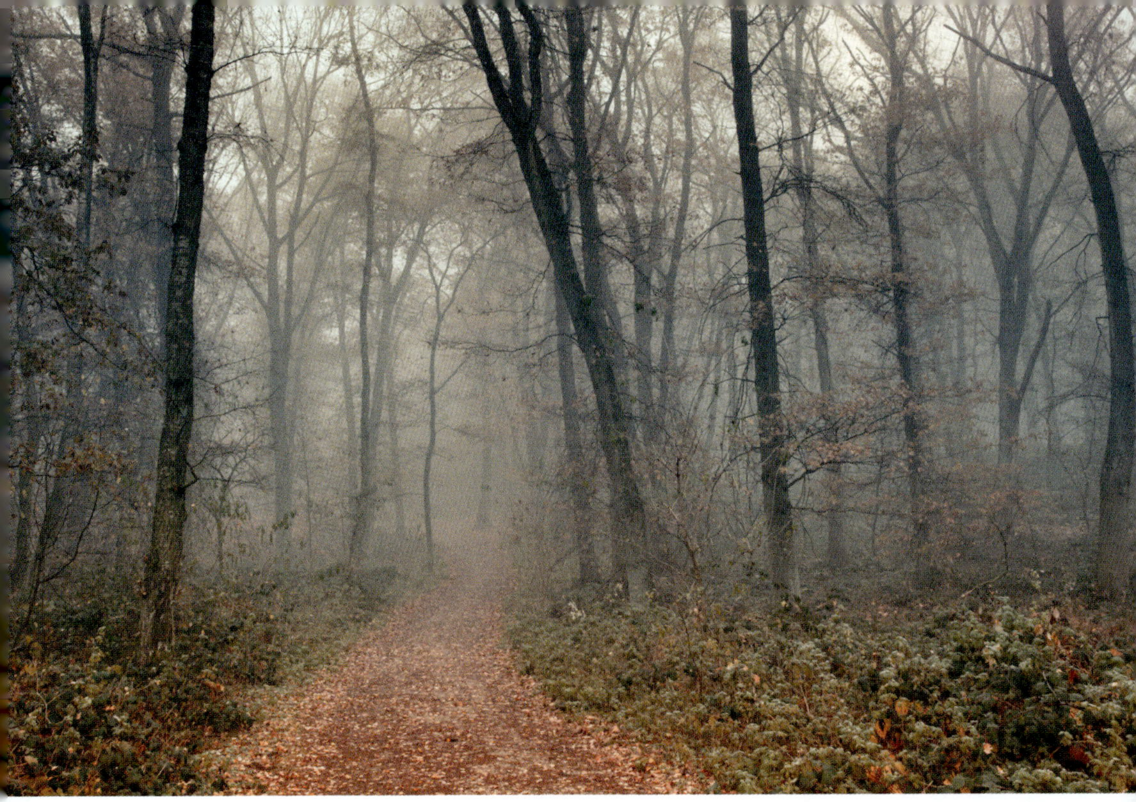

35 mm | f/8 | 1/125 Sek. | ISO 400

▲ *Dieses Bild lebt von der weichen und etwas geheimnisvollen Unschärfe des nebeligen Waldes.*

Fast immer sind diese Begleiterscheinungen wichtige Gegebenheiten der aktuellen Szenerie. Dann sollte man entweder ganz auf eine Aufnahme verzichten und man wartet auf bessere Bedingungen, oder man versucht gerade diese Konstellation in der Stimmung des Fotos einzufangen.

Unschärfe durch Bewegung

Eine der häufigsten Ursachen für Unschärfe im Bild ist die Bewegung des Motivs oder der Kamera. Die Ursachen dafür sind vielfältig, aber meist läuft es darauf hinaus, dass die Belichtungszeit zu lang ist bzw. kein Stativ verwendet wurde.

Nicht immer kann die Belichtungszeit den Notwendigkeiten gemäß verkürzt werden. Entweder weil ansonsten die Schärfentiefe zu gering wird oder der ISO-Wert unerwünscht hohe Werte annehmen würde. Deshalb investieren Sie in ein gutes, stabiles Stativ und einen soliden Stativkopf. Gehen Sie aus der Komfortzone und nehmen Sie das Stativ mit auf jede wichtige und interessante Fotosession.

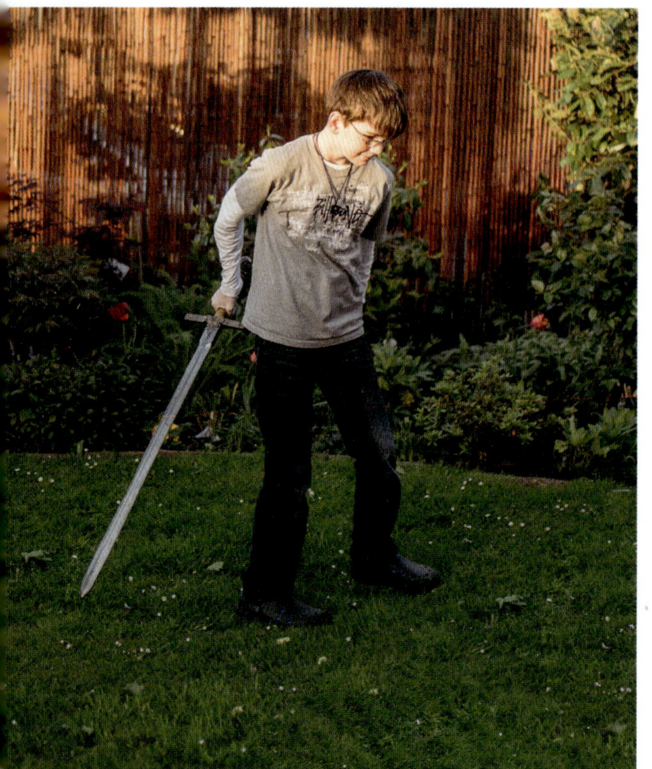

85 mm | f/2 | 1/1250 Sek. | ISO 400

▲ *Sind Bewegungen im Spiel, die scharf abgebildet werden sollen, kann die Belichtungszeit kaum gering genug sein.*

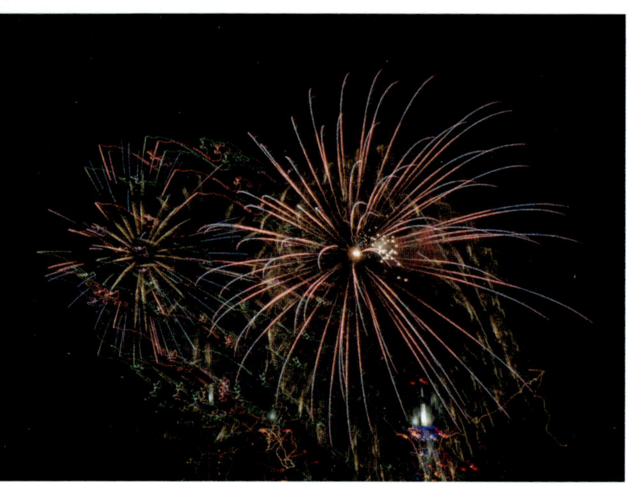

▲ *Ein häufiges Problem: Verwackeln bei der Available-Light-Fotografie. Schon kleinste Erschütterungen können das Bild verschwimmen lassen. So wie in dieser Aufnahme, bei der ein winziger Stoß gegen das Stativ ein skurriles Bild erzeugt.*

Wenn Sie dann noch einen Fernauslöser einsetzen kann fast nichts mehr schiefgehen.

Wenn es ohne Stativ gehen muss, kann selbst der Atem oder Herzschlag des Fotografen, zu viel Tee oder Kaffee ☺, der Spiegelschlag oder der Druck auf den Auslöser zu Unschärfe führen. Auf Atemtechniken verstehe ich mich leider nicht so gut, dem Spiegelschlag können Sie mit der Individualfunktion *d5 Spiegelvorauslösung* begegnen bzw. mit dem Betriebsartenwähler M_{UP}. Vor allem im Bereich von etwa 1/50 Sek. bis 1/2 Sek. kann so die leichte Vibration der Spiegelmechanik wirkungsvoll unterdrückt werden. Es kann auch nicht schaden, das sanfte Auslösen zu üben. Ich stütze meinen Finger auf dem äußeren OFF-/ON-Ring der D500 ab und drücke nur mit der Fingerspitze auf den Auslöser.

Fassen Sie möglichst mit der linken Hand unter das Objektiv, um es zu stützen und pressen Sie die Ellbogen leicht an den Körper.

Setzen Sie die Bildstabilisation ein, wenn das Objektiv eine anbietet. Moderne Bildstabilisatoren schaffen locker drei Blendenstufen.

Unschärfe durch Rauschen und hohe ISO-Werte

Bei hohen ISO-Werten nimmt nicht nur das Rauschen zu, sondern es verringern sich der Kantenkontrast, der Dynamikumfang und die Flächenstruktur. Der allgemeine Schärfeeindruck des Bildes kann dadurch ganz erheblich nachlassen.

Derartige Bilder wirken dann mehr oder weniger verwaschen und wenig brillant.

Daher sollten hohe ISO-Werte nur in Kauf genommen werden, wenn es die Situation unbedingt erfordert. Ab wann der Bildeindruck durch hohe ISO-Werte wirklich stört, sollte letztlich jeder für sich selbst entscheiden. Oberhalb von ISO 3200 ist auf jeden Fall mit deutlichen Effekten zu rechnen.

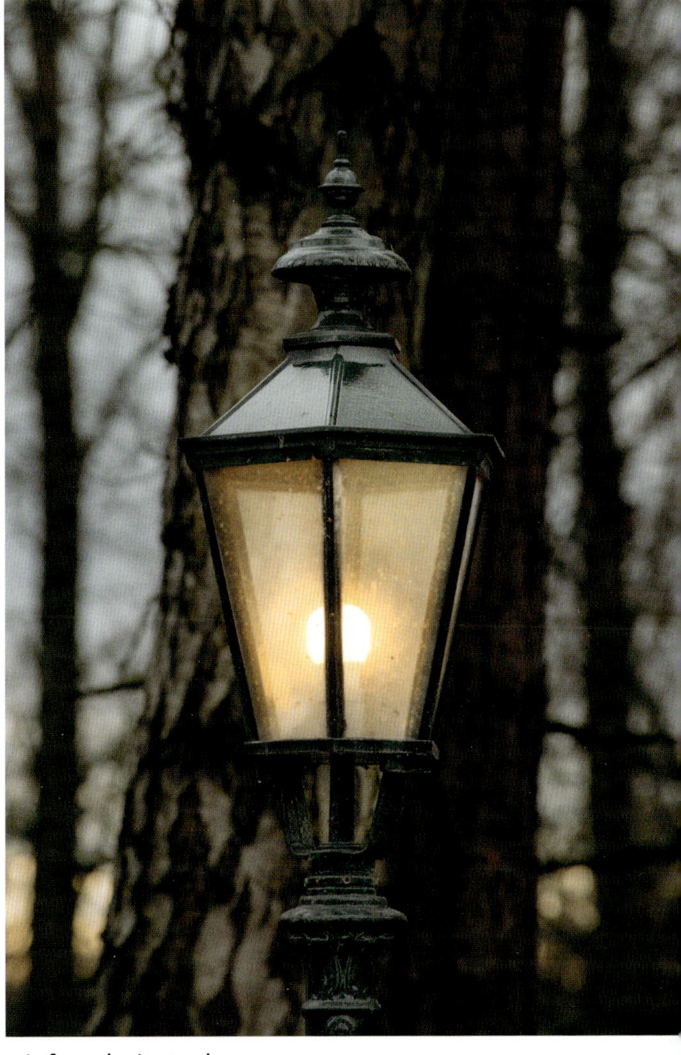

200 mm | f/6,3 | 1/100 Sek. | ISO 3200

▲ *Ob Artefakte im Bild bei hohen ISO-Werten stören oder nicht ist in der Regel, zumindest über eine gewisse Bandbreite, eine subjektive Einschätzung.*

Unscharfe Bilder durch Front- und Backfokus

Eines der heißesten Diskussionsthemen in den diversen deutschsprachigen Nikon-Foren ist die Problematik des Back- bzw. Frontfokus. Die Kamera sollte eigentlich immer exakt auf die mit dem AF-Feld anvisierte Entfernung scharf stellen. Liegt die Schärfe im Bild dauerhaft erkennbar vor oder hinter diesem Punkt, spricht man von einem Front- oder Backfokus. Solche Effekte werden allerdings meistens erst deutlich, wenn man im Bereich geringster Schärfentiefe arbeitet, denn bei einer relativ hohen Schärfentiefe wird der Effekt meist überdeckt.

Wer überwiegend Landschaften fotografiert, wird einen leicht verstellten Fokus kaum bemerken, denn er fokussiert in Bereichen mit hoher Schärfentiefe bis Unendlich.

Ein Makrofotograf hingegen fotografiert meistens in sehr kurzen Entfernungen und kann nur eine geringe Schärfentiefe erzielen. Daher wird er jede Abweichung sofort feststellen. Der Porträtfotograf arbeitet auf mittlere Entfernungen und oft mit selektiver Schärfe, und auch er wird eine solche Störung sofort wahrnehmen.

Einen ernsthaften Front- oder Backfokus sollte man im Nikon Service Point vom Fachmann beheben lassen. Kommt es nur bei einzelnen Objektiven zu einem reproduzierbaren Fehlfokus, ist auch ein Versuch mit der automatischen AF-Feinabstimmung der D500 möglich. Mehr dazu im Abschnitt „6.7 AF-Feinjustierung“ ab Seite 182.

6.3 Die Grenzen der Schärfe durch Abblenden

In der Theorie hat ein Objektiv bei einer weit offenen Blende sein höchstmögliches Auflösungsvermögen. In der Praxis sind allerdings, bedingt durch den Produktionsprozess, Abbildungsfehler im Linsensystem bei Offenblende meistens am größten. Deshalb wird zur Erreichung einer möglichst hohen Auflösung ein Objektiv in der Regel mehr oder weniger stark abgeblendet.

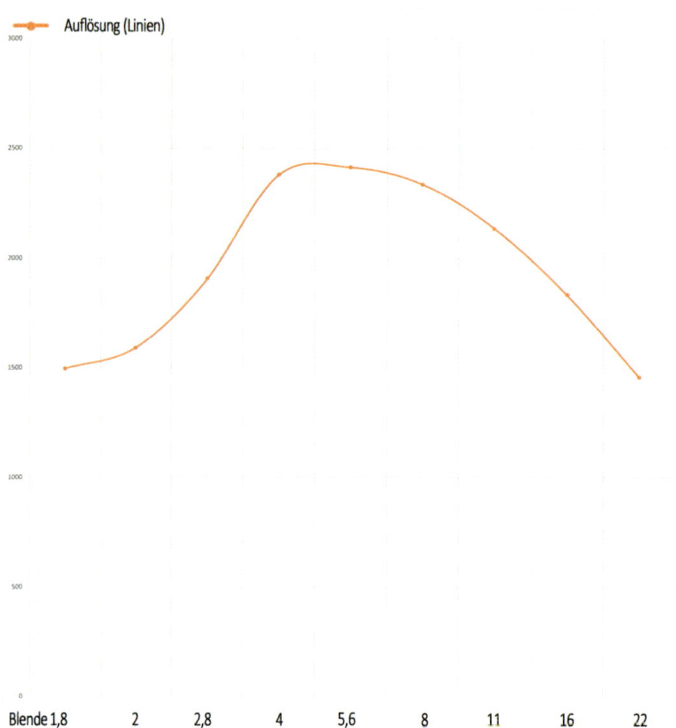

▲ *Typischer Auflösungsverlauf in Abhängigkeit von der Blende für ein reales Objektiv.*

Nun könnte man annehmen, dass ein generelles Abblenden auf hohe Blendenwerte zu den schärfsten Bildern führt. Dem ist aber nicht so – wird die Blende stark geschlossen, kommen Beugungseffekte an den Kanten der Blendenlamellen zum Tragen. Dies macht sich durch eine zunehmende Unschärfe im Bild bemerkbar. Den Punkt, an dem die Summe der negativen Effekte der Beugungsunschärfe und der sphärischen Aberration den kleinsten Wert einnehmen, nennt man die „förderliche Blende“. Bei Zoomobjektiven kann es sich auch um einen Blendenbereich handeln. Bei vielen Standard-Objektiven nimmt die Schärfe schon ab Blende f/11 bis f/14 wieder ab.

Schärfentiefe ist manchmal wertvoller als absolute Schärfe

In der Makrofotografie wird die wahrgenommene Schärfe maßgeblich auch von der Schärfentiefe bestimmt (neben der absoluten Schärfe). Ist die Schärfentiefe zu gering, erscheint das Motiv oft insgesamt nicht richtig scharf.

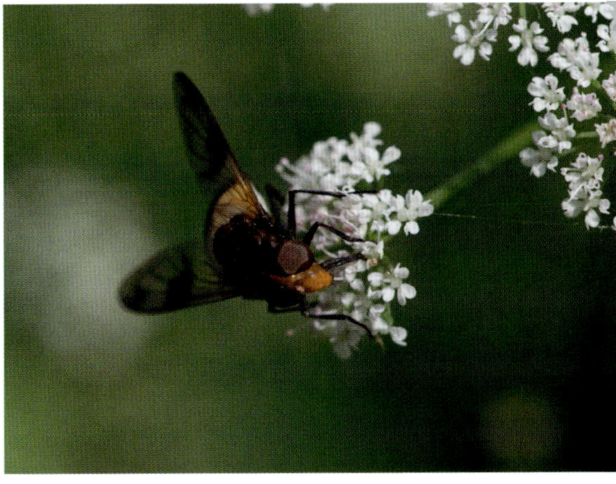

▲ *Die Schärfe sitzt, aber die Schärfentiefe ist zu gering. Deshalb kann das Bild nicht wirklich überzeugen.*

Diese Effekte sollten Sie einkalkulieren, wenn Sie die für Ihre Fotosituation förderliche Blende bestimmen wollen.

Blenden Sie also in der Makrofotografie so weit ab, wie Sie es für die optimale Schärfentiefe notwendig ist.

UV-Filter am Objektiv sind optisch meist unnötig

Zwar befindet sich vor dem Sensor der D500 nicht der übliche LP-Filter, dennoch wird das Licht gefiltert, und UV-Strahlung gelangt nur in vernachlässigbarem Umfang zum Sensor. Darum sind an einer DSLR UV-Filter am Objektiv aus optischen Gründen unnötig. In ungünstigen Fällen kosten sie ein kleines bisschen Schärfe. Vor allem, wenn vor einem Objektiv für über 1.000 Euro ein UV-Filter für unter 20 Euro angeschraubt ist.

6.4 Motivabhängig die passende AF-Betriebsart wählen

In die D500 wird ein Teil des einfallenden Lichts auf das Multi-Cam 20K AF-Sensor-Modul geleitet. Eine neu entwickelte AF-Engine und der 180K-Pixel-RGB-Sensor unterstützen die außergewöhnlichen Autofokus-Fähigkeiten in einer Vielzahl von Motivsituationen. Das bedeutet im Ergebnis eine deutlich schnellere und genauere Erfassung und Verfolgung eines Motivs in den unterschiedlichsten Situationen. Im direkten Zusammenhang damit wurde auch das von Nikon *Advanced Scene Recognition* getaufte System verbessert, das für Aufgaben wie Motiv-Tracking, Gesichtserkennung, Identifizierung der Lichtquellen oder die Highlight-Analyse zuständig ist.

Bessere Motiverkennung durch Kreuzsensoren

15 oder 55 AF-Messfelder einsetzen

Sie können mit der Individualfunktion *a6* wählen, ob Sie alle 55 oder nur 15 Messfelder verwenden wollen.

Mit nur 15 Feldern können Sie Ihren Fokuspunkt im Bild etwas schneller verschieben, aber auf Kosten der Feinheit. Zumeist ist die Entscheidung zwischen 15 und 55 bzw. der Gruppe in erster Linie eine persönliche Geschmacksfrage. Finden Sie durch Testen heraus, mit welcher Arbeitsweise Sie in welcher Situation am besten zurechtkommen.

Die Einzelsensoren (AF-Messfelder) der D500 sind als eindimensionale Linien- und zweidimensionale Kreuzsensoren ausgeführt. In der Phasenvergleichsmessung können die AF-Sensoren nur scharf stellen, wenn unter den Sensoren voneinander abweichende Lichtintensitäten vorkommen.

Wird nur ein einzelner AF-Sensor eingesetzt (Einzelfeldsteuerung), so kann es bei bestimmten Motiven zu Problemen kommen. Sehr gleichmäßige, einfarbige Flächen oder strikt parallel (zum Sensor) ausgerichtete Strukturen bieten einem Liniensensor nur schwer einen Anhaltspunkt und er kann deshalb nicht scharf stellen.

Kreuzsensoren hingegen tasten das Motiv zweidimensional ab, sie greifen deshalb – nicht nur in kritischen Situationen – deutlich besser und ermöglichen so deutlich häufiger eine Scharfstellung.

Die Kreuzsensoren sind in drei Gruppen angeordnet, drei Spalten in der Suchermitte und jeweils zwei Spalten rechts und links außen (siehe Bild auf Seite 150).

Unterschiedliche Lichtstärken der AF-Messfelder

Das zentrale AF-Messfeld der Nikon D500 arbeitet bis hinunter zu –4 LW. Alle anderen bis zu –3 LW. Der Autofokus arbeitet also auch noch in wirklich lichtschwachen Situationen. Schlimmstenfalls muss man auf das zentrale AF-Feld ausweichen.

Deutlich verbessert hat sich auch der kombinierte Einsatz von Tele-Zoom-Objektiven und Telekonverter. Nikon spricht von 37 nutzbaren Fokuspunkten (25 Kreuzsensoren) bei einer maximalen Blende von f/5,6 bis unter f/8 und immerhin noch 15 Fokuspunkten (5 Kreuzsensoren) bei einer maximalen Blende von f/8. So könnte man z. B. das Nikon AF-S f/5,6 200-500 ED VR noch mit einem 2-fach-Konverter einsetzen.

Stößt man in diese Grenzgebiete des Autofokus vor, empfiehlt es sich allerdings immer vorab genau über die korrekte Funktion des Autofokus zu informieren. Auch wenn die notwendigen Bedingungen rein rechnerische gegeben sind, kann es für einige Kombinationen, vor allem mit Objektiven und Konvertern von Drittanbieter, zu Problemen kommen.

Die Autofokusmodi AF-S und AF-C

Die D500 bietet Ihnen die Möglichkeit, die Arbeitsweise des AF über den AF-Schalter zusammen mit dem hinteren Einstellrad zwischen den AF-Modi S und C auszuwählen. Alternativ steht auch die manuelle Fokussierung MF zur Verfügung.

AF-S steht für **Einzelfeldautofokus** und eignet sich optimal für nicht oder wenig bewegte Motive.

AF-C steht für **kontinuierlicher Autofokus** und eignet sich für bewegte Motive.

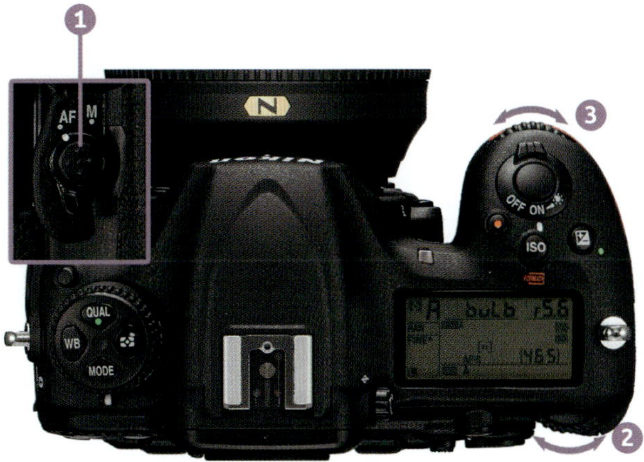

▲ *Mit dem AF-Schalter wird der Autofokus ein- (AF) bzw. ausgeschaltet (M). Mit der AF-Modus-Taste* ❶ *und dem hinteren Einstellrad* ❷ *wählen Sie die AF-Modi (AF-S/AF-C). Mit dem vorderen Einstellrad die AF-Messfeldsteuerung* ❸.

AF-Modus AF-S

Der Haupteinsatzbereich des Einzelautofokus (AF-S, das S steht für **S**ingle) sind weitgehend statische Motive wie Landschaften, Architektur, Stillleben etc. Wird der Auslöser halb durchgedrückt, stellt die Kamera einmalig scharf und speichert die Schärfe (und die Belichtung) bis zum Auslösen. In der Standardeinstellung kann ausgelöst werden, wenn der Schärfeindikator ● anzeigt, dass ein Schärfepunkt gefunden wurde. Zum Neufokussieren muss der Auslöser erneut bis zur ersten Druckstufe aktiviert werden.

Bewegt sich das Motiv danach noch durch Wind oder wird die Kamera leicht bewegt, kann der Fokuswert unbrauchbar werden, und Sie erhalten ein unscharfes Bild. Zum Fokussieren muss der Auslöser freigegeben und erneut halb durchgedrückt werden.

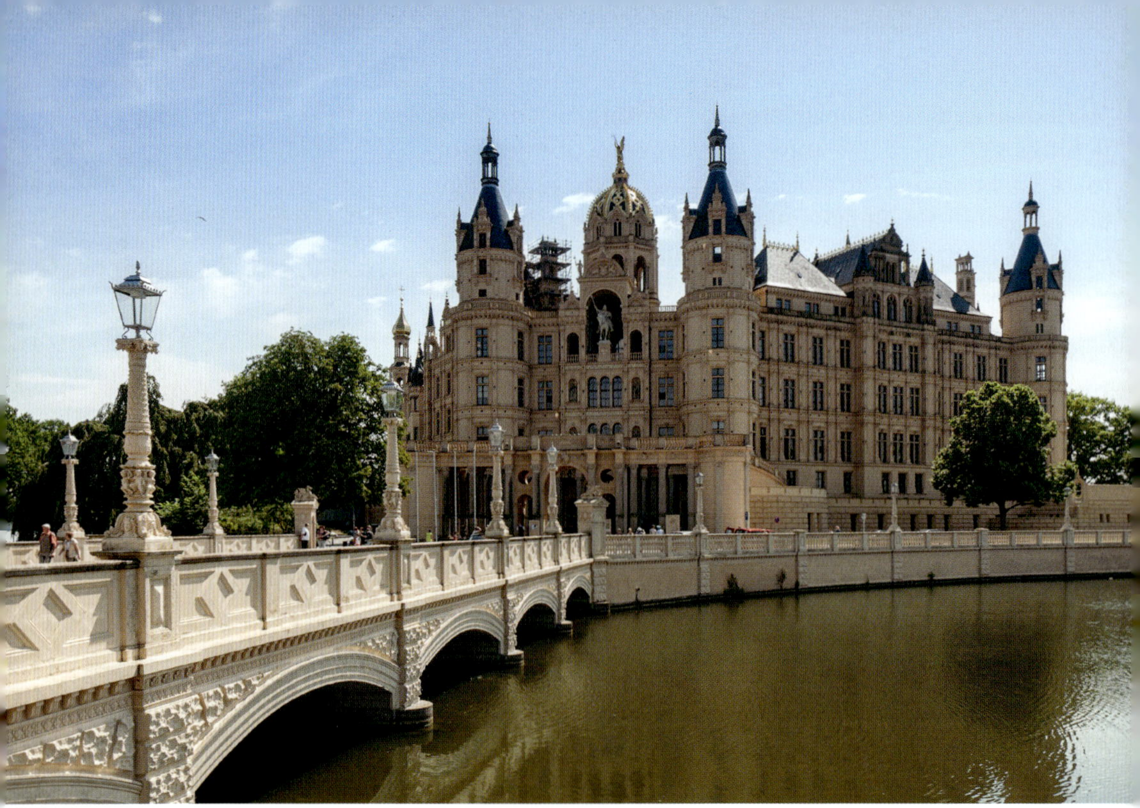

24 mm | f/9 | 1/200 Sek. | ISO 100

AF-Modus AF-C

Für bewegte Motive ist der permanente Autofokus AF-C (**C**ontinuous) geeignet. Ein gutes Einsatzgebiet für diese Messungen sind dynamische Tier-, Kinder- oder Sportfotos. Auch Makro-Fotos, die aus der freien Hand geschossen werden, sind für den AF-C gut geeignet.

Wird der Auslöser der D500 halb durchgedrückt, stellt die Kamera im AF-C-Modus scharf. Bewegt sich jetzt aber das Motiv oder wird die Kamera leicht bewegt, stellt der Autofokus das Bild automatisch permanent scharf. Sie bemerken das an den ständigen kleinen Bewegungen am Objektiv. Die Kamera geht sogar noch einen Schritt wei-

Prädiktive Schärfenachführung

Nikon hat für die schnellen Situationen, in denen sich das Motiv auf die Kamera zu oder von ihr weg bewegt, die prädiktive Schärfenachführung vorgesehen, die Sie im Modus AF-C nutzen können. Während der permanenten Nachführung des Fokus versucht die Kamera, Richtung und Geschwindigkeit des Motivs zu erkennen und vorauszuberechnen. So kann die Scharfstellung vorausschauend agieren und gleicht zudem die Auslöseverzögerung aus, die besonders bei der Aufnahme schnell bewegter Motive störend wirken kann.

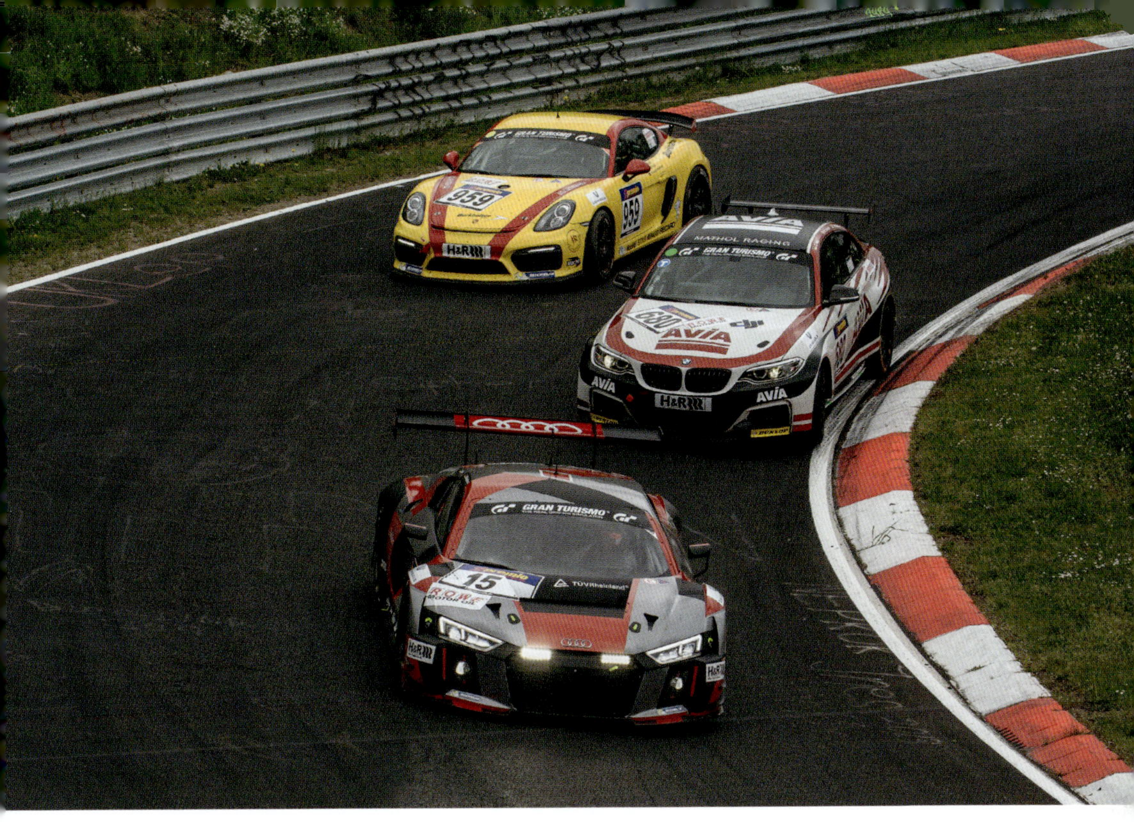

180 mm | f/5 | 1/1250 Sek. | ISO 250

ter und verwendet die prädiktive Schärfenachführung um vorauszuberechnen, wo sich das Motiv wahrscheinlich als nächstes befinden wird. Das funktioniert bei gleichmäßig linearen Bewegungen, wie bei einem Auto, natürlich am besten.

Auslöse- versus Schärfeprioriät

In den Standardeinstellungen können Sie im Modus AF-C den Verschluss auch dann auslösen, wenn das Motiv noch nicht scharf gestellt ist (Auslösepriorität).

In der Individualfunktion *a1* können Sie diese Voreinstellung ändern, wenn Sie nur dann auslösen wollen, wenn das Bild auch scharf ist. Ändern Sie dazu den Eintrag *Priorität bei AF-C (kont. AF)* auf *Schärfepriorität*.

Die Modi *Schärfepriorität & Bildfolge* und *Auslösepriorität & AF* sind als Varianten zu betrachten. Im Modus *Schärfepriorität & Bildfolge* wartet die Kamera mit der Auslösung, bis das erste Bild einer Serie scharf gestellt ist, anschließend arbeitet die Kamera quasi mit Auslösepriorität. Dadurch wird die Serienbildrate nicht verringert.

Im Modus *Auslösepriorität & AF* löst die Kamera zu Beginn einer Serie sofort aus, unabhängig davon, ob der Fokus sitzt oder nicht, anschließend arbeitet die Kamera praktisch mit Schärfepriorität. Die Serienbildrate wird solange gesenkt, bis die Kamera sicher fokussieren kann.

Wird die *Auslösepriorität* oder *Auslösepriorität & AF* eingesetzt, geschieht das also häufig in Kombination mit einer schnellen Serienaufnahme in der Sport- und Wildlife-Fotografie.

Wenn z. B. im Sport das Tor des Jahres geschossen wird, ist es für den Fotografen sinnvoller, aus einer großen Serie von Fotos nur zwei, drei scharfe Fotos des vielleicht entscheidenden Moments zu haben, als eine komplett blockierte Auslösung in der Schärfepriorität.

Manuelle Fokussierung

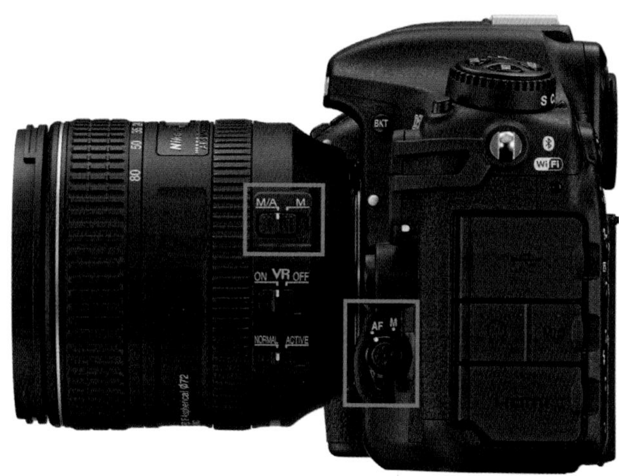

▲ *Häufig gibt es gleich zwei Möglichkeiten zwischen dem automatischen und dem manuellen Fokus zu wechseln: links am Objektiv und rechts an der Kamera. An Nikon-Objektiven wird der manuelle Fokus mit M bezeichnet. Der Aufdruckt M/A steht für den Autofokus, in dem aber jederzeit* ***m****anuell (M) eingegriffen werden kann (im Modus AF-S).*

Die manuelle Fokussierung kommt immer dann zum Einsatz, wenn der Autofokus ein Motiv nur schwer oder gar nicht bewältigt, z. B. einen Sternenhimmel, ein Feuerwerk oder strukturarme Motive. Ein wichtiges Einsatzgebiet ist auch die Porträt- und Makrofotografie, wenn die Schärfentiefe nur wenige Millimeter beträgt und ein Motiv exakt auf einer bestimmten Ebene, etwa den Augen, fokussiert werden soll. Der Autofokus könnte sonst leicht auf die Wimpern oder die Nase fokussieren und das Auge läge bereits in einer leichten Unschärfe.

Die manuelle Fokussierung muss über einen eigenen Schalter, den Fokusschalter, aktiviert werden. Dazu wird er von der Einstellung AF auf M umgelegt. Viele Objektive besitzen einen zusätzlichen separaten Schalter, um zwischen der automatischen und der manuellen Fokussierung zu wechseln.

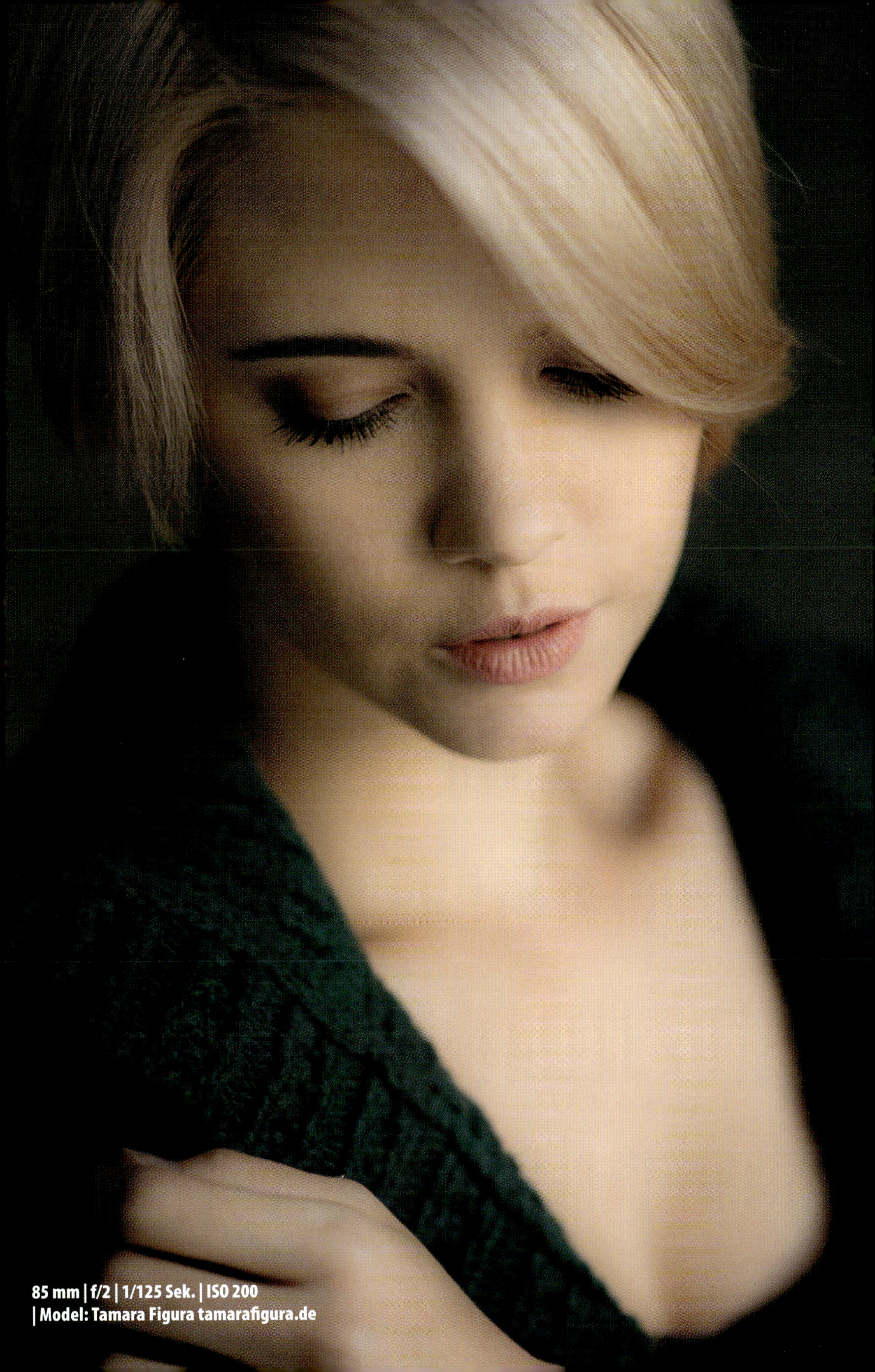

85 mm | f/2 | 1/125 Sek. | ISO 200
| Model: Tamara Figura tamarafigura.de

Die Fokussierhilfen

Es gibt eine optische Fokussierhilfe im Sucher, den Schärfeindikator. Er ist im Sucher ganz unten links zu finden.

Symbol	Bedeutung
●	Der manuelle Fokus oder Autofokus hat einen korrekten Schärfepunkt gefunden.
▶	Die Schärfeebene befindet sich vor dem Motiv. Fokusring im Uhrzeigersinn drehen (Nikon-Objektive).
◀	Die Schärfeebene befindet sich hinter dem Motiv. Fokusring entgegen dem Uhrzeigersinn drehen (Nikon-Objektive).
▶◀	Zwei blinkende Pfeilspitzen: Der manuelle Fokus oder Autofokus kann nicht scharf stellen.

Wenn Sie den Autofokus aktivieren, versucht die Kamera auf das Motiv zu fokussieren. Sobald die Kamera scharf stellen kann, erscheint ein Punkt im Sucher, der eine gelungene Scharfstellung signalisiert. Viele Fotografen achten allerdings erst auf den Punkt, wenn die Fokussierung nicht unmittelbar erfolgreich ist. Wird hingegen manuell fokussiert, ist der Schärfeindikator eine nützliche Hilfe. Mit diesen Hinweisen ist auch manuell eine sehr schnelle Scharfstellung möglich.

Befindet sich die Kamera recht nah am Motiv und die Kamera findet keinen Fokuspunkt, denken Sie daran, das jedes Objektiv einen gewissen Mindestabstand zum Motiv benötigt, um scharf stellen zu können, die Naheinstellgrenze. In der Regel steigt die Naheinstellgröße mit der Brennweite, beim Nikon AF-S Nikkor 70-200mm 1:2.8G ED VR II beträgt sie schon 1,40 Meter. Die technischen Daten dazu finden sich in den Unterlagen zum Objektiv. Diese Angabe bezieht sich immer auf die Sensorebene (die kleine Markierung auf der Kameraoberseite ⊖).

Nutzen Sie den Fokusbegrenzer

Vor allem die hochwertigen Objektive mit einem weiten Brennweitenbereich, wie auch einige Makroobjektive, besitzen einen Fokusbegrenzer.

Kann der Autofokus der Kamera nicht auf Anhieb die richtige Schärfe finden, soll der Fokusbegrenzer verhindern, dass das Objektiv den gesamten möglichen Schärfebereich durchfährt. Vor allem in der Sport-, Wildlife- und Makrofotografie kann so etwas schneller fokussiert werden.

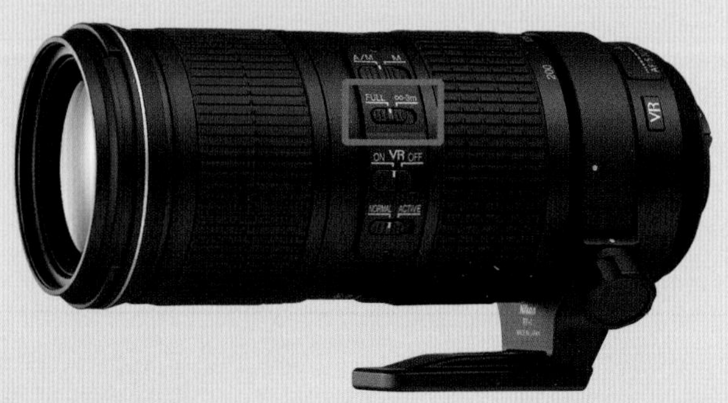

▲ *Der Fokusbegrenzer am AF-S NIKKOR 70–200 MM 1:4G ED VR mit einer Naheinstellgrenze von einem Meter.*

Einsteiger in die DSLR-Fotografie nutzen auch gerne das Tonsignal der D500. Es kann unter *SYSTEM/Tonsignal* in Lautstärke und Tonhöhe individuell eingestellt, oder wenn es stört, auch ganz abgeschaltet werden.

Das richtige AF-Messfeld auswählen und nutzen

Ist der Autofokusmodus gesetzt, gilt es noch die AF-Messfeldsteuerung zu wählen. Die AF-Sensoren der D500 überdecken einen sehr weiten Bereich der Sucherfläche, was ein großer Vorteil gegenüber anderen Modellen darstellt. Es kann praktisch die gesamte Breite des Blickfeldes direkt angemessen werden ohne die Kamera zu schwenken.

▲ *Die AF-Sensoren reichen praktisch über die gesamte Breite des Sucherfeldes, nur in der Höhe muss evtl. noch geschwenkt werden. Wird das kleinere Bildformat 1,3x verwenden, ist der Sucherbereich nahezu komplett abgedeckt.*

Die Automatik Aut

Mit der automatischen Messfeldsteuerung *Aut* wird der Kamera eine weitreichende Kontrolle über die Messfeldsteuerung gegeben. Die Kamera versucht das Hauptmotiv zu erkennen und stellt darauf scharf. Im Zweifelsfall sind das die Objekte, die die geringste Distanz zur Kamera aufweisen.

Deutlich besser ist die gezielte Auswahl der AF-Messfeldsteuerung durch den Fotografen. Dazu zunächst eine kurze Übersicht, welche Optionen zur Verfügung stehen.

Zwei Steuerungsarten für das AF-Messfeld

An der D500 kann das (oder die) AF-Messfeld(er) sowohl, wie gewohnt, mit dem Multifunktionswähler gesteuert werden. Neu ist die Steuerung mit einem Joy-Stick, von Nikon Sub-Wähler genannt. In der Praxis setze ich beide Varianten ein, nach einer gewissen Eingewöhnungsphase allerdings den Sub-Wähler häufiger. Vor allem diagonale Bewegungen des AF-Messfeldes fallen mir damit leichter.

Die AF-Messfeldsteuerung

Die Nikon D500 bietet eine ganze Reihe unterschiedlicher Steuerungsarten für die AF-Messfelder. Die Tabelle auf der nächsten Seite enthält eine kurze Übersicht.

Sucher/Display	Bezeichnung	Erklärung
Im Modus AF-S und AF-C verfügbar		
S	Einzelfeldsteuerung	Manuelle Wahl eines einzelnen AF-Messfeldes. Eignet sich besonders für die exakte Positionierung der Schärfeebene an weitgehend unbewegten Motiven.
GrP	Messfeldgruppensteuerung	Die Gruppensteuerung ist optimal geeignet für bewegte Motive. Sie soll vergleichsweise kleine oder sehr schnelle Motive besser erfassen als ein einzelnes AF-Feld, sodass nicht versehentlich auf den Hintergrund fokussiert wird.
Auto	Automatische Messfeldsteuerung	Die Kamera versucht, das Hauptmotiv automatisch zu erkennen und darauf scharf zu stellen. Für Schnappschüsse geeignet.
Nur im Modus AF-C verfügbar		
	Dynamische Messfeldsteuerung Mit der dynamischen Messfeldsteuerung gruppiert sich eine festgelegte Anzahl an weiteren AF-Feldern automatisch um das Haupt-AF-Feld. Verlässt das Motiv das ausgewählte AF-Feld, übernehmen die anderen AF-Felder in der Gruppe die Scharfstellung.	
d25	25 Messfelder	Geeignet für Szenen mit wenig Kontrast und bei denen ein einzelnes AF-Feld Probleme hat scharf zu stellen. Auch geeignet für sich bewegende Motive, die nur schwer mit einem einzelnen AF-Feld verfolgt werden können z. B. ein Fußballspieler. Die Anzahl der AF-Felder sollte schrittweise erhöht werden, je unvorhersehbarer die Bewegungen sind. Nikon empfiehlt die Anzahl der Messfelder auch dann zu erhöhen, wenn sich das Motiv am Rand befindet.
d72	72 Messfelder	
d153	153 Messfelder	
3d	3D-Tracking	Im 3D-Tracking wird zuerst das Motiv anfokussiert, anschließend verfolgt der Autofokus das Objekt und übergibt es, falls nötig, automatisch an andere AF-Felder. Es werden Farbinformationen genutzt, deshalb gut geeignet für Motive, die sich deutlich vom Hintergrund abheben (z. B. ein Kind mit rotem Pullover auf grünem Rasen). Dem 3D-Tracking kann mit der Individualfunktion a4 eine leistungsfähige Gesichtserkennung zugeschaltet werden.

Wenn die AF-Messfeldsteuerung oft möglichst schnell gewechselt werden soll und nur bestimmte Steuerungsarten in Frage kommen, kann mit der Individualfunktion *a9 Messf.auswahl einschr.* die Auswahl eingeschränkt werden. Mit der Individualfunktion *a7 Speichern je n. Ausrichtung* kann jetzt zusammen mit der Ausrichtung der Kamera nicht nur das Fokusmessfeld, sondern zusätzlich auch die AF-Messfeldsteuerung gespeichert werden.

Flexibel Scharfstellen mit der AF-ON Taste

Viele Fotografen kennen und schätzen es bereits, den Autofokus nicht mit dem Auslöser, sondern mit der AF-ON-Taste zu steuern. Prinzipiell gibt es mehrere mögliche Einstellungen dazu, deshalb erkläre ich an dieser Stelle meine persönliche Vorliebe. Ich stelle den Autofokusmodus auf kontinuierliche Verfolgung AF-C und aktiviere unter der Individualfunktion *a8* die Option *Nur AF-ON-Taste*. Die erweiterte Option *Auslösung bei Unschärfe* können Sie nach eigenen Vorlieben einstellen, ich habe sie deaktiviert. Anschließend belege ich die AF-ON-Taste in der Individualfunktion *f1* mit den Funktionen *AF-Messfeldsteuerung + AF-ON/Einzelfeld*, da ich die Einzelfeldsteuerung am häufigsten nutze. Wenn jetzt die AF-ON-Taste gedrückt wird, verfolgt die Kamera automatisch das Motiv, solange die Taste gedrückt wird, mit einem einzelnen AF-Feld. Soll der Bildausschnitt neu komponiert werden, ohne dass sich der Fokus verschiebt, wird die AF-ON-Taste einfach losgelassen, der Bildausschnitt neu arrangiert und der Auslöser gedrückt. Wenn alles geklappt hat, ist das Bild scharf. Sollte sich Kamera oder Motiv doch noch bewegen, reicht ein leichter Druck auf die AF-ON-Taste und das Bild ist wieder scharf. So ersparen Sie sich das lästige Umschalten zwischen AF-C und AF-S.

Sie können die AF-ON-Taste auch nur mit der Funktion *Autofokus aktivieren*, dann wird nicht zusätzlich automatisch auf die Einzelfeldmessung umgeschaltet. Die AF-ON-Taste hat dann die identische Funktion wie der Auslöser auf dem ersten Druckpunkt. Doch die D500 kann noch mehr! Sie können auch dem Sub-Wähler (Joystick) neue Funktionen zuweisen. Standardmäßig wird das Fokusfeld mit dem Sub-Wähler verschoben, diese Funktion nutze ich auch häufig. Der mittlere Druck auf den Wähler kann aber ebenfalls mit einer Funktion belegt werden. In der Individualfunktion *f1* kann der Wähler z. B. mit der Funktion *AF-Messfeldsteuerung + AF-ON/Dynamisch (72 Messfelder)* belegt werden. Damit funktioniert der Sub-Wähler auf Druck analog zur AF-ON-Taste, nur, dass Sie jetzt zusätzlich die dynamische Messfeldsteuerung mit 72 Messfeldern zur Verfügung haben, um blitzschnell auf eine veränderte Situation reagieren zu können ohne langwieriges Umschalten. Wenn Sie dann zwischenzeitlich einmal das 3D-Tracking oder die Messfeldgruppensteuerung nutzen wollen, stellen Sie das auf dem üblichen Weg mit der AF-Modus-Taste ein und legen Sie sich über die Individualfunktion *f1* die Aktion *Autofokus aktivieren* z. B. auf die Abblendtaste (*Pv*).

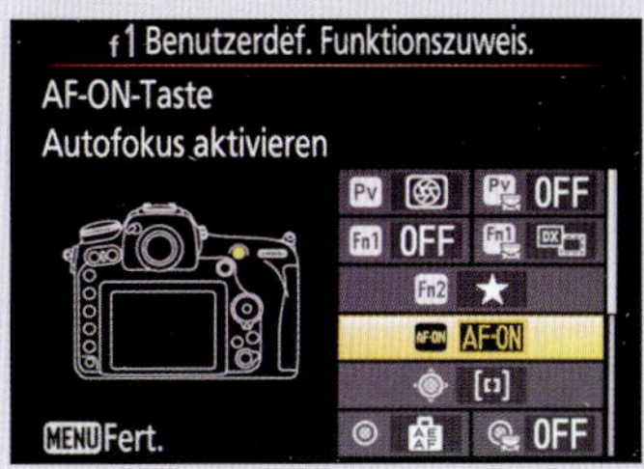

▲ *In der Individualfunktion f1 können an zentraler Stelle alle Tastenbelegungen eingestellt und geändert werden.*

Einen kleinen Schönheitsfehler hat diese enorme Flexibilität allerdings. Der mittlere Druck auf den Sub-Wähler ist nicht ganz einfach. In der Hektik des Geschehens ist es mir schon des Öfteren passiert, dass ich das Fokusfeld verstellt habe anstatt den Fokus scharf zu stellen. Deshalb empfehle ich die von Ihnen häufig verwendete Messfeldsteuerung auf die AF-ON-Taste zu legen und die nur gelegentlich genutzte Steuerung auf den Sub-Wähler. Oder, wie oben schon erwähnt, die Messfeldsteuerung nicht mit zu aktivieren.

Einzelfeldsteuerung für eine bessere Kontrolle

Umlaufende Messfeldsteuerung

In der Standardeinstellung stoppt die Anwahl eines AF-Feldes oder einer Gruppe am Rand des Suchers. Mit der Einstellung der Individualfunktion ***a11 Scrollen bei Messfeldauswahl*** auf ***ON*** läuft die Auswahl weiter und taucht am entgegengesetzten Ende des Suchers wieder auf.

Ich empfehle Ihnen die ***Fokusmessfeld-Optionen*** unter ***a12*** auf den Standardwerten zu belassen.

Eine häufig von mir eingesetzte AF-Messfeldsteuerung ist die Einzelfeldsteuerung. Der Fotograf behält mit der Einzelfeldsteuerung die höchstmögliche Kontrolle über die exakte Position der Schärfeebene. Vor allem für die Fotografie von statischen Motiven eignet sich die Einzelfeldsteuerung fast immer gut. Besonders empfehlenswert ist sie für Porträt-, Architektur- und Makroaufnahmen, also immer dann, wenn sich das Motiv (kaum) bewegt und der Fokuspunkt sehr genau gesetzt werden soll. Ich selbst setze die Einzelfeldsteuerung aber auch gerne in eher unkomplizierten Situationen für das Mitziehen bei gleichförmig bewegten Motiven ein. Grundsätzlich ist für bewegte Motive aber die dynamische Messfeldsteuerung die bessere Wahl.

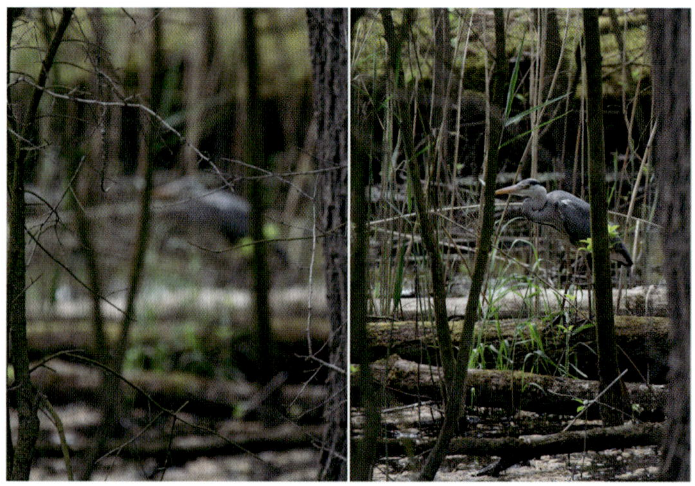

▶ *Kein preisverdächtiges Foto, aber ein gutes Beispiel für die Einzelfeldsteuerung. Die automatische Messfeldsteuerung fokussiert auf die Äste im Vordergrund, mit dem Einzel-AF kann ganz gezielt auf den Reiher fokussiert werden.*

Die dynamischen Messfeldsteuerung

Die dynamische Messfeldsteuerung arbeitet grundsätzlich wie die Einzelfeldsteuerung, allerdings mit einem entscheidenden Unterschied. Gerät das Motiv aus dem Messbereich des aktiven AF-Feldes, gibt das Messfeld die Steuerung an einen benachbarten Messpunkt weiter. Deshalb wird diese Messart gerne für Sportaufnahmen und herumtollende Kinder oder Tiere eingesetzt. Wählen Sie das Fokusmessfeld, auf das Sie scharf stellen wollen, manuell mit dem Multifunktionswähler/Sub-Wähler aus und betätigen Sie den Auslöser bis zur ersten Druckstufe oder alternativ mit der AF-On-Taste. Die dynamische Messfeldsteuerung verfolgt anschließend die seitlichen Bewegungen des Motivs. Je mehr Messfelder aktiviert sind umso größer sind die Optionen ein geeignetes Messfeld zu finden, allerdings benötigt die Berechnung des optimalen Messfeldes auch eine gewisse Zeit. Es sollten deshalb nicht grundsätzlich die höchst mögliche Messfeldzahl (153) genutzt werden, um die Fokussierzeit so gering wie möglich zu halten. Besonders im Sport sind die Auslösezeiten ja häufig kritisch. Mit 25 oder 72 Messfeldern kommt man schon sehr häufig gut zurecht.

Keine Anzeige im Sucher

Etwas irritierend ist die Tatsache, dass bei Weitergabe des AF-Messfeldes die Sucheranzeige nicht „aktualisiert" wird. Sie können also die Verfolgung des Motivs im Sucher nicht sehen. Achten Sie darauf, das Motiv nicht aus dem Sucher zu verlieren, sonst hilft auch die Messfeldsteuerung nicht mehr.

Die dynamische Messfeldsteuerung wird mit dem kontinuierlichen AF (AF-C) kombiniert. Die prädiktive Schärfenachführung führt dann automatisch die Schärfe bei einer Distanzänderung nach. Sie können über das Menü ***WIEDERGABE*** unter ***Opt. für Wiedergabeansicht*** die Funktion ***Fokusmessfeld*** aktivieren. Dann können Sie bei der Nachschau auf dem Kameraschirm die verwendeten AF-Messfelder rot eingezeichnet sehen.

AF-Messfelder einblenden

Die Nikon-Software ViewNX-i zeigt Ihnen die verwendeten AF-Messfelder. Aktivieren Sie dazu die Funktion ***Fokusmessfeld*** in der oberen Leiste.

Für Lightroom benötigen Sie dazu das Plug-in Show Focus Points (siehe Bild), das auf der Website *www.lightroomfocuspointsplugin.com* kostenlos zur Verfügung steht.

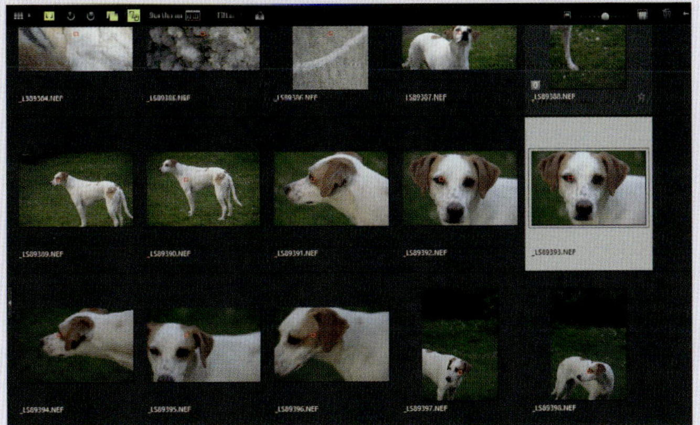

Die Messfeldgruppensteuerung

Ist das Motiv eher isoliert, klein, schnell und kommt evtl. plötzlich ins Bild, wie es beim Ski-Abfahrtsrennen oder Motorcross vorkommt, ist die Messfeldgruppensteuerung (GrP) die bessere Option.

In der Messfeldgruppensteuerung kümmern sich gleich fünf AF-Messfelder gemeinsam in der Gruppe um die Scharfstellung. Kleine, schnelle Motive können so deutlich effektiver eingefangen und verfolgt werden, als dies mit der Einzelfeldsteuerung möglich wäre.

▼ *Ein 100 %-Ausschnitt aus einer der rechten Serienaufnahmen, die natürlich stark verkleinert werden mussten.*

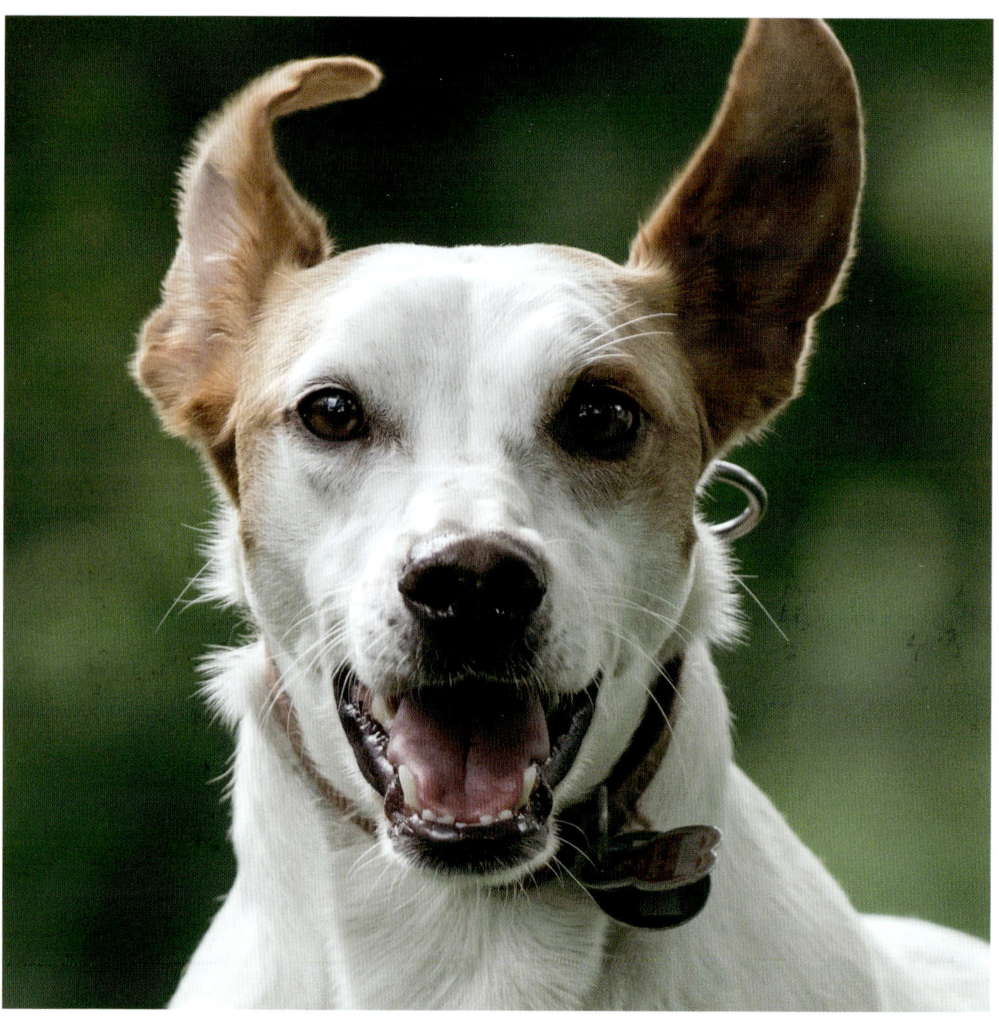

270 mm | f/4 | 1/640 Sek. | ISO 800 | bei 10 Bilder/Sek.

▶ *Die Leistungsfähigkeit des Autofokus der D500 ist beeindruckend. Kein einziges Bild dieser Serie ist Ausschuss bezogen auf die Schärfe. In zwei Bildern ist lediglich die Nase vielleicht etwas schärfer abgebildet als die Augen.*

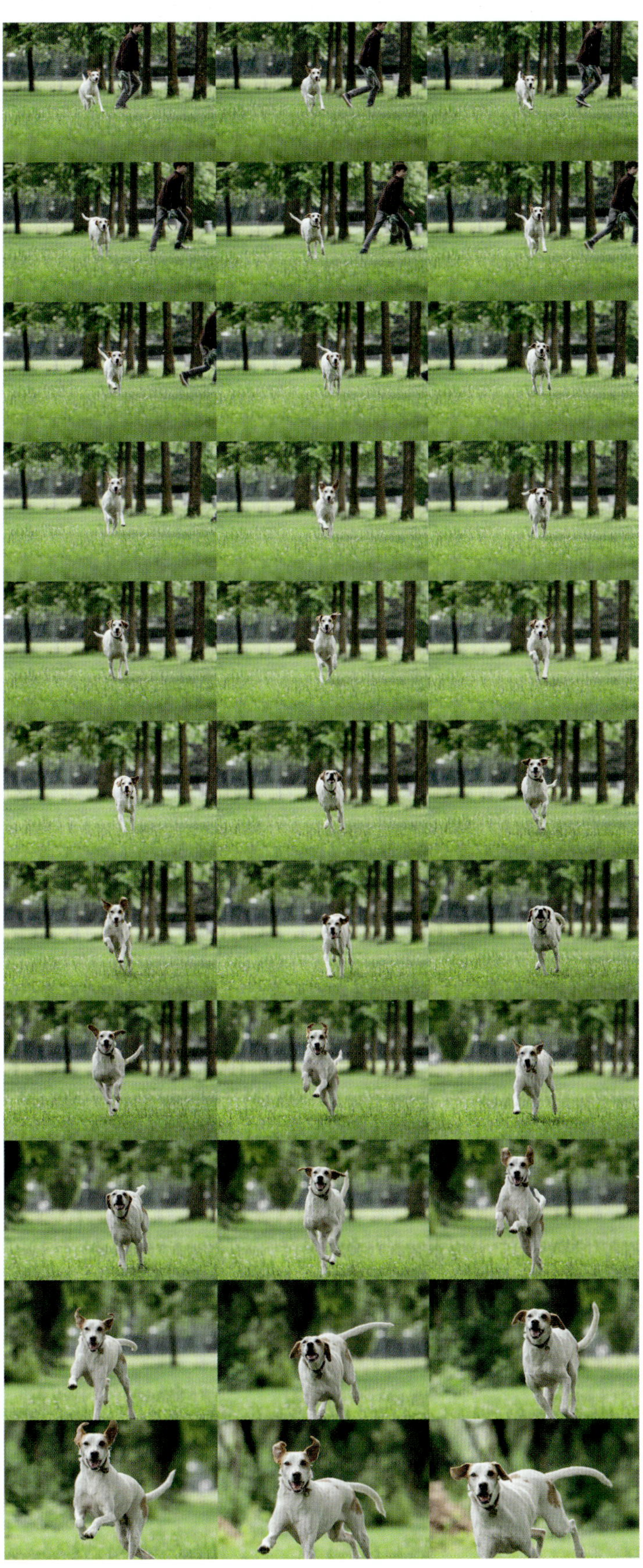

3D-Tracking

Das 3D-Tracking besitzt noch ein besonderes Feature. Es nutzt nicht nur den Kontrast zum Fokussieren, sondern auch Farbinformationen (vom RGB-Belichtungsmesser). Das ist natürlich dann besonders nützlich, wenn sich das Motiv farblich deutlich von seinem Umfeld unterscheidet. So ist es z. B. möglich einen roten Vogel in einem Schwarm von schwarzen Vögeln gezielt im Fokus zu halten. Wenn sich das Motiv nur über den Kontrast, aber wenig/nicht über die Farbe abhebt, hat das 3D-Tracking keine besonderen Vorzüge gegenüber den anderen Messmethoden.

Das 3D-Tracking verfügt via Individualfunktion *a4* auch über eine leistungsfähige Gesichtserkennung. Wird kein Gesicht gezielt anvisiert, wird das Nächstliegende scharf gestellt.

Grenzen des 3D-Trackings

Das 3D-Tracking verbessert die Verfolgung von farblich kontrastierenden Objekten deutlich. Dies findet aber seine Grenzen, falls gleichartige Farbkombinationen auftreten, wie es z. B. im Mannschaftssport häufig vorkommt. Wenn versucht wird, einen einzelnen Spieler einer Mannschaft im rot-gelben Trikot zu verfolgen, kann es passieren, dass der Fokus zu einem anderen Spieler im gleichen Trikot überspringt.

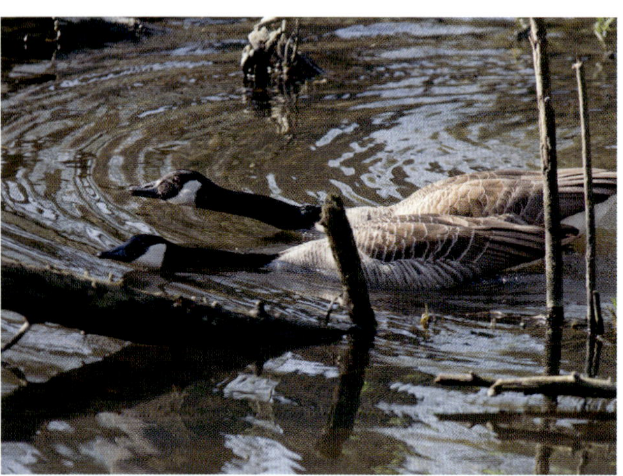

▲ *Tauchen plötzlich Gegenstände vor dem verfolgten Motiv auf, sollte der Fokus nicht direkt umspringen.*

Lock-On-Funktion

Wenn im Modus AF-C ein Objekt verfolgt wird, kann es immer wieder einmal passieren, dass es kurzzeitig verdeckt wird bzw. das ein anderes Objekt kurzzeitig im Vordergrund erscheint. Wenn ein spielendes Kind als Motiv verfolgt wird und es hinter einem Laternenpfahl herläuft wird es kurz verdeckt. In der Naturfotografie wird ein fliegender Vogel von einem Ast verdeckt oder ein Fußballspieler vom Arm eines begeistert aufspringenden Fans. Damit der Fokus in diesen Fällen nicht sofort auf das näher liegende Objekt fokussiert und im Zweifelsfall gar das ursprünglich anvisierte Motiv verliert, kann mit der Lock-On-Funktion gegensteuert werden. Die Funktion Lock-On verzögert die Schärfenachführung dazu ein klein wenig. In der Individualfunktion *a3 Schärfenachf. mit Lock-On* kann die Verzögerung in fünf Stufen von *Schnell* bis *Verzögert* angepasst werden. Zusätzlich kann die Motivbewegung zwischen *Ungleichmäßig* und *Gleichmäßig* variiert werden.

Sinnvolle Einstellungen für den Lock-On

Soll ein Motiv vor einem wenig kontrastierenden Hintergrund verfolgt werden, kann es sinnvoll sein Lock-On auf einen höheren Wert von vier oder fünf zu stellen. So kann sichergestellt werden, dass das Motiv dauerhaft im Fokus bleibt und nicht versehentlich der Hintergrund scharf gestellt wird. Ein Beispiel wäre ein Vogel, der vor dem Hintergrund dunkler Bäume vorbeifliegt. Die Motivbewegung ist eine gleichmäßige.

Autofokus und Belichtungsmessung trennen

Ich habe mir die erste Funktionstaste *Fn1* mit der separaten *Belichtungsspeicherung AE* belegt (Individualfunktion *f1*).

Anders sieht es aus, wenn eindeutig identifizierbare, schnelle Objekte verfolgt werden sollen. In diesem Fall ist eine zügige Schärfenachführung wichtiger. Dies gilt umso mehr, wenn keine Störungen zu erwarten sind, wie z. B. ein Vogel vor blauem Himmel oder ein Radfahrer auf einem gut einsehbaren Streckenabschnitt, also ohne Bäume und Sträucher.

6.5 Der Live-View-Modus

Wenn Sie den Live-View-Modus mit der Lv-Taste (Lv) einschalten, klappt die D500 den Spiegel hoch und öffnet beide Verschlussvorhänge. Sie kann dann weder den Belichtungsmesser noch den Autofokussensor mit Licht versorgen.

Der Belichtungsmesser und der Phasendetektionsautofokus der D500 bekommen ihr Licht im Normalbetrieb über den Schwingspiegel und können daher im Live-View-Modus nicht wie gewohnt funktionieren.

LCD-Helligkeit und Farbe anpassen

Sollte Ihnen die Standardhelligkeit des Displays nicht zusagen, können Sie mit der i-Taste (i) und dem Multifunktionswähler im Live-View-Modus die Helligkeit des LCD-Monitors anpassen. Am rechten Rand wird dazu eine kleine Skala eingeblendet.

Die richtige Arbeitsweise des Live-View-Autofokus wählen

Die D500 nutzt im Live-View-Modus den deutlich langsameren Kontrast-Autofokus. Die wichtigsten Arbeitsweisen mit dem Touchscreen wurden bereits in den Abschnitten „Die Live-View-Ansicht“ (S. 26), „1.7 Mit dem Touchscreen arbeiten“ (S. 34) und „3.1 Belichtungssteuerungen mit der Live-View verwenden“ (S. 69) vorgestellt, deshalb an dieser Stelle nur noch einmal ein paar Tipps zur Fokussierung.

Sie können durch einfaches Antippen des Monitors den Autofokus aktivieren und gleich auslösen. Allerdings ist es gar nicht so einfach mit einer Hand die Kamera zu halten und mit der anderen Hand den Monitor anzutippen, ohne die Kamera zu bewegen. An meiner D500 reichte zwar bereits die leichteste Berührung des Displays zur Auslösung, trotzdem ist in den meisten Fällen die Benutzung des Touchscreens zum Auslösen vom Stativ aus die beste Wahl. Geübte Zeitgenossen können versuchen die Kamera in beiden Händen zu halten und den Touchscreen mit dem Daumen zu bedienen. Falls Sie keine Touch-Bedienelemente wünschen, können Sie sie im *SYSTEM*-Menü unter *Touch-Bedienelemente* deaktivieren und ganz klassisch über den Auslöser fokussieren und auslösen.

AF-S, AF-F oder manuell fokussieren

Im Live-View-Modus unterstützt die D500 den bekannten Einzelautofokus AF-S und den permanenten Autofokus, hier AF-F genannt. Die manuelle Fokussierung ist ebenfalls möglich. Gewechselt wird der Modus wie gehabt mit der AF-Modus-Taste und dem hinteren Einstellrad. Die Änderung wird nicht auf dem oberen Display, sondern nur auf dem Hauptmonitor angezeigt.

Der AF-F-Modus unterscheidet sich vom AF-C-Modus dadurch (von der Geschwindigkeit einmal abgesehen), dass er auch ohne jeden Tastendruck permanent die Schärfe nachführt. Solange, bis der Auslöser bis zum ersten Druckpunkt betätigt wird. Dann speichert er die Schärfe und es kann ausgelöst werden. Meiner Erfahrung nach belastet diese Methode den Akku nicht unerheblich und ich setze die Live-View nur für spezielle Fälle ein.

Die AF-Messfeldsteuerung im Live-View-Modus

Eingestellt wird die AF-Messfeldsteuerung mit der AF-Modus-Taste und dem vorderen Einstellrad.

	Live-View
Autofokus-modi	**AF-S – Einzelautofokus**
	Am ersten Druckpunkt des Auslösers wird einmalig auf das Motiv scharf gestellt.
	AF-F – permanenter Autofokus
	Der Autofokus versucht, das gewählte Motiv automatisch beständig scharf zu stellen. Wird der Auslöser gedrückt, wird der Fokus gespeichert.
Autofokus Messfeld-steuerung	**Porträt-AF** Die Kamera erkennt automatisch Gesichter von Personen und stellt das nächstgelegen scharf. Das fokussierte Gesicht erhält einen gelben Doppelrahmen, ist das Gesicht scharf, wird der Rahmen grün. Mit dem Multifunktionswähler kann aber ein anderes Gesicht ausgewählt werden. Es können bis zu 35 Gesichter erkannt werden. Auch Gesichter im Profil werden meist gut erkennt.
	Normale Messfeldsteuerung NORM Zur punktgenauen Scharfstellung eines Bildausschnitts. Der Rahmen der normalen Messfeldsteuerung ist recht klein und kann so präzise z. B. mit dem Multifunktionswähler gesetzt werden.
	Großes Messfeld WIDE Großes Messfeld z. B. für Landschaftsaufnahmen. Der Rahmen ist deutlich größer und deckt einen weiteren Bereich ab.
	Motivverfolgung Positionieren Sie den weißen Rahmen des Fokusmessfeldes auf das Motiv, das verfolgt werden soll. Drücken Sie dann die Mitteltaste des Multifunktionswählers. Ist das zu verfolgende Objekt erkannt, wird der Rahmen gelb. Wenn das Motiv dann auch noch scharf erfasst ist, wird der Rahmen grün. Ein erneuter Druck auf die Mitteltaste startet den Vorgang neu. Die Motivverfolgung eignet sich nicht gut für größere, schnelle Bewegungen.

6.6 Typische Autofokusprobleme und Gegenmaßnahmen

Der Autofokus der D500 arbeitet außergewöhnlich schnell und präzise, das gilt auch für Low-Light-Situationen. Es kommt deshalb ausgesprochen selten vor, dass sich wirklich kein Punkt für den Autofokus der D500 finden lässt. Wenn es aber doch einmal der Fall ist, suchen Sie nach einem Ersatzmesspunkt und nutzen Sie den Fokusspeicher oder fokussieren Sie manuell. In vielen Fällen kann es auch bereits ausreichen, die AF-Messfeldsteuerung zu ändern. Benutzen Sie in schwierigen Situationen möglichst nicht die *Automatische Messfeldsteuerung*, da Sie dann keinerlei Kontrolle haben. Versuchen Sie vielmehr die *Einzelfeldsteuerung* oder bei bewegten Motiven die *Gruppen-* oder *Dynamische Messfeldsteuerung* (zuerst mit 25 Messfeldern).

Setzen Sie im Zweifelsfall auf das zentrale Messfeld oder zumindest auf einen Kreuzsensor. Wenn Sie lichtschwächere Objektive evtl. noch mit Konverter einsetzen oder bei sehr wenig Licht fotografieren wollen, nutzen Sie ebenfalls das lichtstärkste zentrale Messfeld.

Messfeldgröße unter der AF-Markierung

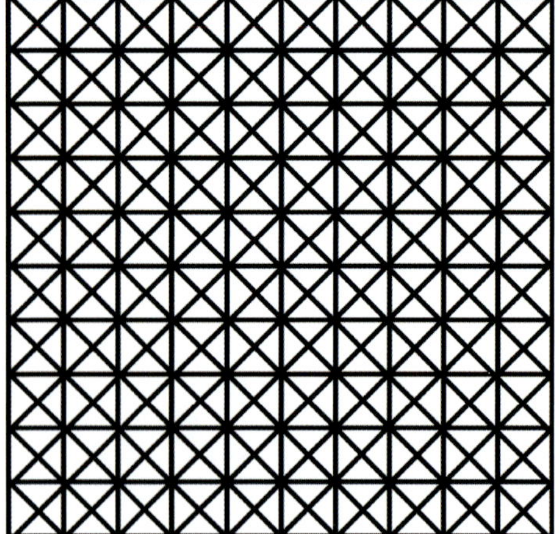

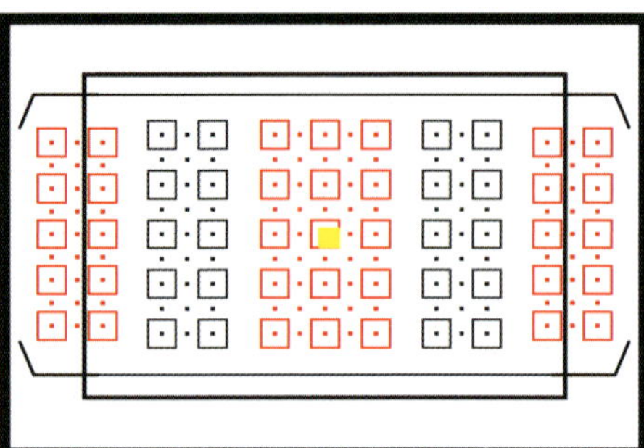

▲ *Das kleine gelbe Feld könnte z. B. die tatsächliche Ausdehnung des zentralen AF-Messfeldes wiedergeben.*

Denken Sie daran, dass die AF-Markierungen im Sucher nur zur Orientierung dienen. Das tatsächliche Messfeld kann kleiner, oder auch leicht verschoben sein.

Wenn Sie das für einzelne AF-Messfelder einmal prüfen wollen, können Sie sich in einem Bildbearbeitungsprogramm eine eine solche Zeichnung wie im Bild links erstellen und ausdrucken.

Kleben Sie das Bild auf eine strukturlose weiße Fläche, z. B. eine Wohnungstür. Dann fokussieren Sie im Modus AF-C auf die Türfläche. Der Autofokus wird meist nicht scharf stellen können. Dann wandern Sie mit dem Fokusmessfeld ganz langsam bis zum Rand der Zeichnung und achten genau darauf, ab welchem Punkt er scharf stellt.

Bei einigen Messfeldern wird das erst etwa in der Mitte der AF-Markierung sein, andere sind vielleicht ganz leicht zu einer Seite hin verschoben. In der Praxis spielt das meist keine Rolle, könnte aber in Ausnahmefällen doch wichtig werden.

Sehr geringer Kontrast

In Szenen, in denen der Kontrast zwischen Motiv und Umgebung gering ist, kann der Autofokus schon einmal Probleme haben: wenn eine Landschaft in starken Nebel gehüllt ist, Sie Objekte mit ausschließlich weichen fließenden Formen fotografieren wollen oder ein Motiv, das sich farblich nicht vom Hintergrund abhebt. Auch in diesen Situationen müssen Sie den Ersatzmesspunkt oder die manuelle Fokussierung einsetzen.

Regelmäßige Muster

Sehr gleichmäßige Muster können den Autofokus schon einmal verwirren. Die Liniensensoren reagieren nur schwerfällig oder gar nicht auf Kanten, die die gleiche Ausrichtung wie die Sensoren haben.

Versuchen Sie möglichst einen der ja reichlich vorhandenen Kreuzsensoren zu verwenden. Besonders schön an der D500 ist, dass sich die Kreuzsensoren nicht, wie bei einigen anderen Modellen, ausschließlich in der Mitte zusammenballen.

Zäune und Gitter

Falls Sie z. B. im Zoo durch ein Gitter fotografieren möchten, können Sie die meisten Zäune und Gitter praktisch ausblenden, indem Sie sehr nahe an sie herangehen. Am besten legen Sie das Objektiv vorsichtig direkt auf den Zaun oder das Gitter auf.

Wenn Sie das nicht möchten können Sie meistens die Streulichtblende auf dem Objektiv belassen. Zumindest sollte ein Klar- oder UV-Filterwählen die Frontlinse schützen. Nutzen Sie eine höhere Brennweite und eine möglichst weite Blendenöffnung.

Meistens hat der Autofokus dann keine Probleme mehr, da er den Zaun nicht mehr wahrnimmt. Die Maschen des Zaunes dürfen allerdings nicht zu klein sein bzw. Gitterstäbe nicht zu eng stehen oder zu breit ausfallen.

330 mm | f/5,6 | 1/400 Sek. | ISO 250

▶ *Den Zaun im Vordergrund sieht man nicht mehr, im Hintergrund ist er nur noch zu erahnen.*

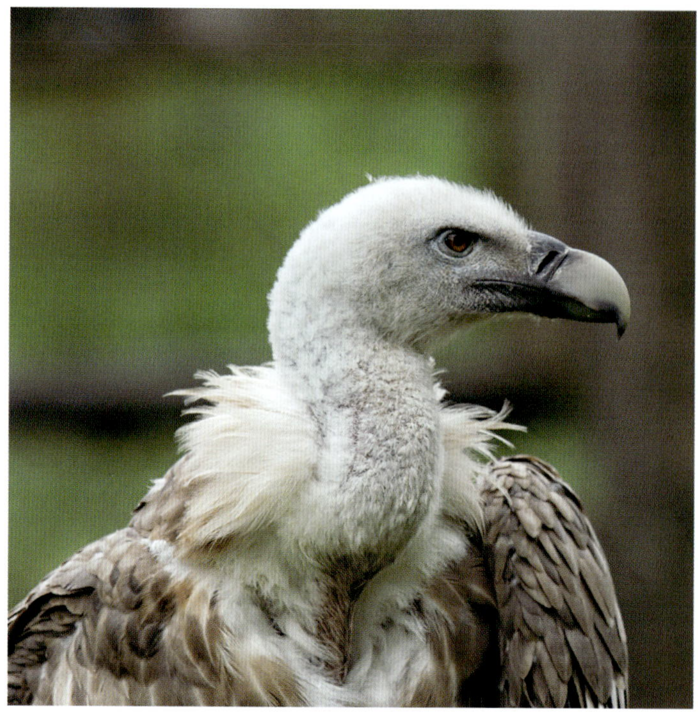

6.7 AF-Feinjustierung

Die Gründe für eine Fehljustierung des Autofokus kann z. B. ein Front- oder Backfokus sein (s. Abschnitt „Unscharfe Bilder durch Front- und Backfokus" ab Seite 159), soll an dieser Stelle aber nicht neu besprochen werden.

Ein generelles Problem des Phasen-Autofokus liegt darin begründet, dass nicht direkt auf dem Sensor gemessen wird, sondern auf einem separaten Bauteil.

Selbst geringste Abweichungen der Justage innerhalb der Kamera oder zum verwendeten Objektiv können zu Fehlmessungen führen.

Aber denken Sie bitte immer daran, nur, wenn Sie in der Praxis ein wirklich nennenswertes Problem haben lohnt sich die Korrektur. Für Zoom-Objektive eignet sich die AF-Feinjustierung nur sehr begrenzt.

Sonst kommt es sehr leicht zu einer schlechten Kompensation des Fehlers. Nikon selbst rät weitgehend von der AF-Feinjustierung ab.

Durchführung der Feinjustierung

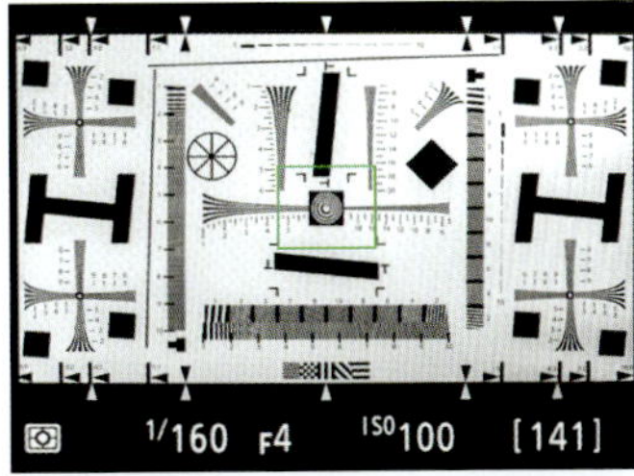

Drücken Sie den Auslöser halb durch, damit die Kamera auf das Motiv scharf stellt. Sie sollten dabei ein Vielfaches des Mindestabstandes des Objektivs zum jeweiligen Motiv einhalten, ansonsten sind die Messungen nicht genau genug. Positionieren Sie die D500 auf einem Stativ und richten Sie sie möglichst horizontal aus. Anschließend aktivieren Sie die Live-View, damit mit dem Kontrast-Autofokus gemessen wird. Wählen Sie ein planes, gut ausgeleuchtetes und kontrastreiches Motiv.

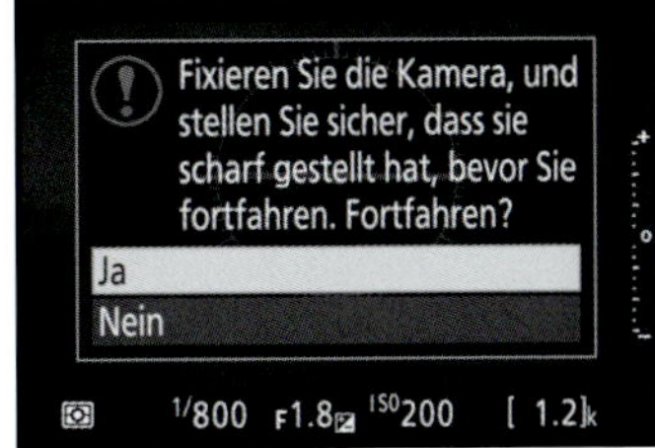

Jetzt drücken Sie gleichzeitig die AF-Modus-Taste und die Videoaufnahmetaste.

Es erscheint ein Dialog auf dem Monitor, dem Sie folgen. Die Kamera gleicht dann den Kontrast-AF und den Phasen-AF miteinander ab und ermittelt einen Korrekturwert. Dieser wird für das verwendete Objektiv gespeichert.

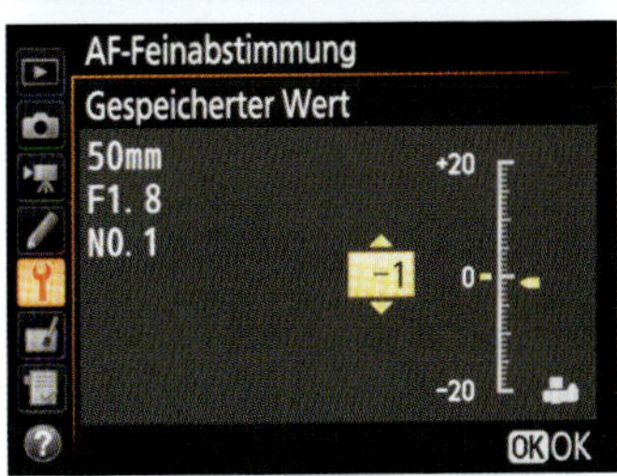

Wie gut ein einzelner, statischer Korrekturwert die Probleme wirklich verbessern kann, werden erst weitere genaue Untersuchungen zeigen. Die an meinen Objektiven gemessenen Korrekturen waren jedenfalls minimal, soweit überhaupt vorhanden.

Bei den Tests (Firmware 1.01) erschienen auch häufig Meldungen wie „Automatische AF-Feinabstimmung fehlgeschlagen“ oder „Automatische AF-Feinabstimmung ist für die aktuellen Fokuseinstellungen nicht verfügbar“, deren genaue Gründe derzeit noch unklar sind.

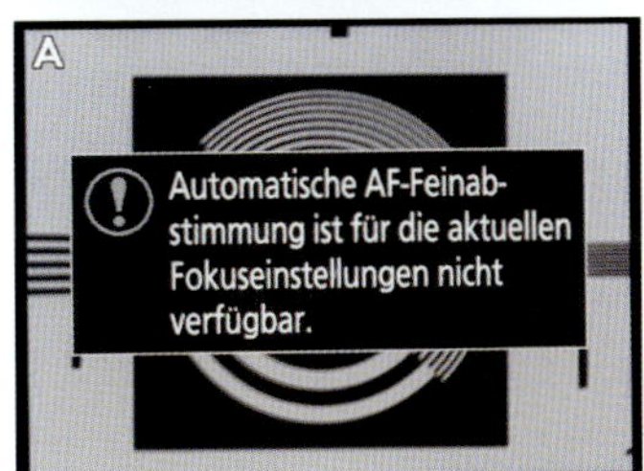

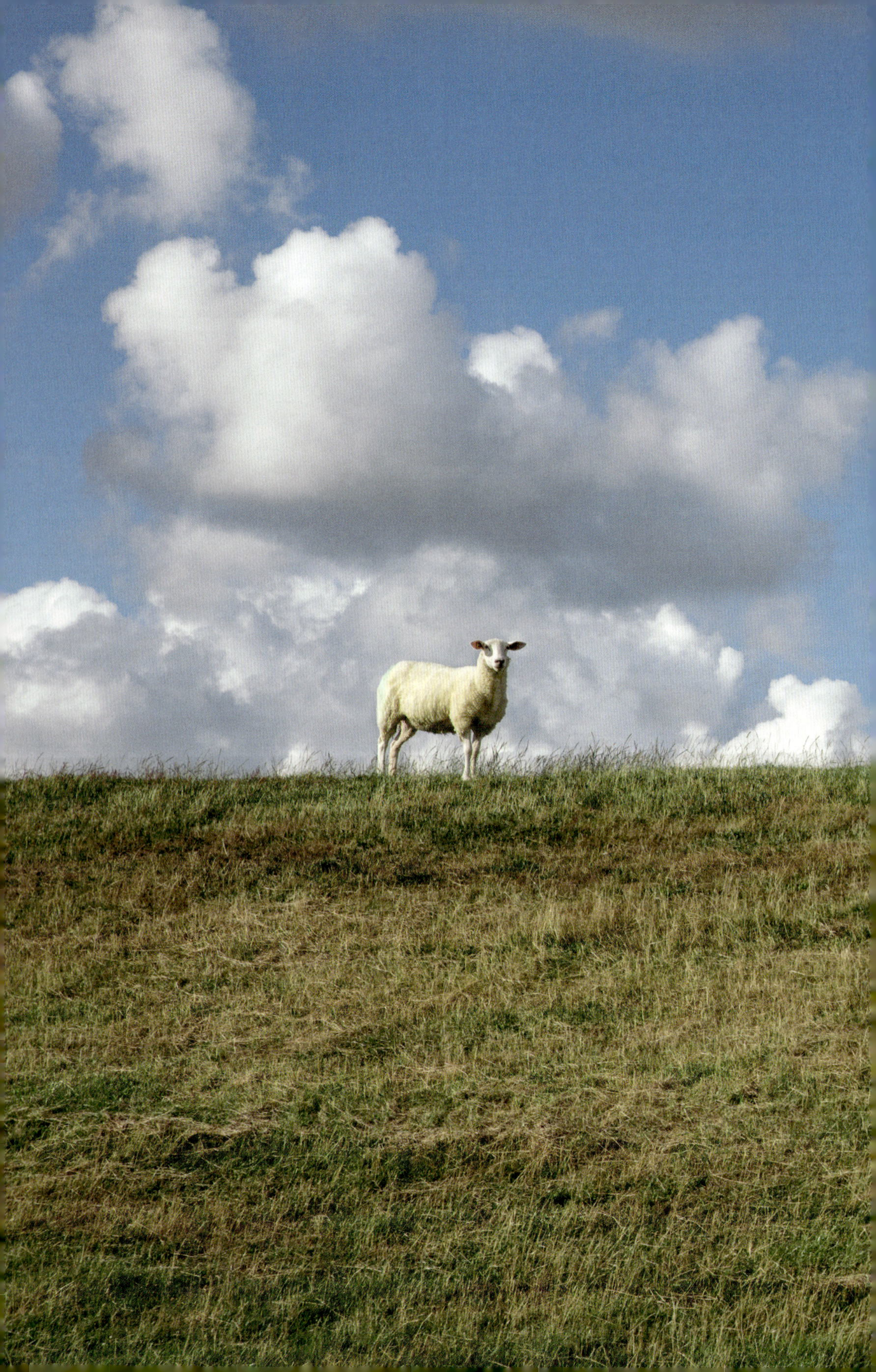

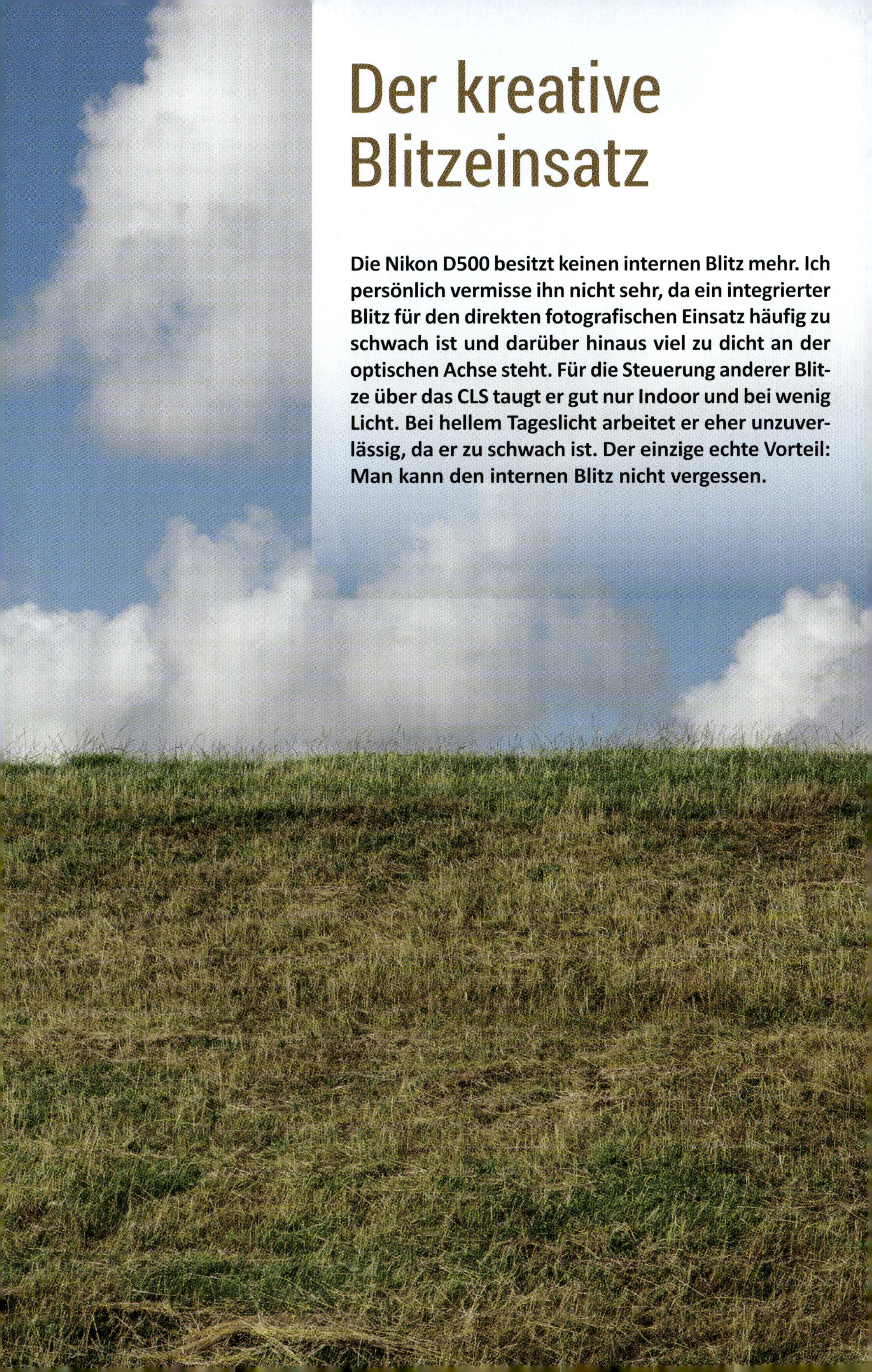

Der kreative Blitzeinsatz

Die Nikon D500 besitzt keinen internen Blitz mehr. Ich persönlich vermisse ihn nicht sehr, da ein integrierter Blitz für den direkten fotografischen Einsatz häufig zu schwach ist und darüber hinaus viel zu dicht an der optischen Achse steht. Für die Steuerung anderer Blitze über das CLS taugt er gut nur Indoor und bei wenig Licht. Bei hellem Tageslicht arbeitet er eher unzuverlässig, da er zu schwach ist. Der einzige echte Vorteil: Man kann den internen Blitz nicht vergessen.

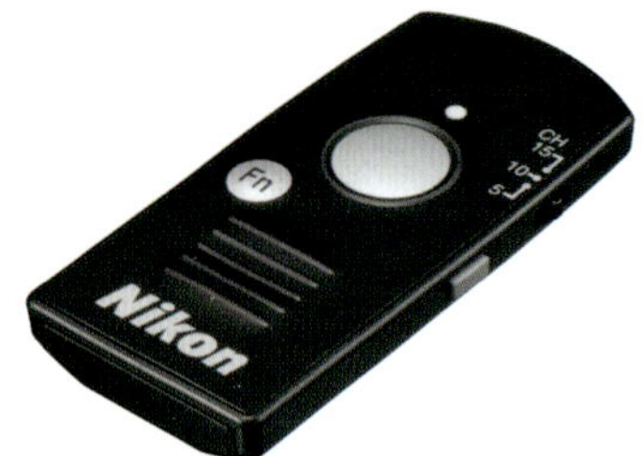

Die Nikon D500 unterstützt jetzt auch von Haus aus die Funkfernsteuerung und nicht nur die optische Fernsteuerung. Allerdings gibt es leider keine interne Lösung, sondern es wird dazu weiteres Zubehör notwendig, wie etwa die Funksender WR-T10.

Steigen wir also gleich in die Anwendung eines externen Systemblitzes ein. Stellvertretend soll der neue, mit der D500 eingeführte, Speedlight SB-5000 eingesetzt werden. Die D500 arbeitet aber grundsätzlich weitgehend analog mit den anderen Blitzen wie SB-910, SB-700 oder SB-500. Natürlich mit den Einschränkungen, die die jeweiligen Blitze gegenüber dem SB-5000 aufweisen. Eine Übersicht des jeweiligen Funktionsumfangs finden Sie im Handbuch zur D500 ab Seite 326.

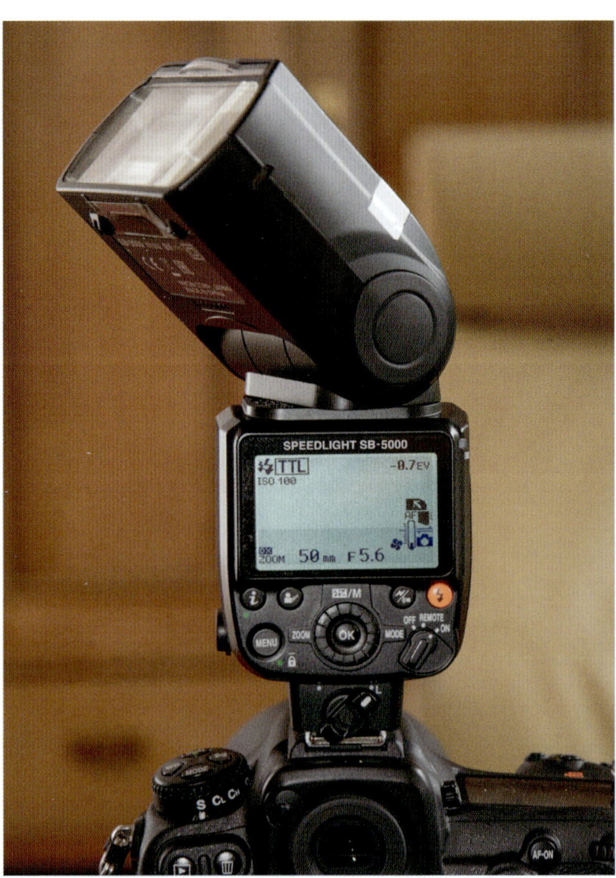

▶ *Der neue SB-5000 in Aktion.*

Die D500, vor allem in Verbindung mit einem Blitz-Boliden wie den SB-5000, besitzt schier unendliche Möglichkeiten die Blitzfotografie umzusetzen. Schon allein die technischen Möglichkeiten aufzuzählen würde den Rahmen dieses Buches sprengen. Deswegen soll versucht werden, eine praxisrelevante Kurzeinführung in ein paar der wichtigsten Einsatzszenarien zu geben.

7.1 Ein paar grundlegende Informationen zum Blitz

Die Lichtquelle eines Blitzes – eine Xenon-Blitzröhre – brennt in einer sehr kurzen Zeit ab und verbreitet dementsprechend kurzzeitig Licht. Die Blitzdauer ist normalerweise um ein Vielfaches kürzer als die Verschlusszeit der Belichtung. Deshalb hat z. B. die Belichtungszeit praktisch keinen Einfluss auf die Blitzleistung, sondern nur auf die Einbeziehung von vorhandenem Umgebungslicht, da letzteres für die gesamte Belichtungszeit zur Verfügung steht. Wenn die Schärfentiefe keine Rolle spielt, kann man die Blitzbelichtung schon eher mit der Blende steuern. In einem gewissen Umfang kann auch der ISO-Wert zur Steuerung genutzt werden.

Starke Abnahme der Blitzleistung mit der Entfernung

Beim Blitzen sollte man sich ständig darüber im Klaren sein, dass die Lichtintensität des Blitzes mit dem Quadrat der Entfernung sehr schnell abnimmt. Anders ausgedrückt: Wenn die Entfernung zum Motiv von 1 m auf 2 m verdoppelt wird, nimmt die Lichtintensität um das Vierfache ab.

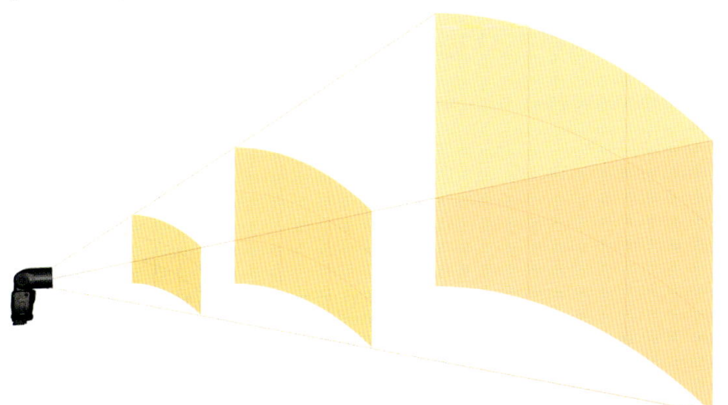

◄ *Die Blitzleistung nimmt mit dem Quadrat der Entfernung ab.*

Steigt die Entfernung auf 3 m, sinkt die Lichtintensität auf ein Neuntel usw. Da Blitze sehr häufig in Entfernungen von 0,5 bis 5 m eingesetzt werden, variiert die Lichtleistung entsprechend stark.

Aus diesem Grund kann man mit nur einem Blitzgerät ein Motiv im Vordergrund und gleichzeitig den Hintergrund nur dann gut ausleuchten, wenn das Motiv recht nah vor dem Hintergrund steht und damit ein möglichst vergleichbar großer Abstand zum Blitz gegeben ist.

Schon eine Differenz von 2 m zum Hintergrund macht einen beträchtlichen Belichtungsunterschied aus. Umgekehrt kann der Hintergrund dunkler dargestellt werden (sogar völlig schwarz), wenn das Motiv sehr nah am Blitz und relativ weit vom Hintergrund entfernt ist.

Durch Unterschiede im Reflexionsverhalten – wenn Sie z. B. ein helles Objekt vor einem dunklen Hintergrund fotografieren – verstärkt sich die Diskrepanz in der Ausleuchtung ebenfalls stark.

Sie brauchen also für Motive/Motivbestandteile in unterschiedlicher Entfernung und mit unterschiedlichem Reflexionsverhalten in einem Bild jeweils spezifisch eingestellte Lichtquellen, gegebenenfalls auch mehrere Blitzgeräte.

Eine einfache Möglichkeit, eine etwas tiefere und gleichzeitig gleichmäßigere Ausleuchtung zu erzielen, ist das indirekte Blitzen. Dabei wird das Blitzlicht z. B. gegen eine weiße Zimmerdecke oder -wand gerichtet. Das Licht wird dadurch breiter gestreut und kann so einen größeren Entfernungsbereich gleichmäßig abdecken.

Die Leitzahl zeigt die Blitzreichweite

Die Reichweite des Blitzlichts ist die Distanz, in der ein Motiv vollständig ausgeleuchtet werden kann. Die Blitzreichweite hängt allein von der Leuchtkraft und der Lichtbündelung durch den Reflektor ab, nicht aber von der Leuchtdauer.

Für diesen Wert wurde der Begriff der **L**eit**z**ahl (LZ) eingeführt. Sie ermöglicht einen direkten Vergleich verschiedener Blitzgeräte.

Die Leitzahl gibt die effektive Reichweite des Blitzlichts bei einer angegebenen Lichtempfindlichkeit und einer eingestellten Blende an. Da sich die effektive Lichtleistung einer Blitzröhre mit ihrer Temperatur ändert, wird diese Leitzahl bei einer Temperatur von 21 °C gemessen.

Die Blitzleistung ist zwar nicht vom ISO-Wert abhängig, allerdings bestimmt natürlich auch der ISO-Wert an der Kamera, ob ein Bild noch ausreichend belichtet wird oder nicht. Die Leitzahlen werden deshalb immer für eine ISO-Referenz, meist ISO 100, angegeben.

Änderung der Reichweite durch den Zoomreflektor

Die tatsächliche Reichweite eines Blitzgeräts hängt außer von den bereits genannten Faktoren auch von der Stellung des Reflektors ab. Es gibt deshalb für jedes Blitzgerät spezifische Tabellen, die eine einfache Ermittlung des Wertes ermöglichen.

Die Tabelle für den SB-5000 finden Sie ab Abschnitt H-25 im Handbuch. Grundsätzlich steigt die Reichweite/Lichtleistung mit der Brennweite der Reflektorposition, allerdings wird der Ausleuchtwinkel enger.

Synchronzeit und Verschlussvorhänge

Die D500 steuert die Belichtung über zwei Verschlussvorhänge, die sich nacheinander öffnen und wieder schließen und so den Sensor bedecken bzw. freigeben. Allerdings kann die Zeit, in der beide Vorhänge geöffnet sind, aus technischen Gründen nicht beliebig klein gewählt werden, da die Geschwindigkeit der beiden Verschlüsse zu hoch werden würde.

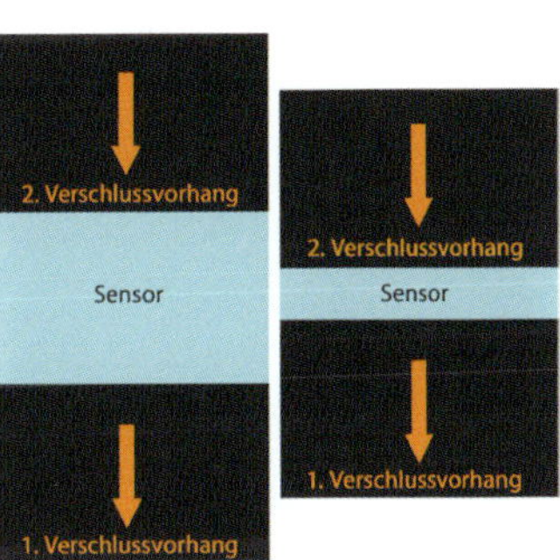

▲ *Links: Bis zu 1/250 Sek. ist der Sensor in seiner vollen Höhe dem Licht ausgesetzt.*
Rechts: Wird die Belichtungszeit kürzer als 1/250 Sek. ist immer nur ein Schlitz frei für die Belichtung.

Man bedient sich daher einer Art Trick. Der zweite Verschlussvorhang verschließt den Sensor schon zu einem Zeitpunkt, da der erste Verschlussvorhang noch nicht das Ende des Sensors erreicht hat. Die beiden Vorhänge werden nicht vollständig geöffnet, sondern bilden einen Schlitz, der über die Sensorfläche wandert. Nur bei längeren Verschlusszeiten als 1/250 Sek. ist der Schlitz so groß, dass für einen kurzen Moment die gesamte Sensorfläche dem Licht freigegeben wird.

Bei kürzeren Belichtungszeiten, bei denen ja nur noch der Schlitz über der Sensoroberfläche der D500 geöffnet wird und die Sensorfläche zu keinem Zeitpunkt mehr komplett dem Licht ausgesetzt ist, könnte ein Blitzlicht mit seiner kurzen Leuchtdauer auch nur noch einen Teil der Sensorfläche belichten.

Die von den Vorhängen gerade verdeckten Bildbereiche würden stark unterbelichtet werden. Dann kommt es zu den berüchtigten schwarzen Balken im Bild.

Kürzeste Belichtungszeiten mit Blitz

Daher begrenzen alle Kamerahersteller die kürzeste Belichtungszeit beim Einsatz eines Blitzgeräts auf die minimale Zeit, in der noch der gesamte Sensor vom Blitz belichtet werden kann. Dies ist die sogenannte Synchron- oder auch X-Zeit. Eine kurze Synchronzeit ist ein wichtiges Qualitätskriterium für eine Kamera.

Bei der Nikon D500 beträgt diese Synchronzeit 1/250 Sek. Wie trotzdem noch mit kürzeren Belichtungszeiten als 1/250 Sek. geblitzt werden kann erfahren Sie im Abschnitt „Kürzer als die Synchronzeit blitzen: die FP-Kurzzeitsynchronisation“ ab Seite 201.

ISO-Automatik und Blitz – ein gutes Team

Wenn sie optimal eingestellt ist, ist die ISO-Automatik der D500 ein sehr gutes Mittel, um in wechselnden Lichtsituationen die dauernde Anpassung der ISO-Werte zu vermeiden. Dabei sollten Sie allerdings die maximale Grenze für die ISO-Automatik sinnvoll festlegen, beispielsweise auf ISO 1600. Zugleich bestimmen Sie auch die längste Verschlusszeit, ab der diese Automatik eine ISO-Stufe hochschaltet.

Bei Verwendung der ISO-Automatik in der Programmautomatik P oder der Zeitautomatik A beim Blitzen regelt die D500 die ISO-Werte recht schnell hoch.

Das liegt an der Voreinstellung für ***Längste Belichtungszeit*** von 1/60 Sek. Mit Blitz- und Bildstabilisationseinsatz können Sie ***Längste Belichtungszeit*** über die Individualfunktion ***e2*** aber deutlich auf 1/15 Sek. oder sogar auf 1/8 Sek. herunterregeln.

7.2 Die Blitzautomatik mit i-TTL

Um mit der System-Blitzfotografie zu starten bedarf es gar nicht viel. Das Vorgehen einmal ganz unkompliziert:

- An der Kamera die Programmautomatik P einstellen.
- Aufstecken des SB-5000 auf den Blitzschuh der D500, beide Geräte einschalten.
- Im Menü ***FOTOAUFNAHME*** ist jetzt der Punkt ***Blitzbelichtungssteuerung*** anwählbar. Unter ***Blitzsteuerung*** sollte die Option ***TTL*** aktiviert sein.
- Fertig ☺.

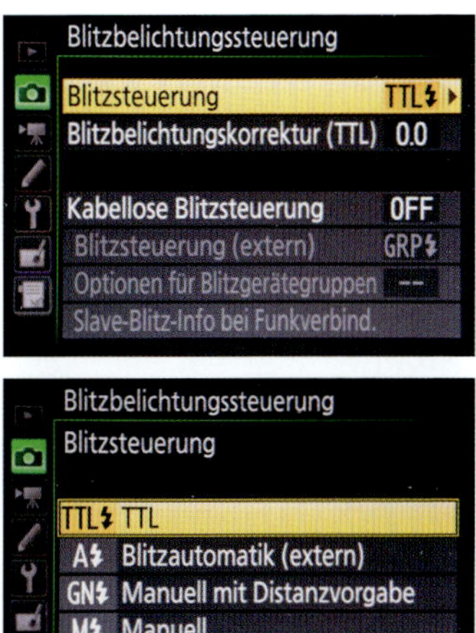

Das TTL-Blitzen entspricht einfach gesprochen dem P-Modus der Aufnahme. Kamera und Blitz steuern die Lichtmenge automatisch so, dass das Motiv praktisch immer korrekt belichtet wird. Für den Einstieg – und nicht nur für den – ist das ein sehr guter und bequemer Weg zu besser belichteten Fotos.

Diese große Stärke des TTL-Blitzens ist – wie beim Programm-Modus – gleichzeitig seine größte Schwäche: man hat nur einen recht begrenzte Einfluss auf das Ergebnis. Der zweite, vielleicht wichtigere Punkt ist, *individuelles* Blitzen lernt man so wahrscheinlich nie.

Aber vorerst soll das wenig kümmern. Vor allem für schnelle Schnappschüsse, Familienfotos in Innenräumern oder als Aufhellblitz ist der TTL-Modus immer eine gute Wahl.

Wenn ein CLS-kompatibler Blitz auf TTL eingestellt ist, aktiviert die Kamera automatisch den TTL-Standard- oder Aufhellblitz. Sollte die automatische Wahl nicht passen, lässt sich das leicht am Blitz entsprechend einstellen.

Zwei grundsätzliche Parameter, die man ändern kann, sind zu einem die Blitzmodi, von denen es sechs Varianten gibt und die Blitzbelichtungskorrektur.

Eingestellt werden die Blitzmodi mit der Taste und dem hinteren Einstellrad. In der Tabelle auf der nächsten Seite ist eine kurze Übersicht über die einzelnen Optionen.

Blitzmodus	Erläuterung
Synchronisation auf den 1. Verschlussvorhang	Nikon empfiehlt diesen Modus als Standard für die meisten Situationen. In der Programm- und Zeitautomatik wird die Belichtungszeit automatisch zwischen 1/250 Sek. und 1/60 Sek. eingestellt. In der FP-Kurzzeitsynchronisation kann sich die Belichtungszeit bis zu 1/8000 Sek. verkürzen.
Reduzierung des Rote-Augen-Effekts	Reduziert den Rote-Augen-Effekt durch einige Vorblitze. Da der Systemblitz schon relativ weit von der optischen Achse entfernt ist, kommt es kaum zum Rote-Augen-Effekt. Wer ihn trotzdem einsetzen will, sollte das nicht bei sich bewegenden Motiven machen.
SLOW Reduzierung des Rote-Augen-Effekts mit Langzeitsynchronisation	Fasst die Verminderung des Rote-Augen-Effekts mit der Langzeitsynchronisation zusammen. Er ist nur in der Programm- und Zeitautomatik verfügbar. Wird empfohlen für Porträtaufnahmen vor einem nächtlichen Hintergrund.
SLOW Langzeitsynchronisation	Die Langzeitsynchronisation soll durch lange Belichtungszeiten (bis zu 30 Sek.) möglichst viel Umgebungslicht mit aufs Foto bannen. Vor allem empfohlen für Available-Light und Nachtaufnahmen. Ein Stativ ist meist Pflicht.
REAR Synchronisation auf den 2. Verschlussvorhang	Synchronisation auf den zweiten Verschlussvorhang. In diesem Modus wird in der Blendenautomatik und bei der manuellen Belichtungssteuerung erst unmittelbar vor dem Schließen des Verschlusses geblitzt. Bei bewegten Motiven entsteht dann eine Lichtspur hinter dem Motiv, was den Sehgewohnheiten entspricht. In der Programm- und Zeitautomatik dient der Modus dazu, den Hintergrund besser mit ins Bild zu bekommen. Der Stativeinsatz wird empfohlen.
Blitz aus	Der Blitz zündet nicht.

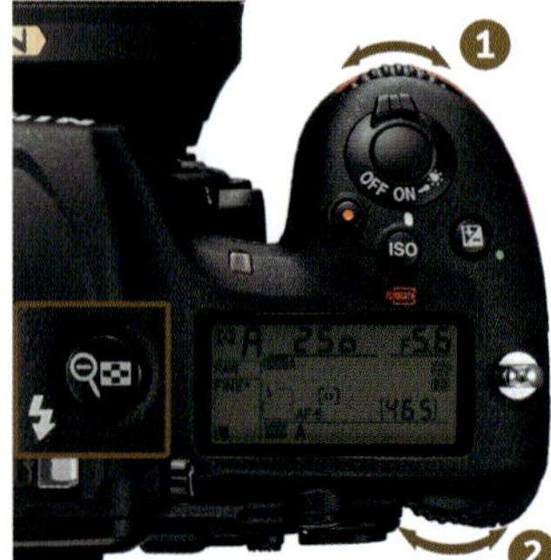

▲ *Mit der Taste und dem vorderen Einstellrad* ❶ *stellen Sie eine Blitzbelichtungskorrektur ein, mit dem hinteren Einstellrad* ❷ *den Blitzmodus.*

Was die einzelnen Modi beinhalten (Langzeitsynchronisation, Synchronisation auf den zweiten Verschlussvorhang usw.) soll im Moment zurückgestellt werden. Erläuterungen dazu ab Seite 198.

Die zweite Möglichkeit die Blitzleistung zu beeinflussen ist die Blitzbelichtungskorrektur. Eingestellt wird sie mit der Taste und dem vorderen Einstellrad. Die Blitzleistung kann dann direkt in ⅓ LW-Stufen von –3 LW bis +1 LW variiert werden. So kann sehr schnell die Blitzleistung verändert werden, ohne erst großartig an den Geräten herumzufummeln.

Nikon schreibt im Handbuch zur D500 (S. 199) etwas unklar bei den Modellen SB-5000, SB-500, SB-400 und SB-300 kann eine Blitzbelichtungskorrektur eingestellt werden. Tatsächlich funktioniert es aber auch bei anderen Modellen, die Nikons TTL unterstützen.

Selbst mein betagter Metz 48 AF-1 digital setzte die Einstellung der Belichtungskorrektur noch um. Probieren Sie es also einfach aus.

Die TTL-Automatik versucht eine ausgewogene Belichtung sowohl des Motivs, wie auch des Hintergrundes zu erreichen, immer klappt das aber nicht. Das kann z. B. daran liegen, dass der Hintergrund eine vom Motiv sehr stark abweichende Helligkeit aufweist oder, im Vergleich zum Motiv, weit entfernt ist.

Dann gilt auch hier die Faustregel des manuellen Modus: der Blitz ist vor allem für die Belichtung des Motivs und weniger oder gar nicht für den Hintergrund zuständig. Der Hintergrund wird von der Kamera mehr oder weniger eingefangen.

Wird ein Nikon Blitzgerät SB-5000, SB-500, SB-400 oder SB-300 eingesetzt, kann die Blitzsteuerung direkt in der Kamera erfolgen. Dazu stehen die folgenden Optionen zur Verfügung:

Blitzsteuerung	Funktion
TTL (i-TTL)	Wurde bereits im Text ausführlich besprochen. Der Modus TTL-Aufhellblitz versucht immer eine ausgewogene Belichtungsabstimmung zwischen Vordergrundmotiv und Hintergrund zu erreichen. Der Standard-TTL- Modus passt die Blitzleistung so an, dass das Hauptmotiv korrekt belichtet wird, ohne den Hintergrund mit einzubeziehen.
Blitzautomatik (extern)	Die Blitzabgabe wird entsprechend dem Licht geregelt, das vom (Haupt-) Motiv zurückgeworfen wird, unter Berücksichtigung der Objektiv- und Kamerainformationen. Objektive ohne eigene CPU werden nur mit der ***Automatik ohne TTL*** unterstützt.
Manuell mit Distanzvorgabe	Manueller Modus plus eine manuell eigegebene Distanzvorgabe bis zum Hauptmotiv.
Manuell	Im manuellen Modus werden alle Einstellungen direkt am Blitz vorgenommen.
Stroboskopblitz	In dieser Betriebsart zündet der Blitz mehrmals. Es können die Optionen ***Leistung***, ***Anzahl*** und ***Frequenz*** eingestellt werden.

Bei anderen Blitzen muss die Steuerung am Blitz vorgenommen werden.

Entfesseltes Blitzen AWL

Nikon nennt seine hauseigene kabellose Blitzfernsteuerung ***Advanced Wireless Lighting*** AWL. Die D500 unterstützt zwei Methoden der Blitzfernsteuerung: einmal mit optischen Signal und einmal mit Funksignalen. Ich möchte mich an dieser Stelle auf das erste, derzeit deutlich weiter verbreitete Verfahren beschränken, da für das Verfahren mit Funksignal weitere Hardware (z. B. der WR-R10) notwendig ist.

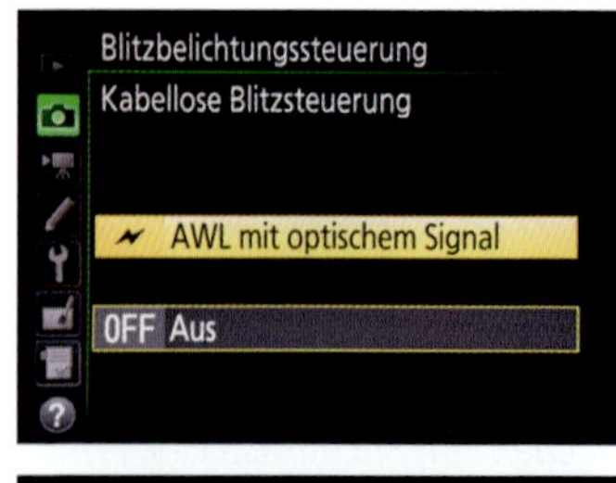

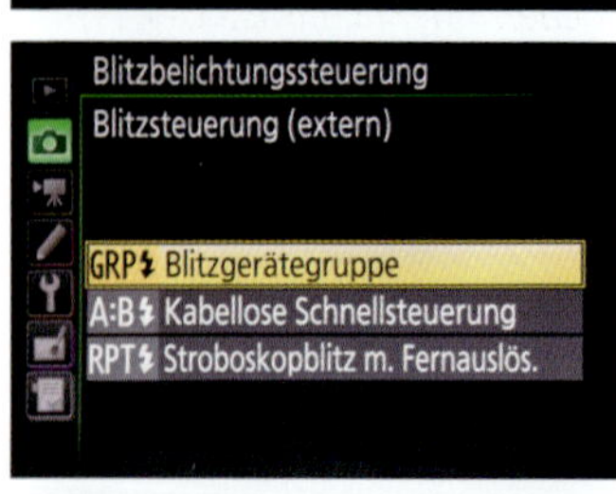

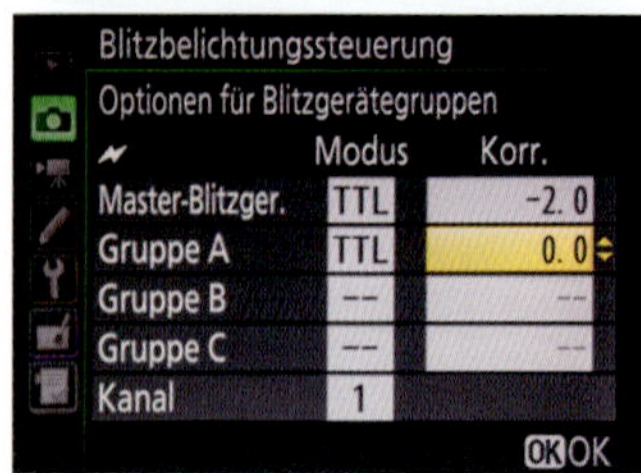

Beim optischen Verfahren werden die Slave-Blitze mittels Blitze niedriger Intensität gesteuert. Normalerweise sieht man diese Steuerblitze nicht. Da die D500 keinen eingebauten Blitz mehr hat muss auf ihr ein kompatibler Systemblitz oder z. B. die Steuereinheit SU-800 sitzen. Die Slave-Blitze können dann direkt von der D500 aus gesteuert werden. Dazu wird im Menü ***FOTOAUFNAHME/Blitzbelichtungssteuerung (CMD⚡)/Kabellose Blitzsteuerung/ AWL mit optischen Signal*** eingestellt.

Unter dem Menüpunkt ***FOTOAUFNAHME/Blitzbelichtungssteuerung (CMD⚡)/Blitzsteuerung (extern)*** belassen Sie den Eintrag auf ***GRP⚡ Blitzgerätegruppe***. In einem letzten Schritt können Sie in der ***Blitzbelichtungssteuerung*** unter ***Optionen für Blitzgerätegruppen*** den Modus und die jeweilige Blitzbelichtungskorrektur (Korr.) für die einzelnen Blitze einstellen.

Der Master-Blitz ist das Steuergerät auf der D500. Der oder die Slave-Blitze können dann in den Gruppen A-C organisiert werden. Es können z. B. zwei Slave-Blitze in die Gruppe A mit TTL-Steuerung und einer Blitzbelichtungskorrektur von –0,3 LW zusammengefasst werden und ein dritter Slave-Blitz kommt in die Gruppe B mit manueller Steuerung M und einer Blitzbelichtungskorrektur von –2,3 LW-Stufen.

Der Modus und die Blitzbelichtungskorrektur gelten also immer für eine gesamte Gruppe. Natürlich kann die Gruppe A auch nur aus einem einzigen Slave-Blitz bestehen.

Den Kanal können Sie zwischen 1–4 wählen, das kann schon mal hilfreich sein, wenn sich zwei Fotografen mit eigenen Blitzen im gleichen Raum aufhalten.

Entfesselt Blitzen ohne AWL

Wenn Sie nur gelegentlich Blitzen, möchten Sie vielleicht mit günstigen Blitzen von Drittherstellern arbeiten. In diesen Fällen können Sie die Blitze nicht direkt aus der Kamera heraus konfigurieren, sondern müssen alle Einstellungen entweder am Funkempfänger oder direkt am jeweiligen Blitz vornehmen.

Die günstigsten Vertreter dieser Funksteuerung kosten um die 40 Euro (Yongnuo, Neewer etc.). Mit ihnen muss der Blitz aber komplett manuell eingestellt werden.

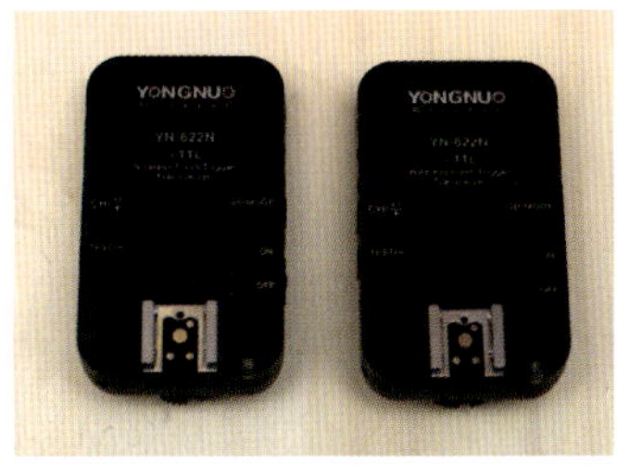

▲ *Typische Vertreter einer einfachen TTL-Blitzfernsteuerung.*

Funksteuerungen, die auch TTL unterstützen, kosten im günstigsten Fall dann schon etwa 70 bis 100 Euro (Yongnuo, Neewer etc.). Richtig komfortable Geräte liegen schnell bei mehreren hundert Euro (PocketWizard, Phottix Odin etc.).

7.3 Kreative Blitzmethoden

In den folgendem Abschnitt sollen einige grundlegenden Informationen und Praktiken des Blitzens behandelt werden, ganz ohne Anspruch auf Vollständigkeit.

Rote Augen sicher vermeiden

Da die D500 keinen internen Blitz mehr hat, muss immer ein externer Systemblitz zum Einsatz kommen. Die auf die Kamera aufgesteckten modernen Systemblitze haben aber einen deutlich größeren Abstand zur optischen Achse als ein kleiner Aufklappblitz. Deshalb ist das Problem der roten Augen schon entschärft.

Sollten Sie trotzdem einmal rote Augen auf Ihren Blitzfotos feststellen, können Sie den Modus ***Reduzierung des Rote-Augen-Effekts*** einstellen. Benutzen Sie dafür die schon bekannte Taste und das hintere Einstellrad bis das Zeichen auf dem oberen Display erscheint.

Der Blitz sendet dann einige schnelle Vorblitze aus, damit sich die Pupillen der Porträtierten zusammenziehen und der Effekt so nicht in Erscheinung tritt.

Für viele Personen sind die Vorblitze allerdings eher irritierend und unangenehm. Dann hilft nur, den Blitz weiter von der Kamera zu entfernen. Das kann mit einem flexiblen Kabel geschehen oder deutlich angenehmer mit einer kleinen Funksteuerung zwischen Kamera und Blitz.

Blitzlicht weich machen

Wohl jeder Fotograf, der schon einmal geblitzt hat, kennt die harten Schatten und die unansehnlichen, flachen Gesichter, wenn der Systemblitz ungefiltert und direkt zum Einsatz kommt. Um das Licht weicher und damit sehr viel angenehmer und schmeichelhafter für eine Porträtaufnahme zu bekommen, gibt es eine Reihe einfacher Tricks. Dazu sollte man wissen, dass die Weichheit des Lichtes praktisch ausschließlich von der Größe der abstrahlenden Fläche abhängt. Je größer die Fläche, desto weicher das Licht.

Der Blitz ist vergleichsweise sehr klein und eine fast punktförmige Lichtquelle, dann ist das Licht entsprechend hart. Mit einer vorgeschalteten Streuscheibe oder einem einfachen Bouncer kann man das Licht etwas streuen und es wirkt nicht mehr ganz wie vom Baustrahler. Viel hilft das allerdings nicht.

Eine sehr einfach und trotzdem ausgesprochen effektive Methode ist das indirekte Blitzen. Dazu wird der Blitzkopf so verstellt, dass über die Decke oder eine Seitenwand geblitzt wird. Wenn der Blitz stark genug ist, kann es sogar sinnvoll sein, den Blitz nach hinten und an die Decke zu drehen. Durch die jetzt sehr große Fläche der Wand wird das Licht viel weicher.

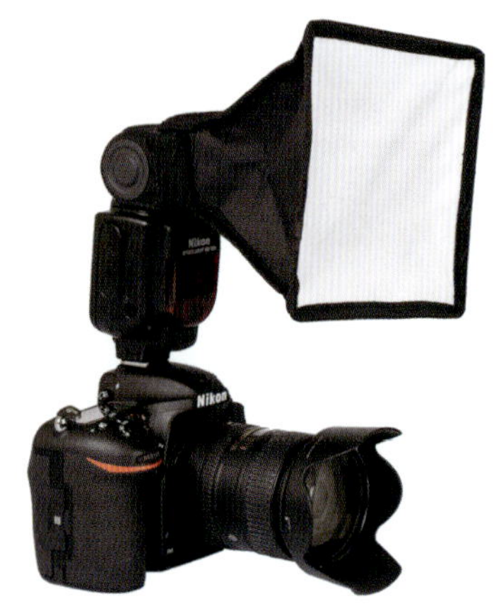

Dazu benötigt man natürlich eine sehr helle, möglichst weiße Wand, einen nicht zu großen Raum und einen geeigneten Winkel (Einfallswinkel gleich Ausfallswinkel). In den meisten Fällen führt da nur ein wenig Experimentieren zum gewünschten Ergebnis.

Professionellere und konsistentere Ergebnisse erzielt man mit Softboxen. Die können klein sein, ca. 20 cm × 20 cm und werden dann unmittelbar auf den Systemblitz befestigt, oder man blitzt entfesselt und kann dann große Softboxen einsetzen.

Gegenlichtaufnahmen

Das Problem der Gegenlichtaufnahme entsteht dadurch, dass das Motiv leicht abgeschattet vor einem sehr hellen Hintergrund (Himmel) fotografiert werden soll. Versucht die Kamera in diesen Situationen eine ausgewogene Lichtmischung hinzubekommen (die tatsächlich nicht gegeben ist), so wird das Hauptmotiv viel zu dunkel wiedergegeben. Würde man versuchen das Hauptmotiv mit längerer Belichtungszeit oder weiter geöffneten Blende korrekt zu beleichten, so wird der Hintergrund zu hell und ausfressen.

In diesen Situationen kann ein leichter Aufhellblitz zugeschaltet werden, der nur das nahe gelegene Hauptmotiv aufhellen soll. Im Modus TTL-BL gelingt das an der D500 ganz ausgezeichnet und automatisch. Es muss lediglich die Matrix- oder mittenbetonte Belichtungsmessung ([⊡]/[⊙]) aktiv sein.

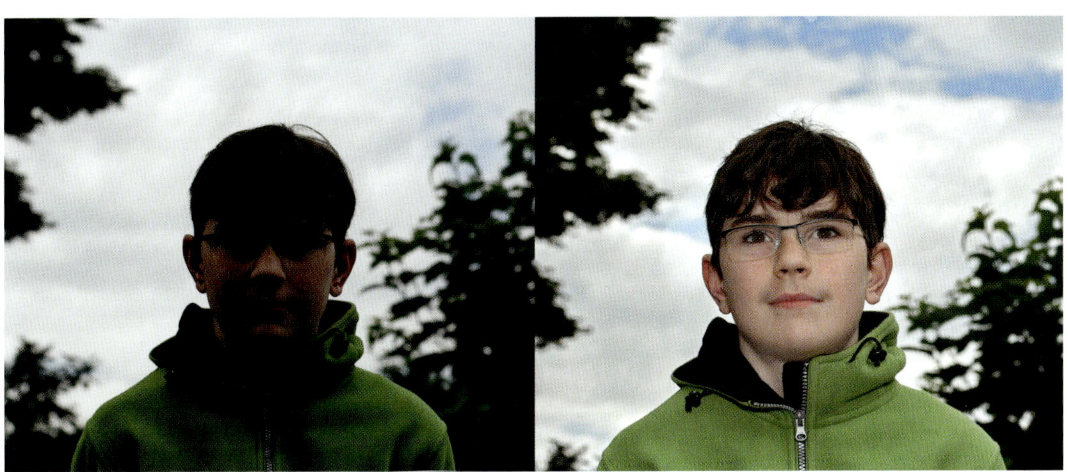

▲ *Links die typische Gegenlichtaufnahme mit zu dunklem Hauptmotiv. Im rechten Bild wurde ein leichter Aufhellblitz zugeschaltet.*

Das gleiche Konzept sorgt für eine ausgeglichene Belichtung von Vorder- und Hintergrund in Innenräumen.

Reines Blitzlicht verwenden

Vor allem in Innenräumen lassen sich Mischlichtsituationen oft nicht vermeiden. Dann kann es sinnvoll sein, andere Lichtquellen (Tages- und Lampenlicht) auszuschließen und exklusiv mit einer Lichtquelle – dem Blitz – zu arbeiten.

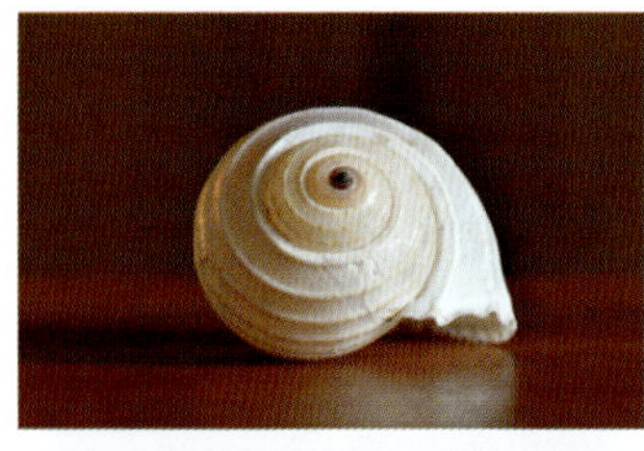

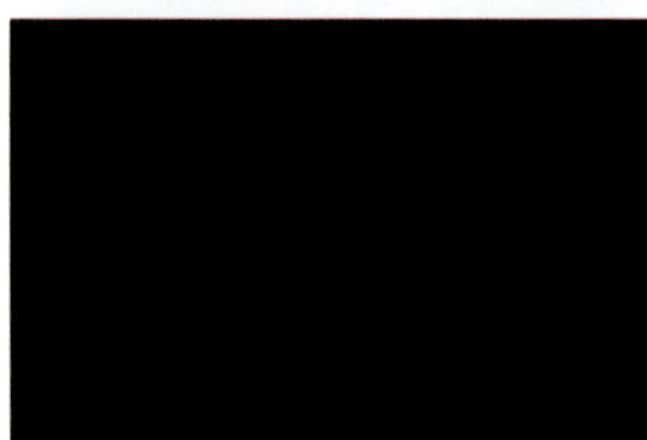

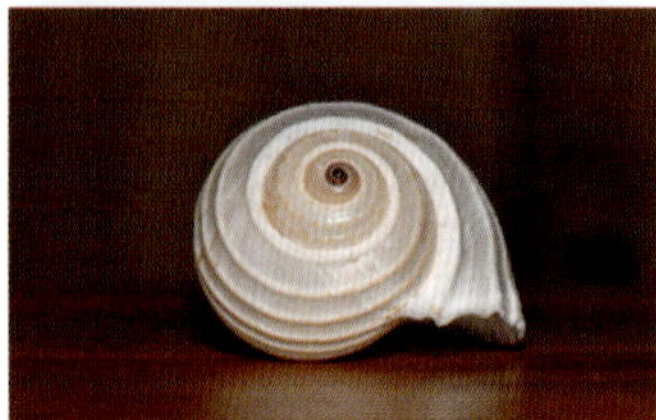

Mitte und unten: 157 mm | f/7,1 | 1/250 Sek. | ISO 100 (ohne bzw. mit Blitz)

▲ *Oben: Mischlichtsituation, von rechts Tageslicht und von links Lampenlicht.*
Mitte: Einstellungen für ein völlig schwarzes Testbild (ohne Blitz).
Unten: Gleiche Kameraeinstellungen wie im mittleren Bild, aber mit gezündetem Blitz.

Dazu wird die Kamera in den manuellen Modus M geschaltet, und der Blitz auf Standard-TTL. Die Kamera wird jetzt so eingestellt, dass das Motiv extrem unterbelichtet wird und komplett im Schwarz versinkt. Dazu wird zuerst der ISO-Wert auf den niedrigsten möglichen Wert und die Belichtungszeit auf die kürzest mögliche Synchronzeit von 1/250 Sek. eingestellt. Der Blitz ist für diese Aufnahmen natürlich deaktiviert, z. B. mit der Taste und dem hinteren Einstellrad auf die Einstellung. Anschließend wird mit ein, zwei Testaufnahmen kontrolliert, wie weit die Blende geschlossen werden muss, um das Bild gerade verschwinden zu lassen.

Wichtig ist, dass das Bild nur gerade so im Schwarz versinkt, sonst hat der Blitz evtl. Probleme das Bild genügend auszuleuchten. In einem dritten Schritt wird der Blitz jetzt einfach wieder zugeschaltet – mit der Taste und dem hinteren Einstellrad auf die Einstellung. Wenn alles geklappt hat, sollte ein vernünftig belichtetes Bild entstehen, dessen Licht ausschließlich vom Blitz geliefert wird. Im Bedarfsfall kann mit der Taste und dem vorderen Einstellrad eine Blitzbelichtungskorrektur zugeschaltet werden. In Innenräumen funktioniert das Szenario ganz gut, im Außenbereich ist es oftmals so hell, dass ein Systemblitz allein die Szene nicht mehr ausleuchten kann. Dort kommt es aber auch nicht so häufig zu Mischlichtsituationen.

Hintergrund in Schwarz versinken lassen

Die im vorherigen Beispiel gezeigte Methode funktioniert ebenfalls gut, um den Hintergrund eines Motivs auch am helllichten Tag schwarz werden zu lassen. Für eine effektvolle Blitzlichtaufnahme wird oft vergessen, dass nicht nur das Hauptmotiv zum Bildeindruck beiträgt, sondern die Hintergrundgestaltung mindestens genauso wichtig ist. Ein unruhiger Hintergrund kann vom Motiv ablenken, vor allem bei kleinen Motiven wie Blüten, Insekten oder Pflanzen, während ein dunkler Hintergrund Strukturen betont und kräftige Farben noch mehr hervorhebt. Dazu ist aber meist das entfesselte Blitzen notwendig, da der Blitz sehr nahe am Motiv positioniert werden muss. Ich benutze dazu meist den preiswerten Funkfernauslöser YONGNUO

YN-622N. Um mithilfe des Blitzes den Hintergrund möglichst dunkel erscheinen zu lassen, sollten die folgenden Kriterien beachtet werden:

- Den Abstand vom Blitz zum Motiv möglichst kurz wählen.
- Den Abstand vom Motiv zum Hintergrund möglichst groß wählen.
- Die Belichtungszeit kurz wählen (beeinflusst nur den Hintergrund).
- Die Blende möglichst weit schließen, ISO-Wert herunterregeln.

Für die Durchführung wird im manuellen Modus wiederum der ISO-Wert auf ISO 100 festgelegt, die Belichtungszeit spielt in diesem Fall keine große Rolle, sie kann z. B. auf 1/125 Sek. eingestellt werden. Dann wird die Blende erneut soweit geschlossen, bis das Bild auf dem Monitor gerade völlig schwarz erscheint. Natürlich ohne dass der Blitz auslöst. In einem dritten Schritt wird der Blitz sehr nahe am Motiv positioniert. Wirklich so nahe wie möglich, ohne dass er im Bild erscheint. Der Blitz wird in den manuellen Modus versetzt und für einen ersten Test auf z. B. 1/128 oder 1/64 seiner Leistung eingestellt. Die Blitzleistung wird dann nach Bedarf langsam erhöht, bis das Bild die gewünschte Belichtung bekommt. Für diese Aufnahmen sollte der Hintergrund einen gewissen Abstand vom Motiv haben. Wenn er allzu nah ist, wird etwas von dem Blitzlicht auch auf dem Hintergrund zu sehen sein.

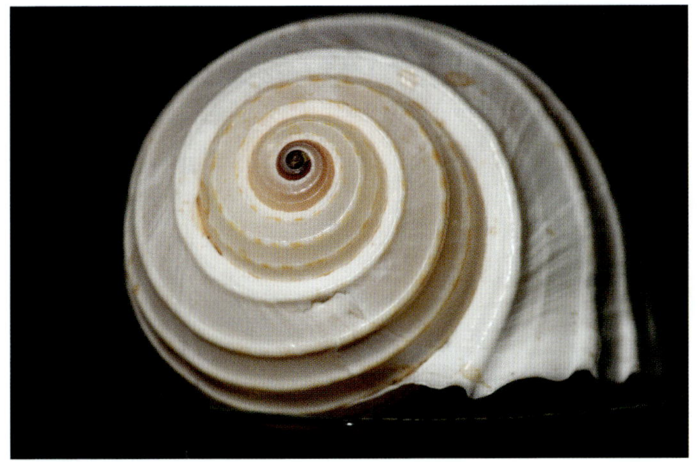

157 mm | f/8 | 1/125 Sek. | ISO 100 | Blitz

◀ *Das Motiv im Vordergrund ist gut ausgeleuchtet und der Hintergrund verschwindet in völligem Schwarz, obwohl es helllichter Tag war.*

Mischen Sie Blitzlicht und Umgebungslicht

Es wurde bereits angesprochen, dass es in vielen Situationen nicht gewünscht ist, einen einzelnen Blitz als alleinige Lichtquelle zu nutzen. Vor allem in stimmungsvollen Situationen mit schwacher Beleuchtung oder bei Nachtaufnahmen kann das Blitzlicht die Atmosphäre und die eventuell noch vorhandene Lichtstimmung negativ verändern. Nikon bietet für diese Szenarien die Langzeitsynchronisation *Slow* an.

Slow: die Langzeitsynchronisation

Die Langzeitsynchronisation *Slow* kombiniert den Aufhellblitz für das Hauptmotiv mit einer längeren Belichtungszeit, um Umgebungslicht mit ins Bild zu bringen. *Slow* ermöglicht es Ihnen, bei schwachen Lichtverhältnissen oder bei Nachtaufnahmen sowohl das Vordergrundmotiv als auch den Hintergrund ausreichend zu belichten.

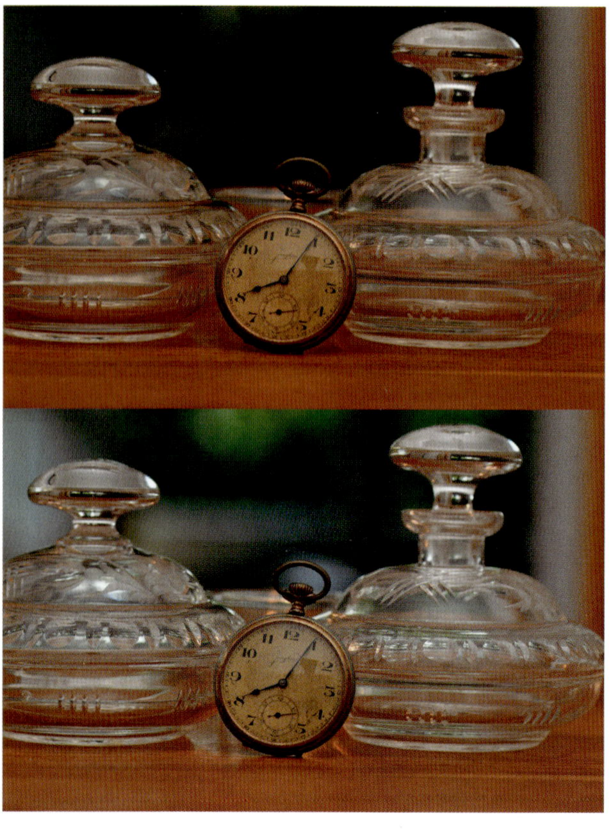

▲ *Im normalen Blitzmodus (oben) wird das Hauptmotiv im Vordergrund deutlich stärker betont. Im Blitzmodus **Slow** (unten) versucht die Kamera, mehr Umgebungslicht und die Stimmung der Situation mit einzufangen.*

Den Blitzmodus *Slow* können Sie entweder an der Kamera oder am Blitzgerät selbst einstellen. Im Kameradisplay sehen Sie dann *Slow* eingeblendet. Je nachdem, ob Sie ein unbewegtes oder ein sich bewegendes Hauptmotiv aufnehmen, bieten sich interessante Gestaltungsmöglichkeiten.

In der Langzeitsynchronisation wird das Vordergrundmotiv durch den Blitz ausreichend belichtet. Mit langen Verschlusszeiten der Kamera kann dann auch das (wenige) Umgebungslicht wirksam mit eingefangen werden.

Da mit höheren Belichtungszeiten gearbeitet wird, ist meistens ein Stativ für die Aufnahme zu empfehlen.

Die Methode ist auch für langsame Bewegungen einsatzbar. Dadurch, dass der schnelle Blitz für das Hauptmotiv zuständig ist, werden dessen Bewegungen eingefroren. Wird die Belichtungszeit allerdings sehr lang, kann es zur Schlierenbildung der Bewegung kommen. Das scharfe Motiv scheint dann Bewegungsschlieren vor sich her zu schieben.

Rear: die Synchronisation des Blitzes auf den zweiten Verschlussvorhang

Sie können bei der Langzeitbelichtung den Zündzeitpunkt des Blitzes auch verändern. In dieser Einstellung löst das Blitzgerät erst zum Ende der Belichtungszeit aus. Dazu stellen Sie den Blitzmodus ***Rear*** ein, und die Kamera zündet automatisch den Blitz erst am Ende der Belichtungszeit. Einen gut erkennbaren Effekt erreicht diese Einstellung natürlich nur bei längeren Belichtungszeiten. Die Bewegungsschlieren ziehen jetzt quasi hinter dem Motiv her, was deutlich eher unseren Sehgewohnheiten entspricht, als der umgekehrte Fall.

Während Sie bei der Langzeitbelichtung auf den ersten Verschlussvorhang das Motiv ohne Probleme abbilden können, haben Sie bei der ***Rear***-Methode das Problem, dass Sie die Bewegung im Voraus abschätzen müssen. Das Motiv muss zum Zeitpunkt der Blitzauslösung noch vollständig im Bild sein. Ansonsten erhalten Sie lediglich die Bewegungsspuren oder nehmen nur Teile des Fahrzeugs auf. Bei der Aufnahme sich bewegender Personen kann das Motiv z. B. plötzlich die Richtung ändern.

Kürzer als die Synchronzeit blitzen: die FP-Kurzzeitsynchronisation

In manchen Situationen möchte man auch in hellen Umgebungen den Blitz noch für den Vordergrund als Füll- oder Aufhelllicht einsetzen. Das kann aber leicht zur Folge haben, dass das Bild dann überbelichtet wird. Hat man die kürzeste Blitzsynchronzeit von einer 1/250 Sek. bereits erreicht und einen niedrigen ISO-Wert vorgegeben, bleibt eigentlich nur noch die Möglichkeit, die Blende zu schließen. Dadurch tritt dann aber der Hintergrund in vielleicht unerwünschter Klarheit hervor.

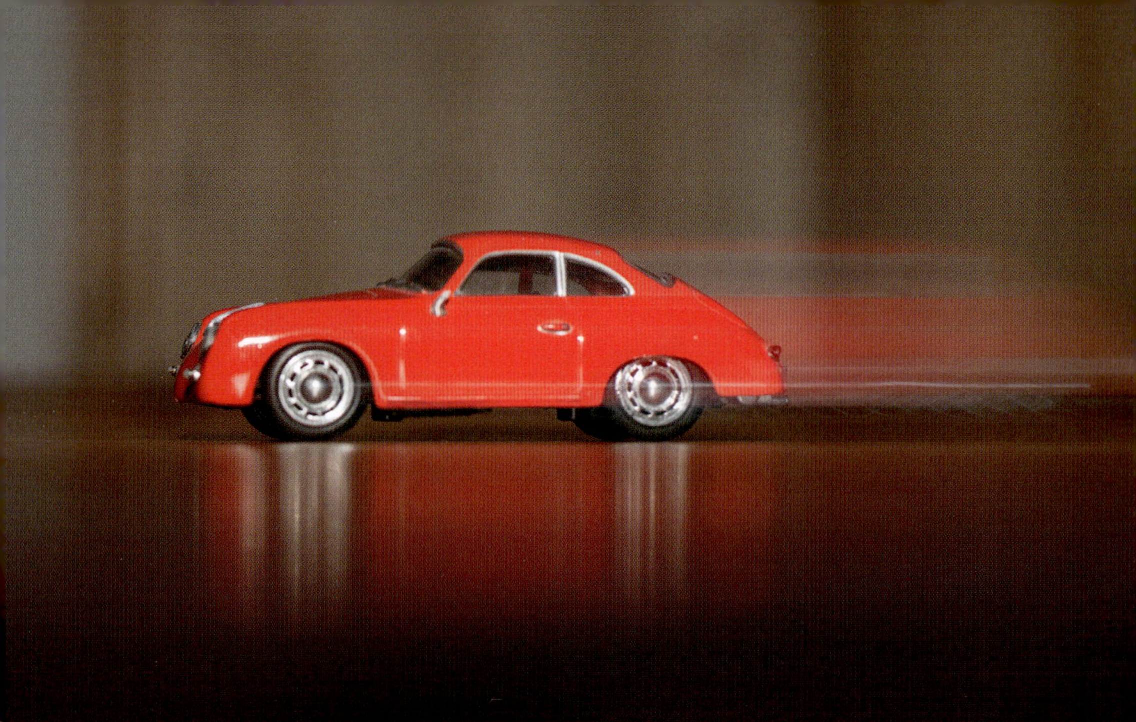

75mm | f/4 | 1/8 Sek. | ISO 100 | SB-5000

▲ *Das Blitzgerät befindet sich in der Betriebsart* ***Rear****, der Blitz wird erst zum Ende der Belichtungszeit ausgelöst und erzeugt ein scharfes Bild des Autos, gefolgt von den Bewegungsschlieren.*

Dann hilft die Kurzzeitsynchronisation weiter. Während der Kurzzeitsynchronisation sendet der Systemblitz bereits vor dem Öffnen des Verschlusses eine Serie von Blitzimpulsen aus, die erst beendet wird, nachdem der Kameraverschluss wieder geschlossen ist. Durch dieses Dauerfeuer an Blitzbelichtung ist gewährleistet, dass eine ausreichende Blitzbelichtung am Sensor ankommt.

Durch den Dauerblitz wird der Blitz allerdings stark belastet und seine gesamte Leistung muss auf die vielen kleinen Einzelblitze verteilt werden. Die insgesamt zur Verfügung stehende Blitzleistung sinkt also drastisch. In der oben beschriebenen Situation aber ein durchaus gewünschter Effekt. Die Belichtungszeit kann mit diesem Verfahren und kompatiblen Blitz bis zu 1/8000 Sek. verkürzt werden. Das sollte auf jeden Fall ausreichen, um die Blende weit offen zu lassen und trotzdem zu blitzen und das Foto nicht zu stark zu belichten.

▶ Im obersten Bild ❶ ist das Bild bei offener Blende und Blitz deutlich überbelichtet. Wird, wie im mittleren Bild ❷, die Blende geschlossen, tritt der Hintergrund störend hervor. Mit der Kurzzeitsynchronisation wie im Bild ❸ kann der Blitz auch bei offener Blende eingesetzt werden.

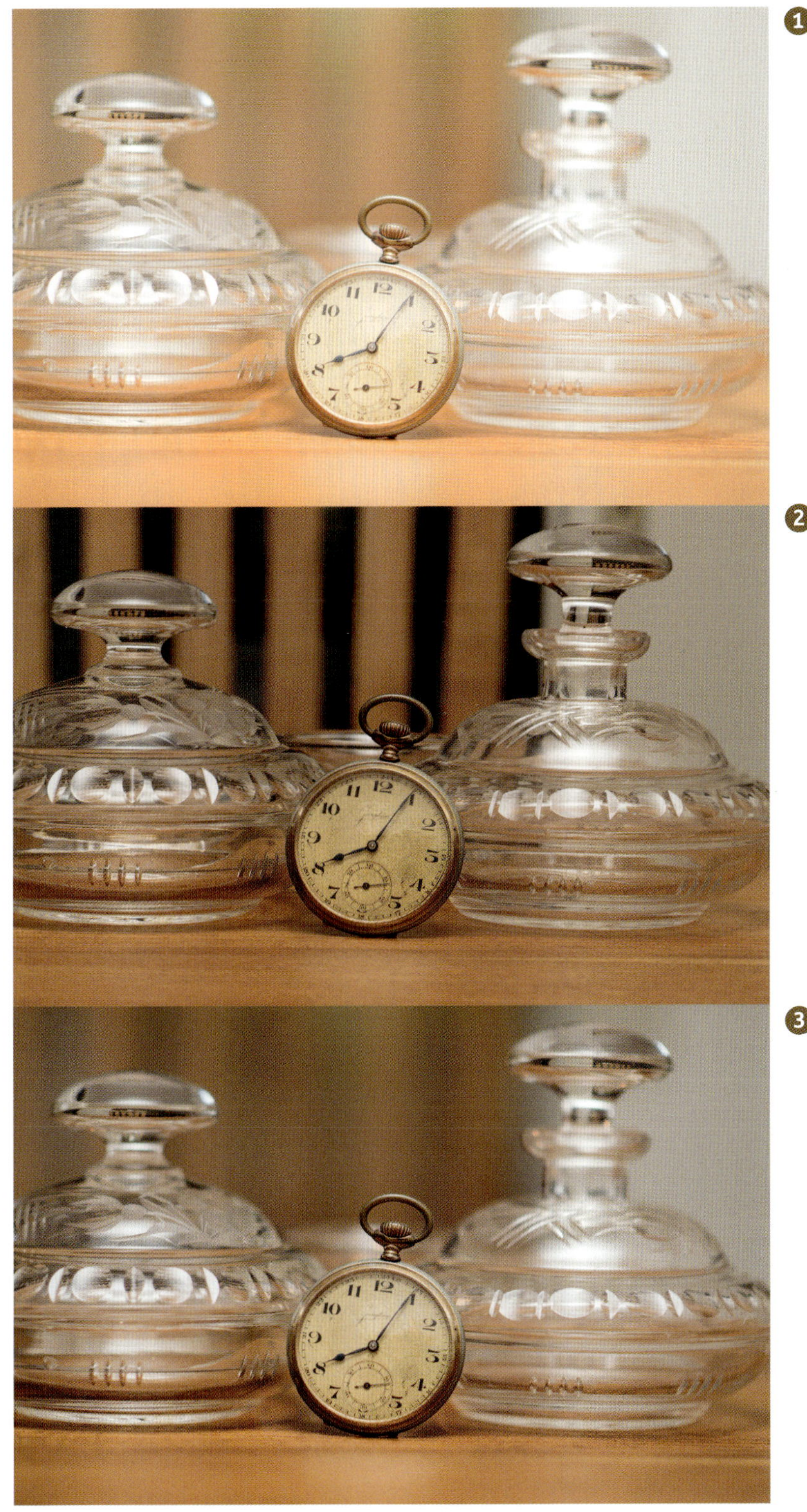

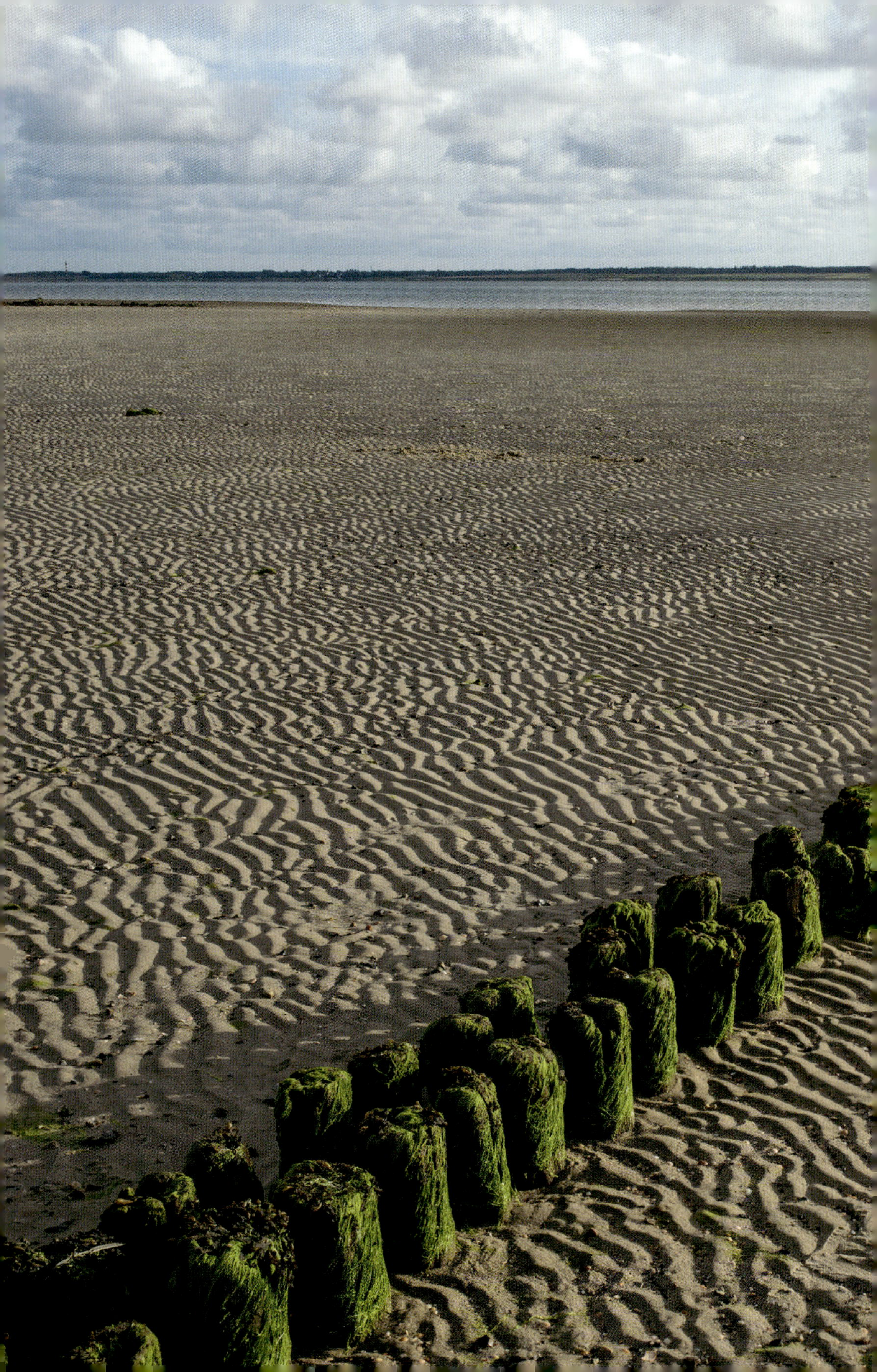

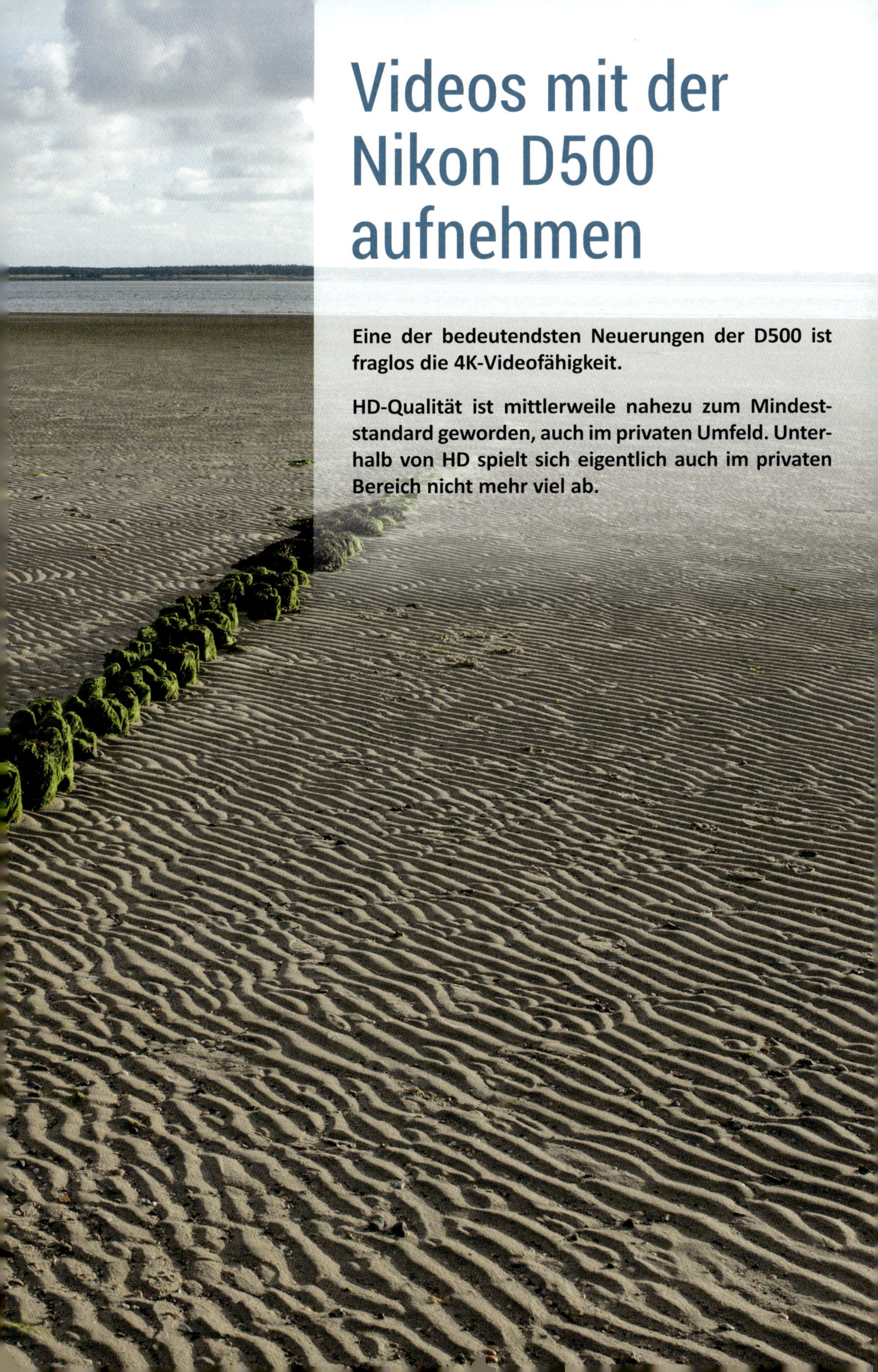

Videos mit der Nikon D500 aufnehmen

Eine der bedeutendsten Neuerungen der D500 ist fraglos die 4K-Videofähigkeit.

HD-Qualität ist mittlerweile nahezu zum Mindeststandard geworden, auch im privaten Umfeld. Unterhalb von HD spielt sich eigentlich auch im privaten Bereich nicht mehr viel ab.

Wer sich – zumindest nicht gleich – mit den eher trockenen Grundlagen beschäftigen möchte, kann gleich eine Abkürzung zum Kapitel „Eine erste Videoaufnahme realisieren" ab Seite 217 nehmen.

8.1 Einige grundlegende Fragen zum Videofilmen

Nicht jeder, der gerne mit der D500 filmen möchte, kennt die Parameter, die in der Kamera eingestellt werden müssen. Framerate, Voll- und Halbbilder und andere Termini sind vielen Menschen ein Rätsel. Im Folgenden soll ein bisschen Licht in diesen Begriffsdschungel gebracht werden.

Die Video-Framerate

In den USA, Japan und vielen anderen Ländern wurde ab 1954 für das analoge Farbfernsehen das NTSC-Format eingeführt. Es strahlt sein Videomaterial mit 30 Voll- oder 60 Halbbildern pro Sekunde aus. Ganz genau betrachtet liegen die Werte mit 29,97 und 59,94 Hz knapp darunter.

Die Einheit Hertz (Hz)

Die Definition des Hertz ist recht einfach. Wikipedia schreibt dazu sehr treffend und kurz: Die Einheit Hertz „... gibt die Anzahl sich wiederholender Vorgänge pro Sekunde in einem periodischen Signal an."

Mit der späteren Einführung des analogen Farbfernsehens in Deutschland wurde für das gesendete Material das verbesserte PAL-Format eingeführt, das mit einer Bildwiederholfrequenz von 25 Voll- oder 50 Halbbildern pro Sekunde läuft. In analogen Zeiten wurde die Wechselfrequenz der Stromleitungen als Taktgeber eingesetzt, deshalb kam es ursprünglich zu den unterschiedlichen Wiederholraten (in Amerika 60 Hz und in Deutschland 50 Hz).

Kinofilme wurden dazu noch mit einem Standard von 24 Bildern pro Sekunde gedreht. Da dieser vergleichsweise langsame Standard vielen Menschen aber sozusagen in Fleisch und Blut übergegangen ist, schwören noch heute Filmer auf ihn und er wird auch gerne als Kino-Look bezeichnet.

Welche Bildwiederholfrequenz sollte jetzt im digitalen Zeitalter eingesetzt werden? Die Antwort, frei nach Radio Eriwan: Es kommt darauf an ...

Soll Filmmaterial mehrerer Quellen zusammengeschnitten werden, empfiehlt es sich, immer den kleinsten gemeinsamen Nenner zu suchen. Kann also eine der eingesetzten Kameras nur mit 24 Bilder pro Sekunde filmen, dann sollten Sie auch die D500 auf diese Geschwindigkeit einstellen. Ansonsten kann man getrost zur schnellsten möglichen Bildrate für die Aufnahme greifen, da sie die meisten Möglichkeiten offenhält. Dazu zählt z. B. die Gelegenheit zur Zeitlupe.

Bildraten können mit den einschlägigen Videosoftware-Programmen am besten mit einem ganzzahligen Multiplikator umgerechnet werden. Also können 25p- und 50p-Material gut miteinander kombiniert werden.

Die unterstützten Videoqualitätsmodi

Die Nikon D500 nutzt zwar nicht die volle Cine 4K-Auflösung (4096 × 2160 Pixel), sondern die UHD-Auflösung (3840 × 2160 Pixel), diese aber in 24p, 25p und 30p. Wer nicht direkt in die Kinoproduktion einsteigen will, wird auch keine Nachteile entdecken können. Im aktuellen Prosumer-Umfeld hat sich die UHD-Auflösung fest etabliert.

Wer professionelle Aufnahmen umsetzen will, wird eher zu einem externen 4K-Recordern wie z. B. dem Shogun von Atomos greifen. In der D500 liegt am HDMI-Port ein 8-Bit 4:2:2 YCbCr-Signal an, das nicht von einer H.264 Komprimierung beeinträchtigt ist.

Wer genug Platz und Rechenleistung hat, um 4k-Material in der Nachbearbeitung zu bändigen und nicht zwingend die Bildraten von 60p oder 50p benötigt, bekommt mit dieser Auflösung ein hervorragendes Filmmaterial. Es ist selbst dann besser, wenn es zum Schluss wieder auf HD herunter gerechnet wird.

HD-Videos können in recht unterschiedlichen Qualitäten umgesetzt werden, sodass der Begriff **H**igh **D**efinition **V**ideo (HDV) allein zunächst noch nicht viel aussagt. Für eine Beurteilung der Ausgabequalität wird immer noch die Angabe der Auflösung gebraucht. Daher werden gerne die Begriffe Half oder auch HD für eine Auflösung von 1.280 × 720 Pixeln angegeben – oder Full HD für 1.920 × 1.080 Pixel. Um auch dies noch kürzer zu gestalten, wird oft auch nur die vertikale Auflösung genannt, also HD 720 oder HD 1080. Dazu kommt dann noch die Abkürzung p für Vollbilder und i für Halbbilder.

Bildgröße	Bildrate	Max. Bitrate (Hohe Qualität/Normal)
3840 × 2160 (4k UHD)	30p	144 Mbit/Sek.
3840 × 2160 (4k UHD)	25p	18 Mbyte/Sek.
3840 × 2160 (4k UHD)	24p	(nur hohe Qualität verfügbar)
1920 × 1080	60p	48/24 Mbit/Sek.
1920 × 1080	50p	6/3 Mbyte/Sek.
1920 × 1080	30p	24/12 Mbit/Sek.
1920 × 1080	25p	3/1,5 Mbyte/Sek.
1920 × 1080	24p	
1280 × 720	60p	
1280 × 720	50p	

▲ *Ein Video kann max. 29 Min und 59 Sek. am Stück aufgenommen werden. Dabei werden bis zu 8 Dateien mit bis zu 4 GB Größe angelegt.*

Die maximale Länge einer Einzelaufnahme bzw. einer ununterbrochenen Filmsequenz kann dabei bis zu 30 Minuten (genau 29 Min. 59 Sek.) betragen.

Die Nikon D500 unterstützt zahlreiche Videoeinstellungen. Für einen schnellen Überblick folgt eine kleine Tabelle möglicher Einstellungen:

Ungünstige Bedingungen wie hohe Temperaturen oder starke Beanspruchung der Kamera vor den Filmaufnahmen können die Aufnahmezeit verringern. Wird der Sensor in der Kamera zu warm, schaltet ihn die D500 automatisch ab. Auch zu langsame Speicherkarten können einen Einfluss auf die Aufzeichnungsdauer haben. Die Aufnahmen werden dann (kurzfristig) unterbrochen.

Empfohlene Aufnahmeformate

3840 × 2160 (4k UHD)

Die 4k UHD Auflösung besitzt rund 8 Megapixel, das sind viermal mehr als bei der Full-HD-Video-Aufzeichnung. Sie sorgt für eine detailreichere Darstellung als die herkömmliche HD-Aufnahme. Neben der Zukunftssicherheit des Formates sprechen noch einige weitere Argumente für den Einsatz des 4k-Formates, selbst dann, wenn Sie vielleicht noch keinen 4k-Monitor oder Fernseher besitzen.

- **Foto-Ausdrucke aus dem Videomaterial:** Aus der Video-Datei lassen sich nachträglich immerhin 8 Megapixel-Fotos extrahieren. Das reicht für Ausdrucke bis etwas DIN A3 problemlos aus. Es ist dann nicht notwendig, während des Filmens auch noch daran zu denken einige Foto-Aufnahmen zu machen.

- **Bildstabilisierung:** Werden an einem 4K-Video nachträglich die Ränder beschnitten, lässt sich so wirkungsvoll das Bild beruhigen. Der Digital-VR der Nikon D500 funktioniert z. B. nach diesem Prinzip. Auch ein schief aufgenommener Horizont kann noch einfacher begradigt werden.
- **Bessere Bildqualität für das HD-Videoformat:** Wird das 4k-Signal nach der Bearbeitung auf das klassische HD-Format herunterskaliert, kann das Ergebnis besser aussehen als das native HD-Format. Das setzt allerdings einen sauberen Workflow voraus.
- **Pan und Scan Möglichkeit:** Mit dem 4K-Videomaterial ist es möglich in der Nachbearbeitung virtuelle Kamerabewegungen im Film umzusetzen, wenn es anschließend im HD-Format ausgegeben wird. Dazu wird dann nur ein Ausschnitt des 4k-Materials verwendet.

Das Material eignet sich auch hervorragend zur Archivierung.

Der größte Nachteil des 4k-Materials ist sein hoher Speicherbedarf und seine erheblichen Anforderungen an die Rechner in der Nachbearbeitung. Auf der anderen Seite steigen die Kapazitäten der Festplatten und SSDs ständig und ihre Preise sinken.

Ein weiterer Wermutstropfen ist der zusätzliche Cropfaktor der 4k-Aufnahmen. Die Brennweite ist scheinbar etwa um den Faktor 1,5x länger als ohnehin beim DX-Format. Darunter leiden natürlich die sehr interessanten Weitwinkelaufnahmen. Man muss schon zu extremen Weitwinkelobjektiven greifen, um noch einen halbwegs weiten Bildwinkel zu bekommen.

Die Unterschiede der Bildwiederholraten werden ausführlich bei den HD-Formaten besprochen und gelten für das 4k-Material entsprechend.

1.920 × 1.080 – 24p

Die Bildrate von 24 Bildern pro Sekunde wird bei digitalen Kinoproduktionen eingesetzt. Wollen Sie in Ihren Filmen den typischen Kino-Look integrieren, wählen Sie dieses Format. Allerdings ist es nicht die beste Grundlage für schnelle Motive wie Actionszenen. Die Bildrate ist etwas gering für eine perfekte Weiterverarbeitung in Schnittprogrammen wie Adobe Premiere Elements. Nahezu alle neueren HDTV-Geräte bieten eine Wiedergabefrequenz von 100 Hz und höher. Diese bietet aber nicht automatisch eine flüssigere Wiedergabe von 24p-Videoaufnahmen, sondern beruhigt primär das Bildsignal und verringert so das Flackern.

1.920 × 1.080 – 25p

Dieses Format ist im europäischen Fernsehen gerne gesehen und kann auch leicht auf HD 720 heruntergerechnet werden. Daraus lassen sich aber auch gut PAL-DVDs für die Wiedergabe auf analogen Fernsehgeräten erstellen (soweit es sie noch gibt). Wie schon bei der 24p-Variante ist die Bildrate für schnelle Motive und die Nachbearbeitung nicht optimal, denn auch bei dieser Bildrate können Flimmern und Bewegungsunschärfe entstehen.

1.920 × 1.080 – 30p

Die 30p Bildrate ist ein guter Kompromiss zwischen Dateigröße und der Eignung für schnellere Bewegungen, und sie ist gut für die Nachverarbeitung geeignet. Sie können daraus auch bereits leichte Zeitlupen generieren. Bei dieser Bildrate wird die Neigung zum Flimmern erheblich geringer.

1.920 × 1.080 – 60p und 50p

Besonders für sehr schnelle Motive oder leichte Zeitlupeneffekte eignen sich die höchsten Bildraten – allerdings auf Kosten des Speicherbedarfs, der stark ansteigt. Aktuelle Rechner sind dem Material aber halbwegs gewachsen. Für die Ausgabe kann das Material dann immer noch heruntergerechnet werden.

Die Videoqualität der D500 nutzt das sehr effiziente und weitverbreitete H.264/MPEG-4-Advanced-Video-Coding-Verfahren, das eine hohe Videoqualität bei vergleichsweise geringen Dateigrößen bewirkt. Die kleineren Formate (1280 × 720) haben aus heutiger Sicht eigentlich keine große Bedeutung mehr, und es gibt kaum einen guten Grund, sie noch einzusetzen. Es sei denn, Sie möchten Videos ins Internet stellen. Aber selbst dann können Sie besser das HD-Format herunterrechnen.

Optimale Speicherkarten fürs Filmen

Wenn Sie regelmäßig in hoher Qualität filmen wollen, achten Sie von Anfang an auf große und schnelle Speicherkarten. Verwenden Sie am besten XQD-Karten oder zumindest Markenware mit definierter Schreib-Geschwindigkeit und lassen Sie sich nicht von Lese-Geschwindigkeitsangaben blenden. Achten Sie auch auf die separaten Informationen der Hersteller und die einschlägigen Testberichte. Auch gute Speicherkarten sind heutzutage mehr als erschwinglich. Es müssen ja nicht die extremsten Speicherboliden sein.

Einstellung der Videoparameter

Zuerst geben Sie im *SYSTEM*-Menü das HDMI-Ausgabeformat an. Wenn Sie die Ausgabeauflösung auf der Voreinstellung *AUTO* stehen lassen, sollten die meisten Geräte damit problemlos klarkommen. Unter der Einstellung ***Fortgeschritten*** findet sich u.a. der Punkt ***Bildgröße auf ext. Gerät***. Dort können Sie die Bildgröße auf *100%* oder *95%* stellen. Manche Fernseher schneiden bei 100 % den Rand des Videos ab. Allerdings können auch die meisten Fernseher das Bild entsprechend umstellen.

Im *FILMAUFNAHME*-Menü befindet sich der Eintrag ***Flimmerreduzierung***. Auch hier ist die Voreinstellung ***Automatisch*** ein guter Wert.

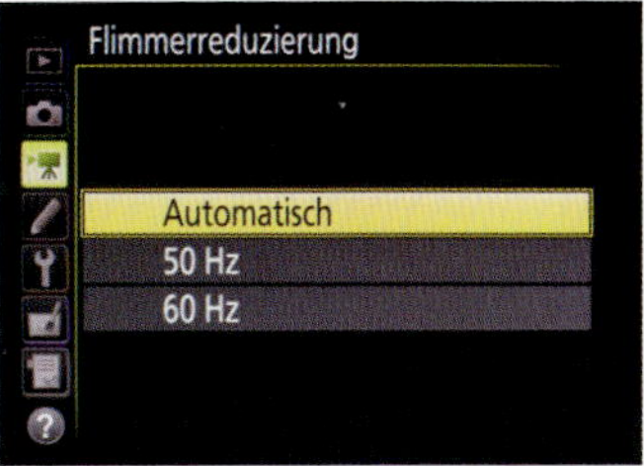

Bei Bedarf kann er zwischen ***50 Hz*** und ***60 Hz*** umgeschaltet werden. Die Flimmerreduzierung vermindert das Flimmern in der Live-View und in den Filmaufnahmen, wenn Sie z. B. unter einer Leuchtstoffröhre filmen.

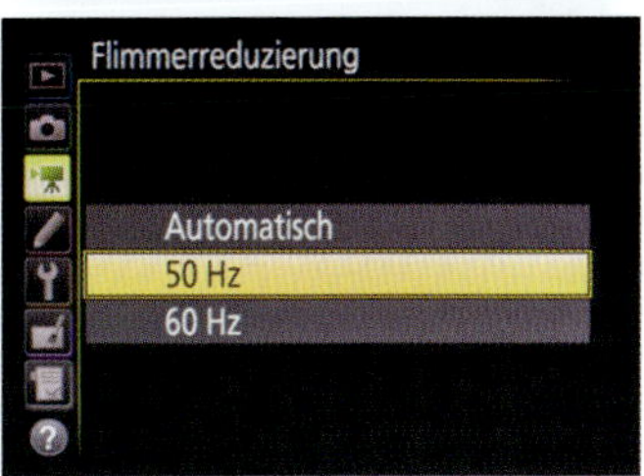

Jetzt können Sie ebenfalls im Menü *FILMAUFNAHME* die Videoeinstellungen vornehmen. Wie es schon angesprochen wurde, ist die Einstellung 3840 × 2160 bei 30 Bildern pro Sekunde die optimale Einstellung für die Videoqualität. Soll es das HD-Format sein empfehle ich 1.920 × 1.080 Pixel und 50 Bilder pro Sekunde.

Sollte Ihre Speicherkarte Probleme mit der Aufzeichnung bekommen, können Sie die Bildgröße oder die Framerate anpassen.

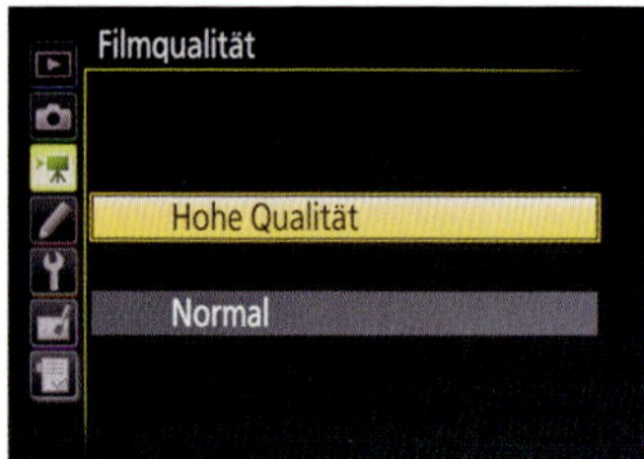

Die etwas unklare Einstellung ***Filmqualität*** mit den Parametern ***Hohe Qualität*** und ***Normal*** bezieht sich auf die Stärke der Videokompression. Die Daten im ***Normal***-Modus werden fast doppelt so stark komprimiert wie im Modus ***Hohe Qualität***.

Einstellungen zur Audioaufnahme finden Sie weiter hinten im Kapitel „8.2 Den Ton optimieren" ab Seite 220.

Videokontrolle mit der Live-View

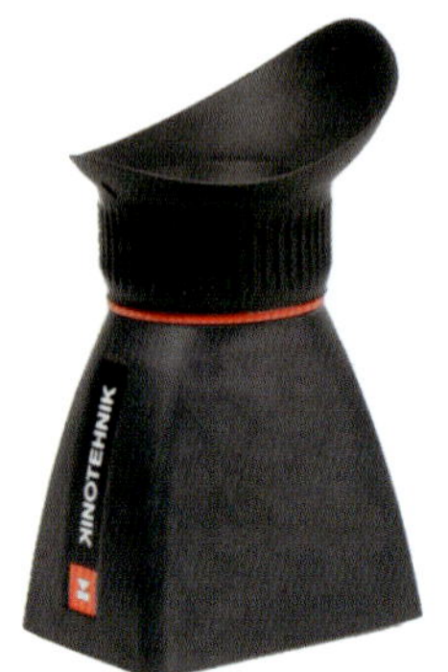

▲ *Typische Displaylupe (Bild: LCDVF OÜ).*

Für die optische Kontrolle des Videos ist das Display unerlässlich. Nur in der Vergrößerung lässt sich die korrekte Schärfe beurteilen. Mit einer Displaylupe haben Sie einen weitgehend unbehinderten Blick auf das Display.

Es ist nicht ganz einfach, einen optimalen Bildausschnitt im Live-View-Modus hinzubekommen. Mit der info-Taste können Sie sich den virtuellen Horizont oder das Gitternetz einblenden lassen, um den Ausschnitt auszuwählen.

Eine Sucherlupe schützt das Display vor direktem und Streulicht und bestimmt einen festen Abstand zwischen Ihrem Auge und dem LCD. Sie können die Kamera dann auch mit den Händen leicht gegen das Augen halten und bekommen in der Freihandaufnahme so deutlich mehr Stabilität. Achten Sie beim Kauf einer Displaylupe allerdings besonders auf den Befestigungsmechanismus, damit er nicht verrutschen kann und darauf, dass das Display vollständig abgedeckt wird.

Wenig zoomen während der Aufnahme!

Es gibt mehrere Gründe, warum Sie innerhalb einer Aufnahme nicht zoomen sollten, technische und stilistische.

Wenn Sie während der Aufnahme zoomen, bekommen Sie ein leicht unscharfes Bild und müssen warten, bis der AF-F erneut scharf stellt. Das kann unter Umständen vielleicht einige Sekunden dauern und stört den Film erheblich. Das Berühren des Objektivs führt auch leicht zu ungewollten Verwacklern.

Zudem ist das Zoomen während einer Aufnahme ein Stilmittel, das Sie nur sehr gezielt und dosiert einsetzen sollten. Das Zoomen entspricht nicht unseren Sehgewohnheiten und wirkt künstlich. Besser sind Kamerafahrten mit Schärfenachführung, die aber einige Übung und Zusatzequipment erfordern. Häufige Zooms in einem Film sind eher ein Anfängerfehler und mit Sicherheit kein Stilmittel.

Das Videostativ

Videostative sind ganz auf Stabilität ausgerichtet. Die Videoköpfe werden nicht nur für die Vorbereitung einer Aufnahme bewegt, sondern auch während des laufenden Films. Die Schwenks und Neigungen müssen weich und sehr kontrolliert ablaufen können, ohne dass es zu Rucklern, Schwingungen oder Torsionen kommt.

Videostative werden deshalb häufig in Form von doppelrohrigen Beinen und mit einer stabilisierenden Spinne versehen.

Wenn häufig Outdoor gefilmt werden soll, achten Sie auf Gewicht, Packmaß und darauf, dass die Mittelspinne evtl. entfernt werden kann.

Doch für die gelegentliche Videoarbeit mit der D500 reicht ein gutes Fotostativ durchaus, allerdings ausgerüstet mit einem typischen Videokopf.

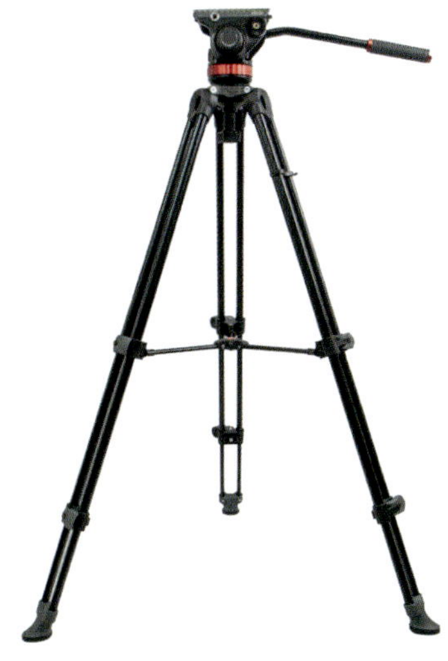

▲ *Videostativ mit stabilisierender Mittelspinne.*

Der Videokopf für den perfekten Schwenk

Der videotaugliche Kopf unterscheidet sich vom klassischen Stativkopf für die Fotografie vor allem dadurch, dass er eine horizontale und vertikale Schwenkebene und einen langen Bedienhebel bietet, um den Schwenk genau und gleichmäßig durchführen zu können.

Nahezu völlig ungeeignet für Videoaufnahmen sind Kugelköpfe oder Actiongriffe. Für diejenigen, die die Fotografie um die Videografie erweitern wollen, bedeutet das sicher erst mal eine zusätzliche Investition, die sich aber lohnt.

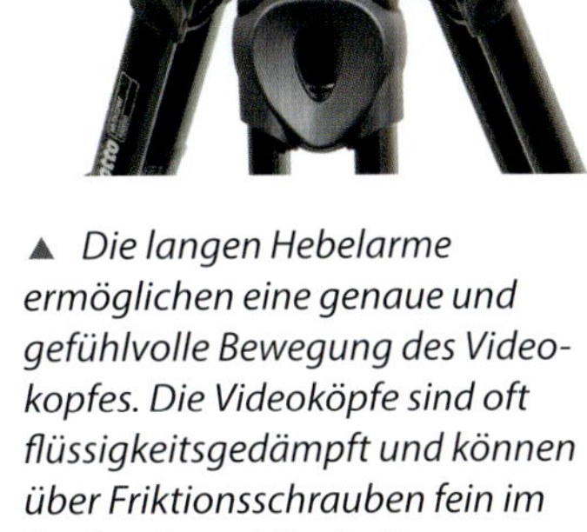

▲ *Die langen Hebelarme ermöglichen eine genaue und gefühlvolle Bewegung des Videokopfes. Die Videoköpfe sind oft flüssigkeitsgedämpft und können über Friktionsschrauben fein im Kraftaufwand für die Bewegungen justiert werden.*

Das Ausrichten der Kamera

Ein Einzelbild, das Sie schief aufgenommen haben, am Computer wieder gerade zu richten, ist simpel und kann oft ohne aufwendige Bildbearbeitungsprogramme wie Adobe Photoshop erledigt werden. Bei Videos ist das schon etwas schwieriger.

Achten Sie daher bereits beim Aufnehmen des Videos darauf, dass Ihre Kamera gerade ausgerichtet ist.

Rigs und Schulterstativ

Das gute alte Schulterstativ ist ein preiswerter Einstieg, zumal sie gebraucht zuhauf im Internet angeboten werden.

Damit gehen Körper und Kamera eine recht stabile Verbindung ein, und Sie können ruhige Schwenks aus der Hüfte ausführen. Außerdem nehmen die Teile nur sehr wenig Platz in der Fototasche ein und sind dann immer dabei. Zudem lassen sie sich sowohl für die Fotografie als auch für die Videografie einsetzen.

Mit dem Schulterstativ macht man sehr subjektive Bilder, also sehr stark aus der Kameramann-Perspektive. Denn er wird dem Geschehen damit sehr präzise und intuitiv folgen. Das ist eine schöne Sache für die Reportage. Für eine eher distanzierte Perspektive eignet es sich eher weniger. Das kann man mit einem Stativ besser erreichen.

Licht und Weißabgleich für perfekte Videos

Als günstige Videoleuchten sind vor allem zwei Alternativen auf dem Markt erhältlich. Zum einen die energiesparenden Tageslichtlampen und zum anderen die immer beliebter und besser werdenden LED-Flächenleuchten. Die Tageslichtlampen sind vor allem für den stationären Aufbau gedacht und werden meistens in Softboxen oder großen Strahlern verbaut.

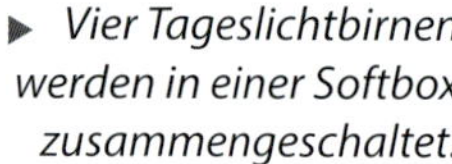

▶ *Vier Tageslichtbirnen werden in einer Softbox zusammengeschaltet.*

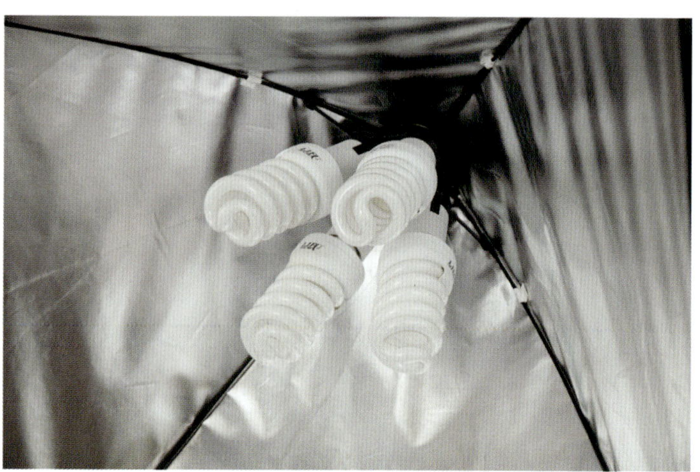

Die LED-Flächenleuchten besitzen den großen Vorteil extrem wenig Strom zu verbrauchen. Deshalb können sie häufig mit Akkus betrieben werden und sind problemlos mobil einsetzbar. Es gibt sogar zahlreiche Modelle, die direkt auf den Blitzschuh der Kamera angebracht werden.

◀ *LED-Flächenleuchte.*

Die besseren Leuchten können stufenlos gedimmt werden und besitzen einen Regler, mit dem in gewissen Grenzen die Farbtemperatur angepasst werden kann. So ein Regler ist sehr viel praktischer als die günstigen Farbfolien.

Farbtemperatur und Weißabgleich

Im Prinzip gelten für das Filmen die gleichen Grundlagen für den Weißabgleich wie in der JPEG-Fotografie (siehe auch „6. Brillante Farbwirkung durch den richtigen Weißabgleich ab Seite 135). Die meisten Videoleuchten erzeugen Licht mit einer Farbtemperatur von 4500 K bis 5500 K. Es empfiehlt sich selbstverständlich möglichst gleichartige Lichtquellen mit identischer Farbtemperatur zu verwenden.

Sind die Videoleuchten die alleinige Lichtquelle, kann man es sich recht einfach machen und als Ausgangswert die Farbtemperatur der Leuchten manuell in der Kamera vorgeben. Im ***Menü FILMAUFNAHME/Weißabgleich/Farbtemperatur auswählen*** kann man den Wert, den man der Leuchten-Dokumentation entnommen hat, eingeben.

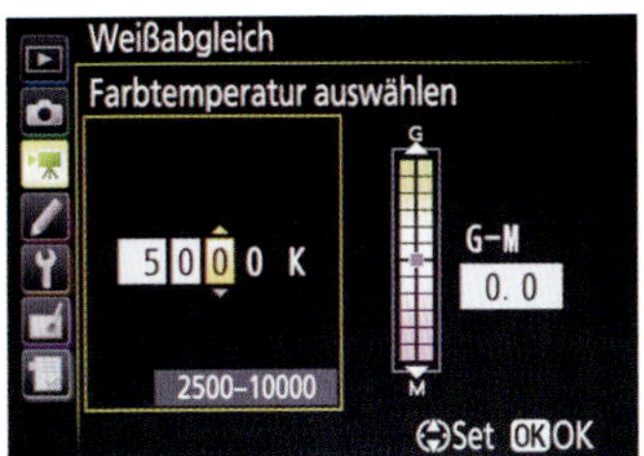

Sehr praktisch ist, dass neben der Eingabe der Farbtemperatur in Kelvin auf der rechten Seite die **G**rün-**M**agenta-Achse (G-M) die Funktion eines Fotofarbfilters übernimmt und in 0,25er-Schritten zusätzlich eingestellt werden kann. Vor allem Leuchtstoffröhren, Energiesparlampen und LEDs besitzen häufig einen mehr oder weniger deutlichen Grünstich im Licht, dem Sie so entgegenwirken können.

In Mischlichtsituationen wird der korrekte Weißabgleich am besten gemessen.

Gemessene Farbtemperatur

Ein Weißabgleich mit einem eigenen Messwert ist auf genau eine feste Lichtsituation beschränkt, kann diese aber sehr genau festhalten. Jede Änderung der Lichtsituation kann aber einen neuen Messwert notwendig werden lassen. Beachten Sie das bitte, wenn ein Mischlicht aus Videoleuchten und Tageslicht erstellt werden soll.

- Schalten Sie die Video-Live-View ein.
- Drücken Sie die WB-Taste an der Kamera und drehen Sie das hintere Einstellrad bis oben rechts auf dem Kamer-Monitor die Einstellung ***PRE*** erscheint. Mit dem vorderen Einstellrad können Sie den Speicherplatz ***d-1*** bis ***d-6*** auswählen.
- Jetzt lassen Sie die Taste WB los und drücken Sie sie anschließend erneut, bis das ***PRE***-Symbol anfängt zu blinken. Dann positionieren Sie das viereckige Zielfeld mit dem Multifunktionswähler auf eine weiße oder neutralgraue Fläche und drücken die Mitteltaste des Multifunktionswählers. Alternativ können Sie auch auf den Monitor an die entsprechende Stelle tippen. Wenn alles geklappt hat erscheint die Meldung ***Referenzbild erstellt***. Ansonsten wiederholen Sie den Vorgang.
- Ein letztmaliges drücken der WB-Taste schließt den Vorgang ab.

Haben Sie schon früher Referenzwerte unter genau definierten Bedingungen erstellt, können Sie auch ein Bild auswählen, das sich bereits auf der Speicherkarte befindet. Den Weißabgleich des gewählten Bildes können Sie dann wiederum mit der Feinabstimmung optimieren.

Eine erste Videoaufnahme realisieren

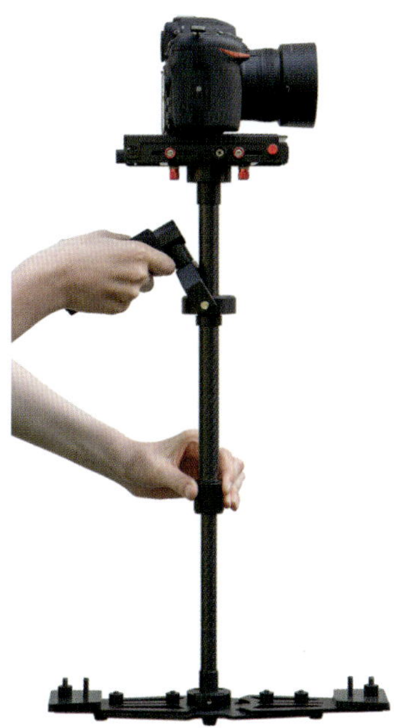

▲ *Ein einfaches Schwebestativ kann eine Aufnahme bereits wesentlich ruhiger machen.*

1. Zu Beginn ist es eine gute Idee, die Kamera auf ein stabiles Stativ zu setzen. Videos aus der freien Hand sind, wenn überhaupt, nur mit beträchtlicher Übung überzeugend umzusetzen. Für den Anfang muss es auch nicht gleich ein teures Videostativ sein, ein normales Fotostativ tut gute Dienste. Es ist allerdings sinnvoll sich frühzeitig Gedanken über einen Videoneiger zu machen. Damit sind Schwenks und ein Neigen der Kamera sehr viel weicher und ruhiger zu bewerkstelligen. Sollte das Objektiv über einen Verwacklungsschutz (VR) verfügen, dann sollte er vorsichtshalber abgeschaltet werden. Es gibt VRs die (sehr) kleine, nervöse Bewegungen machen, wenn sie auf einem Stativ angebracht sind. Unter normalen Bedingungen macht ein eingeschalteter VR auf dem Stativ ja auch keinen Sinn.
2. Die Kamera wird in den manuellen Modus M geschaltet. Dann hat man jederzeit die volle Kontrolle über die Einstellungen. Der **A**uto**f**okus (AF) wird ebenfalls abgeschaltet. Erstens ist der AF im Videomodus ausgesprochen langsam, zweitens erzeugt er durch den Kontrast-AF ein sehr unruhiges Bild und drittens produziert er nebenbei auch noch jede Menge Störgeräusche.
3. In der Live-View kann man über die Taste *i* (Zebra-)-*Lichter anzeige* zuschalten. Eine geeignete Anfangsblende sollte vorgewählt werden. Alternativ kann man sich die Blendensteuerung mit der Individualfunktion *g1* auf die vorderen PV- und Fn1-Tasten legen. Den besten Film-Look ergeben offene Blenden mit geringer Schärfentiefe. Einsteiger in die Videografie sollten aber bedenken, dass die geringe Schärfentiefe schwieriger zu steuern ist. Ebenfalls über das Menü der *i*-Taste lässt sich die motorische Blendensteuerung auf den Multifunktionswähler legen. Das ist eine feine Sache.
4. Im Video-Live-View-Modus kann jetzt die Belichtung kontrolliert werden. Mit dem hinteren Einstellrad kann die Belichtungszeit geregelt werden. In der Einstellung ist man grundsätzlich weitgehend frei. Eine gute Faustregel, die 180°-Shutter-Angle-Regel, besagt Belichtungszeit = 1/(2*Framerate). Bei einem 4K-Video 2160/30p wären das also 1/60 Sek. oder bei einem HD-Video 1080/60p ca. 1/120 Sek. usw.

Falls das Live-View-Bild nach dem Einstellen der Belichtungszeit zu dunkel wird, kann die ISO-Empfindlichkeit entsprechend angehoben werden. Die ISO-Automatik nutze ich nicht, andere Videografen finden sie eher nützlich. Wird das Bild zu hell und liegt der ISO-Wert schon bei niedrigen 100, hilft (neben einer Blendenverstellung) nur ein ND-Filter.

5. Im 4k-Modus steht das Active D-Lighting nicht zur Verfügung, im HD-Modus setze ich es auf ***Normal***. Als Picture Control-Einstellung wird ***Ausgewogen*** oder ***Neutral*** eingestellt.
6. Jetzt wird der Weißabgleich mit der WB-Taste und dem hinteren Einstellrad konfiguriert. Der Weißabgleich sollte nicht auf AUTO stehen, das kann sich später im Film sonst unangenehm bemerkbar machen.
7. Zum Abschluss der Einstellungen wird exakt fokussiert. Besonders für Einsteiger in die Videografie ist das sichere Fokussieren eine echte Herausforderung. Der AF kann aus bereits genannten Gründen nicht eingesetzt werden. Allenfalls zur ersten Vor-Fokussierung kann er kurz aktiviert werden, wieder Abschalten aber nicht vergessen. An vielen preiswerten Objektiven arbeitet der Fokusring für die manuelle Steuerung leider nicht optimal und hat etwas Spiel und nur einen sehr kurzen Verstellweg, sodass man schnell über das Ziel hinausschießt. Meistens arbeiten die Fokusringe von Festbrenn- und Makro-Objektiven am besten. Auf jeden Fall sollte die Zoom-Taste zur exakten Kontrolle der Schärfe genutzt werden.
8. Jetzt kann es aber endlich losgehen. Mit einem kurzen Druck auf die rote Video-Taste wird die Filmaufnahme gestartet. Mit der info-Taste kann man sinnvolle Zusatzinformationen, wie ein Live-Histogramm, die Gitteransicht zur Bildkomposition oder die Tonaussteuerung auf das Display bringen.

Video-Clips zusammenführen

Einzelne Video-Clips können Sie problemlos in ViewNX-i und dem Movie-Editor zusammenfügen. Öffnen Sie ViewNX-i und wählen Sie den ersten Video-Clip aus. Klicken Sie auf die rechte Maustaste und wählen Sie im Kontextmenü den Punkt ***Filmdateien einer Serie auswählen***. Dann wählen Sie die Dateien aus, die zusammengefügt werden sollen.

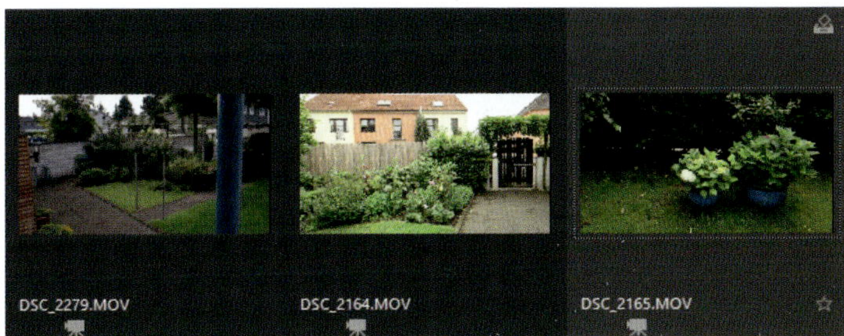

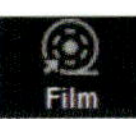

Jetzt wählen Sie das Movie-Editor Icon oben in der Hauptleiste mit dem Untertitel ***Film*** an. Jetzt können Sie den Button ***Filme zusammenführen*** anklicken.

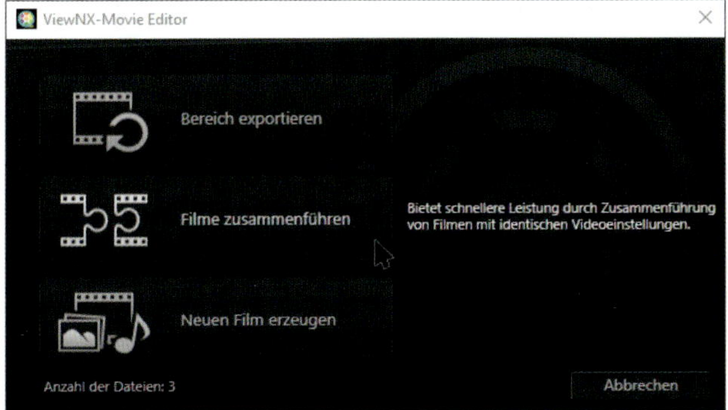

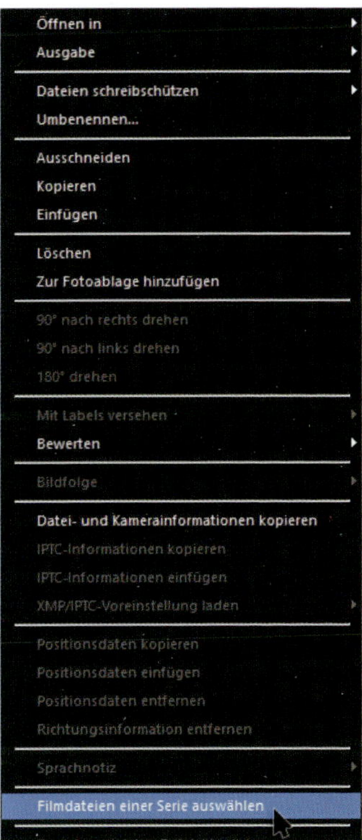

Zum Schluss werden Sie noch nach einigen Optionen gefragt, wie Format, Bildgröße oder Bildrate.

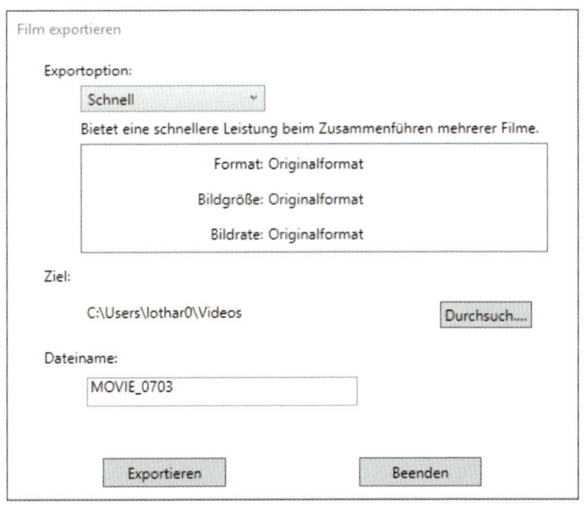

Wählen Sie am besten einen neuen Dateinamen, damit das Ausgangsmaterial nicht überschrieben wird.

8.2 Den Ton optimieren

Die D500 besitzt zwei an der Vorderseite verbaute Mikrofone. Damit kann der Ton während einer Filmaufnahme aufgenommen werden. Auf der Rückseite links neben dem Sub-Wähler liegt der Lautsprecher.

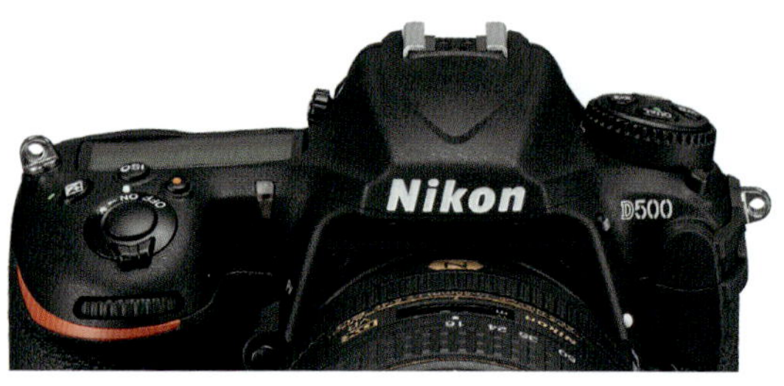

▲ *Die beiden Mikrofone auf der Vorderseite der D500.*

Gesteuert wird die Mikrofonaufnahme im Menü *FILMAUFNAHME/Mikrofonempfindlichkeit*. In der Grundeinstellung wird der Ton automatisch (*Pegel automatisch steuern*) in der Lautstärke reguliert. In vielen Fällen funktioniert das auch ganz gut.

Probleme kann es geben, wenn die Akteure sehr unterschiedliche Entfernungen zur Kamera einnehmen oder der Kameramann selbst einen Kommentar zum Geschehen abgibt.

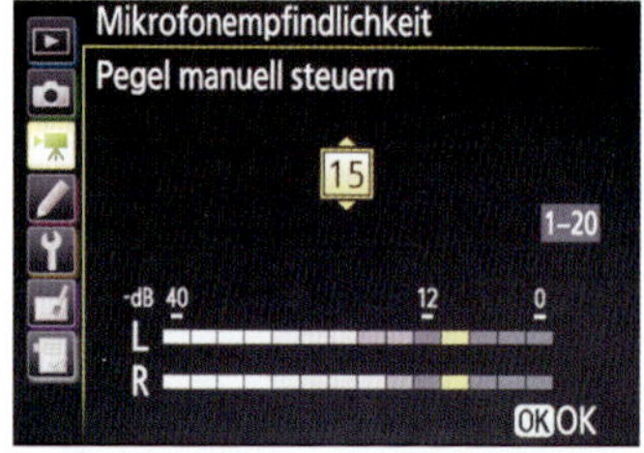

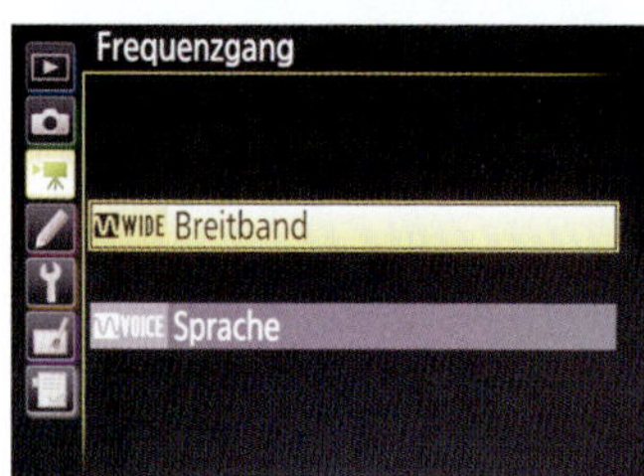

Wenn Sie die Aufnahmesituation gut Überblicken können und etwas Übung haben, können Sie den Ton besser manuell regulieren. Im Menü *FILMAUFNAHMEN/Mikrofonempfindlichkeit/Pegel manuell steuern* kann die Mikrofonempfindlichkeit von 1–20 gesteuert werden.

Soll ausschließlich Sprache für das Video aufgenommen werden, empfiehlt es sich den *Frequenzgang* von *Breitband (Wide)* auf *Sprache (Voice)* zu ändern. Die Einstellung *Breitband (Wide)* fängt wiederum die Umgebungsgeräusche besser ein.

Der Menüpunkt *Windgeräuschereduzierung* steht bei mir praktisch immer auf *Ein (ON)*.

Wer allerdings ernsthafte Videoaufnahmen erstellen will, kommt um die Anschaffung eines externen Mikrofons nicht herum.

Auf die internen Mikrofone werden insbesondere zu viele Störgeräusche aus der Kamera, wie Zoom- oder Blendenänderungen, übertragen.

Auf dem Markt wird eine Vielzahl von externen Mikrofonen in allen Preiskategorien für das DSLR-Videofilmen angeboten (z. B. Rode, Sennheiser, Sony, Azden usw.).

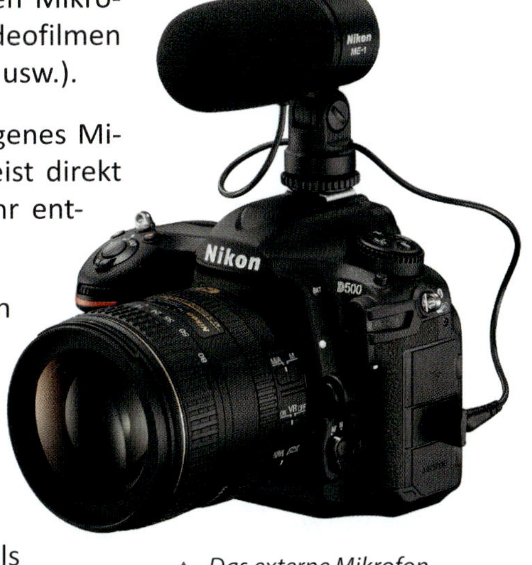

▲ *Das externe Mikrofon Nikon ME-1.*

Nikon hat natürlich mit dem ME-1 auch ein eigenes Mikrofon im Angebot. Die Mikrofone werden meist direkt auf der Kamera angebracht und sollten von ihr entkoppelt sein.

Angeschlossen wird ein externes Mikrofon an der linken Seite unter der mittleren Abdeckung. Dort befinden sich je ein Mikrofon- und Kopfhöreranschluss.

Viele dieser Mikrofone haben eine sogenannte Nierencharakteristik. Das bedeutet sie nehmen Geräusche von vorne sehr viel besser auf als von hinten.

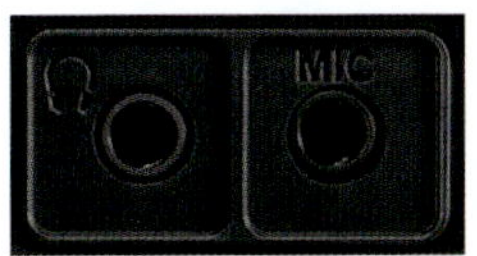

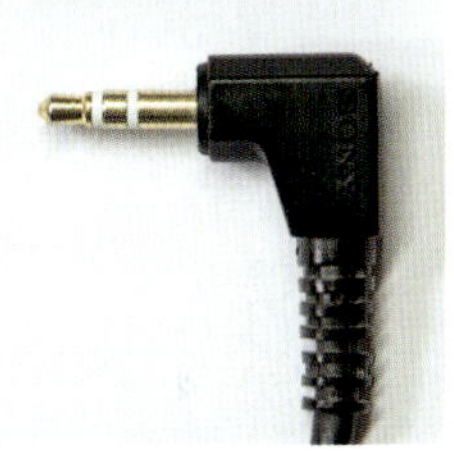

▲ *Kopfhörer und Mikrofonanschluss sind für 3,5 mm Klinkenstecker ausgeführt.*

Dabei handelt es sich um einen praxistauglichen Standard, mit dem eine Vielzahl von Szenerien gut aufgenommen werden können, ohne dass Störgeräusche von anderer Seite zu stark in den Vordergrund rücken.

Sind die Akteure bzw. Geräuschquellen weit von der Kamera entfernt oder soll nur eine ganz spezifische Quelle ohne allzu viele Nebengeräusche aufgenommen werden, eignen sich Richtmikrofone (engl. Shotgun) oft besser.

Eine gute Alternative für die genannten DSLR-Mikrofone sind auch kompakte Allround-Aufnahmegeräte, wie sie gerne für Reportagen und Interviews eingesetzt werden. Ein typischer Vertreter ist z. B. das H4n von Zoom.

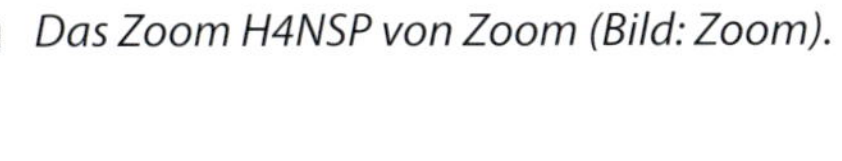

◀ *Das Zoom H4NSP von Zoom (Bild: Zoom).*

8.3 HDMI-Wiedergabe auf TV und Monitor

HDMI (**H**igh **D**efinition **M**ultimedia **I**nterface) ist die aktuelle Schnittstelle, um bild- und tongebende Geräte mit Anzeigedisplays wie dem Fernseher oder Monitor zu verbinden. Neben den Full-HD-konformen Videodaten werden auch Audiodaten übertragen. Ihre D500 hat eine HDMI-Schnittstelle, Sie benötigen dazu ein HDMI-Kabel A zu C (Mini-HDMI-Stecker).

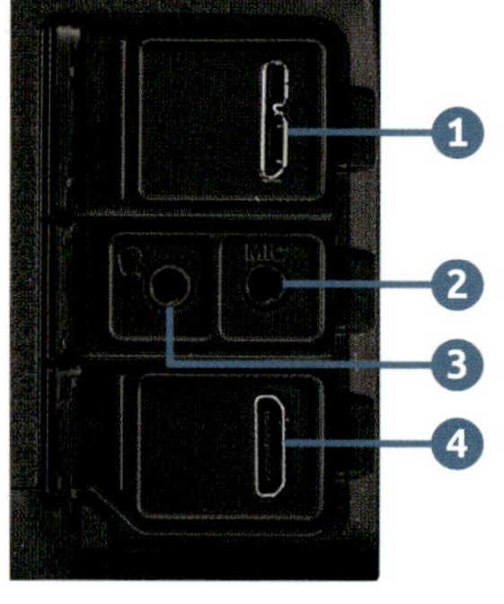

▲ *Die Anschlüsse der D500: ❶ der schnelle USB 3 Anschluss, ❷ Mikrofon-Eingang, ❸ Buchse für Kopfhörer zur besseren Tonkontrolle und ❹ der HDMI-Ausgang (Mini-HDMI, Typ C).*

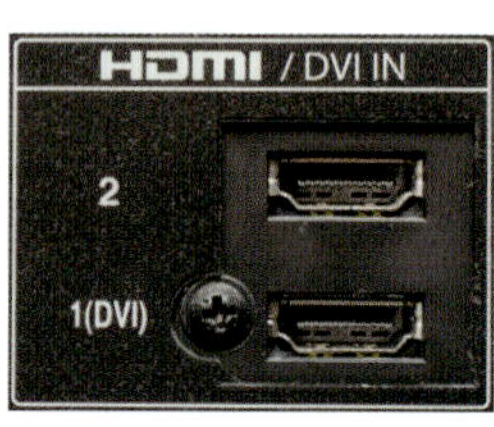

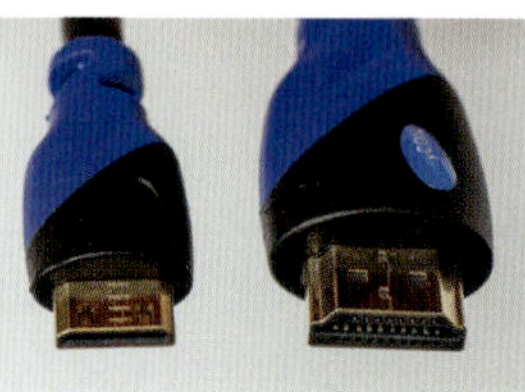

▲ *Links: Zwei HDMI-Eingänge am Fernseher (Typ A). Rechts: Ein HDMI-Kabel HDMI auf Mini-HDMI (Typ A auf Typ C).*

Sollten es zu Farbverfälschungen kommen, stellen Sie sicher, dass der sRGB-Farbraum eingestellt ist. Die meisten HD-Geräte wie Fernseher kommen damit am besten klar. Zudem müssen Sie im *SYSTEM*-Menü die HDMI-Übertragungsparameter festlegen. In aller Regel sind die voreingestellten automatischen Werte gut geeignet, aber im Zweifelsfall kann eine Anpassung notwendig sein.

Für alle HD-Formate sollte ein HDMI-Kabel ab Version 1.2 ausreichen. Die 4K-Videoformate benötigen ein Highspeed HDMI-Kabel, die grundsätzlich HDMI ab Version 2.0 unterstützen sollten. Bei Billigstprodukten hapert es leider manchmal mit Anspruch und Wirklichkeit, investieren Sie also ruhig ein paar Euro mehr in ein gutes Kabel. Die Steuerung der Filme am Fernseher direkt aus der Kamera ist etwas spartanisch ausgefallen. Das Video startet mit der Mitteltaste des Multifunktionswählers ●. Anhalten kann man das Video mit den Tasten hoch/runter ●.

8.4 Ein Film aus Zeitrafferbildern

In letzter Zeit sind Zeitrafferfilme sehr beliebt geworden. Zeigen Sie doch langsame, kaum erkennbare Bewegungen in schneller Folge, sodass unbemerkte Abläufe plötzlich wahrnehmbar werden.

Für Zeitrafferfilme werden sehr viele Einzelfotos und viel Zeit erforderlich. Soll der fertige Film mit 24 Bildern pro Sekunde ablaufen, werden 24 × 60 = 1440 Einzelaufnahmen pro Minute Film benötigt. Werden die einzelnen Bilder mit einem Intervall von einer Minute erstellt, ergibt sich daraus ein Aufnahmezeitraum von 24 Stunden.

Der Ablauf einer Zeitrafferaufnahme

Fotografieren Sie im JPEG-Format, das spart viel Speicherplatz. Die Qualität FINE und die Bildgröße M reichen völlig aus. Diese erste Kurzanleitung gilt für weitgehend konstante Helligkeit. Die Belichtungszeit sollte nicht zu kurz gewählt werden, sonst wirkt der fertige Film abgehackt.

Eine gute Faustregel (180-Grad-Shutter) besagt 1/Framerate*2. Für 24 Einzelbilder im Film wäre dementsprechend die Belichtungszeit 1/48 Sek. Falls es für solch relativ lange Belichtungszeiten zu hell ist, empfehle ich den Einsatz eines ND-Filters.

- Richten Sie die Kamera auf dem Stativ aus und wählen Sie für Ihr Motiv sinnvolle Intervalle aus. Wenn Sie noch keine Erfahrung haben, sind 4–5 Sekunden ein brauchbarer erster Wert. Sonst richten Sie sich nach der kleinen Tabelle auf Seite 224.
- Der Weißabgleich sollte manuell gewählt werden und für alle Aufnahmen konstant bleiben. Wählen Sie also nicht die AUTO-Werte.
- Dann muss natürlich noch der Bereich gewählt werden, der scharf abgebildet werden soll. Dazu wird z. B. im Modus A die Blende gewählt und entsprechend fokussiert. Anschließend sollte der Autofokus abgeschaltet werden.
- Ich empfehle eine Testaufnahme durchzuführen und die Belichtung anhand des Histogramms evtl. anzupassen. Im letzten Schritt werden die Zeit- und Blendenwerte der Testaufnahme in den manuellen Modus übernommen.

- Es ist sinnvoll noch eine Testaufnahme für letzte Korrekturen aufzunehmen. Nichts ist ärgerlicher, als vielleicht stundenlang neben der Kamera auszuharren und dann ein fehlerhaftes Ergebnis zu bekommen.

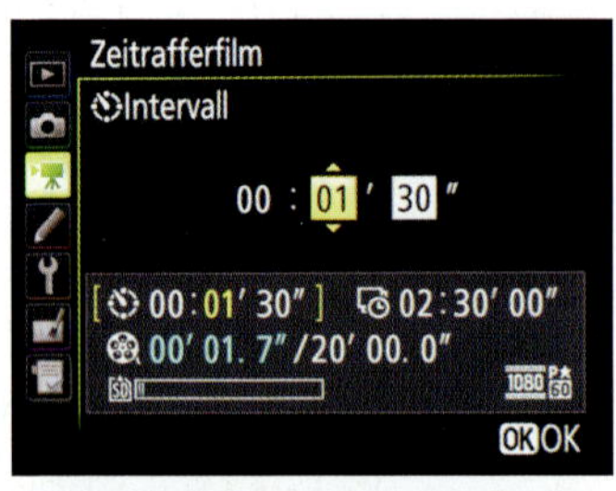

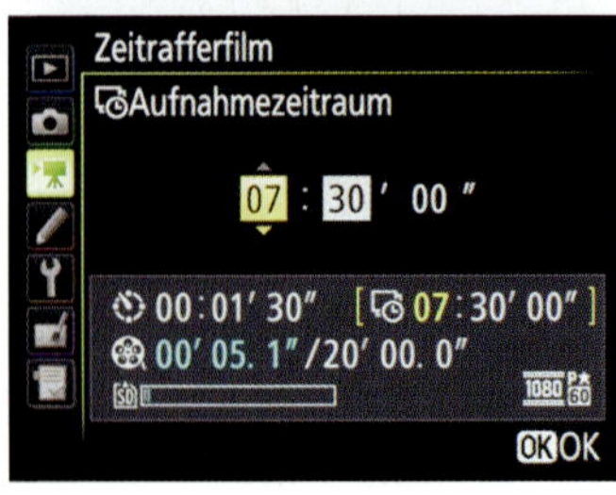

▲ *Wenn das Intervall und der Aufnahmezeitpunkt bestimmt sind, berechnet die D500 automatisch die Länge des Films bei der aktuell eingestellten Bildrate und den Platzverbrauch auf der Speicherkarte bei aktuellem Videoformat.*

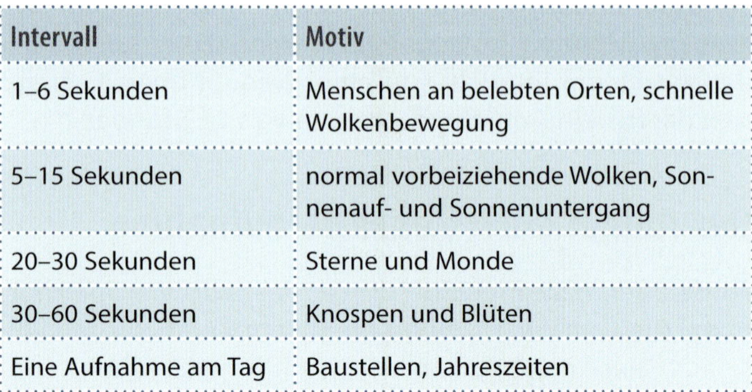

Intervall	Motiv
1–6 Sekunden	Menschen an belebten Orten, schnelle Wolkenbewegung
5–15 Sekunden	normal vorbeiziehende Wolken, Sonnenauf- und Sonnenuntergang
20–30 Sekunden	Sterne und Monde
30–60 Sekunden	Knospen und Blüten
Eine Aufnahme am Tag	Baustellen, Jahreszeiten

Während die D500 einen Satz von Zeitraffer-Bildern aufnimmt, können Sie die Kamera nicht anderweitig zwischen den Einzelbildern nutzen. Wenn Sie sehr viele Aufnahmen machen wollen, denken Sie daran rechtzeitig den Akku zu wechseln. Im Menü ***FILMAUFNAHME*** finden Sie unter dem Reiter für ***Zeitrafferfilm*** die notwendigen Einstellungen. Wählen Sie das ***Intervall*** zwischen den einzelnen Aufnahmen. Jetzt können Sie den ***Aufnahmezeitraum*** überschlagen und entsprechend einstellen. In manchen Fällen muss der Aufnahmezeitraum auch wegen anderer Umstände verändert werden. Als Faustregel gilt: nehmen Sie lieber mehr Bilder auf als zu wenige.

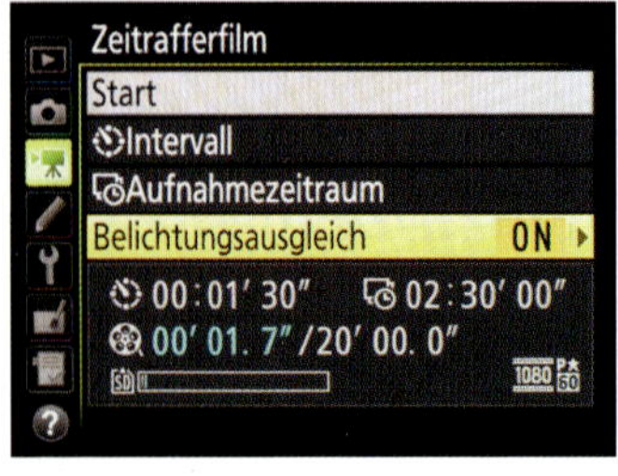

Im Tagesablauf verändert sich die Lichtsituation häufig deutlich. Damit der Film später harmonischer wirkt, hat Nikon die Funktion ***Belichtungsausgleich*** um die unterschiedliche Helligkeit zu kompensieren. Die Kamera versucht dann, die Bildhelligkeit aneinander anzugleichen.

Wenn Sie die Einstellungen mit der OK-Taste bestätigen, beginnt die D500 drei Sekunden später mit den Aufnahmen. Damit Sie dies nicht vergessen, erscheint blinkend auf dem oberen LCD ***INTVL***. Wenn die D500 die Serie beendet hat, erstellt sie auf der Speicherkarte automatisch einen Filmclip.

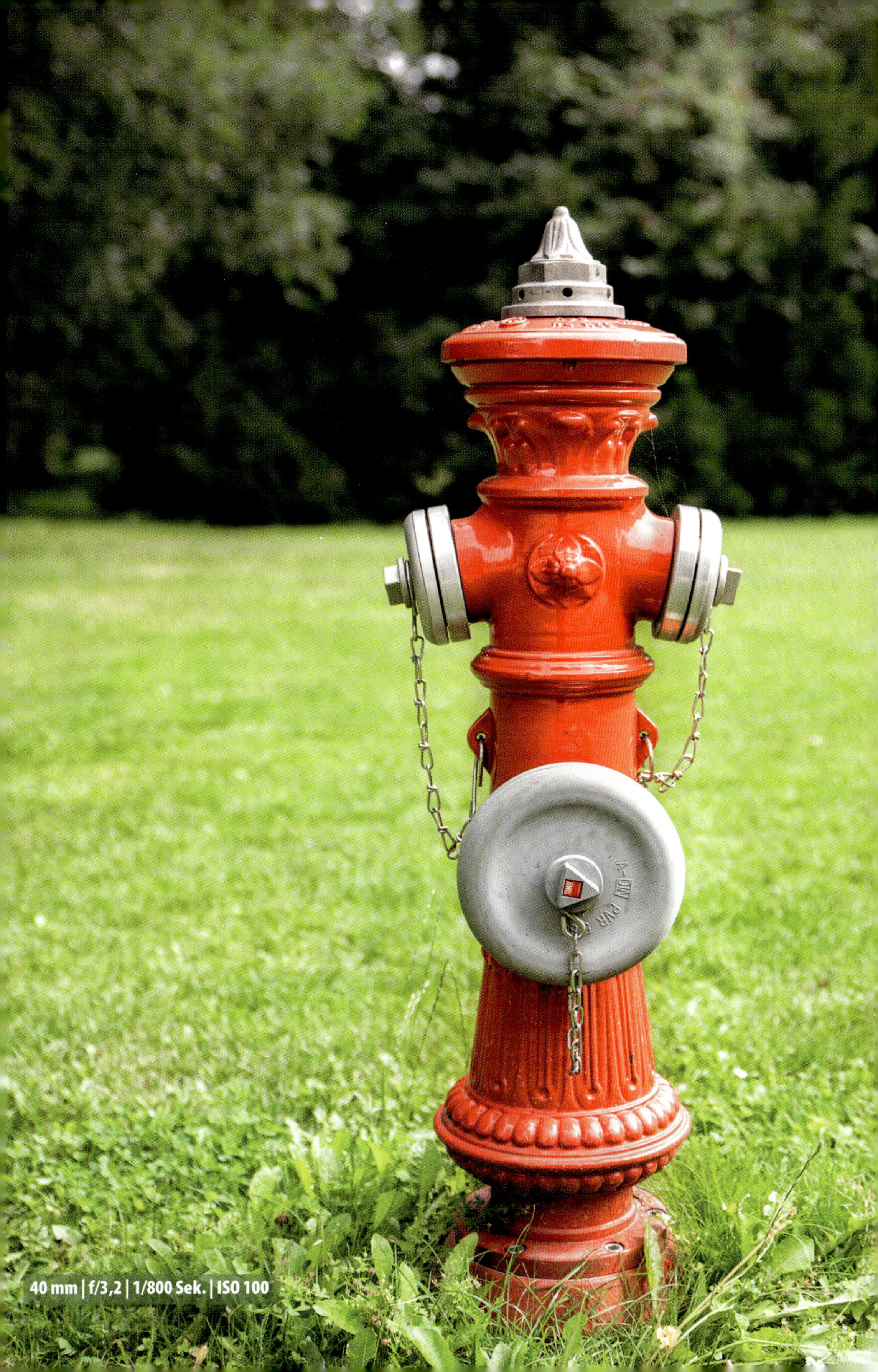

40 mm | f/3,2 | 1/800 Sek. | ISO 100

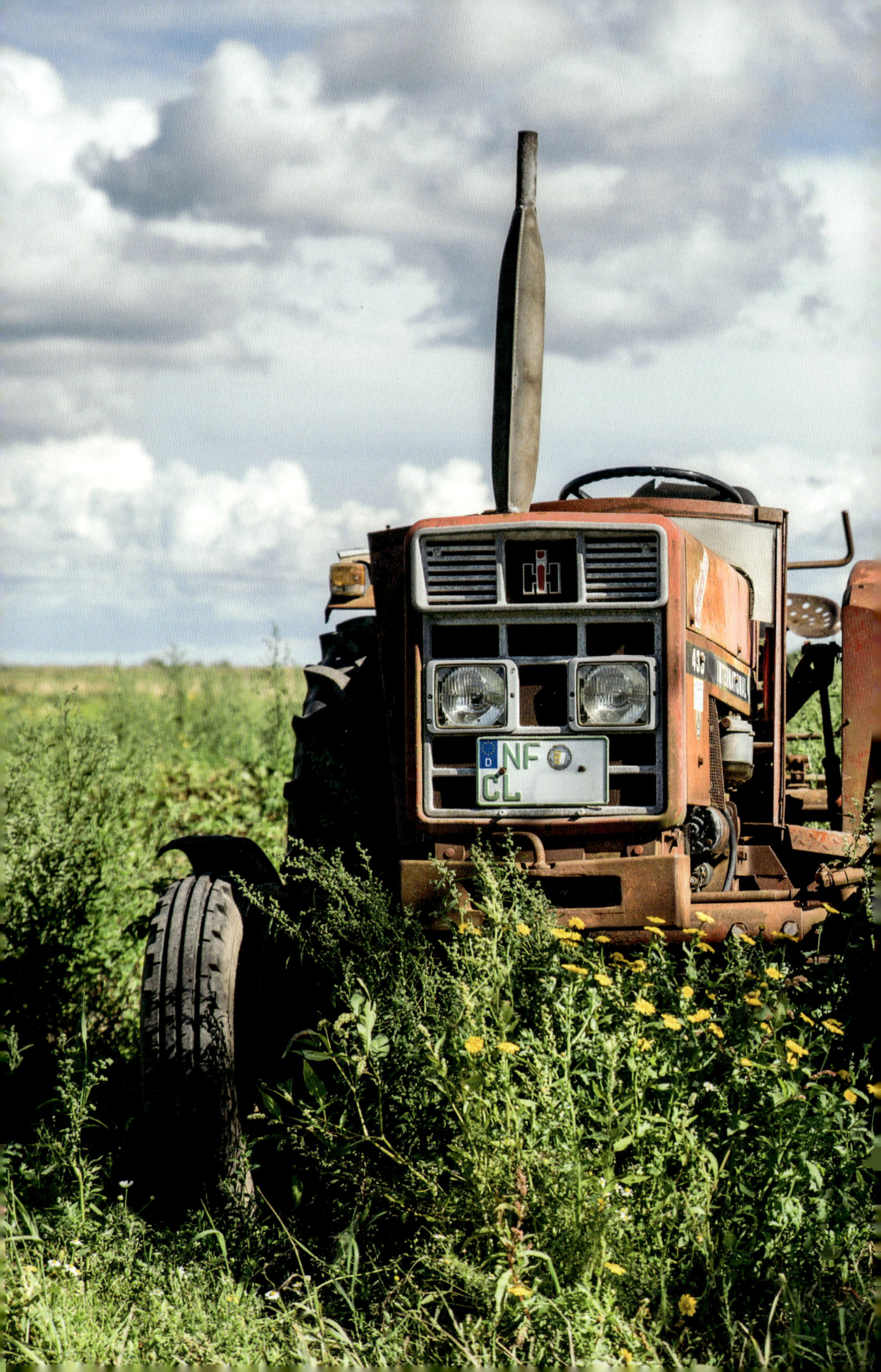
NF
CL

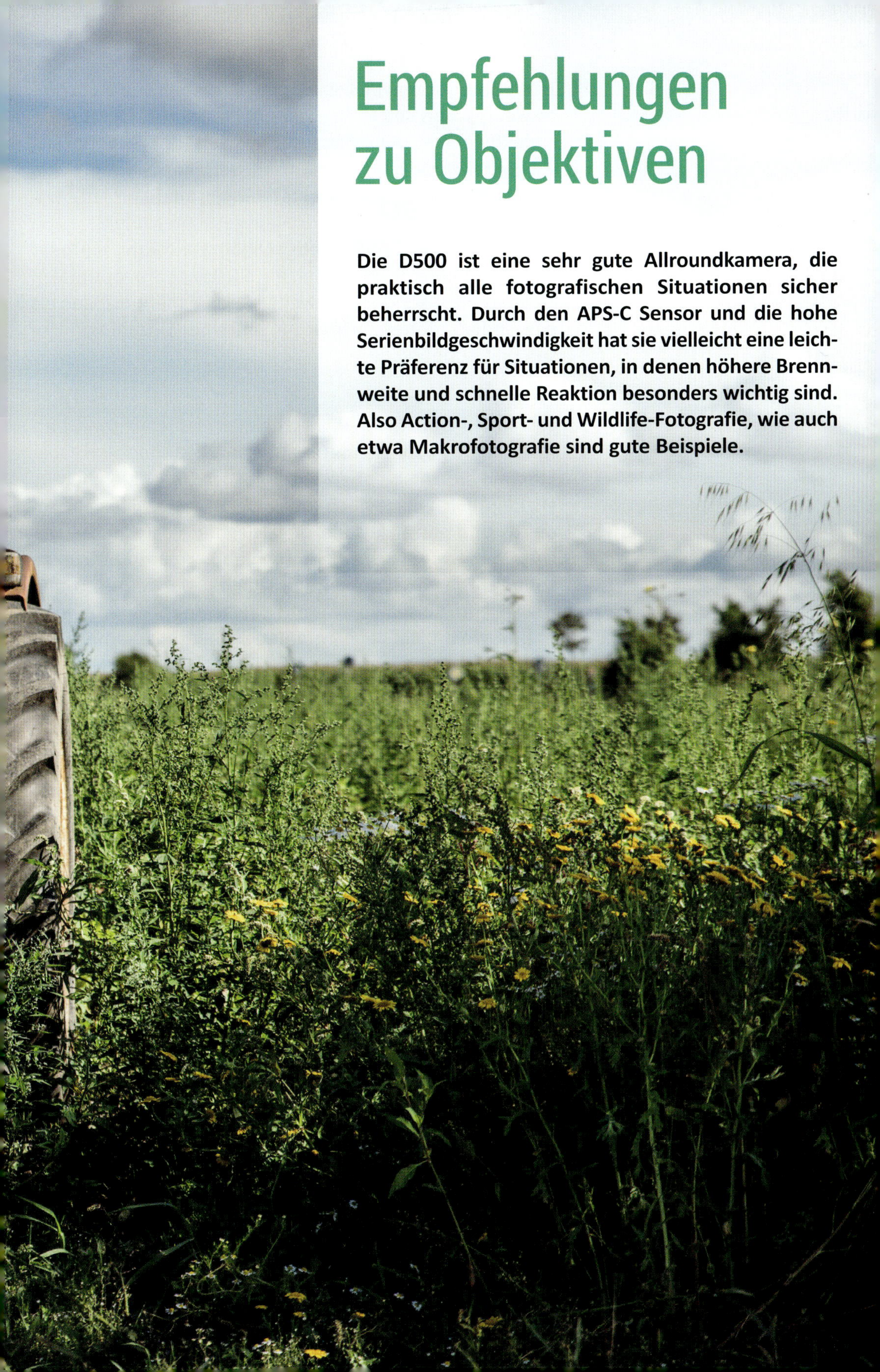

Empfehlungen zu Objektiven

Die D500 ist eine sehr gute Allroundkamera, die praktisch alle fotografischen Situationen sicher beherrscht. Durch den APS-C Sensor und die hohe Serienbildgeschwindigkeit hat sie vielleicht eine leichte Präferenz für Situationen, in denen höhere Brennweite und schnelle Reaktion besonders wichtig sind. Also Action-, Sport- und Wildlife-Fotografie, wie auch etwa Makrofotografie sind gute Beispiele.

Jeder Fotograf entwickelt schnell Vorlieben für bestimmte Genres und setzt dazu eine abgestimmte Palette von Objektiven ein. Mein Rat zu Objektiven (und Zubehör) ist ganz einfach: Klasse statt Masse. Verfallen Sie möglichst nicht der Sammelleidenschaft für Foto-Equipment, wie so viele Fotografen. Zwei, drei ausgesuchte Objektive, ein exzellentes Stativ mit einem soliden Stativkopf, ein paar Filter und eine Tasche oder ein Rucksack für optimalen Tragekomfort können im Zweifelsfall viel mehr bringen als eine Indiana Jones-Ausrüstung mit einer Unzahl von Linsen und Zubehör.

Es wird in meiner subjektiven Vorstellung von einigen ausgewählten Objektiven wahrscheinlich keine echten Überraschungen geben. Ich setze auf bewährte und solide Qualität und die entsprechenden Objektive sind vielen bereits ein Begriff. Ich nutze auch sowohl APS-C wie Vollformat-Kameras und setze deshalb überwiegend vollformattaugliche Objektive ein, um sie an beiden Formaten nutzen zu können. Die meist sehr hohe Qualität der teureren und schwereren Linsen kommt aber auch einer D500 zu gute. Es gibt wohl nichts Schlimmeres als ein tolle Kamera mit billigen Objektiven zu versehen.

Entschlüsseln Sie die Nikon-Objektivcodes

Ein Objektiv lässt sich im Prinzip durch zwei zentrale Angaben beschreiben: seine Brennweite(n) und seine(n) Blendenwert(e), diese Werte sind auf dem Objektiv immer angegeben. Wenn Sie alle Features der Nikon Objektive interessieren, nutzen Sie die Nikon-Objektivcodes. Diese Codes können Sie im Internet auf der Seite *www.ozdoba.net/nikon/objektiv/obj_terminologie.html* nachlesen.

9.1 Ein paar Grundlagen zu Objektiven

Um die Qualität von Objektiven einschätzen zu können, bedarf es des Wissens um einige Grundlagen. Im Folgenden sollen die wichtigsten kurz vorgestellt werden.

Bildwinkel, Brennweite und Sensorgröße

Ein Objektiv projiziert ein kreisförmiges Bild auf den Sensor, dessen Begrenzungen als Bildkreis bezeichnet wird. Wie groß das Motiv auf dem Sensor und wie viel vom Motiv abgebildet wird, ist abhängig vom Bildwinkel, und dieser ergibt sich aus der Brennweite.

Bei einer Kamera wie der D500 (Nikon DX) hat der Sensor geringere Abmessungen als der Kleinbildfilm (36 mm x 24 mm), der seit Jahrzehnten als Referenz eingesetzt wird. Die Angaben auf Objektiven beziehen sich immer auf dieses Format und müssen bei der D500 gemäß dem Crop-Faktor (1,5) umgerechnet werden. Aus 50 mm werden so scheinbar 75 mm oder 100 mm Brennweite entsprechen 150 mm usw.

Öffnung eines Objektivs und Lichtstärke

Die Größe der Öffnung eines Objektivs beeinflusst die Menge des Lichts, die durch das Objektiv auf den Sensor fallen kann. Das Verhältnis des Durchmessers der Eintrittsöffnung des Objektivs zu seiner Brennweite ist definiert als die relative Öffnung.

Ein Beispiel: Wenn bei einem Objektiv mit einer Brennweite von 100 mm die maximale Öffnung 50 mm beträgt, ist das Öffnungsverhältnis 1:2.

Jetzt ist aber diese relative Öffnung nicht der einzige Faktor, der beim Gang des Lichts durch das Objektiv bis zum Sensor eine Rolle spielt. Die Schwächung des Lichts durch Absorption und Reflexion innerhalb des Objektivs ist in der Angabe der relativen Öffnung gar nicht enthalten. Berücksichtigt man auch diese Effekte, spricht man von der effektiven Öffnung (Transmission). Bei hochwertigen Objektiven ist der Unterschied durch diese Effekte relativ gering, sodass in der Praxis relative und effektive Öffnung nahe beieinanderliegen. Bei preisgünstigen Objektiven kann der Wert aber auch recht deutlich abweichen, was sich negativ auf die tatsächliche Lichtstärke auswirkt.

Da die relative Öffnung auch die größtmögliche Blendenöffnung darstellt, finden Sie in diesem Buch (wie auch im üblichen Sprachgebrauch) den Begriff der Lichtstärke als Äquivalent. Bei Zoomobjektiven, die einen größeren Brennweitenbereich abdecken, wird die relative Öffnung für die beiden Endwerte der Brennweite angegeben. Bei hochwertigen Objektiven ist sie oft konstant, dann findet sich entsprechend nur ein Wert.

FX- und DX-Objektive an der D500

DX-Objektive sind speziell für die Sensoren des APS-C-Formats berechnet und können deshalb oftmals kleiner und leichter gebaut werden als die Objektive für das Vollformat. Die FX-Objektive für den größeren Vollformat-Sensor können ohne Abstriche eingesetzt werden. Der Kauf dieser Objektive kann durchaus sinnvoll sein, wenn Sie vielleicht später einmal auf das Vollformat umsteigen wollen.

Gehört immer aufs Objektiv: die Streulichtblende

Die Streulichtblende wird von manchen Fotografen nicht so recht gewürdigt. Dabei ist die Streulichtblende – oder auch leicht irreführend Gegenlichtblende genannt – ein sehr einfaches und effektives Mittel zur gezielten Reduktion des Streulichteinfalls. Das erhöht oft deutlich die Brillanz und den Kontrast der Aufnahmen. Ohne sie kann das Objektiv nicht seine volle Leistungsfähigkeit erreichen.

Die bei Objektiven bis in den leichten Telebereich übliche Tulpenform der Blende orientiert sich an der Form des Strahlengangs und des Aufnahmesensors. Wichtig zu wissen: Nicht nur im Freien und bei Sonnenschein sollten Streulichtblenden verwendet werden, sondern auch in künstlich beleuchteten Räumen, da dort ebenfalls Störlichtquellen existieren.

Eine Ausnahme bilden Aufnahmen, bei denen geblitzt wird. Wenn auf sehr kurze Entfernung fotografiert werden soll und ein Systemblitz auf der Kamera direkt nach vorn blitzt, kann es durch die Streulichtblende zu Abschattungen kommen.

Egal ob draußen oder drinnen: Die Streulichtblende schafft praktisch ohne Aufwand brillantere und kontrastreichere Bilder. Ein weiterer Grund, die Blende ständig auf dem

Objektiv montiert zu haben: Sie bietet einen wirksamen Schutz der Frontlinse, da sie einen Stoß oder ein Anecken auffangen kann und bei leichtem Regen auch Regentropfen abhält.

Bei hochwertigen NIKKOR-Objektiven verringert zusätzlich eine Nanokristallvergütung der Linsen Streulicht und Reflexionen. Besonders bei schräg einfallenden Sonnenstrahlen oder sehr hellem Licht kann diese Nanovergütung deutlich mehr Reflexionen an der Linsenoberfläche unterbinden und verhindert damit ungewollte Geisterbilder und Streulicht.

Das Bokeh

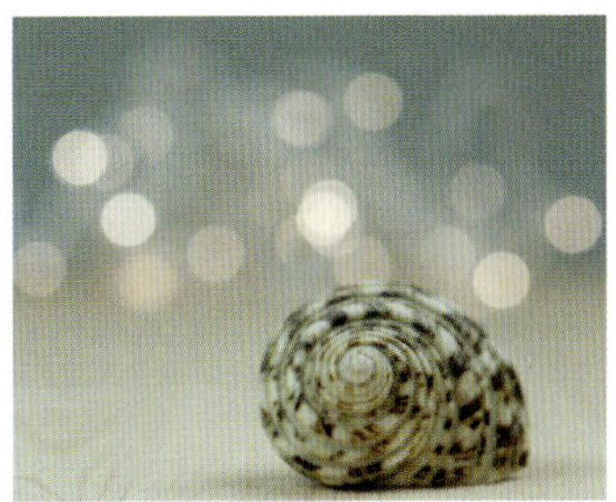

Als Bokeh wird landläufig der Unschärfebereich genannt, der außerhalb der Schärfentiefe liegt. Die Qualität des Bokehs ist ein wichtiges Qualitätsmerkmal für ein Objektiv und kann maßgeblich den Bildeindruck beeinflussen. Die Beurteilung eines Bokehs ist aber nur schwer in die Kategorien gut oder schlecht zu pressen, vielmehr soll es dem oder den Betrachter(n) natürlich gefallen. Solche subjektiven Einschätzungen sind zweifellos nur schwer objektiv zu fassen.

Zu einem Bokeh gehört für mich deshalb zum einen eine weiche, sanfte Zeichnung der Unschärfe. Manche Objektive zeichnen eher eine nervöse und unruhige Unschärfe oder Doppelkonturen. Ein weiteres wichtiges Kriterium ist die Zeichnung speziell der Spitzlichter in der Unschärfe. Es gibt natürlich unterschiedliche Geschmacksrichtungen, aber im Allgemeinen sollten Sie rund und nicht eckig oder abgeplattet (Cats-Eye) gezeichnet werden. Manche Objektive zeichnen auch verschachtelte Ringe in die Spitzlichter oder es erscheinen farbige Ränder usw. Achten Sie beim Test eines Objektivs also vor allem bei diffizilen Hintergründen auf eine ruhige und gleichmäßige Zeichnung der Unschärfe.

Objektive richtig reinigen

Objektive sind ohne Zweifel einem nicht unerheblichen Verschmutzungsstress ausgesetzt. Den meisten Schutz braucht die Frontlinse. Gefahren drohen z. B. von Brandungsgischt am Meer oder von Kindern mit Eistüten. In solchen Momenten ist ein UV- oder besser ein Clear-Filter als Schutz empfehlenswert. Die D500 braucht optisch keinen UV-Filter, da deren optische Funktion von der Beschichtung des Sensors übernommen wird.

Im Fachhandel gibt es verschiedene Reinigungstücher, mit denen Sie die Linsen von grobem Staub befreien können. Mikrofasertücher können wahre Wunder bewirken. Sie sollten die Tücher jedoch nicht zu häufig benutzen und zwischendurch immer wieder waschen, damit Sie nicht neuen Dreck auf die Filter reiben.

Festbrennweiten und Zoomobjektive

Objektive mit einer festen Brennweite sind erheblich weniger aufwändig zu bauen als Zoomobjektive. Da sie nur eine einzige Brennweite bedienen müssen, kann ihr Linsensystem perfekt abgestimmt und optimiert werden. Sie sind durch ihren einfacheren Aufbau auch kompakter, leichter sowie günstiger im Preis. Zoomobjektive sind letztlich immer ein gewisser Kompromiss. Je größer der Zoombereich wird, desto weiter ist in der Regel ein Brennweitenbereich oder gar beide Extreme vom Optimum entfernt.

Besonders davon betroffen sind regelmäßig Zoomobjektive, die sowohl den Weitwinkel- wie den Telebereich abdecken wollen. Zoomobjektive, die sich auf einen Bereich konzentrieren, wie z. B. das Nikkor 70-200 mm oder das Nikkor 14-24 mm sind meist deutlich besser in der Abbildungsleistung.

Auch wenn die beliebten Zoomobjektive in den letzten Jahren ständig Fortschritte in der Qualität gemacht haben, sind Festbrennweiten den Zoomobjektiven im Zweifelsfall noch immer eindeutig überlegen. Dafür bieten die Zooms andererseits natürlich eine große Flexibilität.

9.2 Festbrennweiten für die optimale Bildschärfe

Eine klassische Domäne der Festbrennweiten ist die Porträtfotografie. In diesem Bereich haben sie einen weiteren

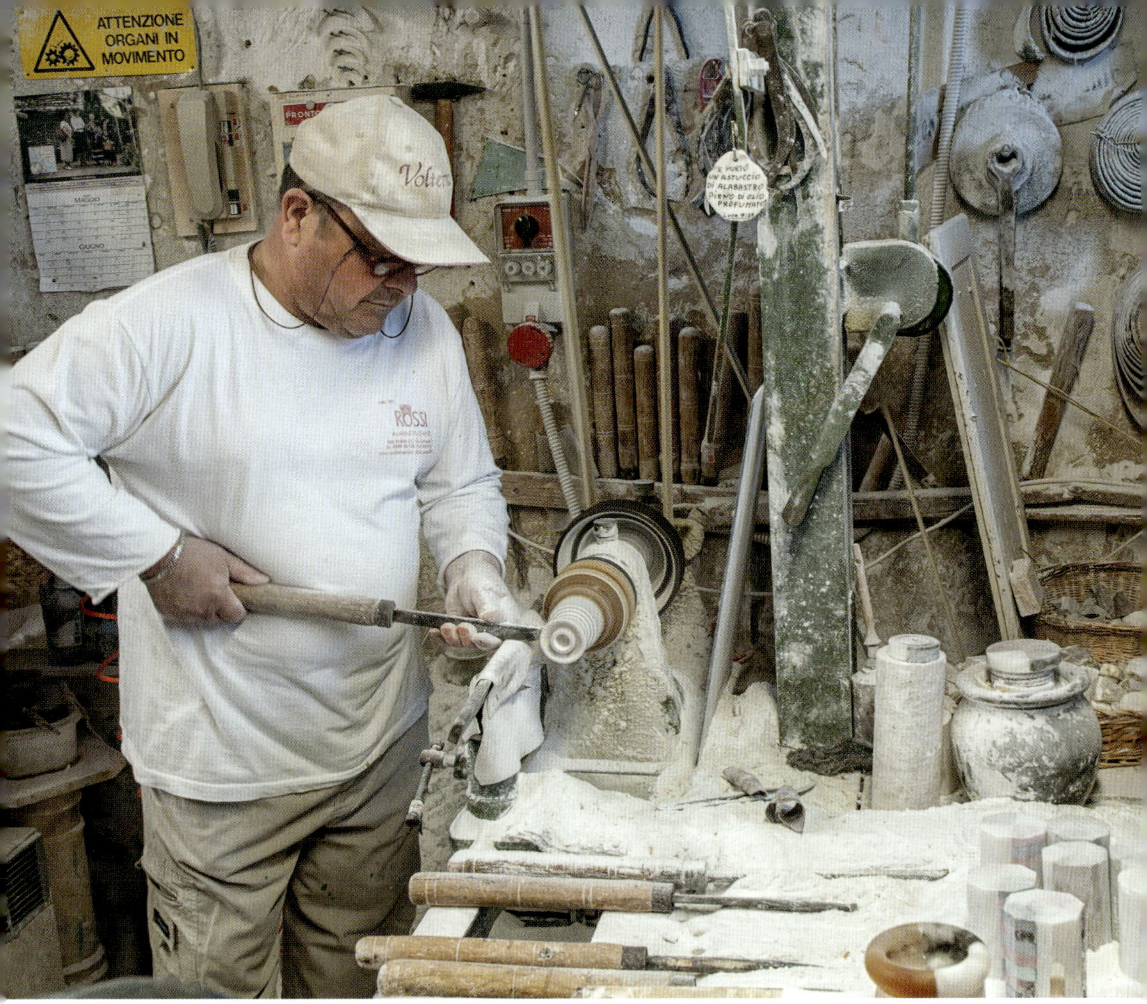

52 mm | f/5,6 | 1/125 Sek. | ISO 800

Vorteil gegenüber den Zoomobjektiven: Festbrennweiten können leichter mit sehr weit geöffneten Blenden hergestellt werden. Offenblendenwerte von f/1,4 und f/1,8 sind bis in den Bereich von etwa 100 mm Brennweite nichts Besonderes. Spezialisten schaffen selbst Blendenwerte unter eins.

Besonders beliebt sind Brennweiten mit 35 mm, 50 mm und 85 mm. Auch eine leichte Telebrennweite kann sehr gut geeignet sein. Nikon hat z. B. das **AF-S DX NIKKOR 35mm 1.8G,** das **AF-S NIKKOR 50 mm 1,8G ED**, das **AF-S NIKKOR 50 mm 1:1,4G**, das **AF-S NIKKOR 85 mm 1:1,4G** und das **AF-S NIKKOR 105 mm 1:1.4E ED** im Programm..

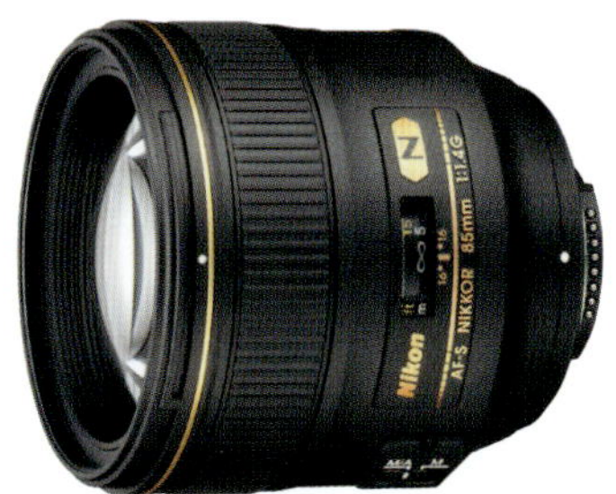

▲ *Das ausgezeichnete aber auch hochpreisige AF-S NIKKOR 85 mm f/1,4 (Bild: Nikon)*

Alle drei sind ganz hervorragende Objektive, die jedem Porträtfotografen – und nicht nur denen – ans Herz gelegt werden können. Wenn auf das Budget geachtet werden muss, lässt sich mit den etwas weniger lichtstarken Objek-

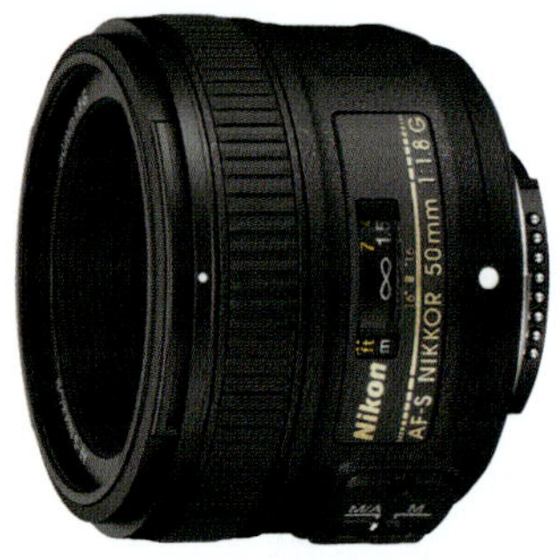

▲ *Eine preiswerte und hervorragende Porträtlinse ist das AF-S NIKKOR 50 mm 1:1,8G (Bild: Nikon).*

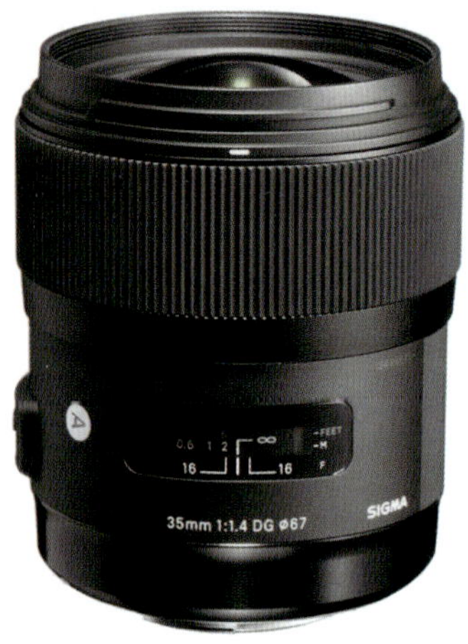

▲ *Sigma 35 mm F1,4 DG HSM | Art (Bild: Sigma)*

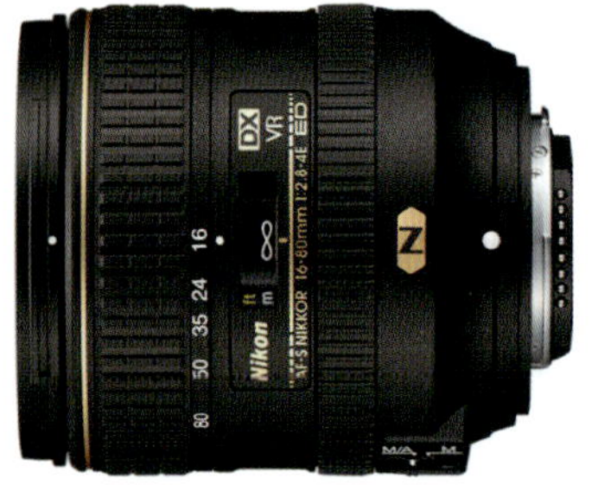

▲ *Das AF-S DX Nikkor 16-80 mm f/2,8-4,0 ED VR (Bild: Nikon)*

tiven (f/1,8) gegenüber den f/1,4er Modellen viel Geld sparen.

Auch die Produktfotografie greift gerne auf Festbrennweiten zurück. Alternativ können auch Makrofestbrennweiten zum Einsatz kommen.

Diese Festbrennweiten sind auf den Nahbereich und höchste Detailauflösung hin konstruiert, also wie geschaffen für die D500.

Mittlerweile sind auch die Drittanbieter wie Sigma und Tamron auf den Qualitätszug aufgesprungen und bieten einige sehr gute Alternativen.

Von Sigma gibt es vor allem die ausgezeichnete ART-Serie mit sehr schönen Objektiven, wie z. B. dem **Sigma 35 mm F1,4 DG HSM | Art** oder das **Sigma 85 mm f1,4 EX DG HSM | Art**, wobei HSM für einen Sigma-eigenen Ultraschallantrieb steht.

Wer über das nötige Kleingeld verfügt, wird sich auch gerne bei ZEISS mit seinen Objektivreihen Milvus und Otus umsehen wollen.

Firmen wie Walimex oder Rokinon bringen spezielle kostengünstige Objektive auf den Markt, die eine durchaus sehenswerte Abbildungsleistung besitzen, dafür aber nicht mit einem Bildstabilisator und einem Autofokus aufwarten können.

9.3 Universalobjektive für jede Gelegenheit

Nikon spendiert der D500 als Kit-Objektiv das noch relativ neue Nikon **AF-S DX Nikkor 16-80 mm f/2,8-4,0 ED VR**.

Das Objektiv hat einige professionelle Ausstattungsmerkmale, so zum Beispiel eine elektromagnetische Blende. Eine so gesteuerte Blende ermöglicht eine präzisere Belichtung, was insbesondere bei der hohen Serienbildfrequenz der D500 zum Tragen kommt. Der Bildstabilisator ist ja schon fast obligatorisch.

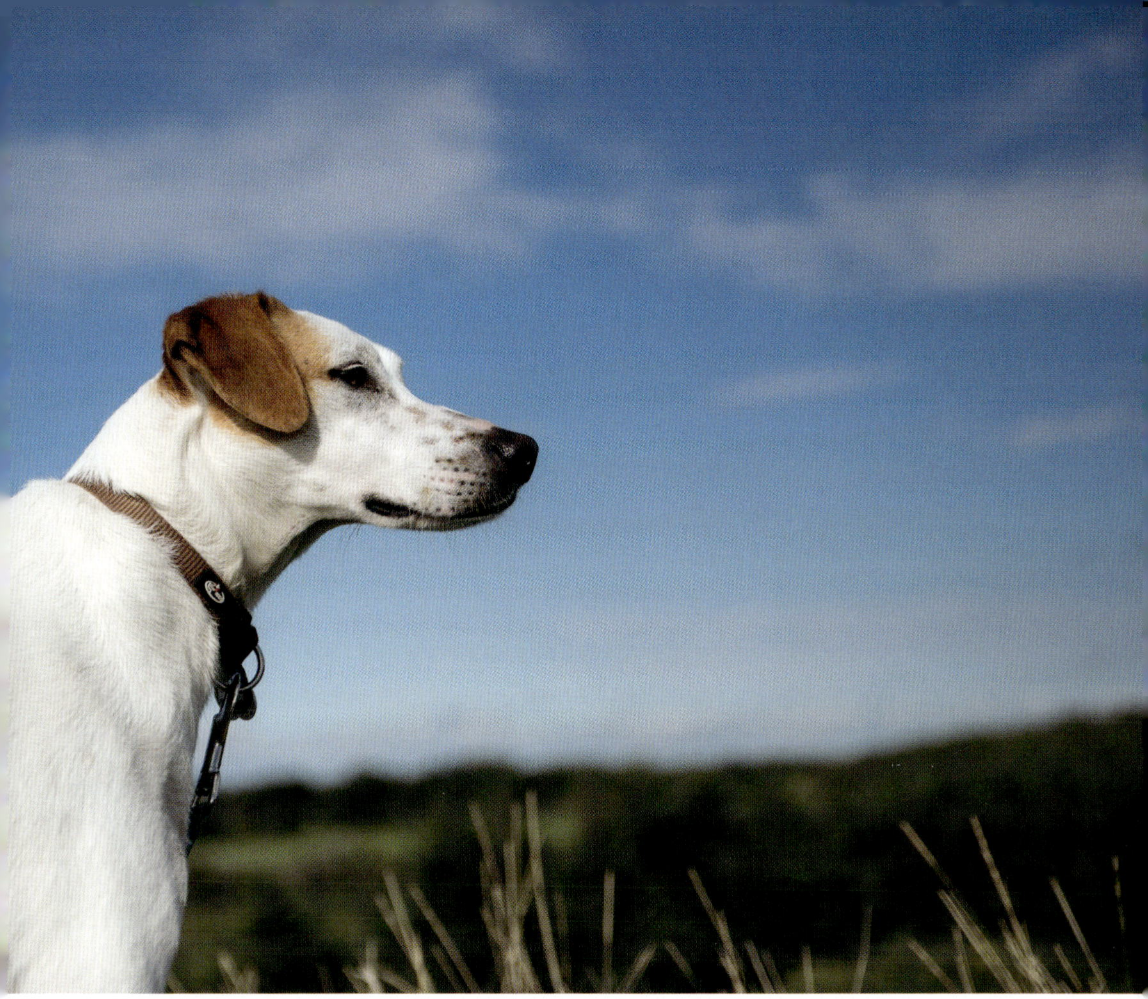

127 mm | f/3,2 | 1/125 Sek. | ISO 100

Die Außenlinsen sind mit einer Fluorvergütung beschichtet. Das weist aktiv Wasser und Verschmutzung jedweder Art ab. Eine aufgetragene Nanokristallvergütung kann die Bildqualität verbessern, indem es Reflexionen minimiert. Die Lichtstärke liegt mit einer max. Blende von f/2,8 bis f/4 auf erfreulich hohem Niveau und das Gewicht ist mit 480 Gramm kein Problem. Der Filterdurchmesser ist mit 72 mm schon vergleichsweise groß.

Die Verzeichnung des Objektivs ist vor allem in den kurzen Brennweiten ausgeprägt. Die Schärfe ist hingegen, besonders leicht abgeblendet, ausgezeichnet. Insgesamt eine sehr erfreuliche Linse, allerdings auch nicht ganz billig.

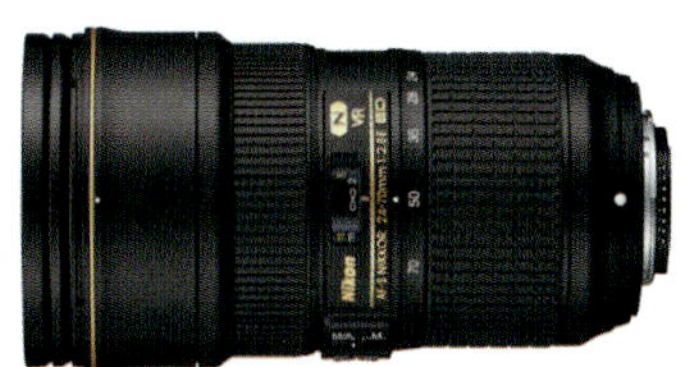

▲ *AF-S Nikkor 24-70 mm 1:2,8E ED VR (Bild: Nikon)*

Immer eine Empfehlung wert sind die vollformattauglichen 24-70 mm f/2,8 Objektive. Da ist natürlich zunächst Nikons eigenes ganz ausgezeichnetes Arbeitstier, das **AF-S Nikkor 24-70 mm 1:2,8E ED VR** zu nennen.

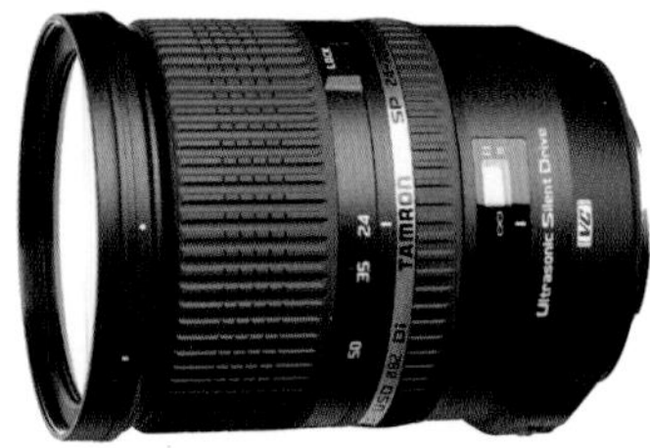

▲ *Tamron Objektiv SP AF 24-70mm 2.8 Di VC USD (Bild: Tamron)*

Das neue 24-70 mm ist im Vergleich zum älteren ohne VR noch etwas voluminöser geworden und wiegt nicht weniger als ca. 1070 g. Die leichte Randabschattung bei Offenblende, die am Vollformat zu beobachten ist, fällt beim APS-C Sensor vollständig weg. Das Objektiv besitzt ebenfalls eine elektromagnetische Blende und einen leistungsfähigen VR. Leider kostet dieses Spitzenobjektiv noch deutlich über 2000,- EUR. Wer viele Geld sparen will, greift zu dem älteren Model von Nikon ohne VR, aber mit durchaus vergleichbaren Abbildungsleistungen. Noch günstiger ist z. B. das **Tamron SP AF 24-70mm 2.8 Di VC USD**.

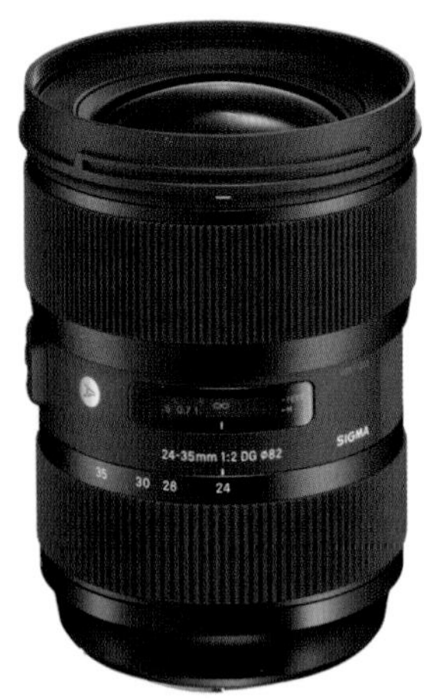

▲ *Sigma 24-35mm F2 DG HSM | ART (Bild: Sigma)*

Es ist vielleicht nicht ganz so solide gebaut wie das Nikon, dafür aber auch mit ca. 845 g deutlich leichter. In der Abbildungsleistung wird man in der Praxis keine auffälligen Unterschiede entdecken können. Es hat keine elektromagnetische Blende, aber der VR ist bereits mit an Bord. Ich habe das Tamron eine ganze Weile selbst eingesetzt und war eigentlich immer sehr zufrieden.

Nicht unerwähnt bleiben sollen die beiden ART-Objektive von **Sigma**, die eher im unteren Brennweitenbereich der Normalobjektive angesiedelt sind, das **18-35mm F1,8 DC HSM** und das **24-35mm F2 DG HSM**.

Die herausragenden Merkmale der beiden Objektive ist ihre sehr hohe, durchgehende Lichtstärke und die sehr gute Abbildungsleistung.

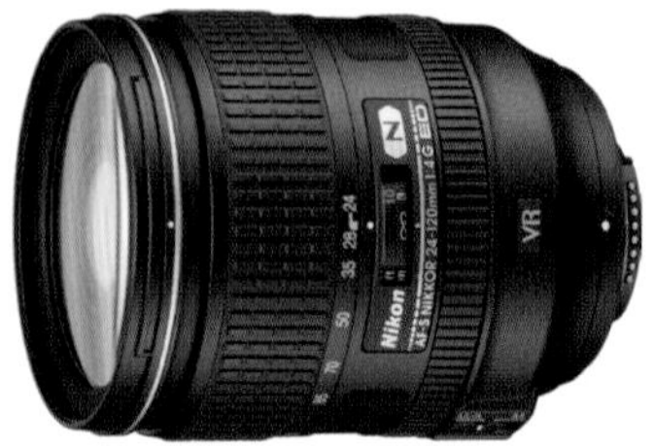

▲ *Das AF-S NIKKOR 24-120 mm 1:4 G ED (Bild: Nikon).*

In einem höheren Brennweitensegment bewegt sich das **AF-S Nikkor 24-120 mm f/4,0G ED**. Es bietet eine Brennweite, die sich vor allem im Urlaub und auf Reisen gut bewährt hat, weil so ein allzu häufiges wechseln von Objektiven vermieden wird.

Die Abbildungsleistung liegt auf einem guten Niveau, allenfalls die Randbereiche sind bei offener Blende etwas schwächer. Auch Verzerrung und chromatische Aberration könnten etwas geringer sein, beides lässt sich im RAW-Konverter aber leicht beheben.

Verarbeitungsqualität und VR sind so, wie man es erwarten kann. Die AF-Performance ist natürlich nicht ganz auf der Höhe eines Nikkor 24-70 mm f/2,8 , aber durchaus praxistauglich.

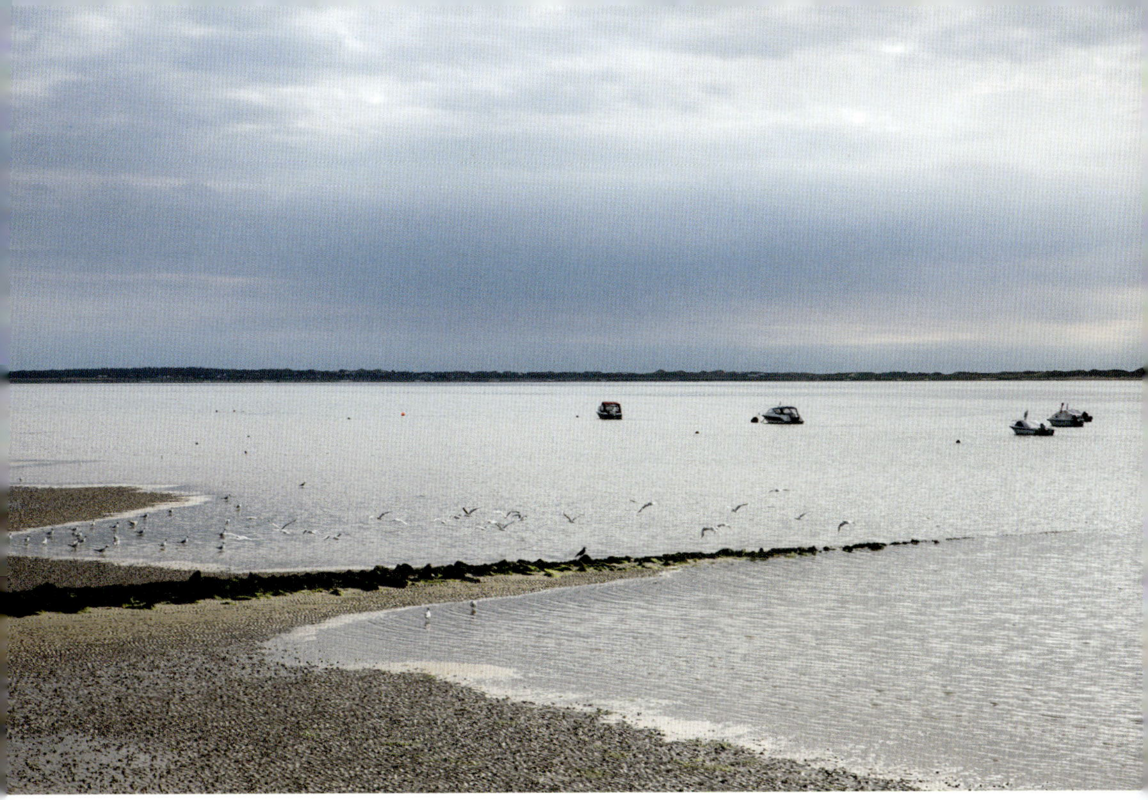

90 mm | f/11 | 1/1250 Sek. | ISO 100

9.4 Landschaften mit dem Weitwinkel einfangen

Der Weitwinkelbereich ist, bedingt durch den Crop-Faktor, nicht unbedingt die ausgewiesene Domäne der APS-C Kameras, wie der D500. Für Landschaftsaufnahmen und auf Städtetouren ist ein gutes Weitwinkelobjektiv aber unverzichtbar.

Nikon hat im Weitwinkelbereich mit dem hervorragenden **AF-S NIKKOR 14-24 mm 1:2,8G ED VR** einen absoluten Qualitätsstandard gesetzt. Am APS-C Sensor geht natürlich ein Teil des Weitwinkel verloren.

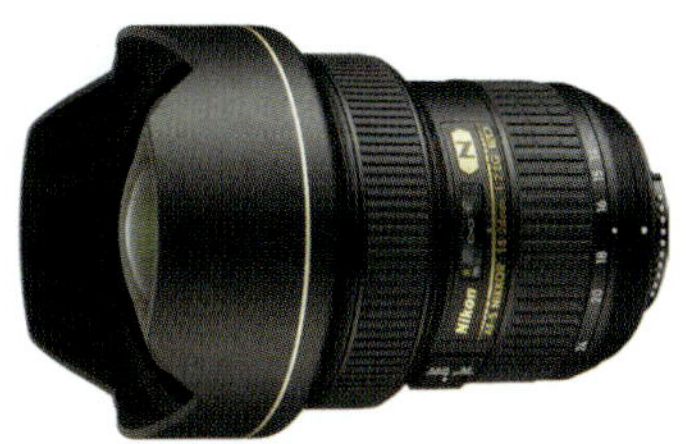

▲ *AF-S NIKKOR 14-24 mm 1:2,8G ED VR (Bild: Nikon)*

Es sei auch nicht verschwiegen, dass das Objektiv sowohl teuer als auch schwer ist und wegen seiner stark vorgewölbten Frontlinse keine normalen Filter genutzt werden können.

Aber wer das Objektiv einmal in den Fingern hatte, wird es wegen seiner herausragenden Abbildungsleistung kaum wieder hergeben wollen.

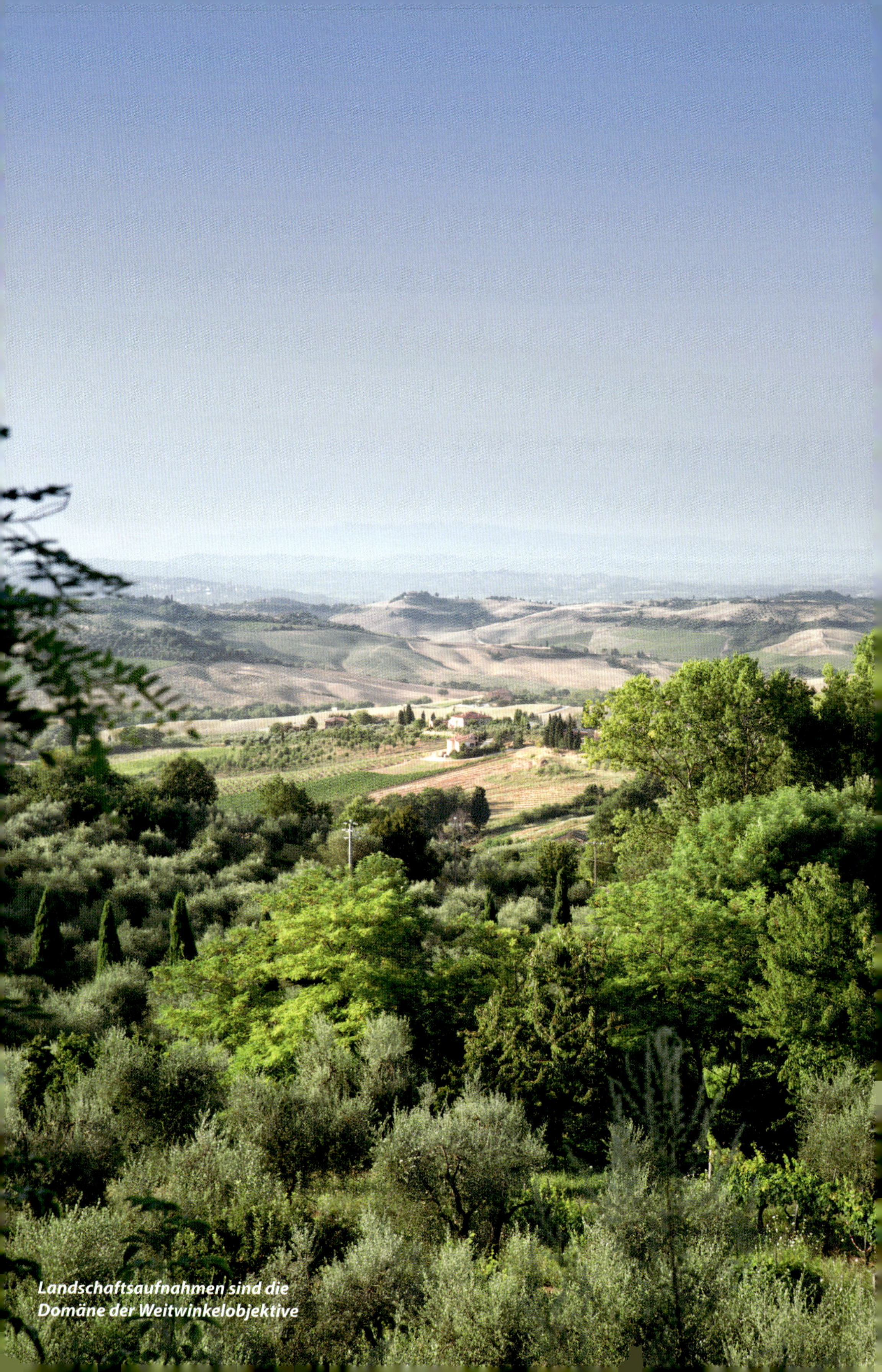

Landschaftsaufnahmen sind die
Domäne der Weitwinkelobjektive

Wer z. B. in der Landschaftsfotografie gerne Filter einsetzen will und auch noch etwas mehr Weitwinkel benötigt, greift vielleicht besser zum **Nikon AF-S DX Nikkor 10-24mm 1:3,5-4,5G ED**.

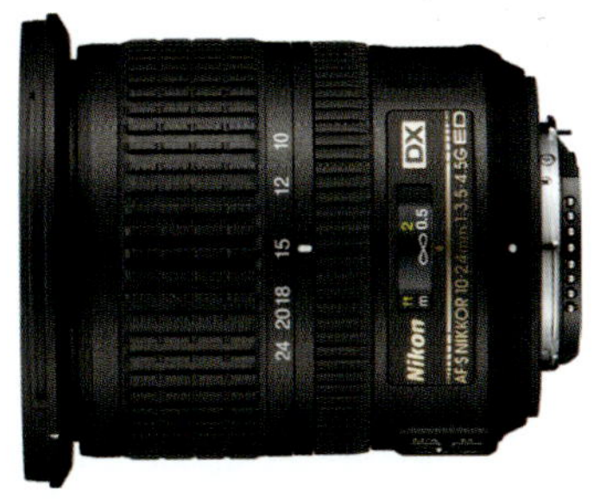

▲ *Nikon AF-S DX Nikkor 10-24mm 1:3,5-4,5G ED (Bild: Nikon)*

Neben den Festbrennweiten ist dieses Objektiv eines meiner Favoriten. Zeigt es doch, dass man auch für einen moderaten Preis eine wirklich überzeugende Bildqualität bekommt. Noch mehr Weitwinkel geht (ohne Fish-Eye) kaum noch und eine Offenblende von f/3,5 bis f/4,5 ist in diesem Segment meist nicht spielentscheidend.

Viele Freunde hat auch das **Tokina AT-X 11-20 F2.8 PRO DX**, das mit dem Nikkor 10-24 mm gut mithalten kann. Seine durchgehende Offenblende von f/2,8 wird allerdings durch einen deutlich geringeren Brennweitenbereich erkauft.

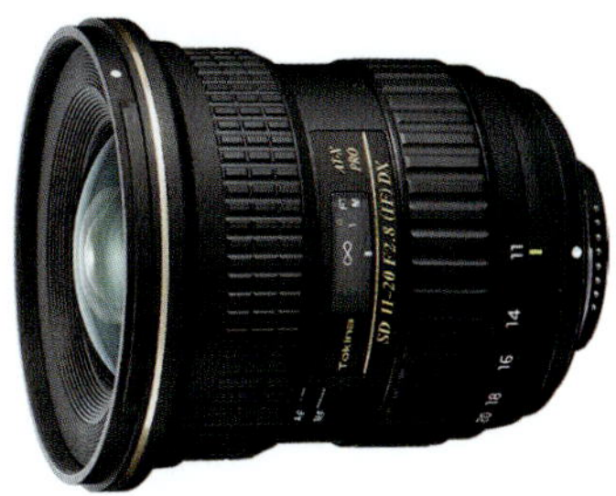

▲ *Tokina AT-X 11-20 F2.8 PRO DX (Bild:Tokina)*

Keine einheitlichen Filtergewinde

Wer gerne mit Filtern arbeitet, hat grundsätzlich zwei Möglichkeiten: einmal die runden Aufschraubfilter und zum anderen die Steckfiltersysteme (Lee, Cokin u.a.). Aufschraubfilter sind sehr einfach in der Handhabung, haben aber das Problem, immer nur für genau einen Filterdurchmesser konstruiert zu sein. Wer einige lichtstarke Objektive besitzt und jeweils z. B. einen Grauverlaufsfilter dazu kauft, merkt schnell, wie sehr das ins Geld gehen kann.

Die Steckfiltersysteme sind umständlicher in der Handhabung, passen aber, dank Adapter, auf eine große Anzahl an Objektiven. Gerade die Grauverlaufsfilter kann man mit diesen Systemen auch flexibler einsetzen und erhält so letztlich bessere Ergebnisse. Einige Steckfilter sind aus Kunststoff gefertigt und deshalb empfindlich für Kratzer, auch wenn kleinere Kratzer die Bildqualität nicht großartig beeinträchtigen. Letztlich ist es möglich, mehrere Filter hintereinander zu verwenden, was bei Schraubfiltern wegen der Vignettierung in der Regel nicht funktioniert.

9.5 Entferntes mit den Telebrennweiten heranholen

Höhere Brennweiten bieten die Möglichkeit, Motive zu verdichten und nah heranzuholen.

Für den mittleren Entfernungsbereich haben sich Objektive im Brennweitenbereich von etwa 70 bis 300 mm bewährt. Hier findet sich ein reichhaltiges Angebot auf dem Markt. Lichtstarke Objektive dieser Brennweiten eignen sich auch gut für die Porträt- und Eventfotografie aus etwas größere Entfernung.

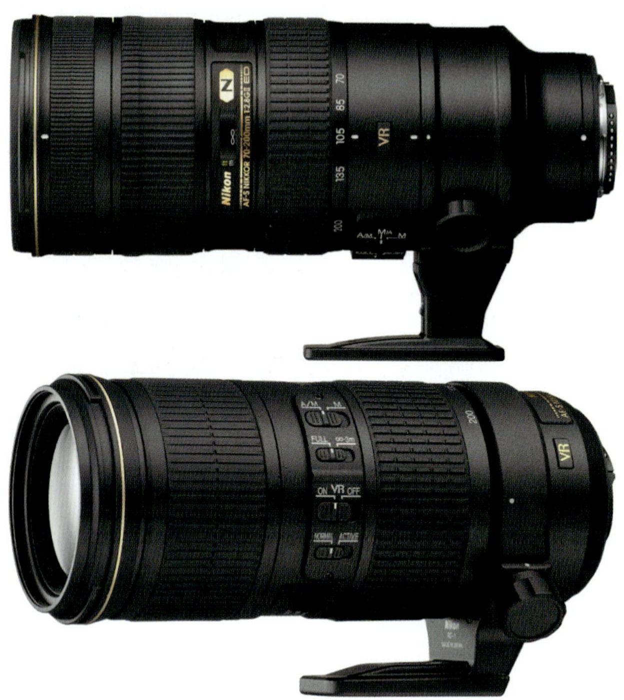

▲ *AF-S Nikkor 70-200mm f/2.8 ED VR II und das AF-S Nikkor 70-200mm f/4G ED VR (Bilder: Nikon)*

Die absoluten High-End-Klassiker in diesem Bereich sind das **AF-S Nikkor 70-200mm f/2.8 ED VR II** und das **AF-S Nikkor 70-200mm f/4G ED VR,** beide von herausragender Verarbeitungsqualität und Abbildungsleistung. Wer die Lichtstärke von f/2,8 und die damit verbundene geringere Schärfentiefe nicht benötigt, bekommt mit der f/4 Variante die gleiche Bildqualität für fast den halben Preis.

Beide Objektive befinden sich auf dem höchsten Stand der Nikon-Technologie, an der man ein Leben lang Freude haben kann.

Noch günstiger bekommen Sie die lichtstarken Objektive Sigma 70-200 mm F2,8 EX DG OS HSM und das **Tamron SP 70-200mm F/2.8 Di VC USD**. Viele Testberichte sehen die Objektive als sehr ordentlich in der Ausstattung und Leistung.

Wer nur gelegentlich Teleaufnahmen, z. B. im Urlaub, machen möchte, der kann auch das durchaus noch akzeptable **Tamron SP 70-300 mm f/4-5,6 Di VC USD** versuchen. Es punktet vor allem durch seinen sehr günstigen Preis und sein äußerst geringes Gewicht. Es ist zudem mit einem neuen Ultraschallantrieb ausgerüstet und verfügt über einen gut funktionierenden Stabilisator.

Wer noch mehr Brennweite benötigt, wird jetzt auch bei Nikon zu gut bezahlbaren Preisen mit dem **AF-S NIKKOR 5.6/200–500 mm E ED VR** fündig. Die Abbildungsleistung und Ausstattung sind für den Preis schon außergewöhnlich. Mit diesem Objektiv und einem guten Stativ sind auch gute Wildlife- oder Vogelaufnahmen von scheuen Tieren möglich. An der D500 kann das Objektiv auch mit dem sehr guten **AF-S Teleconverter TC-14E III** eingesetzt werden, was die Endbrennweite in schwindelerregende Höhen treibt.

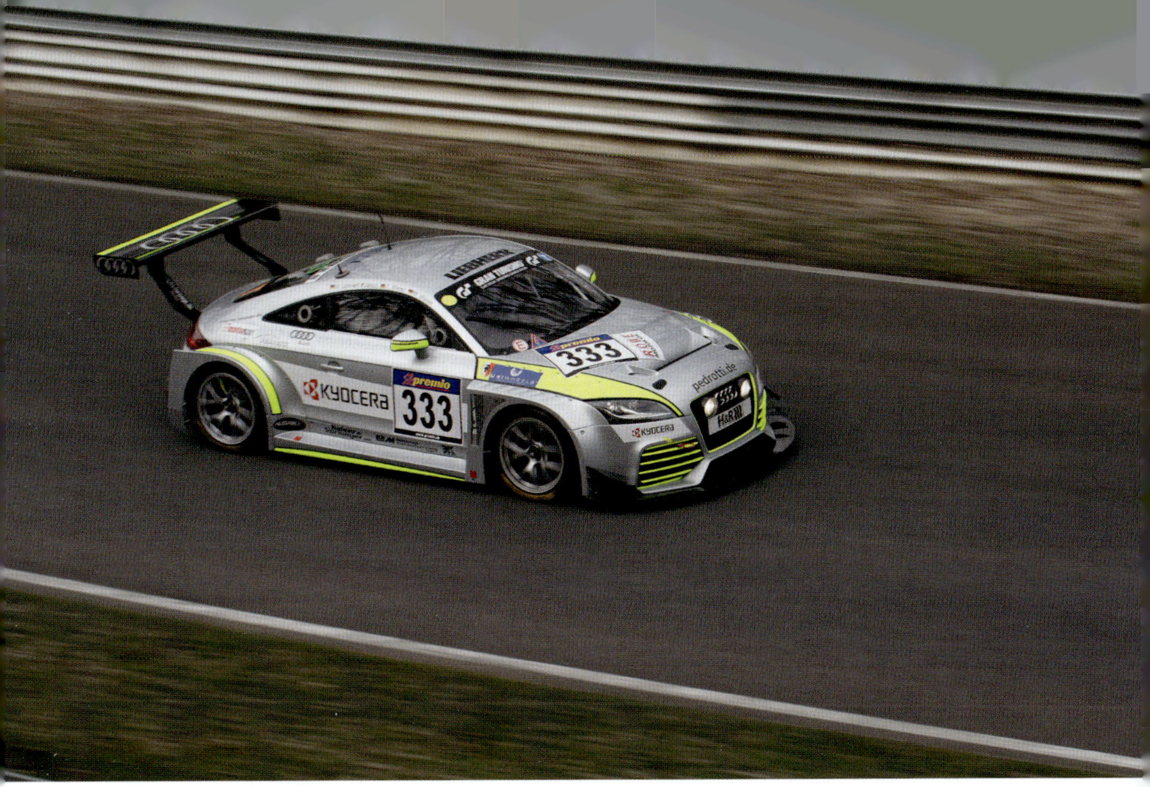

300 mm | f/5,6 | 1/200 Sek. | ISO 400

▲ *Mit den Teleobjektiven lassen sich entfernte Motive näher heranholen.*

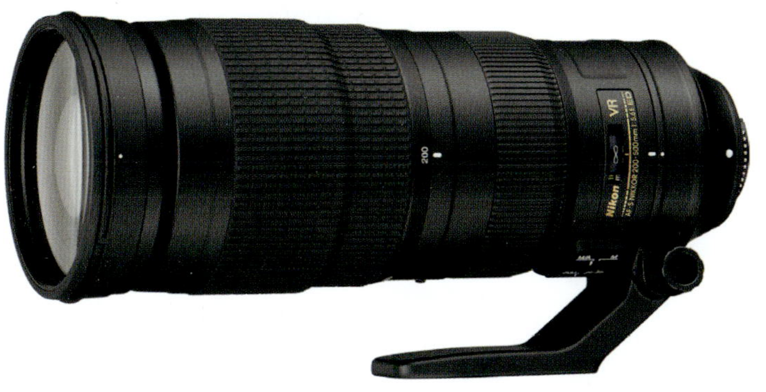

◀ *Das AF-S NIKKOR 5.6/ 200–500 mm E ED VR (Bild: Nikon)*

Sigma stellt mit den Objektiven **150-600mm F5-6,3 DG OS HSM | Sports** bzw. **Contemporary** und Tamron mit dem **SP 150-600mm F/5-6.3 Di VC USD** vergleichbare Angebote vor.

Die extrem hochwertigen und teuren Tele-Festbrennweiten von Nikon hier vorzustellen, spare ich mir. Jeder, der so viel Geld für diese Spitzenlinsen ausgeben will, wird wissen was er tut und sich intensiv informieren.

9.6 Makroobjektive, Winziges ganz nah

Makroaufnahmen sind ein sehr beliebtes Themengebiet innerhalb der Fotografie – vor allem, weil die Makrofotografie praktisch überall ausgeübt werden kann. Speziell die Natur direkt vor der Haustür bietet zahllose spannende Motive, um Kleines groß abzubilden.

Echte Makroobjektive sollten den Abbildungsmaßstab von 1:1 beherrschen, einige Hersteller sind in der Bezeichnung etwas großzügig. Die Objektive sind speziell für den Nahbereich optimiert und zeichnen sich durch eine geringe Einstellentfernung und hoher Abbildungsleistung bei geringer Verzeichnung im Nahbereich aus. Natürlich haben die weiteren Objektivqualitätskriterien ebenfalls ihre Bedeutung, wie z. B. die chromatische Aberration und die Vignettierung (Randabschattung).

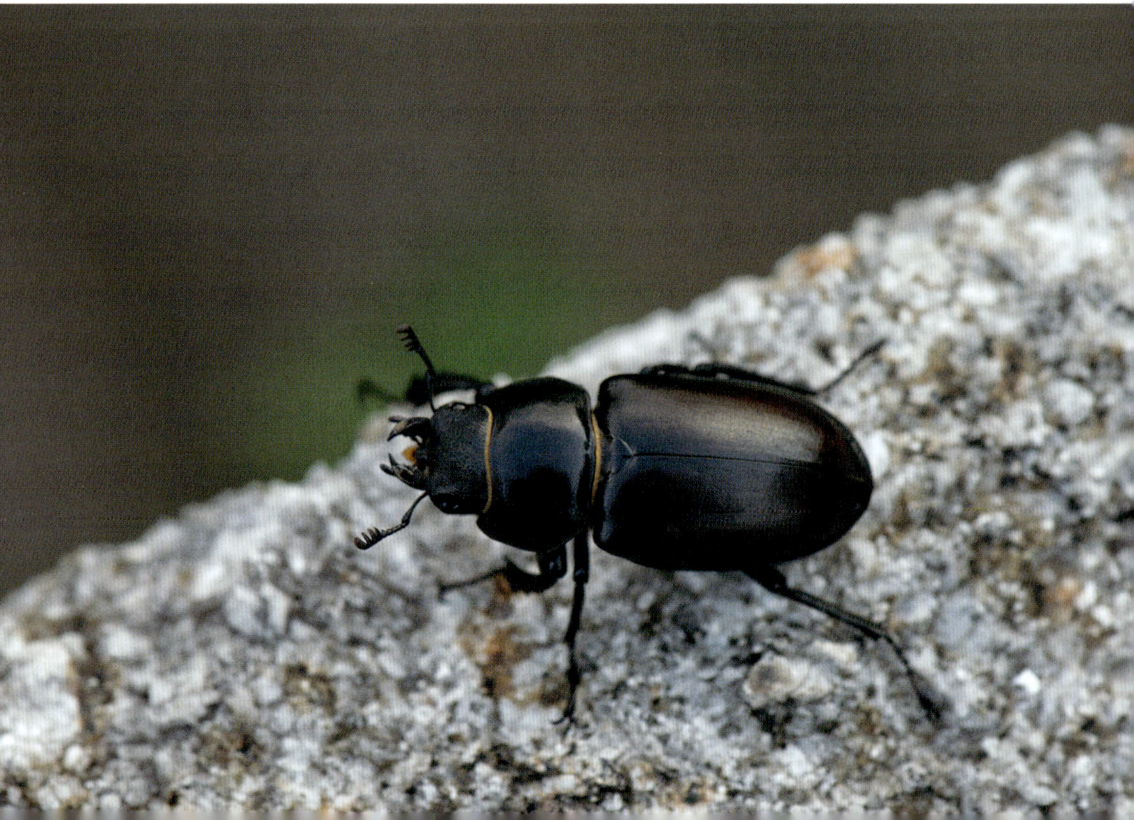

157 mm | f/5,6 | 1/200 Sek. ISO 100

Die beiden Nikon Objektive **AF-S VR Micro-Nikkor 105 mm 1:2,8G IF-ED** und das **AF-S Micro-NIKKOR 60 mm 1:2,8G ED** können wohl als uneingeschränkte Klassiker auf diesem Gebiet bezeichnet werden. Vor allem das 105 mm Objektiv setze ich seit Jahren ein und bin immer wieder begeistert. Die hohe Lichtstärke, der Bildstabilisator und natürlich die sehr hohe Schärfeleistung sind beeindruckend.

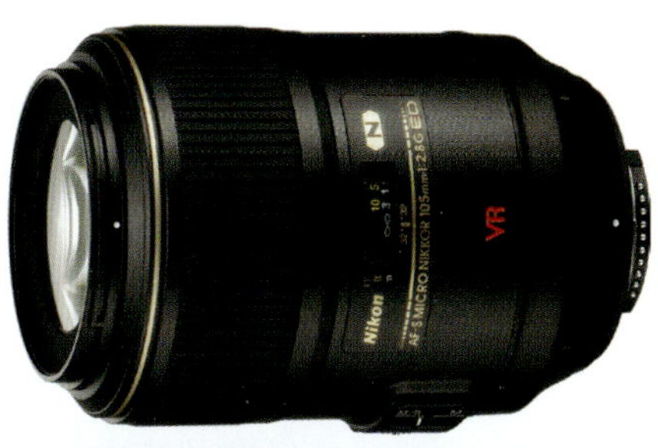

Empfehlen möchte ich auch noch das **Sigma Macro 150 mm f/2,8 APO EX DG OS HSM.** Es ist ein schweres und voluminöses Objektiv mit einer Brennweite von 150 mm und einer maximalen Lichtstärke von f/2,8 und hat einen stattlichen Filterdurchmesser von 72 mm. Derartige Glasmengen bringen ansehnliche 1.180 g auf die Waage, weshalb das Sigma auch mit einer eigenen Stativschelle ausgestattet ist. Um die Linsen nicht unnötig lange Wege zurücklegen zu lassen, besitzt es einen Fokussierbereichsbegrenzer: Full, 0,53 m – ∞ und 0,38 m – 0,53 m. Das ist im Ma-krobereich eine sehr praktische Hilfe. Das Objektiv ist innen fokussiert, ändert also seine Baulänge nicht, und die Frontlinse dreht sich nicht. Die Naheinstellgrenze liegt bei 38 cm.

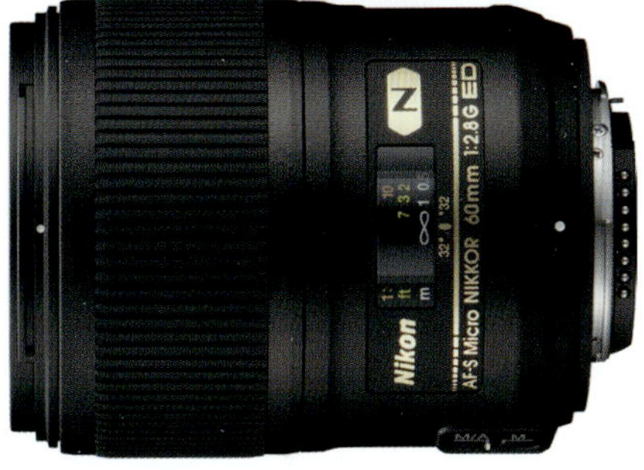

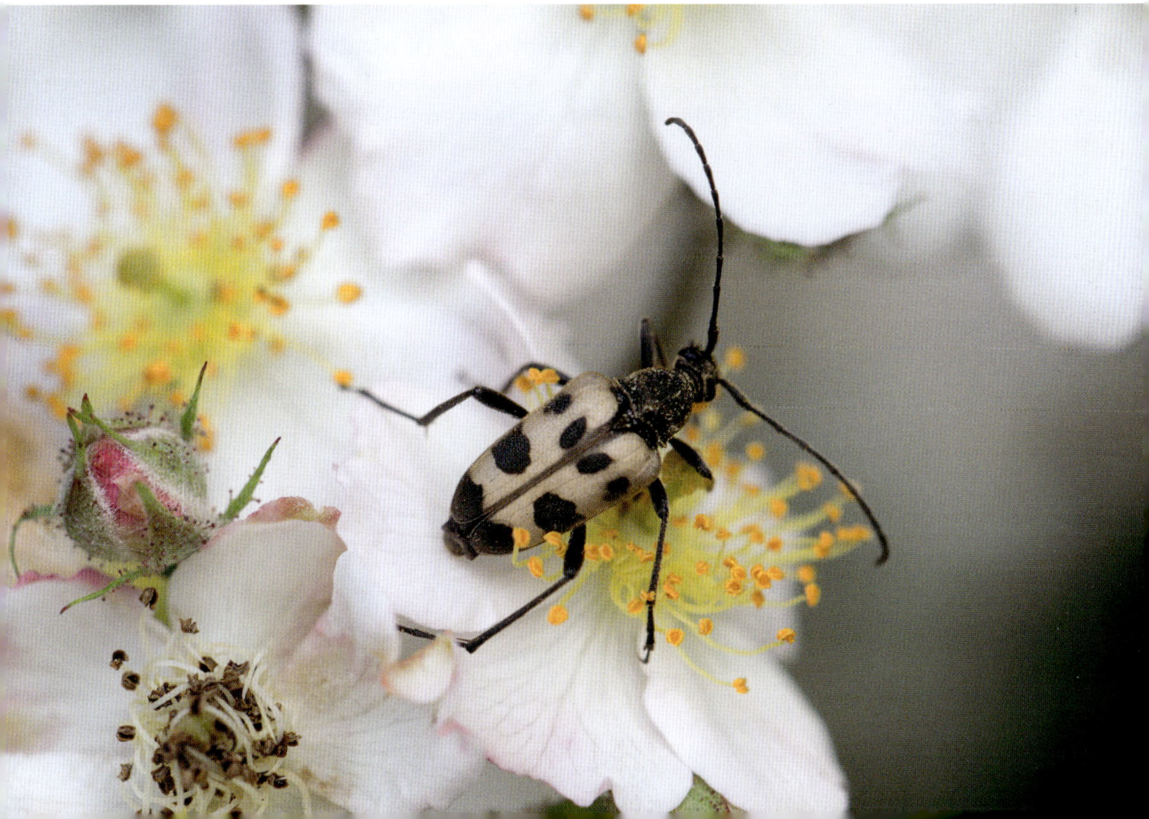

▲ *Micro NIKKOR AF-S VR 105 mm 1:2,8G IF-DG und das AF-S Micro-NIKKOR 60 mm 1:2,8G ED (Bilder: Nikon)*

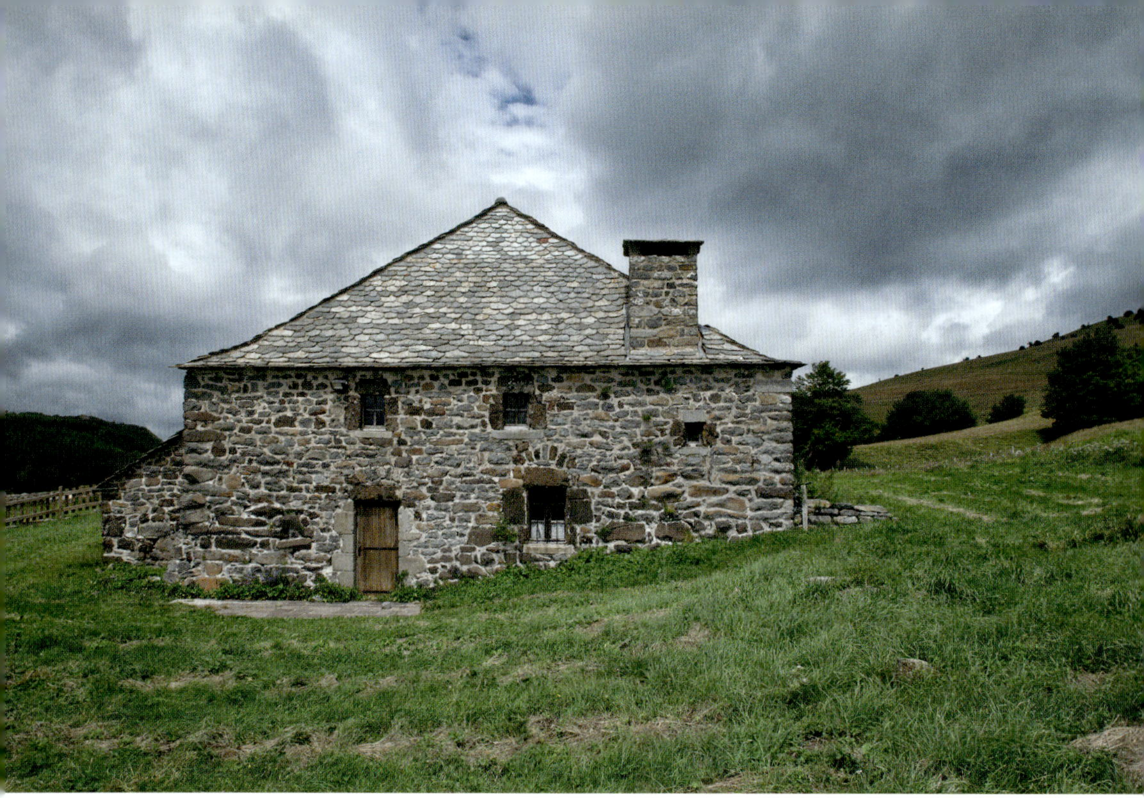

36 mm | f/9 | 1/320 Sek. | ISO 200

Das Sigma eignet sich besonders für Fotografen, die z. B. Insekten und andere feine Details aus etwas größerer Distanz vom Stativ aus ablichten wollen.

Erwähnt werden soll auch noch ein Klassiker von Tamron, das **SP AF 90 mm f/2,8 Di MACRO 1:1**. Die Qualität des Objektivs wird in zahlreichen Testberichten gelobt und es glänzt in allen relevanten Disziplinen.

T

U

V

W

X

Z